5년 최다 **전체 수석** 합격자 배출

브랜드만족
1위
박문각

근거자료
후면표기

20 25

2차
___
기본서

이준희
행정절차론

박문각 행정사연구소 편_이준희

동영상 강의 www.pmg.co.kr

박문각

박문각 행정사

머리말

2013년에 제1회 행정사 시험이 시행되었습니다. 그 시험을 준비하며 힘들었던 시절을 거쳐 이제는 행정사로서 사무실 개업과 업무로 정신없이 시간을 보내다 보니 벌써 많은 세월이 지나있습니다. 돌이켜 보면 수험 생활 중 가장 힘들었던 과목이 지금 제가 맡고 있는 행정절차론이 아니었나 싶습니다. 나름 법학 전공자로서 그래도 오랜 시간 수험 생활을 통해 다른 법학 과목에 대한 이해는 충분하였으나, 유독 법전이 주어지지 않는 우리 시험에서 행정절차론은 너무나 많은 조문을 암기해야 한다는 부담감이 있었기 때문입니다. 이를 극복하기 위하여 행정절차론이라는 과목에 대한 수많은 고민과 이를 바탕으로 답안지를 작성해 보는 연습이라는 시행착오를 적지 않게 반복하였던 것으로 기억합니다. 그 과정에서 얻은 결론은 너무 단순하지만 하나입니다. 모든 법학 과목이 그러하듯 큰 틀에서 충분히 이해하고 이를 반복해서 암기하고 실제 시험장에서 답안을 작성하는 것처럼 연습해 보는 것입니다. 하지만 누구나 아는 이러한 결론이 말처럼 쉽게 행동으로 옮겨지는 것은 아니기에 힘들게 했었던 것 같습니다.

본 교재는 과거 수험 생활 속에서 고민했던 문제점과 시행착오를 현재 학습하는 다른 수험생들은 조금이라도 줄일 수 있도록 기술하였습니다.

「행정사 행정절차론 기본서」의 특징은 다음과 같습니다.

1. 행정절차론이라는 과목의 큰 틀을 이해할 수 있도록 구성하였습니다.

2. 행정절차론 출제 범위에 해당하는 법규와 출제 가능한 주요 판례를 빠짐없이 수록하였습니다.

3. 기출문제에 대한 해설을 실전 답안처럼 정리하였습니다.

논술·약술 시험은 문제에서 주어진 논점을 바르게 파악하고 그에 맞는 내용을 중요 키워드별로 정해진 시간 안에 작성하는 싸움입니다. 따라서 이 교재의 모든 내용을 암기하는 것이 필요한 것이 아니라 전반적인 이해를 통해 각 문장마다의 키워드를 추출하여야 합니다. 그리고 자신이 준비한 키워드를 채점자들이 인식할 수 있도록 작성하기 위해서는 계속해서 실제 써보는 연습을 반복해야 합니다. 마지막으로 이해와 암기 그리고 연습을 당부합니다.

현재 행정사를 직업으로 갖고 있는 편저자이기에 행정사라는 자격은 상당히 매력 있는 전문 자격사임을 자부합니다. 이 교재로 학습하는 모든 수험생들이 함께 행정사로서 앞날을 꿈꾸길 기원합니다.

2024년 10월
편저자 행정사 이준희 올림

행정사 2차 시험 정보

1. 시험 일정: 매년 1회 실시

원서 접수	시험 일정	합격자 발표
2025년 8월경	2025년 10월경	2025년 12월경

2. 시험 과목 및 시간

교시	입실	시험 시간	시험 과목	문항 수	시험 방법
1교시	09:00	09:30~11:10 (100분)	**[공통]** ① 민법(계약) ② 행정절차론(행정절차법 포함)	과목당 4문항 (논술 1, 약술 3) ※ 논술 40점, 약술 20점	논술형 및 약술형 혼합
2교시	11:30	•일반/해사 행정사 11:40~13:20 (100분) •외국어번역 행정사 11:40~12:30 (50분)	**[공통]** ③ 사무관리론 (민원 처리에 관한 법률, 행정업무의 운영 및 혁신에 관한 규정 포함) **[일반행정사]** ④ 행정사실무법(행정심판사례, 비송사건절차법) **[해사행정사]** ④ 해사실무법(선박안전법, 해운법, 해사안전기본법, 해사교통안전법, 해양사고의 조사 및 심판에 관한 법률) **[외국어번역행정사]** 해당 외국어(외국어능력시험으로 대체 가능한 영어, 중국어, 일본어, 프랑스어, 독일어, 스페인어, 러시아어 등 7개 언어에 한함)		

외국어능력검정시험 성적표 제출

2차 시험 원서 접수 마감일 전 5년 이내에 실시된 것으로 기준 점수 이상이어야 함

● 영어

시험명	TOEIC	TEPS	TOEFL	G-TELP	FLEX	IELTS
기준 점수	쓰기시험 150점 이상	쓰기시험 71점 이상	쓰기시험 25점 이상	GWT 작문시험에서 3등급 이상(1, 2, 3등급)	쓰기시험 200점 이상	쓰기시험 6.5점 이상

● 일본어, 중국어, 스페인어, 프랑스어, 독일어, 러시아어

시험명	FLEX (공통)	신HSK (중국어)	DELE (스페인어)	DELF/DALF (프랑스어)	괴테어학 (독일어)	TORFL (러시아어)
기준 점수	쓰기 시험 200점 이상	6급 또는 5급 쓰기 60점 이상	C1 또는 B2 작문 15점 이상	C2 독해/작문 25점 이상 및 C1 또는 B2 작문 12.5점 이상	C2 또는 B2 쓰기 60점 이상 및 C1 쓰기 15점 이상	1~4단계 쓰기 66% 이상

시험의 면제

1. 면제 대상: 공무원으로 재직한 사람과 외국어 번역 업무에 종사한 경력이 있는 사람 등은 행정사 자격시험의 전부 또는 일부가 면제된다(제2차 시험 일부 과목 면제).

2. 2차 시험 면제 과목

일반/해사행정사	행정절차론, 사무관리론
외국어번역행정사	민법(계약), 해당 외국어

합격자 결정 방법

1. 합격기준: 1차 시험 및 2차 시험 합격자는 과목당 100점을 만점으로 하여 모든 과목의 점수가 40점 이상이고, 전 과목의 평균 점수가 60점 이상인 사람으로 한다(단, 2차 시험에서 외국어시험을 외국어능력검정시험으로 대체하는 경우에는 해당 외국어시험은 제외).

2. 최소합격인원: 2차 시험 합격자가 최소선발인원보다 적은 경우에는 최소선발인원이 될 때까지 모든 과목의 점수가 40점 이상인 사람 중에서 전 과목 평균점수가 높은 순으로 합격자를 추가로 결정한다. 이 경우 동점자가 있어 최소선발인원을 초과하는 경우에는 그 동점자 모두를 합격자로 한다.

출제경향 분석

행정절차론의 시험범위는 행정절차법, 공공기관의 정보공개에 관한 법률, 개인정보보호법, 질서위반행위규제법, 행정조사기본법, 행정규제기본법, 주민등록법과 가족관계의 등록 등에 관한 법률까지 총 8개의 법률로 이루어집니다.

40점 논술 문제 즉 사례형으로 출제되는 행정절차법의 경우 처분절차에 관한 대표적인 판례는 반드시 숙지해야 하지만 절차법을 제외한 개별법의 역대 기출 문제는 법조문을 정확하게 암기하였는지를 묻고 있습니다.

행정절차 사례는 최근 들어서 기본 개념에 대한 부분을 논점으로 구성하고 있습니다. 따라서 논점별 작성해야할 답안을 미리 준비하여 암기하는 것은 물론 기계적 암기가 아닌 정확한 이해가 선행되지 않는다면 자신이 아는 만큼의 답안 작성을 하기가 힘듭니다. 즉 기본이론 과정의 중요성이 더욱 강조됩니다. 또한 판례를 변형한 문제가 출제되므로 판례에 대한 정확한 학습의 중요성을 다시 한번 강조하게 됩니다.

약술 문제의 경우 적어도 핵심요약집의 내용은 빠짐없이 보셔야 합니다. 각 개별법의 경우 깊게 정리하기 보다는 넓게 정리하는 방법이 수험에는 더 효율적으로 보입니다.

2024년 행정절차론 1번 문제의 물음 1의 경우 영업자지위승계신고는 수리를 요하는 처분으로 이를 수리하는 처분은 종전 사업자(甲)에 대한 불이익한 처분입니다. 따라서 甲은 처분의 직접 상대방인 당사자에 해당합니다.

1번 문제의 물음 2의 경우 불수리처분의 乙에 대한 절차이므로 거부처분의 절차가 논점입니다. 따라서 처분의 사전 통지 절차는 거칠 필요가 없지만, 처분의 이유 제시의 절차는 거쳐야 합니다.

2번 문제는 집단분쟁조정절차의 경우 일반 분쟁조정절차도 당연히 적용됩니다. 개인정보보호법상 조문은 집단분쟁조정절차를 별도로 두고 있지만, 시간이 가능하다면 분쟁조종절차 전반을 써주시면 더 높은 점수를 받을 수 있습니다.

3번 문제와 4번 문제는 문제에서 제시한 목차를 이용하여 답안을 작성하시는 것이 가장 좋습니다. 그러나 교재의 해당 부분을 그대로 쓰셔도 괜찮습니다.

행정사
이준희 행정절차론

구분	행정절차법	정보공개법	개인정보보호법	질서위반행위규제법	행정조사기본법	행정규제기본법	주민등록법	가족관계등록법
제1회	공청회(40점)				행정조사 기본원칙(20점)	행정규제의 개념과 행정규제 법정주의(20점)		
제2회	불이익한 처분절차(40점) 신고(20점)	비공개대상정보(20점)	정보주체의 권리(20점)					
제3회	청문 주재자(20점)		영상정보처리기기(40점)		사전통지와 연기신청(20점)		주민등록증 재발급(20점)	
제4회	불이익한 처분절차(20점) 절차상 하자의 효력(10점) 하자의 치유(10점)	정보공개여부 결정 절차(20점)	개인정보 유출 통지(20점)	과태료 부과·징수 및 불복절차(20점)				
제5회	거부처분의 사전통지(20점) 온라인공청회(20점)	정보공개청구권자와 공공기관(20점)				규제영향분석 및 자체심사(20점)		가족관계등록부의 정정(20점)
제6회	이유제시 하자의 효력(20점) 하자의 치유(20점)	청구인의 구제수단(20점)			질서위반행위 성립(20점)			
제7회	청문(40점)		개인정보의 개념과 손해배상책임(20점)		기본원칙 및 위법한 행정조사(20점)	규제개혁위원회(20점)		
제8회	신뢰보호 원칙(20점) 거부처분의 사전통지(20점)	제3자의 구제수단(20점)		관허사업의 제한과 고액·상습체납자에 대한 제재(20점)	행정조사 방법(20점)			
제9회	적용범위(10점) 절차상 하자여부와 효력(30점)	정보공개청구권자와 비공개대상정보(20점)	개인정보자기결정권과 개인정보보호원칙(20점)	적용 범위(20점)				
제10회	처분 방식(20점) 하자의 치유(20점)	공공기관과 부분공개(20점)			수시조사와 중복조사 제한(20점)	규제의 원칙과 규제개혁위원회(20점)		
제11회	사전통지(20점) 의견제출(20점)	부분공개(20점)		관허사업의 제한(20점)			주민등록번호의 정정과 변경(20점)	
제12회	신고의 법적 성질과 당사자등(20점) 거부처분의 사전통지, 이유제시(20점)		집단분쟁조정(20점)	약식재판에 대한 이의신청(20점)	자율관리체제의 구축신고(20점)			

구성 및 활용법

1

출제영역을 반영한 최적화된 교재 구성

출제될 가능성이 높은 내용을 중심으로 풍부한 설명을 덧붙여 수험자의 학습에 탄탄한 길라잡이가 될 수 있도록 구성하였다. 단순 암기를 통한 학습이 아니라 학습내용을 정확하게 이해할 수 있도록 충실한 이론을 반영하였으며, 관련 판례와 조문의 수록을 통해 학습에 도움이 되도록 하여 행정사 자격시험 합격에 최적화된 교재로 만들었다.

2

실전 대비를 위한 사례 연습 문제

2차 시험이 주관식 문제로 치러지기 때문에 실전 시험 대비를 위해 행정절차법과 공공기관의 정보공개에 관한 법률에 맞춘 사례 연습 문제를 수록하였다. 각 문제에 대해 답안을 기술해 보면서 시험에 대한 실전 감각을 키울 수 있다.

3

2013~2024 기출문제 수록

행정사 자격시험이 주관식 논술형으로 작성해야 하는 만큼 수험자들이 느끼는 불안을 최소화시키기 위하여 기출문제와 모범답안을 수록하였다. 모범답안에는 꼼꼼한 내용 정리와 풍부한 해설을 달아 학습의 편의를 돕고자 하였으며, 실제로 답안을 작성해보면서 실전감각을 키우고 학습의 진행 정도를 파악하여 보다 완벽한 시험대비가 될 수 있도록 하였다.

4

국민 제안 규정 법령 수록

본문 내용과 관련된 법령을 함께 수록함으로써 연계 학습을 통해 보다 정확한 이해를 할 수 있도록 도왔고 학습의 효율성을 기하였다.

CONTENTS

차 례

부록 　기출문제 모범답안

행정사
이준희 행정절차론

행정절차법

기·출·문·제

제1회

행정청이 불이익처분을 하면서 공개적으로 당사자, 전문지식과 경험을 가진 사람, 그 밖의 일반인으로부터 의견을 수렴하고자 공청회를 개최하려고 한다. 「행정절차법」상의 공청회에 관하여 설명하시오.

행정예고의 개념과 대상에 관하여 설명하고, 행정상 입법예고와의 관련성 및 차이점에 관하여 설명하시오.

제2회

갑은 「건축법」상의 건축허가를 받아 건물을 건축하던 중 건물 옥상의 일부분이 관계 법령상의 용적률을 초과하게 되었다. 이에 따라 관할 행정청은 용적률 위반부분에 대하여 「건축법」에 따라 철거명령을 발하였다. 관할 행정청의 위 철거명령처분이 갖추어야 할 절차적 요건에 대하여 논하시오.

신고의 절차와 효과에 대하여 설명하시오.

제3회

청문 주재자에 관하여 설명하시오.

제4회

관할 행정청인 A시장은 '○○치킨'이라는 상호로 음식점 영업을 하고 있는 甲이 2016. 9. 7. 청소년에게 술을 제공한 사실을 적발하고, 식품위생법령상의 처분기준에 따라 甲에게 2개월의 영업정지처분(이하 '이 사건 처분'이라 한다.)을 하고자 한다(식품위생법령상 이 경우에 청문이나 공청회를 거치도록 하는 규정은 없다.). 다음 물음에 답하시오.
물음 (1) A시장은 이 사건 처분을 함에 있어서 어떠한 행정절차를 거쳐야 하는지 설명하시오.
물음 (2) 만약 A시장이 위 (1)에서 요구되는 행정절차를 거치지 않고 이 사건 처분을 한 경우, 이 사건 처분이 유효한지 검토하시오.
물음 (3) 만약 A시장이 위 (1)에서 요구되는 행정절차를 이 사건 처분을 한 뒤에 비로소 거친 경우라면, 이 사건 처분이 유효한지 검토하시오.

[제5회]

甲은 이슬람교 선교 활동 등을 위한 단체를 설립하고자 관할 행정청인 A시장에게 관련 법령에 따라 乙재단법인 설립허가 신청을 하였다. 이에 A시장은 乙재단법인이 들어서게 될 주소지의 인근에 위치한 丙이슬람사원(비영리법인)을 고려하여, "해당 지역에 특정종교시설의 밀집으로 인한 주민 불안 및 선교사업으로 인한 지역주민 민원 발생 등 해당 법인설립을 허가할 경우 지역사회 갈등이 야기될 수 있다."는 이유로 甲에게 乙재단법인 설립불허가 처분을 하였다. 다음 물음에 답하시오.

물음 (1) A시장은 위 乙재단법인 설립불허가처분을 하기에 앞서 「행정절차법」상 사전통지절차를 거쳐야 하는지를 검토하시오.

물음 (2) 만약, A시장이 위 처분을 하기에 앞서 「행정절차법령」상 정보통신망을 이용한 공청회(전자공청회)를 실시하고자 하는 경우, '전자공청회의 의의, 실시요건, 방법 및 절차'에 관하여 설명하시오.

[제6회]

관할 행정청 A는 甲에 대해 부담금 부과처분을 하면서 「행정절차법」상 요구되는 처분의 근거와 이유를 구체적으로 제시하지 않았다. 甲은 자신에 대한 부담금 부과의 근거와 이유를 정확히 알 수 없었으나 납부기한의 도과로 인한 불이익을 우려하여 일단 부담금을 납부하였고, 이후 자신에 대한 부담금 부과처분은 이유제시의 하자가 있는 위법한 것임을 이유로 부담금 부과처분에 대해 취소소송을 제기하였다. 다음 물음에 답하시오.

물음 (1) 甲이 납부한 부담금이 내용적으로 정당한 경우에도 법원이 이유제시의 하자가 있음을 이유로 부담금 부과처분을 취소할 수 있는지 설명하시오.

물음 (2) 취소소송의 계속 중에 A가 甲에게 부담금 부과의 근거와 이유를 구체적으로 제시하였다면, 이유제시의 하자는 치유되는지 설명하시오.

[제7회]

A시의 甲구청장은 음식점을 운영하고 있는 乙이 정당한 사유 없이 6개월 이상 계속 휴업하고 있어 식품위생법 제75조 제3항에 따른 영업허가 취소처분을 하려고 하였다. 이를 위해 청문통지서를 두 차례에 걸쳐 발송하였으나 청문통지서가 주소 불명으로 반송되었다. 이에 甲구청장은 乙이 청문기일에 불출석하였다는 이유로 청문을 생략하고 음식점 영업허가 취소처분을 하였다. 甲구청장의 乙에 대한 영업허가 취소처분의 위법 여부를 설명하시오.

제8회

어업조합법인 甲은 A시 관할 구역 내 32만m²에 수산물종합유통센터를 건축하기 위하여 B지방해양항만청장으로부터 항만공사 시행허가 및 항만공사 실시계획 승인을 받았다. 그런데 그 후 甲은 A시장으로부터 위 센터 건축을 위한 항만시설 사용허가를 두 차례 받았으나 건축을 하지 못하고 모두 그 사용기간이 만료되었다. 甲은 다시 위 센터를 건축하고자 항만시설 사용허가를 신청하였으나 A시장은 위 센터 예정부지 주변의 여건 변화, 각종 행사의 증가로 인한 공공시설 부족 심화 등을 이유로 불허가 처분을 내렸다. 그런데 A시장은 불허가 처분을 하기 전에 甲에게 그 처분의 내용 및 법적 근거, 의견제출 절차 등을 통지하지 않았다. 다음 물음에 답하시오.

물음 (1) 甲은 이미 두 차례나 항만시설 사용허가를 해 주었으면서 이번에는 이를 거부한 것은 신뢰보호 원칙 위반이라고 주장한다. 신뢰보호 원칙의 요건에 비추어 이 주장의 타당성을 검토하시오.

물음 (2) 甲은 A시장이 항만시설 사용에 대한 불허가 처분을 하면서 사전통지를 하지 않았다는 점을 들어 「행정절차법」 위반이라고 주장한다. 이 주장의 타당성을 검토하시오.

제9회

공무원 甲은 코로나19 확산 방지를 위한 집합금지명령 위반 단속업무 등을 담당하던 중, 유흥주점 업자인 乙로부터 위반행위 단속을 피할 수 있도록 단속일시·장소 등을 알려달라는 청탁을 받았다. 甲은 이를 알려준 대가로 자신의 계좌로 30만 원을 송금 받은 것을 비롯하여 수회에 걸쳐 합계 190만 원의 뇌물을 받은 사실을 이유로 인사 및 징계권자인 A로부터 직위해제처분을 받은 후 징계절차를 거쳐 최종적으로 파면처분을 받았다. 다음 물음에 답하시오.

물음 (1) 甲은 A가 직위해제처분을 하면서 사전통지나 의견청취절차를 거치지 않았다는 점을 들어 「행정절차법」 위반이라고 주장한다. 이 주장의 타당성을 검토하시오.

물음 (2) 甲은 제시된 징계사유(뇌물수수)를 모두 인정하면서도 A가 관련법령의 징계절차상 처분사유설명서를 교부하지 않았음을 들어 자신에 대한 파면처분은 취소되어야 한다고 주장한다. 이 주장의 타당성을 검토하시오.

제10회

甲은 식품접객업을 영위하고 있는 자로 판매하던 식품에 이물질이 혼입되어 있다는 사실이 관할 행정청의 단속과정에서 적발되었다. 그런데 관할 행정청은 甲에게 시정명령서를 송부하지 아니하고, 담당 공무원이 甲의 영업장을 방문하여 구두로 시정명령의 내용을 고지하였다. 그런데 관할 행정청이 정밀 조사한 결과 위 이물질이 사람의 생명을 해칠 수 있는 유독물질임이 밝혀졌다. 이에 관할 행정청은 甲의 영업소에 대한 폐쇄명령을 하고자 청문통지서를 발송하였으나, 청문일 5일 전에 甲에게 도달하였다. 그런데 「행정절차법」에 따르면 청문일 10일 전까지 통지하여야 하므로 절차상 하자가 있었지만, 甲은 청문일에 출석하여 자신의 의견을 진술하는 등 방어의 기회를 충분히 가졌고, 관할 행정청은 폐쇄명령을 하였다.

물음 (1) 위 시정명령의 위법 여부를 설명하시오.

물음 (2) 위 폐쇄명령의 위법 여부를 설명하시오.

제11회

관할 행정청인 A시장(이하 '행정청'이라 한다.)은 甲이 소유한 건물(이하 '이 사건 건물'이라 한다.)에 대하여 甲의 사전 동의를 받아 甲이 참석한 가운데 현장조사를 실시하였다. 甲은 위 현장조사 과정에서 이 사건 건물의 무단 용도변경 사실을 인정하고 그 위반경위에 대해 진술하였다. 그런데 행정청은 현장조사 다음날에 원상복구를 명하는 시정명령(이하 '이 사건 처분'이라 한다.)을 하였다. 이에 甲은 이 사건 처분이 사전통지 및 의견제출기회 부여 절차를 거치지 않은 위법한 처분임을 이유로 취소소송을 제기하였다. 다음 물음에 답하시오.

물음 (1) 행정청은 '처분의 사전통지'에 관하여, 현장조사 당시 甲이 법률위반 사실을 인정하였고 그 위반경위를 진술하였으므로 「행정절차법」 제21조 제항 제3호가 정한 "해당 처분의 성질상 의견청취가 현저히 곤란하거나 명백히 불필요하다고 인정될 만한 상당한 이유가 있는 경우"로서 처분의 사전통지를 하지 아니하여도 되는 경우에 해당한다고 주장한다. 「행정절차법」상 '처분의 사전통지'에 관하여 설명하고, 행정청 주장의 타당성을 검토하시오.

물음 (2) 행정청은 '의견제출기회 부여'에 관하여, 현장조사 당시 甲이 법률위반 경위에 대해 진술하였으므로 의견제출기회가 부여되었고, 아니라고 하더라도 위와 마찬가지로 「행정절차법」 제21조 제4항 제3호에 따라 의견제출기회 부여를 하지 아니하여도 되는 경우에 해당한다고 주장한다. 「행정절차법」상 '의견제출'에 관하여 설명하고, 행정청 주장의 타당성을 검토하시오.

제12회

甲은 그의 소유인 A시 소재 건물(이하 '이 사건의 건물'이라 한다.)에서 유흥주점 영업을 해 오던 중, 甲의 지방세 체납으로 이 사건 건물이 압류되었다. 乙은 「지방세법」에 따른 압류재산 매각절차에서 이 사건 건물을 낙찰 받아, 乙 명의로 소유권이전등기를 경료하고, 관할행정청인 A시장에게 위 유흥주점의 영업자지위승계신고를 하였다. 「식품위생법」에 따르면, 관할행정청은 영업자지위승계신고를 받은 날부터 3일 이내에 신고수리 여부를 신고인에게 통지하여야 하며, 그 기간 내에 신고수리 여부 또는 민원 처리 관련 법령에 따른 처리기간의 연장을 신고인에게 통지하지 아니하면 그 기간이 끝난 날의 다음 날에 신고를 수리한 것으로 본다. 다음 물음에 답하시오.

물음 (1) 乙의 영업자지위승계신고의 법적 성질을 설명한 후, A시장이 乙의 영업자지위승계신고를 수리할 경우 그 수리처분에 있어서 甲은 「행정절차법」상 '당사자등'이 되는지 검토하시오.

물음 (2) A시장이 乙의 영업자지위승계신고를 수리하지 않을 경우 그 불수리처분에 앞서 乙에 대하여 「행정절차법」 제21조(처분의 사전 통지) 및 제23조(처분의 이유 제시)의 절차를 거쳐야 하는지 검토하시오.

01 처분 절차의 하자

1. 문제제기

절차상의 하자가 있는 경우 「행정절차법」상 그 하자의 효력에 대하여 명문의 규정이 없으므로 행정절차상의 하자에 어떠한 효과를 부여할 것인지가 문제된다.

2. 독자적 위법성 인정 여부

(1) 견해의 대립

(2) 학설

① **부정설**: ㉠ 절차규정이란 적정한 행정절차의 확보수단에 불과하고, ㉡ 취소하더라도 동일처분을 하게 되어 행정경제·소송경제에 반한다는 점 등을 논거로 부정하는 견해이다.

② **긍정설**: ㉠ 적정한 절차는 적정한 결정을 담보하고, ㉡ 재처분의 경우 반드시 동일한 결론이 아닐 수 있다는 점을 논거로 독자적 위법사유가 된다는 견해이다.

(3) 판례

주류도매면허의 취소처분에 그 대상이 된 위반사실을 특정하지 아니하여 위법하다고 본 사례에서 면허의 취소처분에는 그 근거가 되는 법령이나 취소권 유보의 부관 등을 명시하여야 함은 물론 처분을 받은 자가 어떠한 위반사실에 대하여 당해 처분이 있었는지를 알 수 있을 정도로 사실을 적시할 것을 요하며, 이와 같은 취소처분의 근거와 위반사실의 적시를 빠뜨린 하자는 피처분자가 처분 당시 그 취지를 알고 있었다거나 그 후 알게 되었다 하여도 치유될 수 없으므로 면허취소처분은 위법하다고 판시한다.

(4) 검토

절차의 적정성을 강조하는 현대적 법치주의 관점과 「헌법」 제12조 적법절차원리가 일반조항으로서 행정절차에 유추적용 된다는 점을 볼 때, 절차의 하자도 기본권 침해에 해당하므로 절차 하자의 독자적 위법성을 인정하는 것이 타당하다.

3. 위법성의 정도

절차상 하자가 무효인지 취소인지의 구별은 통설과 판례의 견해인 중대·명백설에 따라 판단함이 타당하다. 즉 절차상 하자로 인한 행정행위 자체의 하자가 중대하고 명백하다면 그 행정행위는 무효이나, 그 정도가 아니라면 그 행정행위는 취소할 수 있다고 보아야 한다.

4. 치유

(1) 치유의 의의

절차상 하자의 치유란 행정행위 당시에 절차상 흠결이 존재하였으나 그 흠결을 사후에 보완하면 그 행정행위를 적법한 행위로 취급하는 것을 말한다.

(2) 치유가능성

① 학설

  ㉠ 부정설 : 사인의 권리보호, 행정결정의 신중성 확보·자의배제 등을 이유로 하자의 치유를 전면적으로 부정하는 견해이다.

  ㉡ 긍정설 : 행정경제·소송경제, 행정의 효율성 확보 등을 이유로 하자의 치유를 전면적으로 긍정하는 견해이다.

  ㉢ 제한적 긍정설 : 하자의 치유는 원칙적으로 부정되지만, 예외적으로 하자의 치유를 인정하더라도 국민의 권익침해가 없고 행정의 능률적 수행이 가능하다면 그 한도 내에서 제한적으로만 하자의 치유가 가능하다는 견해로 통설이다.

② 판례 : 행정행위의 하자의 치유는 법치주의 관점에서 원칙적으로 부정되지만, 행정행위의 무용한 반복을 피하고 당사자의 법적 안정성을 위해 국민의 권익침해가 없는 범위에서 구체적 사정에 따라 예외적으로 인정해야 한다.

③ 검토 : 행정경제와 국민의 권익구제 사이의 조화를 꾀하는 제한적 긍정설이 타당하다.

(3) 치유시기

학설은 ① 쟁송제기 이전시설과, ② 쟁송종결 이전시설이 대립하며, 판례는 치유를 허용하려면 적어도 처분에 대한 불복여부의 결정 및 불복신청에 편의를 줄 수 있는 상당한 기간 내에 치유행위가 있어야 한다고 판시하였다.

행정심판의 목적이 국민의 권리구제에 있다는 점에서 국민에게 유리한 행정쟁송 이전시설이 타당하다.

(4) 치유의 효과

행정행위의 절차상 하자의 치유를 인정하면 절차상 위법은 제거되고 당해 행정행위는 적법한 것으로 간주된다. 치유의 효과는 소급적이므로 그 행정행위는 처음부터 적법한 행위가 된다.

02 행정절차법의 목적과 정의

1. 목적

행정절차에 관한 공통적인 사항을 규정하여 국민의 행정 참여를 도모함으로써 행정의 공정성·투명성 및 신뢰성을 확보하고 국민의 권익을 보호함을 목적으로 한다.

2. 정의

(1) 행정청

행정에 관한 의사를 결정하여 표시하는 국가 또는 지방자치단체의 기관과 그 밖에 법령 또는 자치법규에 따라 행정권한을 가지고 있거나 위임 또는 위탁받은 공공단체 또는 그 기관이나 사인을 말한다.

(2) 처분

행정청이 행하는 구체적 사실에 관한 법 집행으로서의 공권력의 행사 또는 그 거부와 그 밖에 이에 준하는 행정작용을 말한다.

(3) 행정지도

행정기관이 그 소관 사무의 범위에서 일정한 행정목적을 실현하기 위하여 특정인에게 일정한 행위를 하거나 하지 아니하도록 지도, 권고, 조언 등을 하는 행정작용을 말한다.

(4) 당사자등

행정청의 처분에 대하여 직접 그 상대가 되는 당사자와 행정청이 직권으로 또는 신청에 따라 행정절차에 참여하게 한 이해관계인을 말한다.

(5) 청문

행정청이 어떠한 처분을 하기 전에 당사자등의 의견을 직접 듣고 증거를 조사하는 절차를 말한다.

(6) 공청회

행정청이 공개적인 토론을 통하여 어떠한 행정작용에 대하여 당사자등 전문지식과 경험을 가진 사람, 그 밖의 일반인으로부터 의견을 널리 수렴하는 절차를 말한다.

(7) 의견제출

행정청이 어떠한 행정작용을 하기 전에 당사자등이 의견을 제시하는 절차로서 청문이나 공청회에 해당하지 아니하는 절차를 말한다.

[03] 행정절차법 적용범위

1. 원칙

처분, 신고, 확약, 위반사실 등의 공표, 행정계획, 행정상 입법예고, 행정예고 및 행정지도의 절차에 관하여 다른 법률에 특별한 규정이 있는 경우를 제외하고는 이 법에서 정하는 바에 따른다.

2. 적용배제사항

(1) 국회 또는 지방의회의 의결을 거치거나 동의 또는 승인을 받아 행하는 사항

(2) 법원 또는 군사법원의 재판에 의하거나 그 집행으로 행하는 사항

(3) 헌법재판소의 심판을 거쳐 행하는 사항

(4) 각급 선거관리위원회의 의결을 거쳐 행하는 사항

(5) 감사원이 감사위원회의의 결정을 거쳐 행하는 사항

(6) 형사, 행형 및 보안처분 관계 법령에 따라 행하는 사항

(7) 국가안전보장·국방·외교 또는 통일에 관한 사항 중 행정절차를 거칠 경우 국가의 중대한 이익을 현저히 해칠 우려가 있는 사항

(8) 심사청구, 해양안전심판, 조세심판, 특허심판, 행정심판, 그 밖의 불복절차에 따른 사항

(9) 「병역법」에 따른 징집·소집, 외국인의 출입국·난민인정·귀화, 공무원 인사 관계 법령에 따른 징계와 그 밖의 처분, 이해 조정을 목적으로 하는 법령에 따른 알선·조정·중재·재정 또는 그 밖의 처분 등 해당 행정작용의 성질상 행정절차를 거치기 곤란하거나 거칠 필요가 없다고 인정되는 사항과 행정절차에 준하는 절차를 거친 사항으로서 대통령령으로 정하는 사항

판례

대법원 2002. 2. 5., 선고, 2001두7138, 판결 [취임승인취소처분등취소]

① 「행정절차법」제3조 제1항은 「행정절차법」이 행정절차에 관한 일반법임을 밝힘과 아울러, 다른 법률이 행정절차에 관한 특별한 규정을 적극적으로 두고 있는 경우이거나 다른 법률이 명시적으로 「행정절차법」의 규정을 적용하지 아니한다고 소극적으로 규정하고 있는 경우에는 「행정절차법」의 적용을 배제하고 다른 법률의 규정을 적용한다는 뜻을 밝히고 있다.

② 「사립학교법」제20조의2 제2항은 "제1항의 규정에 의한 취임승인의 취소는 관할청이 당해 학교법인에게 그 사유를 들어 시정을 요구한 날로부터 15일이 경과하여도 이에 응하지 아니한 경우에 한한다."고 규정하고 있는바, 비록 그 취지가 사학의 자율성을 고려하여 학교법인 스스로 임원의 위법·부당행위를 시정할 기회를 주는 데 있다고 하더라도, 학교법인이나 해당 임원의 입장에서는 위 시정요구에 응하지 아니하면 임원취임승인이 취소되므로 관할청에 위 시정요구사항에 대한 결과보고를 함에 있어서, 위 기간 안에 시정할 수 없는 사항에 대하여는 임원취임승인취소처분을 면하기 위하여 당연히 위 기간 안에 시정할 수 없는 사유와 그에 대한 앞으로의 시정계획, 학교법인의 애로사항 등에 관한 의견진술을 하게 될 것인즉, 그렇다면 위 조항에 의한 시정요구는 학교법인 이사장을 비롯한 임원들에게, 임원취임 승인취소처분의 사전통지와 아울러 「행정절차법」소정의 의견진술의 기회를 준 것에 다름 아니다.

③ 관할청은 임원취임승인취소처분의 처분서에 임원들의 위법·부당사항을 적시하는 것 외에 그에 대한 시정요구를 학교법인이 위 기간 내에 응하지 아니하였다는 점까지를 기재하였어야 함이 마땅하나, 처분서에 같은 법 제20조의2의 규정을 적시하는 것만으로도 '시정요구의 불응' 사실을 알 수 있을 뿐만 아니라 처분서에 임원취임승인취소사유가 구체적으로 적시되어 있었다면 임원취임승인취소처분의 처분사유가 충분히 특정되었다고 봄이 상당하다.

대법원 2007. 9. 21., 선고, 2006두20631, 판결 [진급낙천처분취소]

행정과정에 대한 국민의 참여와 행정의 공정성, 투명성 및 신뢰성을 확보하고 국민의 권익을 보호함을 목적으로 하는 「행정절차법」의 입법목적과 「행정절차법」제3조 제2항 제9호의 규정 내용 등에 비추어 보면, 공무원 인사관계 법령에 의한 처분에 관한 사항 전부에 대하여 「행정절차법」의 적용이 배제되는 것이 아니라 성질상 행정절차를 거치기 곤란하거나 불필요하다고 인정되는 처분이나 행정절차에 준하는 절차를 거치도록 하고 있는 처분의 경우에만 「행정절차법」의 적용이 배제된다. 따라서 군인사법령에 의하여 진급예정자명단에 포함된 자에 대하여 의견제출의 기회를 부여하지 아니한 채 진급선발을 취소하는 처분을 한 것이 절차상 하자가 있어 위법하다.

대법원 2018. 3. 13., 선고, 2016두33339, 판결 [퇴교처분취소]

① 당사자등은 변호사를 대리인으로 선임할 수 있고, 대리인으로 선임된 변호사는 당사자등을 위하여 행정절차에 관한 모든 행위를 할 수 있다. 따라서 징계심의대상자가 선임한 변호사가 징계위원회에 출석하여 징계심의대상자를 위하여 필요한 의견을 진술하는 것은 방어권 행사의 본질적 내용에 해당하므로, 행정청은 특별한 사정이 없는 한 이를 거부할 수 없다.

② 「행정절차법」제3조 제2항, 「행정절차법 시행령」제2조 등 행정절차법령 관련 규정들의 내용을 행정의 공정성, 투명성 및 신뢰성을 확보하고 국민의 권익보호를 목적으로 하는 「행정절차법」의 입법 목적에 비추어 보면, 「행정절차법」의 적용이 제외되는 공무원 인사관계 법령에 의한 처분에 관한 사항이란 성질상 행정절차를 거치기 곤란하거나 불필요하다고 인정되는 처분이나 행정절차에 준하는 절차를 거치도록 하고 있는 처분에 관한 사항만을 말하는 것으로 보아야 한다. 이러한 법리는 '공무원 인사관계 법령에 의한 처분'에 해당하는 육군3사관학교 생도에 대한 퇴학처분에도 마찬가지로 적용된다. 그리고 「행정절차법 시행령」제2조 제8호는 '학교·연수원 등에서 교육·훈련의 목적을 달성하기 위하여 학생·연수생들을 대상으로 하는 사항'을 「행정절차법」의 적용이 제외되는 경우로 규정하고 있으나, 이는

교육과정과 내용의 구체적 결정, 과제의 부과, 성적의 평가, 공식적 징계에 이르지 아니한 질책·훈계 등과 같이 교육·훈련의 목적을 직접 달성하기 위하여 행하는 사항을 말하는 것으로 보아야 하고, 생도에 대한 퇴학처분과 같이 신분을 박탈하는 징계처분은 여기에 해당한다고 볼 수 없다.

③ 육군3사관학교의 사관생도에 대한 징계절차에서 징계심의대상자가 대리인으로 선임한 변호사가 징계위원회 심의에 출석하여 진술하려고 하였음에도, 징계권자나 그 소속 직원이 변호사가 징계위원회의 심의에 출석하는 것을 막았다면 징계위원회 심의·의결의 절차적 정당성이 상실되어 그 징계의결에 따른 징계처분은 위법하여 원칙적으로 취소되어야 한다. 다만 징계심의대상자의 대리인이 관련된 행정절차나 소송절차에서 이미 실질적인 증거조사를 하고 의견을 진술하는 절차를 거쳐서 징계심의대상자의 방어권 행사에 실질적으로 지장이 초래되었다고 볼 수 없는 특별한 사정이 있는 경우에는, 징계권자가 징계심의 대상자의 대리인에게 징계위원회에 출석하여 의견을 진술할 기회를 주지 아니하였더라도 그로 인하여 징계위원회 심의에 절차적 정당성이 상실되었다고 볼 수 없으므로 징계처분을 취소할 것은 아니다.

대법원 2001. 5. 8., 선고, 2000두10212, 판결 [시정명령등취소]

① 「독점규제 및 공정거래에 관한 법률」은 공정거래위원회로 하여금 법 위반사실에 대한 조사결과를 서면으로 당해 사건의 당사자에게 통지하도록 규정하고, 공정거래위원회가 시정조치 또는 과징금납부명령을 하기 전에 당사자에게 의견을 진술할 기회를 주어야 하는바, 이들 규정의 취지는 공정거래위원회의 시정조치 또는 과징금납부명령으로 말미암아 불측의 피해를 받을 수 있는 당사자로 하여금 공정거래위원회의 심의에 출석하여 심사관의 심사결과에 대하여 방어권을 행사하는 것을 보장함으로써 심사절차의 적정을 기함과 아울러, 공정거래위원회로 하여금 적법한 심사절차를 거쳐 사실관계를 보다 구체적으로 파악하게 하여 신중하게 처분을 하게 하는 데 있다 할 것이다. 따라서 절차적 요건을 갖추지 못한 공정거래위원회의 시정조치 또는 과징금납부명령은 설령 실체법적 사유를 갖추고 있다고 하더라도 위법하여 취소를 면할 수 없다.

② 공정거래위원회의 의결·결정을 거쳐 행하는 사항에는 행정절차법의 적용이 제외되게 되어 있으므로, 설사 피고의 '판매가격 합의' 부분에 대한 시정조치 및 과징금납부명령에 행정절차법 소정의 의견청취절차 생략사유가 존재한다고 하더라도, 공정거래위원회는 행정절차법을 적용하여 의견청취절차를 생략할 수는 없다고 할 것이다.

그리고 원고가 위 시정조치 및 과징금납부명령에 불복하여 피고에게 이의신청을 하면서 뒤늦게나마 '판매가격 합의' 부분에 대한 의견을 제출하였다고 하더라도, 이로써 그 처분 전에 발생한 절차상 하자가 치유된다고 볼 수도 없다.

대법원 2019. 7. 11., 선고, 2017두38874, 판결 [사증발급거부처분취소]

「행정절차법」의 적용이 제외되는 '외국인의 출입국에 관한 사항'이란 해당 행정작용의 성질상 행정절차를 거치기 곤란하거나 거칠 필요가 없다고 인정되는 사항이나 행정절차에 준하는 절차를 거친 사항으로서 「행정절차법 시행령」으로 정하는 사항만을 가리킨다. '외국인의 출입국에 관한 사항'이라고 하여 행정절차를 거칠 필요가 당연히 부정되는 것은 아니다.

외국인의 사증발급 신청에 대한 거부처분은 당사자에게 의무를 부과하거나 적극적으로 권익을 제한하는 처분이 아니므로, 「행정절차법」 제21조 제1항에서 정한 '처분의 사전통지'와 제22조 제3항에서 정한 '의견제출 기회 부여'의 대상은 아니다. 그러나 사증발급 신청에 대한 거부처분이 성질상 「행정절차법」 제24조에서 정한 '처분서 작성·교부'를 할 필요가 없거나 곤란하다고 일률적으로 단정하기 어렵다. 또한 출입국관리법령에 사증발급 거부처분서 작성에 관한 규정을 따로 두고 있지 않으므로, 외국인의 사증발급 신청에 대한 거부처분을 하면서 「행정절차법」 제24조에 정한 절차를 따르지 않고 '행정절차에 준하는 절차'로 대체할 수도 없다.

대법원 2015. 1. 29., 선고, 2014두41343, 판결 [법무사자격불인정처분취소]

경찰로 재직하면서 검찰청에 파견되어 약 5년간 근무하다가 검찰사무직렬 공무원으로 특채되어 12년 3개월간 근무한 甲이 「법무사법」 부칙(2003. 3. 12.) 제5조에 따라 법무사자격 인정신청을 하였으나 자격이 인정되지 않는다는 이유로 법무사자격 불인정처분을 받은 사안에서, 법무사자격 인정제도는 「행정절차법 시행령」 제2조 제9호에서 정한 '사람의 학식·기능에 관한 시험·검정의 결과에 따라 행하는 사항'에 해당하므로 위 처분에는 「행정절차법」이 적용되지 않는다.

대법원 2014. 10. 15., 선고, 2012두5756, 판결 [보직해임처분취소]

보직해임은 일반적으로 장교가 심신장애로 인하여 직무를 수행하지 못하게 되었을 경우 또는 당해 직무를 수행할 능력이 없다고 인정되었을 경우 등에 있어서 당해 장교에게 직위를 부여하지 아니함으로써 직무에 종사하지 못하도록 하는 잠정적이고 가처분적인 성격을 가진 조치이다. 따라서 그 성격상 군인의 비위행위에 대한 공직질서 유지를 목적으로 행하여지는 징벌적 제재로서의 징계 등에서 요구되는 것과 같은 동일한 절차적 보장을 요구할 수는 없는바, 보직해임에 관한 구 「군인사법」 제17조 제3항에서 장교를 보직해임할 때에는 보직해임심의위원회의 의결을 거치도록 하며, 구 「군인사법 시행령」 제17조의5 제1항, 제3항에서 보직해임심의위원회는 회의개최 전에 회의일시, 장소 및 심의사유 등을 심의대상자에게 통보하여야 하고, 심의대상자는 보직해임심의위원회에 출석하여 소명하거나 소명에 관한 의견서를 제출할 수 있으며, 보직해임심의위원회가 의결을 한 경우에는 그 내용을 심의대상자에게 서면으로 통보하도록 함으로써 심의대상자에게 방어의 준비 및 불복의 기회를 보장하고 인사권자의 판단에 신중함과 합리성을 담보하게 하고 있다. 그렇다면 구 「군인사법」상 보직해임처분은 구 「행정절차법」 제3조 제2항 제9호, 같은 법 시행령 제2조 제3호에 의하여 당해 행정작용의 성질상 행정절차를 거치기 곤란하거나 불필요하다고 인정되는 사항 또는 행정절차에 준하는 절차를 거친 사항에 해당하므로, 처분의 근거와 이유 제시 등에 관한 구 「행정절차법」의 규정이 별도로 적용되지 아니한다고 봄이 상당하다.

대법원 2014. 5. 16., 선고, 2012두26180, 판결 [직위해제처분취소]

① 「국가공무원법」에 규정한 직위해제는 일반적으로 공무원이 직무수행능력이 부족하거나 근무성적이 극히 불량한 경우, 공무원에 대한 징계절차가 진행 중인 경우, 공무원이 형사사건으로 기소된 경우 등에 있어서 당해 공무원이 장래에 있어서 계속 직무를 담당하게 될 경우 예상되는 업무상의 장애, 공무집행 및 행정의 공정성과 그에 대한 국민의 신뢰저해 등을 예방하기 위하여 일시적인 인사조치로서 당해 공무원에게 직위를 부여하지 아니함으로써 직무에 종사하지 못하도록 하는 잠정적이고 가처분적인 성격을 가진 조치이다. 따라서 그 성격상 과거공무원의 비위행위에 대한 공직질서 유지를 목적으로 행하여지는 징벌적 제재로서의 징계 등에서 요구되는 것과 같은 동일한 절차적 보장을 요구할 수는 없다.

② 공무원에 대하여 직위해제를 할 때에는 그 처분권자 또는 처분제청권자는 처분사유를 적은 설명서를 교부하도록 하고, 처분사유 설명서를 받은 공무원이 그 처분에 불복할 때에는 그 설명서를 받은 날부터 30일 이내에 소청심사청구를 할 수 있도록 함으로써 임용권자가 직위해제처분을 행함에 있어서 구체적이고도 명확한 사실의 적시가 요구되는 처분사유 설명서를 반드시 교부하도록 하여 해당 공무원에게 방어의 준비 및 불복의 기회를 보장하고 임용권자의 판단에 신중함과 합리성을 담보하게 하고 있고, 직위해제처분을 받은 공무원은 사후적으로 소청이나 행정소송을 통하여 충분한 의견진술 및 자료제출의 기회를 보장하고 있다.

③ 그렇다면 「국가공무원법」상 직위해제처분은 구 「행정절차법」 제3조 제2항 제9호, 동법 시행령 제2조 제3호에 의하여 당해 행정작용의 성질상 행정절차를 거치기 곤란하거나 불필요하다고 인정되는 사항 또는 행정절차에 준하는 절차를 거친 사항에 해당하므로, 처분의 사전통지 및 의견청취 등에 관한 「행정절차법」의 규정이 별도로 적용되지 아니한다고 봄이 상당하다.

04 행정절차법 기본 원칙

1. 신의 성실

행정청은 직무를 수행할 때 신의에 따라 성실히 하여야 한다.

2. 신뢰 보호

행정청은 법령등의 해석 또는 행정청의 관행이 일반적으로 국민들에게 받아들여졌을 때에는 공익 또는 제3자의 정당한 이익을 현저히 해할 우려가 있는 경우를 제외하고는 새로운 해석 또는 관행에 따라 소급하여 불리하게 처리하여서는 아니 된다.

3. 투명성

(1) 행정청이 행하는 행정작용은 그 내용이 구체적이고 명확하여야 한다.

(2) 행정작용의 근거가 되는 법령등의 내용이 명확하지 아니한 경우 상대방은 해당 행정청에 그 해석을 요청할 수 있으며, 해당 행정청은 특별한 사유가 없으면 그 요청에 따라야 한다.

(3) 행정청은 상대방에게 행정작용과 관련된 정보를 충분히 제공하여야 한다.

4. 행정업무 혁신

(1) 행정청은 모든 국민이 균등하고 질 높은 행정서비스를 누릴 수 있도록 노력하여야 한다.

(2) 행정청은 정보통신기술을 활용하여 행정절차를 적극적으로 혁신하도록 노력하여야 한다. 이 경우 행정청은 국민이 경제적·사회적·지역적 여건 등으로 인하여 불이익을 받지 아니하도록 하여야 한다.

(3) 행정청은 행정청이 생성하거나 취득하여 관리하고 있는 데이터(정보처리능력을 갖춘 장치를 통하여 생성 또는 처리되어 기계에 의한 판독이 가능한 형태로 존재하는 정형 또는 비정형의 정보를 말한다.)를 행정과정에 활용하도록 노력하여야 한다.

(4) 행정청은 행정업무 혁신 추진에 필요한 행정적·재정적·기술적 지원방안을 마련하여야 한다.

판례

대법원 1997. 9. 12., 선고, 96누18380, 판결 [토지형질변경행위불허가처분취소]

일반적으로 행정상의 법률관계에 있어서 행정청의 행위에 대하여 신뢰보호의 원칙이 적용되기 위하여는, 첫째 행정청이 개인에 대하여 신뢰의 대상이 되는 공적인 견해표명을 하여야 하고, 둘째 행정청의 견해표명이 정당하다고 신뢰한 데에 대하여 그 개인에게 귀책사유가 없어야 하며, 셋째 그 개인이 그 견해표명을 신뢰하고 이에 어떠한 행위를 하였어야 하고, 넷째 행정청이 위 견해표명에 반하는 처분을 함으로써 그 견해표명을 신뢰한 개인의 이익이 침해되는 결과가 초래되어야 하며, 이러한 요건을 충족할 때에는 행정청의 처분은 신뢰보호의 원칙에 반하는 행위로서 위법하게 된다고 할 것이고, 또한 위 요건의 하나인 행정청의 공적 견해표명이 있었는지의 여부를 판단하는 데 있어 반드시 행정조직상의 형식적인 권한분장에 구애될 것은 아니고 담당자의 조직상의 지위와 임무, 당해 언동을 하게 된 구체적인 경위 및 그에 대한 상대방의 신뢰가능성에 비추어 실질에 의하여 판단하여야 한다.

대법원 2014. 11. 27., 선고, 2013두16111, 판결 [건축허가취소처분취소등]

행정행위를 한 처분청은 그 행위에 하자가 있는 경우에는 별도의 법적 근거가 없더라도 스스로 이를 취소할 수 있고, 다만 수익적 행정처분을 취소할 때에는 이를 취소하여야 할 공익상의 필요와 취소로 인하여 당사자가 입게 될 기득권과 신뢰보호 및 법률생활 안정의 침해 등 불이익을 비교·교량한 후 공익상의 필요가 당사자가 입을 불이익을 정당화할 만큼 강한 경우에 한하여 취소할 수 있으며, 나아가 수익적 행정처분의 하자가 당사자의 사실은 폐나 기타 사위의 방법에 의한 신청행위에 기인한 것이라면 당사자는 처분에 의한 이익이 위법하게 취득되었음을 알아 취소가능성도 예상하고 있었다 할 것이므로, 그 자신이 처분에 관한 신뢰이익을 원용할 수 없음은 물론 행정청이 이를 고려하지 아니하였더라도 재량권의 남용이 되지 아니한다. 한편 당사자의 사실은폐나 기타 사위의 방법에 의한 신청행위가 있었는지 여부는 행정청의 상대방과 그로부터 신청행위를 위임받은 수임인 등 관계자 모두를 기준으로 판단하여야 한다.

대법원 2020. 7. 23., 선고, 2020두33824, 판결 [기타부담금부과처분취소]

소외 2는 고양시청 □□□□과에서 개발제한구역 내 행위허가 업무를 담당하였으나, 행위허가와 관련한 부담금 부과·징수 업무의 담당자는 □□□□과에 별도로 있었다. 소외 1은 사전에 이 사건 차륜전삭고 건축에 관한 제반 자료를 미리 제출하지 아니한 상태에서 고양시청을 방문하여 소외 2와 이 사건 차륜전삭고 건축에 관한 인허가사항을 협의하였다. 그 과정에서 소외 2가 사전검토 없이 이 사건 차륜전삭고 건축을 위한 행위허가와 관련하여 부담금 부과에 관하여 언급한 것은 종전의 이 사건 어린이집 사례에 비추어 마찬가지로 부담금이 부과되지 않을 수도 있다는 가능성을 언급한 것일 뿐, 필요한 법리검토의 결과는 아니라고 보인다.

사정이 이러하다면, 소외 2가 소외 1에게 부담금 부과 면제가 가능하다고 말하였다 할지라도, 소외 2의 조직상의 지위와 임무, 그와 같은 언동을 하게 된 경위 등에 비추어 그 사유만으로 신뢰의 대상이 되는 공적인 견해가 표명된 것이라고 보기 어렵고, 그 후 피고가 개발제한구역법령의 정당한 해석에 따라 원고에게 부담금을 부과한 것이 신뢰보호원칙에 위배된다고 볼 수 없다.

대법원 2020. 6. 25., 선고, 2018두34732, 판결 [관리처분계획인가처분취소]

신뢰보호의 원칙은 행정청이 공적인 견해를 표명할 당시의 사정이 그대로 유지됨을 전제로 적용되는 것이 원칙이므로, 사후에 그와 같은 사정이 변경된 경우에는 그 공적 견해가 더 이상 개인에게 신뢰의 대상이 된다고 보기 어려운 만큼, 특별한 사정이 없는 한 행정청이 그 견해표명에 반하는 처분을 하더라도 신뢰보호의 원칙에 위반된다고 할 수 없다.

대법원 2005. 4. 28., 선고, 2004두8828, 판결 [국토이용계획변경승인거부처분취소]

「폐기물관리법령」에 의한 폐기물처리업 사업계획에 대한 적정통보와 「국토이용관리법령」에 의한 국토이용계획변경은 각기 그 제도적 취지와 결정단계에서 고려해야 할 사항들이 다르다는 이유로, 폐기물처리업 사업계획에 대하여 적정통보를 한 것만으로 그 사업부지 토지에 대한 국토이용계획변경신청을 승인하여 주겠다는 취지의 공적인 견해표명을 한 것으로 볼 수 없다.

대법원 2018. 6. 15., 선고, 2017다249769, 판결 [손해배상(기)_입법예고]

정책의 주무 부처인 중앙행정기관이 그 소관 사항에 대하여 입안한 법령안은 법제처 심사 등의 절차를 거쳐 공포함으로써 확정되므로, 법령이 확정되기 이전에는 법적 효과가 발생할 수 없다. 따라서 입법 예고를 통해 법령안의 내용을 국민에게 예고한 적이 있다고 하더라도 그것이 법령으로 확정되지 아니한 이상 국가가 이해관계자들에게 위 법령안에 관련된 사항을 약속하였다고 볼 수 없으며, 이러한 사정만으로 어떠한 신뢰를 부여하였다고 볼 수도 없다.

[05] 관할 및 협조

1. 관할

(1) 행정청이 그 관할에 속하지 아니하는 사안을 접수하였거나 이송받은 경우에는 지체 없이 이를 관할 행정청에 이송하여야 하고 그 사실을 신청인에게 통지하여야 한다. 행정청이 접수하거나 이송받은 후 관할이 변경된 경우에도 또한 같다.

(2) 행정청의 관할이 분명하지 아니한 경우에는 해당 행정청을 공통으로 감독하는 상급 행정청이 그 관할을 결정하며, 공통으로 감독하는 상급 행정청이 없는 경우에는 각 상급 행정청이 협의하여 그 관할을 결정한다.

2. 행정청 간의 협조 등

(1) 행정청은 행정의 원활한 수행을 위하여 서로 협조하여야 한다.

(2) 행정청은 업무의 효율성을 높이고 행정서비스에 대한 국민의 만족도를 높이기 위하여 필요한 경우 행정협업(다른 행정청과 공동의 목표를 설정하고 행정청 상호 간의 기능을 연계하거나 시설·장비 및 정보 등을 공동으로 활용하는 것을 말한다.)의 방식으로 적극적으로 협조하여야 한다.

(3) 행정청은 행정협업을 활성화하기 위한 시책을 마련하고 그 추진에 필요한 행정적·재정적 지원방안을 마련하여야 한다.

3. 행정응원

(1) 행정응원 요청사유

① 법령등의 이유로 독자적인 직무 수행이 어려운 경우

② 인원·장비의 부족 등 사실상의 이유로 독자적인 직무 수행이 어려운 경우

③ 다른 행정청에 소속되어 있는 전문기관의 협조가 필요한 경우

④ 다른 행정청이 관리하고 있는 문서(전자문서 포함)·통계 등 행정자료가 직무 수행을 위하여 필요한 경우

⑤ 다른 행정청의 응원을 받아 처리하는 것이 보다 능률적이고 경제적인 경우

(2) 행정응원 거부사유

① 다른 행정청이 보다 능률적이거나 경제적으로 응원할 수 있는 명백한 이유가 있는 경우

② 행정응원으로 인하여 고유의 직무 수행이 현저히 지장받을 것으로 인정되는 명백한 이유가 있는 경우

(3) 행정응원은 해당 직무를 직접 응원할 수 있는 행정청에 요청하여야 한다.

(4) 행정응원을 요청받은 행정청은 응원을 거부하는 경우 그 사유를 응원을 요청한 행정청에 통지하여야 한다.

(5) 행정응원을 위하여 파견된 직원은 응원을 요청한 행정청의 지휘·감독을 받는다. 다만, 해당 직원의 복무에 관하여 다른 법령등에 특별한 규정이 있는 경우에는 그에 따른다.

(6) 행정응원에 드는 비용은 응원을 요청한 행정청이 부담하며, 그 부담금액 및 부담방법은 응원을 요청한 행정청과 응원을 하는 행정청이 협의하여 결정한다.

06 당사자등

1. 개념

행정청의 처분에 대하여 직접 그 상대가 되는 당사자와 행정청이 직권으로 또는 신청에 따라 행정절차에 참여하게 한 이해관계인을 의미한다.

2. 자격

(1) 자연인

(2) 법인, 법인이 아닌 사단 또는 재단

(3) 다른 법령등에 따라 권리·의무의 주체가 될 수 있는 자

3. 지위의 승계

(1) 당사자등이 사망하였을 때의 상속인과 다른 법령등에 따라 당사자등의 권리 또는 이익을 승계한 자는 당사자등의 지위를 승계한다.

(2) 당사자등인 법인등이 합병하였을 때에는 합병 후 존속하는 법인등이나 합병 후 새로 설립된 법인등이 당사자등의 지위를 승계한다.

(3) 처분에 관한 권리 또는 이익을 사실상 양수한 자는 행정청의 승인을 받아 당사자등의 지위를 승계할 수 있다.

(4) 당사자등의 지위를 승계한 자는 행정청에 그 사실을 통지하여야 한다.

(5) 지위승계 사실에 대한 통지가 있을 때까지 사망자 또는 합병 전의 법인등에 대하여 행정청이 한 통지는 당사자등의 지위를 승계한 자에게도 효력이 있다.

> **판례**
>
> **대법원 2003. 2. 14., 선고, 2001두7015, 판결 [유흥주점영업자지위승계수리처분취소]**
> 행정청이 당사자에게 의무를 과하거나 권익을 제한하는 처분을 함에 있어서는 당사자등에게 처분의 사전통지를 하고 의견제출의 기회를 주어야 하며, 여기서 당사자라 함은 행정청의 처분에 대하여 직접 그 상대가 되는 자를 의미한다 할 것이고, 한편 「지방세법」에 의한 압류재산 매각절차에 따라 영업시설의 전부를 인수함으로써 그 영업자의 지위를 승계한 자가 관계 행정청에 이를 신고하여 행정청이 이를 수리하는 경우에는 종전의 영업자에 대한 영업허가 등은 그 효력을 잃는다 할 것인데, 위 규정들을 종합하면 위 행정청이 구 「식품위생법」 규정에 의하여 영업자지위승계신고를 수리하는 처분은 종전의 영업자의 권익을 제한하는 처분이라 할 것이고 따라서 종전의 영업자는 그 처분에 대하여 직접 그 상대가 되는 자에 해당한다고 봄이 상당하므로, 행정청으로서는 위 신고를 수리하는 처분을 함에 있어서 「행정절차법」 규정 소정의 당사자에 해당하는 종전의 영업자에 대하여 위 규정 소정의 행정절차를 실시하고 처분을 하여야 한다.
>
> **대법원 2014. 10. 27., 선고, 2012두7745, 판결 [상대가치점수인하고시처분취소]**
> 행정청이 의무를 부과하거나 권익을 제한하는 처분을 할 때 의견제출의 기회를 주어야 하는 '당사자'는 '행정청의 처분에 대하여 직접 그 상대가 되는 당사자를 의미한다. 그런데 '고시'의 방법으로 불특정 다수인을 상대로 의무를 부과하거나 권익을 제한하는 처분은 성질상 의견제출의 기회를 주어야 하는 상대방을 특정할 수 없으므로, 이와 같은 처분에 있어서까지 그 상대방에게 의견제출의 기회를 주어야 한다고 해석할 것은 아니다.

07 대표자 및 대리인

1. 대표자

(1) 다수의 당사자등이 공동으로 행정절차에 관한 행위를 할 때에는 대표자를 선정할 수 있다.

(2) 행정청은 당사자등이 대표자를 선정하지 아니하거나 대표자가 지나치게 많아 행정절차가 지연될 우려가 있는 경우에는 그 이유를 들어 상당한 기간 내에 3인 이내의 대표자를 선정할 것을 요청할 수 있다. 이 경우 당사자등이 그 요청에 따르지 아니하였을 때에는 행정청이 직접 대표자를 선정할 수 있다.

(3) 당사자등은 대표자를 변경하거나 해임할 수 있다.

(4) 대표자는 각자 그를 대표자로 선정한 당사자등을 위하여 행정절차에 관한 모든 행위를 할 수 있다. 다만, 행정절차를 끝맺는 행위에 대하여는 당사자등의 동의를 받아야 한다.

(5) 대표자가 있는 경우에는 당사자등은 그 대표자를 통하여서만 행정절차에 관한 행위를 할 수 있다.

(6) 다수의 대표자가 있는 경우 그중 1인에 대한 행정청의 행위는 모든 당사자등에게 효력이 있다. 다만, 행정청의 통지는 대표자 모두에게 하여야 그 효력이 있다.

2. 대리인

(1) 당사자등은 다음에 해당하는 자를 대리인으로 선임할 수 있다.
① 당사자등의 배우자, 직계 존속·비속 또는 형제자매
② 당사자등이 법인등인 경우 그 임원 또는 직원
③ 변호사
④ 행정청 또는 청문 주재자(청문의 경우만 해당한다.)의 허가를 받은 자
⑤ 법령등에 따라 해당 사안에 대하여 대리인이 될 수 있는 자

(2) 대리인도 대표자와 동일하게 당사자등이 변경하거나 해임할 수 있다. 또한, 대리인은 각자 그를 대리인으로 선정한 당사자등을 위하여 행정절차에 관한 모든 행위를 할 수 있다. 다만, 행정절차를 끝맺는 행위에 대하여는 당사자등의 동의를 받아야 한다.
다수의 대리인이 있는 경우 그중 1인에 대한 행정청의 행위는 모든 당사자등에게 효력이 있다. 다만, 행정청의 통지는 대리인 모두에게 하여야 그 효력이 있다.

3. 대표자 · 대리인의 통지

(1) 당사자등이 대표자 또는 대리인을 선정하거나 선임하였을 때에는 지체 없이 그 사실을 행정
청에 통지하여야 한다. 대표자 또는 대리인을 변경하거나 해임하였을 때에도 또한 같다.

(2) 청문 주재자가 대리인의 선임을 허가한 경우에는 청문 주재자가 그 사실을 행정청에 통지하
여야 한다.

08 송달

1. 송달의 방법

(1) **원칙**

① 송달은 우편, 교부 또는 정보통신망 이용 등의 방법으로 하되, 송달받을 자(대표자 또는
대리인을 포함한다.)의 주소 · 거소 · 영업소 · 사무소 또는 전자우편주소(이하 "주소등"이라 한다.)
로 한다. 다만, 송달받을 자가 동의하는 경우에는 그를 만나는 장소에서 송달할 수 있다.

② 교부에 의한 송달은 수령확인서를 받고 문서를 교부함으로써 하며, 송달하는 장소에서 송
달받을 자를 만나지 못한 경우에는 그 사무원 · 피용자 또는 동거인으로서 사리를 분별할
지능이 있는 사람(이하 "사무원등"이라 한다.)에게 문서를 교부할 수 있다. 다만, 문서를
송달받을 자 또는 그 사무원등이 정당한 사유 없이 송달받기를 거부하는 때에는 그 사실
을 수령확인서에 적고, 문서를 송달할 장소에 놓아둘 수 있다.

③ 정보통신망을 이용한 송달은 송달받을 자가 동의하는 경우에만 한다. 이 경우 송달받을
자는 송달받을 전자우편주소 등을 지정하여야 한다.

④ 행정청은 송달하는 문서의 명칭, 송달받는 자의 성명 또는 명칭, 발송방법 및 발송 연월일
을 확인할 수 있는 기록을 보존하여야 한다.

(2) **예외**

① 송달받을 자의 주소등을 통상적인 방법으로 확인할 수 없는 경우와 송달이 불가능한 경우
에는 송달받을 자가 알기 쉽도록 관보, 공보, 게시판, 일간신문 중 하나 이상에 공고하고
인터넷에도 공고하여야 한다.

② 공고를 할 때에는 민감정보 및 고유식별정보 등 송달받을 자의 개인정보를 「개인정보 보
호법」에 따라 보호하여야 한다.

2. 송달의 효력발생

(1) 원칙

① 송달은 다른 법령등에 특별한 규정이 있는 경우를 제외하고는 해당 문서가 송달받을 자에게 도달됨으로써 그 효력이 발생한다.

② 정보통신망을 이용하여 전자문서로 송달하는 경우에는 송달받을 자가 지정한 컴퓨터 등에 입력된 때에 도달된 것으로 본다.

(2) 예외

송달받을 자의 주소등을 통상적인 방법으로 확인할 수 없는 경우와 송달이 불가능한 경우에는 다른 법령등에 특별한 규정이 있는 경우를 제외하고는 공고일부터 14일이 지난 때에 그 효력이 발생한다. 다만, 긴급히 시행하여야 할 특별한 사유가 있어 효력 발생 시기를 달리 정하여 공고한 경우에는 그에 따른다.

> **판례**
>
> **대법원 1989. 9. 26., 선고, 89누4963, 판결 [파면처분무효확인]**
> 행정처분의 효력발생요건으로서의 도달이란 상대방이 그 내용을 현실적으로 양지할 필요까지는 없고 다만 양지할 수 있는 상태에 놓여짐으로써 충분하다고 할 것인데, 甲의 처가 甲의 주소지에서 甲에 대한 정부인사발령통지를 수령하였다면 비록 그때 甲이 구치소에 수감 중이었고 처분청 역시 그와 같은 사실을 알고 있었다거나 甲의 처가 위 통지서를 甲에게 전달하지 아니하고 폐기해 버렸더라도 甲의 처가 위 통지서를 수령한 때에 그 내용을 양지할 수 있는 상태에 있었다고 볼 것이다.
>
> **대법원 2007. 6. 14., 선고, 2004두619, 판결 [청소년유해매체물결정및고시처분무효확인]**
> ① 구 「청소년보호법」(2001. 5. 24. 법률 제6479호로 개정되기 전의 것)에 따른 청소년유해매체물 결정 및 고시처분은 당해 유해매체물의 소유자 등 특정인만을 대상으로 한 행정처분이 아니라 일반 불특정 다수인을 상대방으로 하여 일률적으로 표시의무, 포장의무, 청소년에 대한 판매·대여 등의 금지의무 등 각종 의무를 발생시키는 행정처분으로서, 정보통신윤리위원회가 특정 인터넷 웹사이트를 청소년유해매체물로 결정하고 청소년보호위원회가 효력발생시기를 명시하여 고시함으로써 그 명시된 시점에 효력이 발생하였다고 봄이 상당하고, 정보통신윤리위원회와 청소년보호위원회가 위 처분이 있었음을 위 웹사이트 운영자에게 제대로 통지하지 아니하였다고 하여 그 효력 자체가 발생하지 아니한 것으로 볼 수는 없다.
> ② 통상 고시 또는 공고에 의하여 행정처분을 하는 경우에는 그 처분의 상대방이 불특정 다수인이고 그 처분의 효력이 불특정 다수인에게 일률적으로 적용되는 것이므로, 그 행정처분에 이해관계를 갖는 자가 고시 또는 공고가 있었다는 사실을 현실적으로 알았는지 여부에 관계없이 고시가 효력을 발생하는 날 행정처분이 있음을 알았다고 보아야 한다.
>
> **대법원 1999. 12. 28., 선고, 99두9742, 판결 [개발부담금부과처분취소]**
> 「행정심판법」 제18조 제1항 소정의 심판청구기간 기산점인 '처분이 있음을 안 날'이라 함은 당사자가 통지·공고 기타의 방법에 의하여 당해 처분이 있었다는 사실을 현실적으로 안 날을 의미하고, 추상적으로 알 수 있었던 날을 의미하는 것은 아니지만, 처분에 관한 서류가 당사자의 주소지에 송달되는 등 사회통념상 처분이 있음을 당사자가 알 수 있는 상태에 놓여진 때에는 반증이 없는 한 그 처분이 있음을 알았다고 추정할 수 있다.

09 기간 및 기한의 특례

1. 천재지변이나 그 밖에 당사자등에게 책임이 없는 사유로 기간 및 기한을 지킬 수 없는 경우에는 그 사유가 끝나는 날까지 기간의 진행이 정지된다.

2. 외국에 거주하거나 체류하는 자에 대한 기간 및 기한은 행정청이 그 우편이나 통신에 걸리는 일수를 고려하여 정하여야 한다.

10 처분절차 일반

공통 절차	불이익한 처분절차	신청에 의한 처분절차
1. 처분기준의 설정과 공표 2. 처분의 이유제시 3. 문서에 의한 처분방식 4. 오기나 오산에 의한 처분의 정정 5. 행정심판이나 소송에 관한 고지	1. 처분의 사전통지 2. 의견청취 　① 의견제출 　② 청문 　③ 공청회	1. 처분의 신청 2. 신청의 접수와 보완 3. 신청의 처리 　① 다수의 행정청이 관여하는 처분 　② 처리기간의 설정·공표

1. 불이익한 처분절차

행정청이 공표한 처분기준에 따라 불이익한 처분을 하는 경우에는 사전에 통지하여 청문·공청회·의견제출 등의 의견청취 절차를 거친 후, 문서로 처분과 그 이유를 제시하고 구제방법 등을 고지하여야 한다. 이는 처분 당사자등의 절차적 권리이며, 당사자의 개인적 공권으로 보호되어야 한다.

2. 거부처분 절차

행정청이 신청을 거부하기 위해서는 사전에 정하여진 기준에 따라 처리 기간 내에 처리결과를 문서로 통지하여야 한다. 문서에는 향후 불복 수단을 선택할 수 있도록 구체적인 거부 사유와 가능한 불복 수단을 고지한다. 다만 거부처분은 불이익한 처분이 아니므로 사전통지와 의견제출 절차를 거칠 필요는 없다.

11 처분기준 설정공표

1. 원칙

행정청은 필요한 처분기준을 해당 처분의 성질에 비추어 되도록 구체적으로 정하여 공표하여야 한다. 처분기준을 변경하는 경우에도 또한 같다.

2. 인허가의제

「행정기본법」제24조에 따른 인허가의제의 경우 관련 인허가 행정청은 관련 인허가의 처분기준을 주된 인허가 행정청에 제출하여야 하고, 주된 인허가 행정청은 제출받은 관련 인허가의 처분기준을 통합하여 공표하여야 한다. 처분기준을 변경하는 경우에도 또한 같다.

3. 예외

처분기준을 공표하는 것이 해당 처분의 성질상 현저히 곤란하거나 공공의 안전 또는 복리를 현저히 해치는 것으로 인정될 만한 상당한 이유가 있는 경우에는 처분기준을 공표하지 아니할 수 있다.

4. 해석의 요청

당사자등은 공표된 처분기준이 명확하지 아니한 경우 해당 행정청에 그 해석 또는 설명을 요청할 수 있다. 이 경우 해당 행정청은 특별한 사정이 없으면 그 요청에 따라야 한다.

12 처분기준과 다른 처분의 효력

1. 처분기준이 법률에 규정되어 있는 경우

처분기준을 위반한 행정청의 처분은 위법한 처분이다.

2. 처분기준이 법규명령으로 규정된 경우

(1) 대통령령 형식인 경우

대통령령 형식의 처분기준은 대외적 구속력을 가지는 법규명령에 해당한다. 따라서 처분기준을 위반한 행정청의 처분은 취소의 대상이 되는 위법한 처분이다.

(2) 총리령·부령의 형식인 경우

총리령·부령의 형식의 처분기준은 행정규칙에 해당한다. 따라서 행정청의 처분이 처분기준을 위반하여도 평등이나 신뢰보호 등의 일반원칙을 침해하지 않는다면 적법한 처분이다.

3. 처분기준이 행정규칙으로 규정된 경우

(1) 원칙

행정규칙은 대외적 구속력이 없으므로 행정청의 처분이 처분기준을 위반하여도 적법한 처분이다.

(2) 예외

① 상위법령이 위임한 사항을 규정한 행정규칙인 경우 처분기준의 위반이 상위법령의 위반에 해당한다면 위법한 처분이다.
② 처분기준을 위반한 행정청의 처분이 평등이나 신뢰보호 등의 일반원칙을 침해한다면 행정청의 자기구속의 원칙에 위반되어 위법한 처분이다.

판례

대법원 2007. 9. 20., 선고, 2007두6946, 판결 [과징금부과처분취소]
제재적 행정처분의 기준이 부령의 형식으로 규정되어 있더라도 그것은 행정청 내부의 사무처리준칙을 정한 것에 지나지 아니하여 대외적으로 국민이나 법원을 기속하는 효력이 없고, 당해 처분의 적법 여부는 위 처분기준만이 아니라 관계 법령의 규정 내용과 취지에 따라 판단되어야 하므로, 위 처분기준에 적합하다 하여 곧바로 당해 처분이 적법한 것이라고 할 수는 없지만, 위 처분기준이 그 자체로 헌법 또는 법률에 합치되지 아니하거나 위 처분기준에 따른 제재적 행정처분이 그 처분사유가 된 위반행위의 내용 및 관계 법령의 규정 내용과 취지에 비추어 현저히 부당하다고 인정할 만한 합리적인 이유가 없는 한 섣불리 그 처분이 재량권의 범위를 일탈하였거나 재량권을 남용한 것이라고 판단해서는 안 된다.

13 처분의 이유제시

1. 의의

행정청은 처분의 이유를 제시하는 경우에는 처분의 원인이 되는 사실과 근거가 되는 법령 또는 자치법규의 내용을 구체적으로 명시하여야 한다.

2. 대상

(1) 원칙

이유제시는 모든 처분을 대상으로 한다.

(2) 면제사유

① 신청 내용을 모두 그대로 인정하는 처분인 경우
② 단순·반복적인 처분 또는 경미한 처분으로서 당사자가 그 이유를 명백히 알 수 있는 경우
③ 긴급히 처분을 할 필요가 있는 경우
④ 행정청은 ②와 ③의 경우에 처분 후 당사자가 요청하는 경우에는 그 근거와 이유를 제시 하여야 한다.

3. 이유제시의 정도

「행정절차법」은 명시적 규정을 두고 있지 않지만, 적어도 처분의 상대방·기타 이해관계인이 이를 기초로 하여 차후 행정구제절차에 대처할 수 있을 정도로 구체적이어야 한다.
따라서 처분의 근거법령, 해당 조항 및 문언, 당해 근거법조를 적용하게 된 원인사실 및 포섭의 경위가 명시되어야 한다. 또한 재량행위의 경우 재량행사의 전후과정이 제시되어야 한다.
한편, 사실적 이유는 법률요건에 해당하는 사실만 제시하면 된다.

> 판례

대법원 1990. 9. 11., 선고, 90누1786, 판결 [일반주류도매업면허취소처분취소]
면허의 취소처분에는 그 근거가 되는 법령이나 취소권 유보의 부관 등을 명시하여야 함은 물론 처분을 받은 자가 어떠한 위반사실에 대하여 당해 처분이 있었는지를 알 수 있을 정도로 사실을 적시할 것을 요하며, 이와 같은 취소처분의 근거와 위반사실의 적시를 빠뜨린 하자는 피처분자가 처분 당시 그 취지를 알고 있었다거나 그 후 알게 되었다 하여도 치유될 수 없다고 할 것인바, 세무서장인 피고가 주류도매업자인 원고에 대하여 한 이 사건 일반주류도매업면허취소통지에 "상기 주류도매장은 무면허 주류판매업자에게 주류를 판매하여 「주세법」 제11조 및 「국세법사무처리규정」 제26조에 의거 지정조건위반으로 주류판매면허를 취소합니다"라고만 되어 있어서 원고의 영업기간과 거래상대방 등에 비추어 원고가 어떠한 거래행위로 인하여 이 사건 처분을 받았는지 알 수 없게 되어 있다면 이 사건 면허취소처분은 위법하다.

대법원 2002. 11. 13., 선고, 2001두1543, 판결 [법인세등부과처분취소]

납세고지서에 과세연도, 세목, 세액 및 그 산출근거, 납부기한과 납부장소 등의 명시를 요구하는 규정은 단순한 세무행정상의 편의를 위한 훈시규정이 아니라, 「헌법」과 「국세기본법」에 규정된 조세법률주의의 원칙에 따라 과세관청의 자의를 배제하고 신중하고도 합리적인 과세처분을 하게 함으로써 조세행정의 공정을 기함과 아울러 납세의무자에게 부과처분의 내용을 자세히 알려주어 이에 대한 불복 여부의 결정과 불복신청의 편의를 주려는데 그 근본취지가 있으므로, 이 규정들은 강행규정으로 보아야 하고, 따라서 납세고지서에 세액산출근거 등의 기재사항이 누락되었거나 과세표준과 세액의 계산명세서가 첨부되지 않았다면 적법한 납세의 고지라고 볼 수 없으며, 위와 같은 납세고지의 하자는 납세의무자가 그 나름대로 산출근거를 알고 있다거나 사실상 이를 알고서 쟁송에 이르렀다 하더라도 치유되지 않는다.

대법원 2016. 11. 9., 선고, 2016두45578, 판결 [해임처분취소]

① 「행정절차법」 제23조 제1항은 행정청이 처분을 할 때에는 당사자에게 그 근거와 이유를 제시하도록 규정하고 있다. 이는 행정청의 자의적 결정을 배제하고 당사자로 하여금 행정구제절차에서 적절히 대처할 수 있도록 하는 데 그 취지가 있다. 따라서 처분서의 내용, 관계 법령, 처분에 이른 전체적인 과정 등을 종합하여, 처분 당시 당사자가 어떠한 근거와 이유로 처분이 이루어졌는지를 충분히 알 수 있어서 행정구제절차로 나아가는 데 별다른 지장이 없었다고 인정되는 경우에는, 처분서에 처분의 근거와 이유가 구체적으로 명시되어 있지 않았다고 하더라도 그 처분이 위법하다고 할 수 없다.

② 원심은, 피고가 이 사건 해임처분을 하면서 원고에게 해임처분의 법적 근거와 해임사유 등의 이유를 제시하지는 않았지만, 참가인 공사의 이사회가 피고에게 원고를 해임하여 줄 것을 제청하였는데, 그 결의를 하는 과정에서 원고에게 이사회 소집통지서와 회의자료 등을 전달하였고, 원고가 위 이사회에 서면과 구두로 의견을 진술할 기회를 보장받았다는 등의 사정을 들어, 원고는 이 사건 해임처분의 원인이 되는 사실과 처분의 내용, 그 법적 근거를 충분히 알 수 있었고, 행정소송을 통해 해임처분을 다투는 데 별다른 지장이 없었으므로, 피고가 원고에게 이 사건 해임처분의 근거와 이유를 제시하지 않았다는 이유로 위 처분이 위법하다고 할 수는 없다고 판단하였다.

대법원 2014. 9. 4., 선고, 2012두12570, 판결 [과징금부과처분등취소]

「행정절차법」 제23조 제1항은 행정청이 처분을 하는 때에는 당사자에게 그 근거와 이유를 제시하도록 규정하고 있는바, 이는 행정청의 자의적 결정을 배제하고 당사자로 하여금 행정구제절차에서 적절히 대처할 수 있도록 하는 데 그 취지가 있는 것이므로, 처분서에 기재된 내용과 관계 법령 및 당해 처분에 이르기까지의 전체적인 과정 등을 종합적으로 고려하여, 처분 당시 당사자가 어떠한 근거와 이유로 처분이 이루어진 것인지를 충분히 알 수 있어서 그에 불복하여 행정구제절차로 나아가는 데에 별다른 지장이 없었던 것으로 인정되는 경우에는, 처분서에 처분의 근거와 이유가 구체적으로 명시되어 있지 않았다고 하더라도 그로 말미암아 그 처분이 위법한 것으로 된다고 할 수는 없다.

원심은 제1심판결의 이유를 인용하여, ① 이 사건 처분통지서에는 처분의 근거가 되는 3가지 위반사유에 대하여 별지를 통해 매우 구체적으로 적시하고 있고, 비록 각 위반사유별로 구분하여 과징금 부과의 근거 법령이 구체적으로 기재되지는 않으나 '「증권거래법」(2007. 8. 3. 법률 제8635호 「자본시장과 금융투자업에 관한 법률」 부칙 제2조로 폐지된 것) 제206조의11 및 「자본시장과 금융투자업에 관한 법률」(2013. 5. 28. 법률 제11845호로 개정되기 전의 것) 제429조'라고 기재되어 있으므로, 원고로서는 당시 어떠한 근거와 이유로 이 사건 처분이 이루어진 것인지를 충분히 예상할 수 있었다고 보이는 점, ② 이 사건 처분의 사전 통지서에 이미 과징금 산정의 산출근거가 대략적으로 제시되어 있었던 점 등에 비추어 보면, 이 사건 처분서에 처분의 근거와 이유가 구체적으로 명시되어 있지 아니하여 원고가 그 처분에 불복하여 행정구제절차로 나아가는 데에 지장이 있다고 볼 수 없다는 이유로, 이 사건 처분에 처분의 근거와 이유 제시가 불충분하여 「행정절차법」 제23조 제1항의 규정을 위반한 절차상 위법이 있다고 볼 수 없다.

대법원 2002. 5. 17., 선고, 2000두8912, 판결 [토지형질변경불허가처분취소]

① 「행정절차법」 제23조 제1항은 행정청은 처분을 하는 때에는 당사자에게 그 근거와 이유를 제시하여야 한다고 규정하고 있는바, 일반적으로 당사자가 근거규정 등을 명시하여 신청하는 인·허가 등을 거부하는 처분을 함에 있어 당사자가 그 근거를 알 수 있을 정도로 상당한 이유를 제시한 경우에는 당해 처분의 근거 및 이유를 구체적 조항 및 내용까지 명시하지 않았더라도 그로 말미암아 그 처분이 위법한 것이 된다고 할 수 없다.

② 행정청이 토지형질변경허가신청을 불허하는 근거규정으로 '「도시계획법시행령」 제20조'를 명시하지 아니하고 '「도시계획법」'이라고만 기재하였으나, 신청인이 자신의 신청이 개발제한구역의 지정목적에 현저히 지장을 초래하는 것이라는 이유로 구 「도시계획법시행령」(2000. 7. 1. 대통령령 제16891호로 전문 개정되기 전의 것) 제20조 제1항 제2호에 따라 불허된 것임을 알 수 있었던 경우, 그 불허처분이 위법하지 아니하다.

대법원 2018. 6. 15., 선고, 2016두57564, 판결 [임용제청거부처분취소등]

교육부장관이 어떤 후보자를 총장 임용에 부적격하다고 판단하여 배제하고 다른 후보자를 임용제청하는 경우라면 배제한 후보자에게 연구윤리 위반, 선거부정, 그 밖의 비위행위 등과 같은 부적격사유가 있다는 점을 구체적으로 제시할 의무가 있다. 그러나 부적격사유가 없는 후보자들 사이에서 어떤 후보자를 상대적으로 더욱 적합하다고 판단하여 임용제청하는 경우라면, 이는 후보자의 경력, 인격, 능력, 대학운영계획 등 여러 요소를 종합적으로 고려하여 총장 임용의 적격성을 정성적으로 평가하는 것으로 그 판단 결과를 수치화하거나 이유제시를 하기 어려울 수 있다. 이 경우에는 교육부장관이 어떤 후보자를 총장으로 임용제청하는 행위 자체에 그가 총장으로 더욱 적합하다는 정성적 평가 결과가 당연히 포함되어 있는 것으로, 이로써 「행정절차법」상 이유제시의무를 다한 것이라고 보아야 한다. 여기에서 나아가 교육부장관에게 개별 심사항목이나 고려요소에 대한 평가 결과를 더 자세히 밝힐 의무까지는 없다.

14 처분의 방식

1. 원칙

행정청의 처분은 문서로 하여야 한다.

2. 예외

(1) 전자문서

① 당사자등의 동의가 있는 경우에 해당하는 경우, ② 당사자가 전자문서로 처분을 신청한 경우에는 전자문서로 할 수 있다.

(2) 구술 등

긴급히 처분을 할 필요가 있거나 사안이 경미한 경우에는 구술 기타 방법으로 할 수 있으며, 이 경우 당사자의 요청 시 지체 없이 처분에 관한 문서를 교부하여야 한다.

3. 실명제

처분 행정청과 담당자의 소속·성명 및 연락처를 적어야 한다.

4. 구술로 고지한 처분의 효력

(1) 독자적 위법성 여부

「헌법」제12조 적법절차원리가 행정절차에 유추적용 된다는 점을 볼 때, 절차의 하자도 기본권 침해에 해당하므로 절차 하자의 독자적 위법성을 인정하는 것이 타당하다.

(2) 처분의 효력

절차 하자에 대한 위법성의 정도는 중대·명백설에 따라 판단한다. 특별한 예외 사유에 해당하지 않는 한 구술로 고지한 처분은 중대하고 명백한 하자로 무효이다.

판례

대법원 2019. 7. 11., 선고, 2017두38874, 판결 [사증발급거부처분취소]

행정절차에 관한 일반법인 「행정절차법」은 제24조 제1항에서 "행정청이 처분을 할 때에는 다른 법령등에 특별한 규정이 있는 경우를 제외하고는 문서로 하여야 하며, 전자문서로 하는 경우에는 당사자등의 동의가 있어야 한다. 다만 신속히 처리할 필요가 있거나 사안이 경미한 경우에는 말 또는 그 밖의 방법으로 할 수 있다."라고 정하고 있다. 이 규정은 처분내용의 명확성을 확보하고 처분의 존부에 관한 다툼을 방지하여 처분상대방의 권익을 보호하기 위한 것이므로, 이를 위반한 처분은 하자가 중대·명백하여 무효이다.

대법원 2005. 7. 28., 선고, 2003두469, 판결 [지방공무원지위확인]

① 행정청이 문서에 의하여 처분을 한 경우 처분서의 문언이 불분명하다는 등의 특별한 사정이 없는 한, 문언에 따라 어떤 처분을 하였는지를 확정하여야 한다. 처분서의 문언만으로도 행정청이 어떤 처분을 하였는지가 분명한데도 처분 경위나 처분 이후의 상대방의 태도 등 다른 사정을 고려하여 처분서의 문언과는 달리 다른 처분까지 포함되어 있는 것으로 확대해석해서는 안 된다.

② 지방소방사시보 임용 당시에는 관련 규정이 정한 임용결격자에 해당하였으나 정규공무원인 지방소방사 임용 당시에는 임용결격자에 해당하지 아니한 지방공무원에 대하여 임용권자가 임용결격자에 해당한다는 이유로 지방소방사시보 발령을 취소한다는 인사발령통지를 하였고, 그 지방공무원도 「임용결격공무원등에 대한 퇴직보상금지급등에 관한 특례법」에 따라 퇴직보상금 지급 및 특별채용 신청을 하여 특별채용되었으나, 그 인사발령통지서에는 위 지방공무원에 대한 지방소방사시보 발령을 취소한다고만 기재되어 있으므로, 위 지방공무원이 그 통지에 대하여 이의를 제기하지 않았다고 하더라도 위 인사발령통지서에 지방소방사 임용행위까지 취소한다는 취지가 포함되어 있다고 볼 수 없다.

15 처분의 정정과 고지

1. 처분의 정정

행정청은 처분에 오기, 오산 또는 그 밖에 이에 준하는 명백한 잘못이 있을 때에는 직권으로 또는 신청에 따라 지체 없이 정정하고 그 사실을 당사자에게 통지하여야 한다.

2. 고지

행정청이 처분을 할 때에는 당사자에게 그 처분에 관하여 행정심판 및 행정소송을 제기할 수 있는지 여부, 그 밖에 불복을 할 수 있는지 여부, 청구절차 및 청구기간, 그 밖에 필요한 사항을 알려야 한다.

16 사전 통지

1. 대상

(1) 원칙

행정청은 당사자에게 의무를 부과하거나 권익을 제한하는 처분을 하는 경우에는 미리 해당 사항을 당사자등에게 통지하여야 한다.

(2) 면제사유

① 공공의 안전 또는 복리를 위하여 긴급히 처분을 할 필요가 있는 경우
② 법령등에서 요구된 자격이 없거나 없어지게 되면 반드시 일정한 처분을 하여야 하는 경우에 그 자격이 없거나 없어지게 된 사실이 법원의 재판 등에 의하여 객관적으로 증명되는 경우
③ 해당 처분의 성질상 의견청취가 현저히 곤란하거나 명백히 불필요하다고 인정될 만한 상당한 이유가 있는 경우

(3) 면제사유 통지

사전 통지를 하지 아니하는 경우 행정청은 처분을 할 때 당사자등에게 통지를 하지 아니한 사유를 알려야 한다. 다만, 신속한 처분이 필요한 경우에는 처분 후 그 사유를 알릴 수 있다.

시행령 제13조 【처분의 사전 통지 생략사유】 ① 급박한 위해의 방지 및 제거 등 공공의 안전 또는 복리를 위하여 긴급한 처분이 필요한 경우
② 법원의 재판 또는 준사법적 절차를 거치는 행정기관의 결정 등에 따라 처분의 전제가 되는 사실이 객관적으로 증명되어 처분에 따른 의견청취가 불필요하다고 인정되는 경우
③ 의견청취의 기회를 줌으로써 처분의 내용이 미리 알려져 현저히 공익을 해치는 행위를 유발할 우려가 예상되는 등 해당 처분의 성질상 의견청취가 현저하게 곤란한 경우
④ 법령 또는 자치법규(이하 "법령등"이라 한다)에서 준수하여야 할 기술적 기준이 명확하게 규정되고, 그 기준에 현저히 미치지 못하는 사실을 이유로 처분을 하려는 경우로서 그 사실이 실험, 계측, 그 밖에 객관적인 방법에 의하여 명확히 입증된 경우
⑤ 법령등에서 일정한 요건에 해당하는 자에 대하여 점용료·사용료 등 금전급부를 명하는 경우 법령등에서 규정하는 요건에 해당함이 명백하고, 행정청의 금액산정에 재량의 여지가 없거나 요율이 명확하게 정하여져 있는 경우 등 해당 처분의 성질상 의견청취가 명백히 불필요하다고 인정될 만한 상당한 이유가 있는 경우

판례

대법원 2020. 7. 23., 선고, 2017두66602, 판결 [조치명령무효확인]

① 「행정절차법」 제21조, 제22조, 「행정절차법 시행령」 제13조의 내용을 「행정절차법」의 입법 목적과 의견청취 제도의 취지에 비추어 종합적·체계적으로 해석하면, 「행정절차법 시행령」 제13조 제2호에서 정한 "법원의 재판 또는 준사법적 절차를 거치는 행정기관의 결정 등에 따라 처분의 전제가 되는 사실이 객관적으로 증명되어 처분에 따른 의견청취가 불필요하다고 인정되는 경우"는 법원의 재판 등에 따라 처분의 전제가 되는 사실이 객관적으로 증명되면 행정청이 반드시 일정한 처분을 해야 하는 경우 등 의견청취가 행정청의 처분 여부나 그 수위 결정에 영향을 미치지 못하는 경우를 의미한다고 보아야 한다. 처분의 전제가 되는 '일부' 사실만 증명된 경우이거나 의견청취에 따라 행정청의 처분 여부나 처분 수위가 달라질 수 있는 경우라면 위 예외사유에 해당하지 않는다.

② 관할 시장이 甲에게 구 「폐기물관리법」 제48조 제1호에 따라 토지에 장기보관 중인 폐기물을 처리할 것을 명령하는 1차, 2차 조치명령을 각각 하였고, 甲이 위 각 조치명령을 불이행하였다고 하여 「폐기물관리법」 위반죄로 유죄판결이 각각 선고·확정되었는데, 이후 관할 시장이 폐기물 방치 실태를 확인하고 별도의 사전 통지와 의견청취 절차를 밟지 않은 채 甲에게 폐기물 처리에 관한 3차 조치명령을 한 사안에서, 甲이 3차 조치명령 이전에 관할 시장으로부터 1차, 2차 조치명령을 받았고, 형사재판절차에서 위 각 조치명령 불이행의 범죄사실에 관하여 유죄판결을 선고받은 후 그 판결이 확정되었다고 하더라도, 2차 조치명령 당시부터는 물론이고, 2차 조치명령 불이행으로 인한 유죄판결 확정 이후부터 3차 조치명령 당시까지 시간적 간격이 있으므로 사정변경의 여지가 있는데, 위 각 유죄판결에 따라 '甲이 폐기물을 방치하여 1차 및 2차 조치명령을 받았고 이를 불이행하였다'는 사실이 객관적으로 증명된 경우라고 볼 수는 있으나, 나아가 위 유죄판결에 따라 '3차 조치명령 당시 토지에 방치된 폐기물을 적정하게 처리하지 않고 있다'는 처분사유가 객관적으로 증명되었다고 단정하기는 어렵고, 또한 3차 조치명령의 근거 법률인 「폐기물관리법」 제48조의 문언과 체제에 비추어 보면 이 규정에 따른 폐기물 처리 조치명령은 재량행위에 해당하므로, 3차 조치명령은 법원의 재판 등에 따라 처분의 전제가 되는 사실이 객관적으로 증명되면 행정청이 반드시 일정한 처분을 해야 하는 경우 등 의견청취가 행정청의 처분 여부나 그 수위 결정에 영향을 미치지 못하는 경우에 해당한다고 보기 어려워, 「행정절차법 시행령」 제13조 제2호에서 정한 사전 통지, 의견청취의 예외사유에 해당하지 않는다.

대법원 2016. 10. 27., 선고, 2016두41811, 판결 [시정명령처분취소등]

「행정절차법」 제21조 제1항, 제3항, 제4항, 제22조에 의하면, 행정청이 당사자에게 의무를 부과하거나 권익을 제한하는 처분을 하는 경우에는 미리 '처분의 제목', '처분하려는 원인이 되는 사실과 처분의 내용 및 법적 근거', '이에 대하여 의견을 제출할 수 있다는 뜻과 의견을 제출하지 아니하는 경우의 처리방법', '의견제출기관의 명칭과 주소', '의견제출기한' 등의 사항을 당사자등에게 통지하여야 하고, 의견제출기한은 의견제출에 필요한 상당한 기간을 고려하여 정하여야 하며, 다른 법령등에서 필수적으로 청문을 하거나 공청회를 개최하도록 규정하고 있지 아니한 경우에도 당사자등에게 의견제출의 기회를 주어야 하며, 다만 '해당처분의 성질상 의견청취가 현저히 곤란하거나 명백히 불필요하다고 인정될 만한 상당한 이유가 있는 경우' 등에 한하여 처분의 사전통지나 의견청취를 하지 아니할 수 있다. 따라서 행정청이 침해적 행정처분을 하면서 당사자에게 사전통지를 하거나 의견제출의 기회를 주지 아니하였다면, 사전통지나 의견제출의 예외적인 경우에 해당하지 아니하는 한, 처분은 위법하여 취소를 면할 수 없다.

그리고 여기에서 '의견청취가 현저히 곤란하거나 명백히 불필요하다고 인정될 만한 상당한 이유가 있는 경우'에 해당하는지는 해당 행정처분의 성질에 비추어 판단하여야 하며, 처분상대방이 이미 행정청에 위반사실을 시인하였다거나 처분의 사전통지 이전에 의견을 진술할 기회가 있었다는 사정을 고려하여 판단할 것은 아니다.

대법원 2000. 11. 14., 선고, 99두5870, 판결 [지하수개발이용수리취소및원상복귀명령취소]

행정청이 온천지구임을 간과하여 지하수개발·이용신고를 수리하였다가 「행정절차법」상의 사전통지를 하거나 의견제출의 기회를 주지 아니한 채 그 신고수리처분을 취소하고 원상복구명령의 처분을 한 경우, 행정지도방식에 의한 사전고지나 그에 따른 당사자의 자진 폐공의 약속 등의 사유만으로는 사전통지 등을 하지 않아도 되는 「행정절차법」 소정의 예외의 경우에 해당한다고 볼 수 없다는 이유로 그 처분은 위법하다.

대법원 2019. 5. 30., 선고, 2014두40258, 판결[명예전역선발취소처분취소]

피고가 원고를 명예전역수당 지급대상자로 선발하고 2013. 2. 8. 원고에 대하여 전역인사명령(전역일자: 2013. 2. 28.)을 하였다가, 공군참모총장이 2013. 2. 25.자로 원고에 대하여 '근신 3일'의 징계처분을 하자, 별도의 사전통지나 의견진술기회 부여 절차를 거치지 아니한 채 위 징계처분을 이유로 원고에 대한 명예전역수당 지급대상자 선발결정을 취소하는 처분을 한 사실을 인정한 다음, 이 사건 취소처분은 명예전역수당 지급대상자의 지위를 박탈하는 내용이므로 권익을 제한하는 처분으로 성질상 행정절차를 거치기 곤란하거나 불필요하다고 인정되는 처분이라고 보기 어렵고, 원고가 별도의 징계절차에서 자신의 비위행위에 대한 해명기회를 가졌다는 사정만으로 이 사건 취소처분이 원고에게 사전통지를 하지 않거나 의견제출의 기회를 주지 아니하여도 되는 예외적인 경우에 해당한다고 볼 수도 없다는 점 등을 들어, 피고가 이 사건 취소처분을 하면서 원고에게 「행정절차법」에 따른 사전통지 및 의견제출의 기회를 부여하지 않은 점에서 「행정절차법」을 위반한 절차상 하자가 있어 위법하다.

대법원 2009. 1. 30., 선고, 2008두16155, 판결[정규임용취소처분취소]

정규임용처분을 취소하는 처분은 원고의 이익을 침해하는 처분이라 할 것이고, 한편 「지방공무원법」 및 그 시행령에는 이 사건 처분과 같이 정규임용처분을 취소하는 처분을 함에 있어 행정절차에 준하는 절차를 거치도록 하는 규정이 없을 뿐만 아니라 위 처분이 성질상 행정절차를 거치기 곤란하거나 불필요하다고 인정되는 처분이라고 보기도 어렵다고 할 것이어서 이 사건 처분이 「행정절차법」의 적용이 제외되는 경우에 해당한다고 할 수 없으며, 나아가 이 사건 처분은, 「지방공무원법」 제31조 제4호 소정의 공무원임용 결격사유가 있어 당연무효인 이 사건 시보임용처분과는 달리, 위 시보임용처분의 무효로 인하여 시보공무원으로서의 경력을 갖추지 못하였다는 이유만으로, 별도의 정규임용처분을 취소하는 처분이어서 「행정절차법」 제21조 제4항 및 제22조 제4항에 따라 원고에게 사전통지를 하지 않거나 의견제출의 기회를 주지 아니하여도 되는 예외적인 경우에 해당한다고 할 수도 없다.

그렇다면 피고가 이 사건 처분을 함에 있어 원고에게 처분의 사전통지를 하거나 의견제출의 기회를 부여하지 아니한 이상, 이 사건 처분은 절차상 하자가 있어 위법하다고 할 것이다.

01

대법원 2004. 5. 28., 선고, 2004두1254, 판결 [건축공사중지명령취소]

「건축법」상의 공사중지명령에 대한 사전통지를 하고 의견제출의 기회를 준다면 많은 액수의 손실보상금을 기대하여 공사를 강행할 우려가 있다는 사정이 사전통지 및 의견제출절차의 예외사유에 해당하지 아니한다.

대법원 2000. 11. 28., 선고, 99두5443, 판결 [퇴직급여환수금반납고지처분등취소]

퇴직연금의 환수결정은 당사자에게 의무를 과하는 처분이기는 하나, 관련 법령에 따라 당연히 환수금액이 정하여지는 것이므로, 퇴직연금의 환수결정에 앞서 당사자에게 의견진술의 기회를 주지 아니하여도 「행정절차법」 제22조 제3항이나 신의칙에 어긋나지 아니한다.

대법원 2016. 11. 9., 선고, 2014두1260, 판결 [보조금반환등취소]

① 보건복지부장관이 작성한 「보육사업안내」에 평가인증취소의 절차에 관한 사항을 일부 정하고 있다 하더라도 이러한 사정만으로 「행정절차법」 제3조 제1항이 정한 '다른 법률에 특별한 규정이 있는 경우'에 해당하여 평가인증취소에 「행정절차법」 적용이 배제된다고 보기 어렵다.

② 평가인증취소처분은 이로 인하여 원고에 대한 인건비 등 보조금 지급이 중단되는 등 원고의 권익을 제한하는 처분에 해당하며, 보조금 반환명령과는 전혀 별개의 절차로서 보조금 반환명령이 있으면 피고 보건복지부장관이 평가인증을 취소할 수 있지만 반드시 취소하여야 하는 것은 아닌 점 등에 비추어 보면, 보조금 반환명령 당시 사전통지 및 의견제출의 기회가 부여되었다 하더라도 그 사정만으로 이 사건 평가인증취소처분이 구 「행정절차법」 제21조 제4항 제3호에서 정하고 있는 사전통지 등을 하지 아니하여도 되는 예외사유에 해당한다고도 볼 수 없으므로, 구 「행정절차법」 제21조 제1항에 따른 사전통지를 거치지 않은 이 사건 평가인증취소처분은 위법하다.

대법원 2017. 9. 21., 선고, 2017도7321, 판결 [개발제한구역의지정및관리에관한특별조치법위반 · 폐기물관리법위반]

① 「개발제한구역의 지정 및 관리에 관한 특별조치법」(이하 '개발제한구역법'이라 한다.) 제30조 제1항에 의하여 행정청으로부터 시정명령을 받은 자가 이를 위반한 경우, 그로 인하여 「개발제한구역법」 제32조 제2호에 정한 처벌을 하기 위하여는 시정명령이 적법한 것이라야 하고, 시정명령이 당연무효가 아니더라도 위법한 것으로 인정되는 한 「개발제한구역법」 제32조 제2호 위반죄가 성립될 수 없다.

② 피고인 甲 주식회사의 대표이사 피고인 乙이 개발제한구역 내에 무단으로 고철을 쌓아 놓은 행위 등에 대하여 관할관청으로부터 원상복구를 명하는 시정명령을 받고도 이행하지 아니하였다고 하여 「개발제한구역의 지정 및 관리에 관한 특별조치법」 위반으로 기소된 사안에서, 관할관청이 침해적 행정처분인 시정명령을 하면서 피고인 乙에게 「행정절차법」 제21조, 제22조에 따른 적법한 사전통지를 하거나 의견제출 기회를 부여하지 않았고 이를 정당화할 사유도 없으므로 시정명령은 절차적 하자가 있어 위법하고, 시정명령이 당연무효가 아니더라도 위법한 것으로 인정되는 이상 피고인 乙이 시정명령을 이행하지 아니하였더라도 피고인 乙에 대하여 「개발제한구역법」 제32조 제2호 위반죄가 성립하지 아니한다.

2. 사전 통지사항

(1) 처분의 제목

(2) 당사자의 성명 또는 명칭과 주소

(3) 처분하려는 원인이 되는 사실과 처분의 내용 및 법적 근거

(4) 의견을 제출할 수 있다는 뜻과 의견을 제출하지 아니하는 경우의 처리방법

(5) 의견제출기관의 명칭과 주소

(6) 의견제출기한

(7) 그 밖에 필요한 사항

3. 사전 통지 기간

(1) **청문**

행정청은 청문을 하려면 청문이 시작되는 날부터 10일 전까지는 당사자등에게 통지하여야
한다.

(2) **의견제출기한**

의견제출에 필요한 기간을 10일 이상으로 고려하여 정하여야 한다.

4. 거부처분

신청에 따른 처분이 이루어지지 않은 경우에는 아직 당사자에게 권익이 부과되지 아니하였
으므로 특별한 사정이 없는 한 신청에 대한 거부처분이라고 하더라도 직접 당사자의 권익을
제한하는 것은 아니다.

> 판례

대법원 2003. 11. 28., 선고, 2003두674, 판결 [임용거부처분취소]
「행정절차법」 제21조 제1항은 행정청은 당사자에게 의무를 과하거나 권익을 제한하는 처분을 하는 경우에
는 미리 처분의 제목, 당사자의 성명 또는 명칭과 주소, 처분하고자 하는 원인이 되는 사실과 처분의 내용
및 법적 근거, 그에 대하여 의견을 제출할 수 있다는 뜻과 의견을 제출하지 아니하는 경우의 처리방법, 의견
제출기관의 명칭과 주소, 의견제출기한 등을 당사자등에게 통지하도록 하고 있는바, 신청에 따른 처분이
이루어지지 아니한 경우에는 아직 당사자에게 권익이 부과되지 아니하였으므로 특별한 사정이 없는 한 신
청에 대한 거부처분이라고 하더라도 직접 당사자의 권익을 제한하는 것은 아니어서 신청에 대한 거부처분
을 여기에서 말하는 '당사자의 권익을 제한하는 처분'에 해당한다고 할 수 없는 것이어서 처분의 사전통지
대상이 된다고 할 수 없다.

17 의견청취

1. 의견제출

(1) 의의

의견제출이란 행정청이 어떠한 행정작용을 하기 앞서 당사자등이 의견을 제시하는 절차로서 청문이나 공청회에 해당하지 아니하는 절차를 말한다.

(2) 대상

행정절차법은 불이익한 처분에 있어 청문 또는 공청회를 거치지 않은 경우 의견제출 절차를 의무적으로 거치도록 규정하고 있다.

2. 청문

(1) 의의

행정청이 어떠한 처분을 하기 전에 당사자등의 의견을 직접 듣고 증거를 조사하는 절차를 말한다.

(2) 대상

① 다른 법령등에서 청문을 실시하도록 규정하고 있는 경우
② 행정청이 필요하다고 인정하는 경우
③ 인허가 등의 취소, 신분·자격의 박탈, 법인이나 조합 등의 설립허가의 취소의 처분을 하는 경우

3. 공청회

(1) 의의

행정청이 공개적인 토론을 통하여 어떠한 행정작용에 대하여 당사자등, 전문지식과 경험을 가진 사람, 그 밖의 일반인으로부터 의견을 널리 수렴하는 절차를 말한다.

(2) 대상

① 다른 법령등에서 공청회를 개최하도록 규정하고 있는 경우
② 처분의 영향이 광범위하여 널리 의견을 수렴할 필요가 있다고 행정청이 인정하는 경우
③ 국민생활에 큰 영향을 미치는 처분(국민 다수의 생명, 안전 및 건강에 큰 영향을 미치는 처분 또는 소음 및 악취 등 국민의 일상생활과 관계되는 환경에 큰 영향을 미치는 처분)으로서 30명 이상의 당사자등이 공청회 개최를 요구하는 경우

4. 예외

(1) 공공의 안전 또는 복리를 위하여 긴급히 처분을 할 필요가 있는 경우

(2) 법령등에서 요구된 자격이 없거나 없어지게 되면 반드시 일정한 처분을 하여야 하는 경우에 그 자격이 없거나 없어지게 된 사실이 법원의 재판 등에 의하여 객관적으로 증명된 경우

(3) 해당 처분의 성질상 의견청취가 현저히 곤란하거나 명백히 불필요하다고 인정될 만한 상당한 이유가 있는 경우

(4) 당사자가 의견진술의 기회를 포기한다는 뜻을 의견진술 기간 내에 명백히 표시한 경우

> 시행령 제14조 【의견진술의 포기】당사자는 법 제22조 제4항의 규정에 의하여 의견진술의 기회를 포기한 때에는 의견진술포기서 또는 이에 준하는 문서를 행정청에 제출하여야 한다.

5. 신속처분 의무

행정청은 청문·공청회 또는 의견제출을 거쳤을 때에는 신속히 처분하여 해당 처분이 지연되지 아니하도록 하여야 한다.

6. 제출 서류등의 반환

행정청은 처분 후 1년 이내에 당사자등이 요청하는 경우에는 청문·공청회 또는 의견제출을 위하여 제출받은 서류나 그 밖의 물건을 반환하여야 한다.

18 의견제출 절차

1. 의견제출방법

(1) 당사자등은 처분 전에 그 처분의 관할 행정청에 서면이나 말로 또는 정보통신망을 이용하여 의견제출을 할 수 있다.

(2) 당사자등은 의견제출을 하는 경우 그 주장을 입증하기 위한 증거자료 등을 첨부할 수 있다.

(3) 행정청은 당사자등이 말로 의견제출을 하였을 때에는 서면으로 그 진술의 요지와 진술자를 기록하여야 한다.

(4) 당사자등이 정당한 이유 없이 의견제출기한까지 의견제출을 하지 아니한 경우에는 의견이 없는 것으로 본다.

2. 제출 의견의 관리

(1) 행정청은 처분을 할 때에 당사자등이 제출한 의견이 상당한 이유가 있다고 인정하는 경우에는 이를 반영하여야 한다.

(2) 행정청은 당사자등이 제출한 의견을 반영하지 아니하고 처분을 한 경우 당사자등이 처분이 있음을 안 날부터 90일 이내에 그 이유의 설명을 요청하면 서면으로 그 이유를 알려야 한다. 다만, 당사자등이 동의하면 말, 정보통신망 또는 그 밖의 방법으로 알릴 수 있다.

3. 문서의 열람

(1) 당사자등은 처분의 사전통지가 있는 날부터 의견제출기한까지 문서의 열람 또는 복사를 요청할 수 있다.

(2) 행정청이 다른 법령에 따라 열람 또는 복사의 요청을 거부하는 경우에는 그 이유를 소명하여야 한다.

19 청문 주재자

1. 청문 주재자의 선임 · 지위

(1) 행정청은 소속 직원 또는 대통령령으로 정하는 자격을 가진 사람 중에서 청문 주재자를 공정하게 선정하여야 한다.

(2) 행정청은 ① 다수 국민의 이해가 상충되는 처분, ② 다수 국민에게 불편이나 부담을 주는 처분, ③ 그 밖에 전문적이고 공정한 청문을 위하여 행정청이 청문 주재자를 2명 이상으로 선정할 필요가 있다고 인정하는 처분을 하려는 경우에는 청문 주재자를 2명 이상으로 선정할 수 있다. 이 경우 선정된 청문 주재자 중 1명이 청문 주재자를 대표한다.

> 시행령 제15조【청문주재자】① 법 제28조 제1항에서 "대통령령이 정하는 자격을 가진 자"라 함은 다음 각호의 1에 해당하는 자를 말한다.
> 1. 교수 · 변호사 · 공인회계사 등 관련분야의 전문직 종사자
> 2. 청문사안과 관련되는 분야에 근무한 경험이 있는 전직 공무원
> 3. 그 밖의 업무경험을 통하여 청문사안과 관련되는 분야에 전문지식이 있는 자
> ② 법 제28조의 규정에 의한 청문주재자에 대하여는 예산의 범위 안에서 수당이나 여비 그 밖의 필요한 경비를 지급할 수 있다. 다만, 청문주재를 소관업무로 하는 공무원이 청문을 주재하는 경우에는 그러하지 아니하다.
>
> 시행령 제15조의2【2명 이상의 청문 주재자】① 행정청은 법 제28조 제2항에 따라 2명 이상의 청문 주재자를 선정하는 경우 전체 청문 주재자의 2분의 1 이상을 제15조 제1항 각 호의 어느 하나에 해당하는 사람으로 선정해야 한다.
> ② 행정청은 법 제28조 제2항 각 호 외의 부분 후단에 따라 2명 이상의 청문 주재자 중에서 청문사안에 대한 중립성 · 전문성 등을 고려하여 청문 주재자를 대표하는 청문 주재자(이하 이 조에서 "대표주재자"라 한다.) 1명을 선정해야 한다.

③ 대표주재자는 청문 주재자를 대표하여 법 제31조에 따라 청문을 진행하고, 법 제35조에 따라 청문을 종결한다.
④ 대표주재자는 청문 주재자의 의견을 반영하여 법 제34조에 따른 청문조서 및 법 제34조의2에 따른 청문 주재자의 의견서를 대표로 작성한다. 이 경우 청문 주재자 전원이 그 청문조서 및 청문 주재자의 의견서에 서명 또는 날인해야 한다.
⑤ 대표주재자는 제4항에 따라 청문 주재자의 의견서를 작성할 때 청문 주재자 사이에 의견이 일치하지 않는 경우에는 그 내용을 청문 주재자의 의견서에 모두 기록해야 한다.

(3) 행정청은 청문이 시작되는 날부터 7일 전까지 청문 주재자에게 청문과 관련한 필요한 자료를 미리 통지하여야 한다.

(4) 청문 주재자는 독립하여 공정하게 직무를 수행하며, 그 직무 수행을 이유로 본인의 의사에 반하여 신분상 어떠한 불이익도 받지 아니한다.

(5) 대통령령으로 정하는 사람 중에서 선정된 청문 주재자는 「형법」이나 그 밖의 다른 법률에 따른 벌칙을 적용할 때에는 공무원으로 본다.

2. 청문 주재자의 제척·기피·회피

「행정절차법」은 공정한 청문을 위하여 청문 주재자 제척·기피·회피 사유를 명문으로 규정하고 있다.

(1) 제척사유

① 자신이 당사자등이거나 당사자등과 「민법」 제777조 각 호의 어느 하나에 해당하는 친족관계에 있거나 있었던 경우
② 자신이 해당 처분과 관련하여 증언이나 감정을 한 경우
③ 자신이 해당 처분의 당사자등의 대리인으로 관여하거나 관여하였던 경우
④ 자신이 해당 처분업무를 직접 처리하거나 처리하였던 경우
⑤ 자신이 해당 처분업무를 처리하는 부서에 근무하는 경우

(2) 기피사유

청문 주재자에게 공정한 청문 진행을 할 수 없는 사정이 있는 경우 당사자등은 행정청에 기피신청을 할 수 있다. 이 경우 행정청은 청문을 정지하고 그 신청이 이유가 있다고 인정할 때에는 해당 청문 주재자를 지체 없이 교체하여야 한다.

(3) 회피사유

청문 주재자는 제척 또는 기피의 사유에 해당하는 경우에는 행정청의 승인을 받아 스스로 청문의 주재를 회피할 수 있다.

[20] 청문 절차

1. 사전통지

행정청은 청문을 하려면 청문의 시작되는 날부터 10일 전까지 일정 사항을 당사자등에게 통지하여야 한다.

2. 진행

(1) 주재자

① 청문 주재자가 청문을 시작할 때에는 먼저 예정된 처분의 내용, 그 원인이 되는 사실 및 법적 근거 등을 설명하여야 한다.

② 청문 주재자는 청문의 신속한 진행과 질서유지를 위하여 필요한 조치를 할 수 있다.

③ 청문 주재자는 직권으로 또는 당사자의 신청에 따라 필요한 조사를 할 수 있으며, 당사자 등이 주장하지 아니한 사실에 대하여도 조사할 수 있다.

④ 청문 주재자는 필요하다고 인정할 때에는 관계 행정청에 필요한 문서의 제출 또는 의견의 진술을 요구할 수 있다. 이 경우 관계 행정청은 직무 수행에 특별한 지장이 없으면 그 요구에 따라야 한다.

(2) 당사자등

① 당사자등은 의견을 진술하고 증거를 제출할 수 있으며, 참고인이나 감정인 등에게 질문할 수 있다.

② 당사자등이 의견서를 제출한 경우에는 그 내용을 출석하여 진술한 것으로 본다.

(3) 행정청

① 행정청은 직권으로 또는 당사자의 신청에 따라 여러 개의 사안을 병합하거나 분리하여 청문을 할 수 있다.

② 청문을 계속할 경우에는 행정청은 당사자등에게 다음 청문의 일시 및 장소를 서면으로 통지하여야 하며, 당사자등이 동의하는 경우에는 전자문서로 통지할 수 있다. 다만, 청문에 출석한 당사자등에게는 그 청문일에 청문 주재자가 말로 통지할 수 있다.

3. 결과의 반영

행정청은 처분을 할 때에 청문조서, 청문 주재자의 의견서, 그 밖의 관계 서류 등을 충분히 검토하고 상당한 이유가 있다고 인정하는 경우에는 청문결과를 반영하여야 한다.

4. 문서의 열람

(1) 당사자등은 청문의 통지가 있는 날부터 청문이 끝날 때까지 문서의 열람 또는 복사를 요청할 수 있다.

(2) 행정청이 다른 법령에 따라 열람 또는 복사의 요청을 거부하는 경우에는 그 이유를 소명하여야 한다.

5. 공개

청문은 비공개를 원칙으로 한다.

청문은 당사자가 공개를 신청하거나 청문 주재자가 필요하다고 인정하는 경우 공개할 수 있다. 다만, 공익 또는 제3자의 정당한 이익을 현저히 해칠 우려가 있는 경우에는 공개하여서는 아니 된다.

6. 종결과 재개

(1) 청문 주재자는 해당 사안에 대하여 당사자등의 의견진술, 증거조사가 충분히 이루어졌다고 인정하는 경우 또는 당사자등의 전부 또는 일부가 정당한 사유 없이 청문기일에 출석하지 아니하거나 의견서를 제출하지 아니한 경우에는 청문을 마칠 수 있다.

(2) 청문 주재자는 당사자등의 전부 또는 일부가 정당한 사유로 청문기일에 출석하지 못하거나 의견서를 제출하지 못한 경우에는 10일 이상의 기간을 정하여 이들에게 의견진술 및 증거제출을 요구하여야 하며, 해당 기간이 지났을 때에 청문을 마칠 수 있다.

(3) 청문 주재자는 청문을 마쳤을 때에는 청문조서, 청문 주재자의 의견서, 그 밖의 관계 서류 등을 행정청에 지체 없이 제출하여야 한다.

(4) 행정청은 청문을 마친 후 처분을 할 때까지 새로운 사정이 발견되어 청문을 재개할 필요가 있다고 인정할 때에는 청문조서 등을 되돌려 보내고 청문의 재개를 명할 수 있다.

판례

대법원 2004. 7. 8., 선고, 2002두8350, 판결 [유희시설조성사업협약해지및사업시행자지정 거부처분취소]

① 청문제도는 행정처분의 사유에 대하여 당사자에게 변명과 유리한 자료를 제출할 기회를 부여함으로써 위법사유의 시정가능성을 고려하고 처분의 신중과 적정을 기하려는 데 그 취지가 있음에 비추어 볼 때, 행정청이 침해적 행정처분을 함에 즈음하여 청문을 실시하지 않아도 되는 예외적인 경우에 해당하지 않는 한 반드시 청문을 실시하여야 하고, 그 절차를 결여한 처분은 위법한 처분으로서 취소사유에 해당한다.

② 행정청이 당사자와 사이에 도시계획사업의 시행과 관련한 협약을 체결하면서 관계 법령 및 「행정절차법」에 규정된 청문의 실시 등 의견청취절차를 배제하는 조항을 두었다고 하더라도, 국민의 행정참여를 도모함으로써 행정의 공정성·투명성 및 신뢰성을 확보하고 국민의 권익을 보호한다는 「행정절차법」의 목적 및 청문제도의 취지 등에 비추어 볼 때, 위와 같은 협약의 체결로 청문의 실시에 관한 규정의 적용을 배제할 수 있다고 볼 만한 법령상의 규정이 없는 한, 이러한 협약이 체결되었다고 하여 청문의 실시에 관한 규정의 적용이 배제된다거나 청문을 실시하지 않아도 되는 예외적인 경우에 해당한다고 할 수 없다.

대법원 2001. 4. 13., 선고, 2000두3337, 판결 [영업허가취소처분취소]

「행정절차법」제21조 제4항 제3호는 침해적 행정처분을 할 경우 청문을 실시하지 않을 수 있는 사유로서 "당해 처분의 성질상 의견청취가 현저히 곤란하거나 명백히 불필요하다고 인정될 만한 상당한 이유가 있는 경우"를 규정하고 있으나, 여기에서 말하는 '의견청취가 현저히 곤란하거나 명백히 불필요하다고 인정될 만한 상당한 이유가 있는지 여부'는 당해 행정처분의 성질에 비추어 판단하여야 하는 것이지, 청문통지서의 반송 여부, 청문 통지의 방법 등에 의하여 판단할 것은 아니며, 또한 행정처분의 상대방이 통지된 청문일시에 불출석하였다는 이유만으로 행정청이 관계 법령상 그 실시가 요구되는 청문을 실시하지 아니한 채 침해적 행정처분을 할 수는 없을 것이므로, 행정처분의 상대방에 대한 청문통지서가 반송되었다거나, 행정처분의 상대방이 청문일시에 불출 석하였다는 이유로 청문을 실시하지 아니하고 한 침해적 행정처분은 위법하다.

대법원 1994. 8. 9., 선고, 94누3414, 판결 [유형문화재지정고시처분취소]

① 「국민의 권익보호를 위한 행정절차에 관한 훈령」(1989. 11. 17. 국무총리훈령 제235호)은 상급행정기관 이 하급행정기관에 대하여 발하는 일반적인 행정명령으로서 행정기관 내부에서만 구속력이 있을 뿐 대 외적인 구속력을 가지는 것이 아니다.

② 청문을 포함한 당사자의 의견청취절차 없이 어떤 행정처분을 한 경우에도 관계 법령에서 당사자의 의견 청취절차를 시행하도록 규정하지 않고 있는 경우에는 그 행정처분이 위법하게 되는 것은 아니라 할 것 인바, 「문화재보호법」과 「대구직할시문화재보호조례」에 의하면 시지정문화재는 시장이 문화재위원회 의 자문을 받아 지정한다고만 규정되어 있을 뿐 그 지정에 있어서 문화재의 소유자나 기타 이해관계인 의 신청이 필요하다는 규정이나 소유자 기타 이해관계인의 의견을 들어야 한다는 행정절차의 규정은 없고, 비록 「국민의 권익보호를 위한 행정절차에 관한 훈령」에 따라 1990. 3. 1.부터 시행된 행정절차운 영지침에 의하면 행정청이 공권력을 행사하여 국민의 구체적인 권리 또는 의무에 직접적인 변동을 초래 하게 하는 행정처분을 하고자 할 때에는 미리 당사자에게 행정처분을 하고자 하는 원인이 되는 사실을 통지하여 그에 대한 의견을 청취한 다음 이유를 명시하여 행정처분을 하여야 한다고 규정되어 있으나 이는 대외적 구속력을 가지는 것이 아니므로, 시장이 건조물 소유자의 신청이 없는 상태에서 소유자의 의견을 듣지 아니하고 건조물을 문화재로 지정하였다고 하여 위법한 것이라고 할 수 없다.

대법원 1992. 10. 23., 선고, 92누2844, 판결 [영업허가취소처분취소]

행정청이 「식품위생법」상의 청문절차를 이행함에 있어 소정의 청문서 도달기간을 지키지 아니하였다면 이 는 청문의 절차적 요건을 준수하지 아니한 것이므로 이를 바탕으로 한 행정처분은 일단 위법하다고 보아야 할 것이지만 이러한 청문제도의 취지는 처분으로 말미암아 받게 될 영업자에게 미리 변명과 유리한 자료를 제출할 기회를 부여함으로써 부당한 권리침해를 예방하려는 데에 있는 것임을 고려하여 볼 때, 가령 행정청 이 청문서 도달기간을 다소 어겼다하더라도 영업자가 이에 대하여 이의하지 아니한 채 스스로 청문일에 출석하여 그 의견을 진술하고 변명하는 등 방어의 기회를 충분히 가졌다면 청문서 도달기간을 준수하지 아니한 하자는 치유되었다고 봄이 상당하다.

대법원 2017. 4. 7., 선고, 2016두63224, 판결 [개인택시운송사업면허취소처분취소]

① 행정처분의 사유에 대하여 당사자에게 변명과 유리한 자료를 제출할 기회를 부여함으로써 위법사유의 시정가능성을 고려하고, 처분의 신중과 적정을 기하려는 청문제도의 취지에 비추어 볼 때, 원고가 이 사건 처분 전에 피고의 사무실에 방문하여 피고 소속 공무원에게 '처분을 좀 연기해 달라'는 내용의 서 류를 제출한 것을 들어, 여객자동차 「운수사업법」과 「행정절차법」이 필요적으로 실시하도록 규정하고 있는 청문을 실시한 것으로 볼 수는 없다.

② 나아가 관련 법령이 정한 청문 등 의견청취를 하지 아니할 수 있는 예외에 해당하는지는 해당 행정처분의 성질에 비추어 판단하여야 하며, 처분상대방이 이미 행정청에게 위반사실을 시인하였다거나 처분의 사전통지 이전에 의견을 진술할 기회가 있었다는 사정을 고려하여 판단할 것은 아니므로, 앞서 본 대로 원고의 방문 당시 담당공무원이 원고에게 관련 법규와 행정처분 절차에 대하여 설명을 하였다거나 그 자리에서 청문절차를 진행하고자 하였음에도 원고가 이에 응하지 않았다는 사정만으로 '처분의 성질상 의견청취가 현저히 곤란하거나 명백히 불필요하다고 인정될 만한 상당한 이유가 있는 경우'나 또는 '당사자가 의견진술의 기회를 포기한다는 뜻을 명백히 표시한 경우'에 해당한다고 볼 수도 없다.

21 공청회 절차

1. 공청회 개최의 알림

행정청은 공청회를 개최하려는 경우에는 공청회 개최 14일 전까지 당사자등에게 통지하고 관보, 공보, 인터넷 홈페이지 또는 일간신문 등에 공고하는 등의 방법으로 널리 알려야 한다. 다만, 공청회 개최를 알린 후 예정대로 개최하지 못하여 새로 일시 및 장소 등을 정한 경우에는 공청회 개최 7일 전까지 알려야 한다.

2. 온라인공청회

(1) 원칙

행정청은 공청회와 병행하여서만 온라인공청회를 실시할 수 있다.

(2) 온라인공청회 단독 개최

① 국민의 안전 또는 권익보호 등의 이유로 공청회를 개최하기 어려운 경우
② 공청회가 행정청이 책임질 수 없는 사유로 개최되지 못하거나 개최는 되었으나 무산된 횟수가 3회 이상인 경우
③ 행정청이 온라인공청회를 단독으로 개최할 필요가 있다고 인정하는 경우(다만, 다른 법령등에서 공청회를 개최하도록 규정하고 있는 경우와 국민생활에 큰 영향을 미치는 처분으로서 일정 수 이상의 당사자등이 공청회 개최를 요구하는 경우에 해당하여 공청회를 실시하는 경우는 제외)

(3) 행정청은 온라인공청회를 실시하는 경우 의견제출 및 토론 참여가 가능하도록 적절한 전자적 처리능력을 갖춘 정보통신망을 구축·운영하여야 한다.

(4) 온라인공청회를 실시하는 경우에는 누구든지 정보통신망을 이용하여 의견을 제출하거나 제출된 의견 등에 대한 토론에 참여할 수 있다.

52 Chapter 01 행정절차법

3. 공청회의 주재자 및 발표자의 선정

(1) 행정청은 해당 공청회의 사안과 관련된 분야에 전문적 지식이 있거나 그 분야에 종사한 경험이 있는 사람 중에서 공청회의 주재자를 선정한다.

(2) 공청회의 발표자는 발표를 신청한 사람 중에서 행정청이 선정한다. 다만, 발표를 신청한 사람이 없거나 공청회의 공정성을 확보하기 위하여 필요하다고 인정하는 경우에는 ① 해당 공청회의 사안과 관련된 당사자등, ② 해당 공청회의 사안과 관련된 분야에 전문적 지식이 있는 사람, ③ 해당 공청회의 사안과 관련된 분야에 종사한 경험이 있는 사람 중에서 지명하거나 위촉할 수 있다.

(3) 행정청은 공청회의 주재자 및 발표자를 지명 또는 위촉하거나 선정할 때 공정성이 확보될 수 있도록 하여야 한다.

(4) 공청회의 주재자, 발표자, 그 밖에 자료를 제출한 전문가 등에게는 예산의 범위에서 수당 및 여비와 그 밖에 필요한 경비를 지급할 수 있다.

4. 공청회의 진행

(1) 공청회의 주재자는 공청회를 공정하게 진행하여야 하며, 공청회의 원활한 진행을 위하여 발표 내용을 제한할 수 있고, 질서유지를 위하여 발언 중지 및 퇴장 명령 등 행정안전부장관이 정하는 필요한 조치를 할 수 있다.

(2) 발표자는 공청회의 내용과 직접 관련된 사항에 대하여만 발표하여야 한다.

(3) 공청회의 주재자는 발표자의 발표가 끝난 후에는 발표자 상호 간에 질의 및 답변을 할 수 있도록 하여야 하며, 방청인에게도 의견을 제시할 기회를 주어야 한다.

5. 공청회 및 온라인공청회 결과의 반영

행정청은 처분을 할 때에 공청회, 온라인공청회 및 정보통신망 등을 통하여 제시된 사실 및 의견이 상당한 이유가 있다고 인정하는 경우에는 이를 반영하여야 한다.

22 신청에 의한 처분 절차

1. 처분의 신청

(1) 행정청에 처분을 구하는 신청은 문서로 하여야 한다. 다만, 다른 법령등에 특별한 규정이 있는 경우와 행정청이 미리 다른 방법을 정하여 공시한 경우에는 그러하지 아니하다.

(2) 처분 신청을 전자문서로 하는 경우에는 행정청의 컴퓨터 등에 입력된 때에 신청한 것으로 본다.

(3) 행정청은 신청에 필요한 구비서류, 접수기관, 처리기간, 그 밖에 필요한 사항을 게시(인터넷 등을 통한 게시를 포함한다.)하거나 이에 대한 편람을 갖추어 두고 누구나 열람할 수 있도록 하여야 한다.

2. 신청의 접수, 보완

(1) 행정청은 신청을 받았을 때에는 다른 법령등에 특별한 규정이 있는 경우를 제외하고는 그 접수를 보류 또는 거부하거나 부당하게 되돌려 보내서는 아니 되며, 신청을 접수한 경우에는 신청인에게 접수증을 주어야 한다.

(2) 행정청은 신청에 구비서류의 미비 등 흠이 있는 경우에는 보완에 필요한 상당한 기간을 정하여 지체 없이 신청인에게 보완을 요구하여야 한다.

(3) 행정청은 신청인이 기간 내에 보완을 하지 아니하였을 때에는 그 이유를 구체적으로 밝혀 접수된 신청을 되돌려 보낼 수 있다.

(4) 행정청은 신청인의 편의를 위하여 다른 행정청에 신청을 접수하게 할 수 있다. 이 경우 행정청은 다른 행정청에 접수할 수 있는 신청의 종류를 미리 정하여 공시하여야 한다.

(5) 신청인은 처분이 있기 전에는 그 신청의 내용을 보완·변경하거나 취하할 수 있다. 다만, 다른 법령등에 특별한 규정이 있거나 그 신청의 성질상 보완·변경하거나 취하할 수 없는 경우에는 그러하지 아니하다.

3. 신청의 처리

(1) 다수의 행정청이 관여하는 처분

행정청은 다수의 행정청이 관여하는 처분을 구하는 신청을 접수한 경우에는 관계 행정청과의 신속한 협조를 통하여 그 처분이 지연되지 아니하도록 하여야 한다.

(2) 처리기간의 설정공표

① 행정청은 신청인의 편의를 위하여 처분의 처리기간을 종류별로 미리 정하여 공표하여야 한다.
② 행정청은 부득이한 사유로 처리기간 내에 처분을 처리하기 곤란한 경우에는 해당 처분의 처리기간의 범위에서 한 번만 그 기간을 연장할 수 있다.
③ 행정청은 처리기간을 연장할 때에는 처리기간의 연장 사유와 처리 예정 기한을 지체 없이 신청인에게 통지하여야 한다.
④ 행정청이 정당한 처리기간 내에 처리하지 아니하였을 때에는 신청인은 해당 행정청 또는 그 감독 행정청에 신속한 처리를 요청할 수 있다.

판례

대법원 2019. 12. 13., 선고, 2018두41907, 판결 [인가공증인가신청반려처분취소청구의소_처리기간]

처분이나 민원의 처리기간을 정하는 것은 신청에 따른 사무를 가능한 한 조속히 처리하도록 하기 위한 것이다. 처리기간에 관한 규정은 훈시규정에 불과할 뿐 강행규정이라고 볼 수 없다. 행정청이 처리기간이 지나 처분을 하였더라도 이를 처분을 취소할 절차상 하자로 볼 수 없다. 「민원처리법 시행령」 제23조에 따른 민원처리진행상황 통지도 민원인의 편의를 위한 부가적인 제도일 뿐, 그 통지를 하지 않았더라도 이를 처분을 취소할 절차상 하자로 볼 수 없다.

4. 신청의 효력발생

문서가 행정청에 도달됨으로써 그 효력이 발생한다. 전자문서인 경우에는 행정청의 컴퓨터 등에 입력된 때에 도달된 것으로 본다.

23 신고, 확약, 행정계획 및 위반사실 등의 공표 등

1. 신고

(1) 절차

① 법령등에서 행정청에 일정한 사항을 통지함으로써 의무가 끝나는 신고를 규정하고 있는 경우 신고를 관장하는 행정청은 신고에 필요한 구비서류, 접수기관, 그 밖에 법령등에 따른 신고에 필요한 사항을 게시(인터넷 등을 통한 게시를 포함한다.)하거나 이에 대한 편람을 갖추어 두고 누구나 열람할 수 있도록 하여야 한다.

② 신고가 다음의 요건을 갖춘 경우에는 신고서가 접수기관에 도달된 때에 신고 의무가 이행된 것으로 본다.

ㄱ 신고서의 기재사항에 흠이 없을 것

ㄴ 필요한 구비서류가 첨부되어 있을 것

ㄷ 그 밖에 법령등에 규정된 형식상의 요건에 적합할 것

③ 행정청은 요건을 갖추지 못한 신고서가 제출된 경우에는 지체 없이 상당한 기간을 정하여 신고인에게 보완을 요구하여야 한다.

④ 행정청은 신고인이 기간 내에 보완을 하지 아니하였을 때에는 그 이유를 구체적으로 밝혀 해당 신고서를 되돌려 보내야 한다.

(2) 신고의 효과

신고는 행정청에 대하여 일정한 사항을 통지함으로써 법적 효과가 발생한다. 따라서 신고에 대한 수리행위나 수리거부행위는 처분이 아니며, 이에 대한 행정쟁송제기가 인정되지 않는다. 따라서 신고가 있으면 형식적 요건에 하자가 없는 한 행정기관은 이를 수리하여야 한다는 것이 판례의 태도이다.

판례

대법원 1999. 12. 24., 선고, 98다57419, 판결 [보상금]

행정관청에 대한 신고는 일정한 법률사실 또는 법률관계에 관하여 관계 행정관청에 일방적인 통고를 하는 것을 뜻하는 것으로 법령에 별도의 규정이 있거나 다른 특별한 사정이 없는 한 행정관청에 대한 통고로써 그치는 것이고, 그에 대한 행정관청의 반사적 결정을 기다릴 필요가 없으므로, 수산제조업의 신고를 하고자 하는 자가 그 신고서를 구비서류까지 첨부하여 제출한 경우 시장·군수·구청장으로서는 형식적 요건에 하자가 없는 한 수리하여야 할 것이고, 나아가 관할 관청에 신고업의 신고서가 제출되었다면 담당공무원이 법령에 규정되지 아니한 다른 사유를 들어 그 신고를 수리하지 아니하고 반려하였다고 하더라도, 그 신고 서가 제출된 때에 신고가 있었다고 볼 것이다.

대법원 2010. 11. 18., 선고, 2008두167, 전원합의체 판결 [건축신고불허(또는 반려)처분취소]

건축주 등은 신고제하에서도 건축신고가 반려될 경우 당해 건축물의 건축을 개시하면 시정명령, 이행강제 금, 벌금의 대상이 되거나 당해 건축물을 사용하여 행할 행위의 허가가 거부될 우려가 있어 불안정한 지위 에 놓이게 된다. 따라서 건축신고 반려행위가 이루어진 단계에서 당사자로 하여금 반려행위의 적법성을 다투어 그 법적 불안을 해소한 다음 건축행위에 나아가도록 함으로써 장차 있을지도 모르는 위험에서 미리 벗어날 수 있도록 길을 열어 주고, 위법한 건축물의 양산과 그 철거를 둘러싼 분쟁을 조기에 근본적으로 해결할 수 있게 하는 것이 법치행정의 원리에 부합한다. 그러므로 건축신고 반려행위는 항고소송의 대상이 된다고 보는 것이 옳다.

대법원 2011. 1. 20., 선고, 2010두14954, 전원합의체 판결 [건축(신축)신고불가취소]

「건축법」에서 인·허가의제 제도를 둔 취지는, 인·허가의제사항과 관련하여 건축허가 또는 건축신고의 관할 행정청으로 그 창구를 단일화하고 절차를 간소화하며 비용과 시간을 절감함으로써 국민의 권익을 보호하려는 것이지, 인·허가의제사항 관련 법률에 따른 각각의 인·허가 요건에 관한 일체의 심사를 배제하려는 것으로 보기는 어렵다. 왜냐하면, 「건축법」과 인·허가의제사항 관련 법률은 각기 고유한 목적이 있고, 건축신고와 인·허가의제사항도 각각 별개의 제도적 취지가 있으며 그 요건 또한 달리하기 때문이다. 나아가 인·허가의 제사항 관련 법률에 규정된 요건 중 상당수는 공익에 관한 것으로서 행정청의 전문적이고 종합적인 심사가 요구되는데, 만약 건축신고만으로 인·허가의제사항에 관한 일체의 요건 심사가 배제된다고 한다면, 중대한 공익상의 침해나 이해관계인의 피해를 야기하고 관련 법률에서 인·허가 제도를 통하여 사인의 행위를 사전 에 감독하고자 하는 규율체계 전반을 무너뜨릴 우려가 있다. 또한 무엇보다도 건축신고를 하려는 자는 인·허 가의제사항 관련 법령에서 제출하도록 의무화하고 있는 신청서와 구비서류를 제출하여야 하는데, 이는 건축 신고를 수리하는 행정청으로 하여금 인·허가의제사항 관련 법률에 규정된 요건에 관하여도 심사를 하도록 하기 위한 것으로 볼 수밖에 없다. 따라서 인·허가의제 효과를 수반하는 건축신고는 일반적인 건축신고와는 달리, 특별한 사정이 없는 한 행정청이 그 실체적 요건에 관한 심사를 한 후 수리하여야 하는 이른바 '수리를 요하는 신고'로 보는 것이 옳다.

대법원 2009. 1. 30., 선고, 2006다17850, 판결 [배당이의]

주민등록은 단순히 주민의 거주관계를 파악하고 인구의 동태를 명확히 하는 것 외에도 주민등록에 따라 공법관 계상의 여러 가지 법률상 효과가 나타나게 되는 것으로서, 주민등록의 신고는 행정청에 도달하기만 하면 신고로 서의 효력이 발생하는 것이 아니라 행정청이 수리한 경우에 비로소 신고의 효력이 발생한다. 따라서 주민등록 신고서를 행정청에 제출하였다가 행정청이 이를 수리하기 전에 신고서의 내용을 수정하여 위와 같이 수정된 전입신고서가 수리되었다면 수정된 사항에 따라서 주민등록 신고가 이루어진 것으로 보는 것이 타당하다.

2. 확약

(1) 개념

법령등에서 당사자가 신청할 수 있는 처분을 규정하고 있는 경우 행정청은 당사자의 신청에 따라 장래에 어떤 처분을 하거나 하지 아니할 것을 내용으로 하는 의사표시를 할 수 있다.

(2) 방식 및 절차

① 확약은 문서로 하여야 한다.

② 행정청은 다른 행정청과의 협의 등의 절차를 거쳐야 하는 처분에 대하여 확약을 하려는 경우에는 확약을 하기 전에 그 절차를 거쳐야 한다.

(3) 효력

원칙적으로 확약은 행정청을 기속한다.

다만, 행정청은 ① 확약을 한 후에 확약의 내용을 이행할 수 없을 정도로 법령등이나 사정이 변경된 경우와 ② 확약이 위법한 경우에는 확약에 기속되지 아니한다. 행정청은 확약을 이행할 수 없는 경우에는 지체 없이 당사자에게 그 사실을 통지하여야 한다.

3. 행정계획

행정청은 행정청이 수립하는 계획 중 국민의 권리·의무에 직접 영향을 미치는 계획을 수립하거나 변경·폐지할 때에는 관련된 여러 이익을 정당하게 형량하여야 한다.

판례

대법원 2007. 4. 12., 선고, 2005두1893, 판결 [도시계획시설결정취소]

① 묘지공원과 화장장의 후보지를 선정하는 과정에서 서울특별시, 비영리법인, 일반 기업 등이 공동발족한 협의체인 추모공원건립추진협의회가 후보지 주민들의 의견을 청취하기 위하여 그 명의로 개최한 공청회는 행정청이 도시계획시설결정을 하면서 개최한 공청회가 아니므로, 위 공청회의 개최에 관하여 「행정절차법」에서 정한 절차를 준수하여야 하는 것은 아니다.

② 행정계획이라 함은 행정에 관한 전문적·기술적 판단을 기초로 하여 도시의 건설·정비·개량 등과 같은 특정한 행정목표를 달성하기 위하여 서로 관련되는 행정수단을 종합·조정함으로써 장래의 일정한 시점에 있어서 일정한 질서를 실현하기 위한 활동기준으로 설정된 것으로서, 관계 법령에는 추상적인 행정목표와 절차만이 규정되어 있을 뿐 행정계획의 내용에 관하여는 별다른 규정을 두고 있지 아니하므로 행정주체는 구체적인 행정계획을 입안·결정함에 있어서 비교적 광범위한 형성의 자유를 가지는 것이지만, 행정주체가 가지는 이와 같은 형성의 자유는 무제한적인 것이 아니라 그 행정계획에 관련되는 자들의 이익을 공익과 사익 사이에서는 물론이고 공익 상호간과 사익 상호간에도 정당하게 비교교량하여야 한다는 제한이 있으므로, 행정주체가 행정계획을 입안·결정함에 있어서 이익형량을 전혀 행하지 아니하거나 이익형량의 고려 대상에 마땅히 포함시켜야 할 사항을 누락한 경우 또는 이익형량을 하였으나 정당성과 객관성이 결여된 경우에는 그 행정계획결정은 형량에 하자가 있어 위법하게 된다.

4. 위반사실등의 공표

(1) 개념

　행정청은 법령에 따른 의무를 위반한 자의 성명·법인명, 위반사실, 처분사실 등(이하 "위반사실등"이라 한다.)을 법률로 정하는 바에 따라 일반에게 공표할 수 있다.

(2) 의견제출

① 행정청은 위반사실등의 공표를 할 때에는 미리 당사자에게 그 사실을 통지하고 의견제출의 기회를 주어야 한다. 다만, ㉠ 공공의 안전 또는 복리를 위하여 긴급히 공표를 할 필요가 있는 경우, ㉡ 해당 공표의 성질상 의견청취가 현저히 곤란하거나 명백히 불필요하다고 인정될 만한 타당한 이유가 있는 경우, ㉢ 당사자가 의견진술의 기회를 포기한다는 뜻을 명백히 밝힌 경우에는 그러하지 아니하다.

② 의견제출의 기회를 받은 당사자는 공표 전에 관할 행정청에 서면이나 말 또는 정보통신망을 이용하여 의견을 제출할 수 있다.

③ 의견제출의 방법과 제출 의견의 반영 등에 관하여는 처분 상 의견제출 절차를 준용한다.

(3) 절차

① 행정청은 위반사실등의 공표를 하기 전에 사실과 다른 공표로 인하여 당사자의 명예·신용 등이 훼손되지 아니하도록 객관적이고 타당한 증거와 근거가 있는지를 확인하여야 한다.

② 위반사실등의 공표는 관보, 공보 또는 인터넷 홈페이지 등을 통하여 한다.

③ 행정청은 위반사실등의 공표를 하기 전에 당사자가 공표와 관련된 의무의 이행, 원상회복, 손해배상 등의 조치를 마친 경우에는 위반사실등의 공표를 하지 아니할 수 있다.

④ 행정청은 공표된 내용이 사실과 다른 것으로 밝혀지거나 공표에 포함된 처분이 취소된 경우에는 그 내용을 정정하여, 정정한 내용을 지체 없이 해당 공표와 같은 방법으로 공표된 기간 이상 공표하여야 한다. 다만, 당사자가 원하지 아니하면 공표하지 아니할 수 있다.

24 입법예고

1. 입법예고의 대상

(1) 원칙

행정청은 법령등을 제정·개정 또는 폐지하려는 경우에는 이를 예고하여야 한다.

(2) 예외

① 신속한 국민의 권리 보호 또는 예측 곤란한 특별한 사정의 발생 등으로 입법이 긴급을 요하는 경우
② 상위 법령등의 단순한 집행을 위한 경우
③ 입법내용이 국민의 권리·의무 또는 일상생활과 관련이 없는 경우
④ 단순한 표현·자구를 변경하는 경우 등 입법내용의 성질상 예고의 필요가 없거나 곤란한 경우
⑤ 예고함이 공공의 안전 또는 복리를 현저히 해칠 우려가 있는 경우

(3) 재입법예고

입법안을 마련한 행정청은 입법예고 후 예고내용에 국민생활과 직접 관련된 내용이 추가되는 등 중요한 변경이 발생하는 경우에는 해당 부분에 대한 입법예고를 다시 하여야 한다.

2. 입법예고의 주체

입법예고는 당해 입법안을 마련한 행정청이 하도록 한다. 다만, 법제처장은 입법예고를 하지 아니한 법령안의 심사요청을 받은 경우에 해당 행정청에 입법예고를 권고하거나 직접 예고할 수 있다.

3. 예고방법

(1) 공고

법령의 입법안은 관보 및 법제처장이 구축·제공하는 정보시스템을 통해 공고하며, 자치법규의 경우 공보를 통해 공고한다. 이 경우 행정청은 입법안의 취지, 주요 내용 또는 전문을 공고하여야 하며, 추가로 인터넷, 신문 또는 방송 등을 통하여 공고할 수 있다.

(2) 행정청은 대통령령을 입법예고하는 경우 국회 소관 상임위원회에 이를 제출하여야 한다.

(3) 행정청은 입법예고를 할 때에 입법안과 관련이 있다고 인정되는 중앙행정기관, 지방자치단체, 그 밖의 단체 등이 예고사항을 알 수 있도록 예고사항을 통지하거나 그 밖의 방법으로 알려야 한다.

4. 예고기간

입법예고기간은 예고할 때 정하되, 특별한 사정이 없으면 40일(자치법규는 20일)이상으로 한다.

5. 의견제출 및 처리

(1) 의견제출

누구든지 예고된 입법안에 대하여 의견을 제출할 수 있다. 행정청은 입법안에 관하여 의견 수렴을 위해 공청회 또는 온라인공청회를 개최할 수 있다.

(2) 처리

행정청은 해당 입법안에 대한 의견이 제출된 경우 특별한 사유가 없으면 이를 존중하여 처리 하여야 한다. 행정청은 의견을 제출한 자에게 그 제출된 의견의 처리결과를 통지하여야 한다.

25 행정예고

1. 행정예고 대상

(1) 원칙

행정청은 정책 등을 수립·시행하거나 변경하려는 경우에는 이를 예고하여야 한다.

(2) 예외

① 신속하게 국민의 권리를 보호하여야 하거나 예측이 어려운 특별한 사정이 발생하는 등 긴급한 사유로 예고가 현저히 곤란한 경우
② 법령등의 단순한 집행을 위한 경우
③ 국민의 권리·의무 또는 일상생활과 관련이 없는 경우
④ 공공의 안전 또는 복리를 현저히 해칠 우려가 상당한 경우

2. 입법예고로 갈음

법령등의 입법을 포함하는 행정예고는 입법예고로 갈음할 수 있다.

3. 예고기간

행정예고기간은 예고 내용의 성격 등을 고려하여 정하되, 20일 이상으로 한다. 다만, 행정목 적을 달성하기 위하여 긴급한 필요가 있는 경우에는 행정예고기간을 단축할 수 있다. 이 경우 단축된 행정예고기간은 10일 이상으로 한다.

4. 행정예고 통계 작성 및 공고

행정청은 매년 자신이 행한 행정예고의 실시 현황과 그 결과에 관한 통계를 작성하고, 이를 관보·공보 또는 인터넷 등의 방법으로 널리 공고하여야 한다.

5. 예고방법 등

(1) 행정청은 정책안의 취지, 주요 내용 등을 관보·공보나 인터넷·신문·방송 등을 통하여 공고하여야 한다.

(2) 행정예고의 방법, 의견제출 및 처리, 공청회 및 온라인공청회에 관하여는 공청회, 온라인공청회, 입법예고 규정을 준용한다.

26 행정지도

1. 의의

행정기관이 그 소관 사무의 범위 안에서 일정한 행정목적을 실현하기 위하여 특정인에게 일정한 행위를 하거나 하지 아니하도록 지도·권고·조언 등을 하는 행정작용을 의미한다.

2. 행정지도의 원칙

(1) 행정지도는 그 목적 달성에 필요한 최소한도에 그쳐야 한다.

(2) 행정지도의 상대방의 의사에 반하여 부당하게 강요하여서는 아니 된다.

(3) 행정기관은 행정지도의 상대방이 행정지도에 따르지 아니하였다는 것을 이유로 불이익한 조치를 하여서는 아니 된다.

3. 행정지도의 방식과 절차

(1) 행정지도 실명제

행정지도를 하는 자는 그 상대방에게 그 행정지도의 취지 및 내용과 신분을 밝혀야 한다.

(2) 행정지도의 방식

행정지도가 말로 이루어지는 경우에 상대방이 행정지도의 취지 및 내용을 적은 서면의 교부를 요구하면 그 행정지도를 하는 자는 직무수행에 특별한 지장이 없으면 이를 교부하여야 한다.

(3) **의견제출**

행정지도의 상대방은 당해 행정지도의 방식·내용 등의 관하여 행정기관에 의견제출을 할 수 있다.

(4) **다수인을 대상으로 하는 행정지도**

행정기관이 같은 행정목적을 실현하기 위하여 많은 상대방에게 행정지도를 하려는 경우에는 특별한 사정이 없으면 행정지도에 공통적인 내용이 되는 사항을 공표하여야 한다.

4. 행정지도의 사후적 권리구제 수단

(1) **행정쟁송 제기의 인정 여부**

행정지도는 비권력적 사실행위로서 실정법상 처분이 아니므로 법적 효과가 발생하지 않으며, 따라서 행정쟁송의 대상이 아니다.

(2) **손해배상청구**

위법한 행정지도에 따라 손해가 발생한 경우에도 행정지도는 비권력적 사실행위로서 임의성을 가지므로, 손해 발생의 인과관계를 인정하기 어렵다. 따라서 「국가배상법」에 의한 손해배상청구는 사실상 부정될 가능성이 높다.

(3) **헌법소원 제기 가능성**

행정지도에 의해서 헌법상 기본권을 침해당하게 된 경우 이에 대해서 헌법재판소에 헌법소원을 제기할 수 있으려면, 행정지도가 헌법소원을 제기하기 위한 요건 중 하나인 공권력 행사로서의 성질을 가져야 하는 바, 행정지도의 성질은 일반적으로 비권력적 사실행위의 성질을 가지므로 행정지도를 공권력의 행사로 보기 어렵다고 하여야 할 것이다. 그러나 이에 대해서 헌법재판소는 행정지도의 일종이지만, 그에 따르지 않으면 일정한 불이익을 예정하고 있어 사실상 상대방에게 그에 따른 의무를 부과하고 있는 것과 다를 바 없으므로 이는 단순한 행정지도로서의 한계를 넘어 규제적·구속적 성격이 강하므로 헌법소원의 대상인 공권력의 행사에 해당한다고 판시한 바 있다.

5. 행정지도의 한계

(1) 행정지도는 상대방의 임의적 협력을 전제로 하므로 책임소재가 명확하지 않다.

(2) 행정지도는 비권력적 사실행위로서 강제력이 없으므로 상대방이 행정지도에 응하지 아니하면 행정주체가 의도하는 결과의 발생을 기대할 수 없으므로 실효성 확보가 곤란하다.

⑶ 행정지도는 행정기관에 의하여 행하여지므로 행정지도의 내용이 상대방에게 사실상 강제되는 경우가 있다.

⑷ 행정지도에 의하여 발생한 피해에 대하여 사후적인 구제수단이 마련되어 있지 않다.

판례

대법원 1980. 10. 27., 선고, 80누395, 판결 [주류출고정지처분취소]

항고소송의 대상이 되는 행정처분은 행정청의 공법상의 행위로서 상대방 또는 기타 관계자들의 법률상 지위에 직접적으로 법률적인 변동을 일으키는 행위를 말하는 것이므로 세무당국이 소외 회사에 대하여 원고와의 주류거래를 일정기간 중지하여 줄 것을 요청한 행위는 권고 내지 협조를 요청하는 권고적 성격의 행위로서 소외 회사나 원고의 법률상의 지위에 직접적인 법률상의 변동을 가져오는 행정처분이라고 볼 수 없는 것이므로 항고소송의 대상이 될 수 없다.

대법원 2008. 9. 25., 선고, 2006다18228, 판결 [손해배상(기)]

① 행정지도가 강제성을 띠지 않은 비권력적 작용으로서 행정지도의 한계를 일탈하지 아니하였다면, 그로 인하여 상대방에게 어떤 손해가 발생하였다 하더라도 행정기관은 그에 대한 손해배상책임이 없다.

② 행정기관의 위법한 행정지도로 일정기간 어업권을 행사하지 못하는 손해를 입은 자가 그 어업권을 타인에게 매도하여 매매대금 상당의 이득을 얻었더라도 그 이득은 손해배상책임의 원인이 되는 행위인 위법한 행정지도와 상당인과관계에 있다고 볼 수 없고, 행정기관이 배상하여야 할 손해는 위법한 행정지도로 피해자가 일정기간 어업권을 행사하지 못한 데 대한 것임에 반해 피해자가 얻은 이득은 어업권 자체의 매각대금이므로 위 이득이 위 손해의 범위에 대응하는 것이라고 볼 수도 없어, 피해자가 얻은 매매대금 상당의 이득을 행정기관이 배상하여야 할 손해액에서 공제할 수 없다.

대법원 1994. 12. 13., 선고, 93다49482, 판결 [주식인도 – 국제그룹 해제조치]

이른바 행정지도라 함은 행정주체가 일정한 행정목적을 실현하기 위하여 권고 등과 같은 비강제적인 수단을 사용하여 상대방의 자발적 협력 내지 동의를 얻어내어 행정상 바람직한 결과를 이끌어내는 행정활동으로 이해되고, 따라서 적법한 행정지도로 인정되기 위하여는 우선 그 목적이 적법한 것으로 인정될 수 있어야 할 것이므로, 주식매각의 종용이 정당한 법률적 근거 없이 자의적으로 주주에게 제재를 가하는 것이라면 이 점에서 벌써 행정지도의 영역을 벗어난 것이라고 보아야 할 것이고 만일 이러한 행위도 행정지도에 해당된다고 한다면 이는 행정지도라는 미명하에 법치주의의 원칙을 파괴하는 것이라고 하지 않을 수 없으며, 더구나 그 주주가 주식매각의 종용을 거부한다는 의사를 명백하게 표시하였음에도 불구하고, 집요하게 위협적인 언동을 함으로써 그 매각을 강요하였다면 이는 위법한 강박행위에 해당한다고 하지 않을 수 없다 하여, 정부의 재무부 이재국장 등이 국제그룹 정리방안에 따라 신한투자금융주식회사의 주식을 주식회사 제일은행에게 매각하도록 종용한 행위가 행정지도에 해당되어 위법성이 조각된다는 주장을 배척한다.

헌법재판소 2003. 6. 26., 2002헌마337 [교육인적자원부장관의 학칙시정요구]

① 교육인적자원부장관의 대학총장들에 대한 이 사건 학칙시정요구는 「고등교육법」 제6조 제2항, 동법시행령 제4조 제3항에 따른 것으로서 그 법적 성격은 대학총장의 임의적인 협력을 통하여 사실상의 효과를 발생시키는 행정지도의 일종이지만, 그에 따르지 않을 경우 일정한 불이익조치를 예정하고 있어 사실상 상대방에게 그에 따를 의무를 부과하는 것과 다를 바 없으므로 단순한 행정지도로서의 한계를 넘어 규제적·구속적 성격을 상당히 강하게 갖는 것으로서 헌법소원의 대상이 되는 공권력의 행사라고 볼 수 있다.

② 이 사건 학칙시정요구는 각 해당대학의 총장들을 상대로 한 공권력의 행사이므로 원칙적으로 그 위헌확인을 구할 자기관련성을 가지는 자는 시정요구를 받은 대학의 총장들이라 할 것이고, 대학의 교수회나 그 소속 교수인 청구인들에게 자기관련성이 인정되려면 위 시정요구가 청구인들의 기본권을 직접적이고 법적으로 침해하고 있음이 인정되어야 한다.

27 국민참여의 확대

1. 국민참여 활성화

(1) 행정청은 행정과정에서 국민의 의견을 적극적으로 청취하고 이를 반영하도록 노력하여야 한다.

(2) 행정청은 국민에게 다양한 참여방법과 협력의 기회를 제공하도록 노력하여야 하며, 구체적인 참여방법을 공표하여야 한다.

(3) 행정청은 국민참여 수준을 향상시키기 위하여 노력하여야 하며 필요한 경우 국민참여 수준에 대한 자체진단을 실시하고, 그 결과를 행정안전부장관에게 제출하여야 한다.

(4) 행정청은 자체진단을 실시한 경우 그 결과를 공개할 수 있다.

(5) 행정청은 국민참여를 활성화하기 위하여 교육·홍보, 예산·인력 확보 등 필요한 조치를 할 수 있다.

(6) 행정안전부장관은 국민참여 확대를 위하여 행정청에 교육·홍보, 포상, 예산·인력 확보 등을 지원할 수 있다.

2. 국민제안의 처리

행정청(국회사무총장·법원행정처장·헌법재판소사무처장 및 중앙선거관리위원회사무총장은 제외)은 정부시책이나 행정제도 및 그 운영의 개선에 관한 국민의 창의적인 의견이나 고안(국민제안)을 접수·처리하여야 한다.

3. 국민참여 창구

행정청은 주요 정책 등에 관한 국민과 전문가의 의견을 듣거나 국민이 참여할 수 있는 온라인 또는 오프라인 창구를 설치·운영할 수 있다.

4. 온라인 정책토론

(1) 행정청은 국민에게 영향을 미치는 주요 정책 등에 대하여 국민의 다양하고 창의적인 의견을 널리 수렴하기 위하여 온라인 정책토론을 실시할 수 있다.

(2) 행정청은 효율적인 온라인 정책토론을 위하여 과제별로 한시적인 토론 패널을 구성하여 해당 토론에 참여시킬 수 있다. 이 경우 패널의 구성에 있어서는 공정성 및 객관성이 확보될 수 있도록 노력하여야 한다.

(3) 행정청은 온라인 정책토론이 공정하고 중립적으로 운영되도록 하기 위하여 필요한 조치를 할 수 있다.

사례 연습1

甲은 육군 장교진급심사위원회에서 대령진급예정자로 선발되었다. 그러나 진급예정자명단이 공표된 후, 甲이 과거 직무와 관련한 금품수수의 비위사실이 발견되어서 이를 이유로 정직처분을 받게 되었다. 이러한 징계사실을 알게 된 인사권자는 甲에게 아무런 의견제출 기회를 제공하지 않고 진급선발예정자 명단에서 甲을 제외하는 처분을 행하였다. (60점)

[물음 1] 인사권자가 행한 처분의 절차상 하자에 대하여 검토하시오. (20점)
❍ 청문과 공청회는 고려하지 않는다.

[물음 2] 인사권자는 과거 직무와 관련한 금품수수의 비위사실로 정직처분을 받는 과정에서 甲에게 충분한 의견제출 기회를 제공하였고, 아니라고 하더라도 「행정절차법」 제21조 제4항 제3호가 정한 "해당 처분의 성질상 의견청취가 현저히 곤란하거나 명백히 불필요하다고 인정될 만한 상당한 이유가 있는 경우"로서 의견제출 기회를 부여하지 아니하여도 되는 경우에 해당한다고 주장한다. 「행정절차법」 상 의견제출 절차에 관하여 설명하고, 인사권자 주장의 타당성을 검토하시오. (20점)

[물음 3] 인사권자는 해당 사안이 공무원 인사 관계 법령에 의한 처분에 해당하므로 행정절차법의 적용이 배제된다고 주장한다. 이러한 주장에 대하여 검토하시오. (20점)

| **모범답안** |

[물음 1]

1. 문제의 소재

인사권자의 처분은 불이익한 처분에 해당하며, 불이익한 처분 시 반드시 필요한 의견제출 절차가 없었던 바 이를 절차상 하자가 있는 처분으로 보아야 하는지 문제가 된다.

2. 의견제출절차

(1) 의의

행정청이 어떠한 행정작용을 하기 앞서 당사자 등이 의견을 제시하는 절차로서 청문이나 공청회에 해당하지 아니하는 절차이다.

(2) 대상

① 원칙

불이익한 처분에 있어 청문 또는 공청회를 거치지 않은 경우 의견제출 절차는 의무적으로 거쳐야 한다.

② 예외

㉠ 공공의 안전 또는 복리를 위하여 긴급히 처분을 할 필요가 있는 경우

㉡ 법령등에서 요구된 자격이 없거나 없어지게 되면 반드시 일정한 처분을 하여야 하는 경우에 그 자격이 없거나 없어지게 된 사실이 법원의 재판 등에 의하여 객관적으로 증명되는 경우

㉢ 당해 처분의 성질상 의견청취가 현저히 곤란하거나 명백히 불필요하다고 인정될 만한 상당한 이유가 있는 경우

㉣ 당사자가 의견진술의 기회를 포기한다는 뜻을 의견제출 기간 내에 명백히 표시한 경우

3. 사안의 절차상 하자

행정과정에 대한 국민의 참여와 행정의 공정성, 투명성 및 신뢰성을 확보하고 국민의 권익을 보호함을 목적으로 하는 「행정절차법」의 입법목적 등에 비추어 보면, 의견제출 절차는 불이익한 처분에 앞서 반드시 행하여야 하는 의무적 절차이다. 본 사안의 경우 의견제출 절차의 예외사유에 해당하는 사정이 없으므로 인사권자의 처분은 절차상 하자가 있는 처분에 해당한다.

[물음 2]

1. 의견제출절차

(1) 의의

행정청이 어떠한 행정작용을 하기 앞서 당사자 등이 의견을 제시하는 절차로서 청문이나 공청회에 해당하지 아니하는 절차이다.

(2) 대상

① 원칙

불이익한 처분에 있어 청문 또는 공청회를 거치지 않은 경우 의견제출 절차는 의무적으로 거쳐야 한다.

② 예외

㉠ 공공의 안전 또는 복리를 위하여 긴급히 처분을 할 필요가 있는 경우

㉡ 법령등에서 요구된 자격이 없거나 없어지게 되면 반드시 일정한 처분을 하여야 하는 경우에 그 자격이 없거나 없어지게 된 사실이 법원의 재판 등에 의하여 객관적으로 증명되는 경우

㉢ 당해 처분의 성질상 의견청취가 현저히 곤란하거나 명백히 불필요하다고 인정될 만한 상당한 이유가 있는 경우

㉣ 당사자가 의견진술의 기회를 포기한다는 뜻을 의견제출 기간 내에 명백히 표시한 경우

2. 인사권자 주장의 타당성 여부

행정과정에 대한 국민의 참여와 행정의 공정성, 투명성 및 신뢰성을 확보하고 국민의 권익을 보호함을 목적으로 하는 의견제출 절차의 입법목적 등에 비추어 보면, 의견제출 절차는 불이익한 처분에 앞서 반드시 행하여야 하는 의무적 절차이다. 절차는 해당 처분 자체에서 준수되어야 하며, 처분의 성질상 의견제출 절차가 현저히 곤란하거나 명백히 불필요하다고 인정될 만한 상당한 이유가 있는 경우는 해당 행정처분의 성질에 비추어 판단하여야 한다. 따라서 본 사안에서 인사권자의 주장은 타당하지 않다.

[물음 3]

1. 「행정절차법」의 적용범위

(1) 원칙(「행정절차법」 제3조 제1항)

「행정절차법」은 행정절차에 관한 일반법이다.

(2) 적용배제사항(「행정절차법」 제3조 제2항)

① 국회 또는 지방의회의 의결을 거친 사항

② 법원 또는 군사법원의 재판에 의한 사항

③ 헌법재판소의 심판을 거친 사항

④ 각급 선거관리위원회의 의결을 거친 사항

⑤ 감사원이 감사위원회의의 결정을 거친 사항

⑥ 국가의 중대한 이익을 현저히 해칠 우려가 있는 사항

⑦ 형사, 행형 및 보안처분 관계 법령에 따라 행하는 사항

⑧ 심사청구, 해양안전심판, 조세심판, 특허심판, 행정심판, 그 밖의 불복절차에 따른 사항

⑨ 「병역법」에 따른 징집·소집, 외국인의 출입국·난민인정·귀화, 공무원 인사 관계 법령에 따른 징계와 그 밖의 처분, 이해 조정을 목적으로 하는 법령에 따른 알선·조정·중재·재정 또는 그 밖의 처분 등 해당 행정작용의 성질상 행정절차를 거치기 곤란하거나 거칠 필요가 없다고 인정되는 사항과 행정절차에 준하는 절차를 거친 사항으로서 대통령령으로 정하는 사항

2. 사안의 해결

공무원 인사 관계 법령에 의한 처분에 해당하더라도 그 전부에 대하여 「행정절차법」의 적용이 배제되는 것이 아니라 성질상 행정절차를 거치기 곤란하거나 불필요하다고 인정되는 처분이나 행정절차에 준하는 절차를 거치도록 하고 있는 처분의 경우에만 「행정절차법」의 적용이 배제된다. 따라서 본 사안에서의 인사권자의 주장은 타당하지 않다.

사례 연습 2

A는 재외동포 자격으로 국내에 입국하고자 F4 사증 발급을 신청하였다. 하지만, A는 미국 시민
권을 획득하여 사실상 병역의무의 회피를 하였다는 병무청의 판단으로 법무부 출입국관리정보
시스템에 입국 금지 대상자로 분류되어 있다. 이에 따라 법무부장관은 입국금지 결정을 하였으
나, A에게 별도의 통보를 하지 않았다. (40점)

[물음 1] 관할 행정청은 A와의 전화 통화에서 구술로 사증 발급이 거부되었음을 통보하였다고
주장하고 있다. 「행정절차법」상 처분의 방식에 관하여 설명하고, 이 처분의 효력을 검토하시오.
(20점)

[물음 2] 관할 행정청은 출입국 관련 사항은 「행정절차법」의 적용이 배제된다고 주장하고 있
다. 이 주장의 타당성 여부를 검토하시오. (20점)

| 모범답안 |

[물음 1]

1. 처분의 방식

(1) **원칙**

행정청이 처분을 할 때에는 다른 법령등에 특별한 규정이 있는 경우를 제외하고는 문서로 하여야
하며, ① 당사자등의 동의가 있는 경우에 해당하는 경우, ② 당사자가 전자문서로 처분을 신청한 경
우에는 전자문서로 할 수 있다.

(2) **예외**

공공의 안전 또는 복리를 위하여 긴급히 처분을 할 필요가 있거나 사안이 경미한 경우에는 말, 전
화, 휴대전화를 이용한 문자 전송, 팩스 또는 전자우편 등 문서가 아닌 방법으로 처분을 할 수 있다.
이 경우 당사자가 요청하면 지체 없이 처분에 관한 문서를 주어야 한다.

(3) **실명제**

처분을 하는 문서에는 그 처분 행정청과 담당자의 소속·성명 및 연락처를 적어야 한다.

2. 구술로 고지한 처분의 위법성 여부

「헌법」 제12조 적법절차원리는 일반조항으로 행정절차에 유추적용 된다는 점을 볼 때, 절차의 하자도
기본권 침해에 해당하므로 절차 하자의 독자적 위법성을 인정하는 것이 타당하다.

3. 처분의 효력

절차 하자에 대한 위법성의 정도는 중대·명백설에 따라 판단한다. 특별한 예외 사유에 해당하지 않는
한 구술로 고지한 처분은 중대하고 명백한 하자로 무효이다.

[물음 2]

1. 「행정절차법」의 적용범위

(1) 원칙(「행정절차법」 제3조 제1항)

「행정절차법」은 행정절차에 관한 일반법이다.

(2) 적용배제사항(「행정절차법」 제3조 제2항)

① 국회 또는 지방의회의 의결을 거친 사항

② 법원 또는 군사법원의 재판에 의한 사항

③ 헌법재판소의 심판을 거친 사항

④ 각급 선거관리위원회의 의결을 거친 사항

⑤ 감사원이 감사위원회의의 결정을 거친 사항

⑥ 국가의 중대한 이익을 현저히 해칠 우려가 있는 사항

⑦ 형사, 행형 및 보안처분 관계 법령에 따라 행하는 사항

⑧ 심사청구, 해양안전심판, 조세심판, 특허심판, 행정심판, 그 밖의 불복절차에 따른 사항

⑨ 「병역법」에 따른 징집·소집, 외국인의 출입국·난민인정·귀화, 공무원 인사 관계 법령에 따른 징계와 그 밖의 처분, 이해 조정을 목적으로 하는 법령에 따른 알선·조정·중재·재정 또는 그 밖의 처분 등 해당 행정작용의 성질상 행정절차를 거치기 곤란하거나 거칠 필요가 없다고 인정되는 사항과 행정절차에 준하는 절차를 거친 사항으로서 대통령령으로 정하는 사항

2. 사안의 해결

외국인의 출입국 관계 법령에 의한 처분에 해당하더라도 그 전부에 대하여 「행정절차법」의 적용이 배제되는 것이 아니라 성질상 행정절차를 거치기 곤란하거나 불필요하다고 인정되는 처분이나 행정절차에 준하는 절차를 거치도록 하고 있는 처분의 경우에만 「행정절차법」의 적용이 배제된다. 따라서 본 사안에서의 관할 행정청의 주장은 타당하지 않다.

사례 연습 3

육군3사관학교의 사관생도에 대한 징계절차에서 징계심의 대상자가 대리인으로 선임한 변호사 甲은 징계위원회 심의에 출석하여 의견을 진술하려고 하였다. 그러나 징계위원회의 소속 직원이 변호사가 징계위원회의 심의에 출석하는 것을 막았으며, 이에 따라 변호사의 의견 진술 없이 해당 사관생도의 퇴학 처분이 확정되었다. (40점)

[물음 1] 본 사안에서 甲의 절차상 권한에 대하여 약술하시오. (10점)

[물음 2] 관할 행정청은 공무원 인사관계 법령에 의한 처분에 관한 사항으로 「행정절차법」의 적용이 배제된다고 주장하고 있다. 이 사건의 절차상 하자 여부를 검토하시오. (20점)

[물음 3] 본 사안에서 징계위원회의 심의가 있기 전까지 변호사 甲이 관련된 행정절차에서 이미 충분한 의견 진술의 기회를 부여받았다는 등의 방어권 행사에 실질적으로 지장이 초래되었다고 볼 수 없는 특별한 사정이 존재한다면, 퇴학처분의 위법성 여부를 검토하시오. (10점)

| 모범답안 |

[물음 1]

징계심의 대상자는 변호사를 대리인으로 선임할 수 있고, 대리인으로 선임된 변호사는 당사자등을 위하여 행정절차에 관한 모든 행위를 할 수 있다. 다만, 행정절차를 끝맺는 행위에 대하여는 당사자등의 동의를 받아야 한다. 징계심의대상자가 징계위원회에 출석하여 필요한 의견을 진술하는 것은 자신의 방어권 행사를 위한 본질적 내용에 해당한다. 따라서 행정청은 특별한 사정이 없는 한 대리인 甲이 심의에 출석하는 것을 거부할 수 없다.

[물음 2]

1. 「행정절차법」의 적용범위

(1) 원칙(「행정절차법」 제3조 제1항)

「행정절차법」은 행정절차에 관한 일반법이다.

(2) 적용배제사항(「행정절차법」 제3조 제2항)

① 국회 또는 지방의회의 의결을 거친 사항
② 법원 또는 군사법원의 재판에 의한 사항
③ 헌법재판소의 심판을 거친 사항
④ 각급 선거관리위원회의 의결을 거친 사항
⑤ 감사원이 감사위원회의의 결정을 거친 사항
⑥ 국가의 중대한 이익을 현저히 해칠 우려가 있는 사항
⑦ 형사, 행형 및 보안처분 관계 법령에 따라 행하는 사항
⑧ 심사청구, 해양안전심판, 조세심판, 특허심판, 행정심판, 그 밖의 불복절차에 따른 사항
⑨ 「병역법」에 따른 징집·소집, 외국인의 출입국·난민인정·귀화, 공무원 인사 관계 법령에 따른 징계와 그 밖의 처분, 이해 조정을 목적으로 하는 법령에 따른 알선·조정·중재·재정 또는 그 밖의 처분 등 해당 행정작용의 성질상 행정절차를 거치기 곤란하거나 거칠 필요가 없다고 인정되는 사항과 행정절차에 준하는 절차를 거친 사항으로서 대통령령으로 정하는 사항

2. 사안의 해결

「행정절차법」의 적용이 제외되는 공무원 인사관계 법령에 의한 처분에 관한 사항이란 성질상 행정절차를 거치기 곤란하거나 불필요하다고 인정되는 처분이나 행정절차에 준하는 절차를 거치도록 하고 있는 처분에 관한 사항만을 말하는 것으로 보아야 한다.

따라서 본 사안의 경우 의견진술 기회를 주지 않은 것은 절차상 하자에 해당한다.

[물음 3]

의견진술 절차의 본질적인 취지에 비추어 볼 때, 절차상 하자 여부는 해당 처분에 이르기까지 전체적인 과정 등을 종합적으로 고려하여 판단하여야 한다. 징계심의대상자의 대리인이 관련된 행정절차에서 이미 실질적인 의견진술 절차를 거쳤다고 볼 수 있는 특별한 사정이 있는 경우에는 징계권자가 징계심의대상자의 대리인에게 징계위원회에 출석하여 의견을 진술할 기회를 주지 아니하였더라도 그로 인하여 징계위원회 심의에 절차적 정당성이 상실되었다고 볼 수 없다. 따라서 퇴학 처분은 적법하다.

사례 연습 4

A는 폐기물처리업을 하기 위해 관련법상 요구하는 사업계획서와 구비서류를 갖추어 관할 행정청 甲에 사전심사를 신청하였다. 이에 따라 甲으로부터 해당 사업에 대한 적정통보를 받은 A는 막대한 비용을 들여 허가 요건을 갖춘 다음 폐기물처리업 허가신청을 하였다. 그러나 甲은 최종 심사 단계에서 다수 청소업자의 난립으로 안정적이고 효율적인 청소업무의 수행에 지장이 있다는 이유로 A의 허가신청에 대하여 불허가 처분을 통보하였다. (40점)

[물음 1] 관할 행정청 甲은 신청인 A에 대하여 아무런 사전 통지가 없이 불허가처분을 통보하였다. 「행정절차법」상 사전통지 절차에 관하여 설명하고, 절차상 하자 여부에 대하여 검토하시오. (20점)

[물음 2] 신청인 A는 행정청 甲이 사전심사 단계에서 해당 사업에 대한 적정통보를 해 주었으면서 최종 허가 단계에서 이를 거부한 것은 신뢰보호 원칙 위반이라고 주장한다. 신뢰보호 원칙의 요건에 비추어 이 주장의 타당성을 검토하시오. (20점)

| 모범답안 |

[물음 1]

1. **사전통지**

   (1) **대상**
   당사자에게 불이익한 처분을 하는 경우에는 미리 해당 사항을 당사자등에게 통지하여야 한다.

   (2) **사전통지의 면제사유**
   ① 공공의 안전 또는 복리를 위하여 긴급히 처분을 할 필요가 있는 경우
   ② 법령등에서 요구된 자격이 없거나 없어지게 되면 반드시 일정한 처분을 하여야 하는 경우에 그 자격이 없거나 없어지게 된 사실이 법원의 재판 등에 의하여 객관적으로 증명되는 경우
   ③ 당해 처분의 성질상 의견청취가 현저히 곤란하거나 명백히 불필요하다고 인정될 만한 상당한 이유가 있는 경우

   (3) **사전통지 기간**
   ① **청문**: 청문이 시작되는 날부터 10일 전까지는 당사자등에게 통지하여야 한다.
   ② **의견제출**: 의견제출에 필요한 기간을 10일 이상으로 고려하여 정하여야 한다.

   (4) **거부처분**
   신청에 따른 처분이 이루어지지 않은 경우에는 아직 당사자에게 권익이 부과되지 아니하였으므로 특별한 사정이 없는 한 신청에 대한 거부처분이라고 하더라도 직접 당사자의 권익을 제한하는 것은 아니다.

2. **절차상 하자 여부**
   관할 행정청 甲의 불허가처분은 신청에 대한 거부처분에 해당한다. 거부처분은 불이익한 처분이 아니므로 「행정절차법」상 사전통지 절차의 대상이 아니다. 따라서 본 사안의 경우 절차상의 하자는 없다.

[물음 2]

1. 신뢰보호원칙

행정청은 법령 등의 해석 또는 행정청의 관행이 일반적으로 국민들에게 받아들여진 때에는 공익 또는 제3자의 정당한 이익을 현저히 해할 우려가 있는 경우를 제외하고는 새로운 해석 또는 관행에 따라 소급하여 불리하게 처리하여서는 아니 된다.

2. 신뢰보호 원칙의 성립요건

(1) 행정청의 개인에 대한 공적 견해표명

(2) 공적 견해표명에 대한 개인의 보호가치 있는 신뢰

(3) 신뢰로 인한 개인의 행위

(4) 공적 견해표명에 반하는 행정청의 처분

(5) 그 견해표명에 따른 행정처분을 할 경우 이로 인하여 공익 또는 제3자의 정당한 이익을 현저히 해할 우려가 있는 경우가 아니어야 한다.

3. 사안의 해결

관할 행정청 甲의 해당 사업에 대한 적정통보는 행정청의 개인에 대한 공적 견해표명에 해당하며, 신청인 A는 귀책사유 없이 이를 신뢰하여 막대한 비용을 들여 폐기물처리업 허가신청을 하였다. 따라서 관할 행정청 甲의 불허가처분은 공적 견해표명에 반하는 행정청의 처분에 해당하여 신뢰보호 원칙 위반이라는 신청인 A의 주장은 타당하다.

사례 연습 5

「행정절차법」은 공정성, 투명성 그리고 신뢰성 확보를 위해 처분시 이유를 제시하도록 명시하고 있다. 다음에 제시한 각각의 사안에 대해 물음에 답하시오. (40점)

[물음 1] 공장을 운영하는 A는 운영비 절감을 위해 환경에 유해한 폐수를 유출하였다. 이를 적발한 관할 행정청은 '「화학물질관리법」상 지정조건 위반으로 영업을 취소합니다.'라고만 기재한 처분 통지서를 송달하였다. 처분의 절차상 하자에 대하여 검토하시오. (20점)

[물음 2] 물음 1의 사안에서 관할 행정청이 처분의 근거를 구체적으로 명시한 사전통지를 하였고, 이에 A는 근거를 충분히 숙지하고 의견제출까지 하였다면 처분의 절차상 하자가 있는지를 검토하시오. (10점)

[물음 3] A는 유해화학물질 신규 사업을 위해 관련법상 요구하는 구비서류를 갖추어 관할 행정청 B에 영업허가 신청을 하였다. 이에 주무부서는 관련기관과의 협의를 거쳐 신청서에 기재된 사항이 부적합하다고 판단하였다. 이에 따라 '「화학물질관리법」상 지정조건 위반으로 신청에 따른 영업허가를 불허합니다.'라고 기재하여 신청을 거부하였다. 거부처분의 절차상 하자에 대하여 검토하시오. (10점)

| 모범답안 |

[물음 1]

1. 문제의 소재

모든 처분은 그 근거가 되는 법령이나 취소권 유보의 부관 등을 명시하여야 함은 물론 처분을 받은 자가 어떠한 위반사실에 대하여 당해 처분이 있었는지를 알 수 있을 정도로 이유제시를 할 것을 요한다. 따라서 본 사안에서 이유제시의 정도가 적정한지 여부에 대한 검토가 필요하다.

2. 이유제시

(1) **의의**

처분의 근거가 된 법적·사실적 사유를 처분 시에 구체적으로 명시하여야 한다.

(2) **대상**

① **원칙**

모든 처분을 대상으로 한다.

② **예외**

㉠ 신청 내용을 모두 그대로 인정하는 처분인 경우

㉡ 단순·반복적인 처분 또는 경미한 처분으로서 당사자가 그 이유를 명백히 알 수 있는 경우

㉢ 긴급히 처분을 할 필요가 있는 경우

(3) 이유제시의 정도

「행정절차법」은 명시적 규정을 두고 있지 않지만, 적어도 처분의 상대방 기타 이해관계인이 이를 기초로 하여 차후 행정구제절차에 대처할 수 있을 정도로 구체적이어야 한다. 따라서 처분의 근거법령, 해당 조항 및 문언, 당해 근거법조를 적용하게 된 원인사실 및 포섭의 경위가 명시되어야 한다. 또한 재량행위의 경우 재량행사의 전후과정이 제시되어야 한다.

한편, 사실적 이유는 처분을 하게 된 사정 전부에 대해 일일이 근거를 제시할 필요는 없으며, 주로 법률요건 해당사실, 즉 주요사실의 골자만 제시하면 된다.

3. 사안의 해결

당사자 A가 거부처분의 근거법만을 알 수 있을 뿐 해당 조항조차 알 수 없다는 점에서 처분의 이유가 구체적이지 못하므로 처분의 이유제시는 절차상의 하자가 있다.

[물음 2]

처분의 이유제시 제도의 본질적 취지에 비추어, 행정청이 처분을 하면서 당사자가 그 근거를 알 수 있을 정도로 이유를 제시한 경우에는 처분의 근거와 이유를 구체적으로 명시하지 않았더라도 그로 말미암아 그 처분이 위법하다고 볼 수는 없다. 당사자가 그 근거를 알 수 있을 정도인지 여부는 당해 처분에 이르기까지의 전체적인 과정 등을 종합적으로 고려하여 판단한다. 따라서 본 사안의 경우 A는 사전통지를 통해 처분의 근거를 충분히 알 수 있었다고 봄이 타당하므로 이유제시의 절차상 하자는 없다.

[물음 3]

일반적으로 당사자가 근거규정 등을 명시하여 신청하는 인·허가 등을 거부하는 처분은 당사자가 그 근거를 알 수 있을 정도로 상당한 이유를 제시한 경우에는 당해 처분의 근거 및 이유를 구체적 조항 및 내용까지 명시하지 않았더라도 절차상 하자가 있다고 볼 수 없다. 따라서 본 사안의 경우 A가 기재한 신청서에 근거하여 내려진 거부처분이므로 이유제시의 절차상 하자는 없다.

사례 연습 6

각각의 물음에 답하시오. (40점)

[물음 1] A는 유해화학물질 신규 사업을 위해 관련법상 요구하는 구비서류를 갖추어 관할 행정청 B에 영업허가 신청을 하였다. 이에 행정청 B는 아무런 사전통지 없이 A의 영업허가 신청을 수리하였으며 허가통지서에 별다른 이유를 제시하지 않았다. 행정청 B의 영업허가처분의 절차적 하자 여부를 검토하시오. (10점)

[물음 2] A는 영업허가통지 후에 사업을 영위하던 중 「화학물질관리법」상 지정조건 위반으로 관할 행정청 B에 단속되었다. 행정청 B는 A에게 단속에 따른 영업정지처분에 앞서 의견제출 기회를 부여하지 않고 처분을 하였다. 이에 A는 자신의 억울한 사정에 대해 민원을 제기하였고, 담당 공무원으로부터 처분 후 의견을 제출하라는 답변을 받았다. 처분의 절차적 하자가 치유될 수 있는지를 검토하시오(청문과 공청회는 고려하지 않는다.). (30점)

┃ **모범답안** ┃

[물음 1]
행정청은 당사자에게 불이익한 처분을 하기 전에 일정한 사항을 당사자 등에게 통지하여야 한다. 본 사안의 영업허가처분은 불이익한 처분이 아니므로 사전통지의 대상이 아니다. 또한 처분의 근거가 된 법적·사실적 사유를 처분 시에 구체적으로 명시하여야 한다. 본 사안의 경우에는 신청 그대로의 처분이므로 이유제시의 예외사유에 해당한다. 따라서 행정청 B의 영업허가처분은 절차적 하자가 없다.

[물음 2]

1. 의견제출

(1) 의의
행정청이 어떠한 행정작용을 하기 앞서 당사자 등이 의견을 제시하는 절차로서 청문이나 공청회에 해당하지 아니하는 절차이다.

(2) 대상
① 원칙
불이익한 처분에 있어 청문 또는 공청회를 거치지 않은 경우 의견제출 절차는 의무적으로 거쳐야 한다.
② 예외
㉠ 공공의 안전 또는 복리를 위하여 긴급히 처분을 할 필요
㉡ 법령등에서 요구된 자격이 없거나 없어지게 되면 반드시 일정한 처분을 하여야 하는 경우에 그 자격이 없거나 없어지게 된 사실이 법원의 재판 등에 의하여 객관적으로 증명되는 경우
㉢ 당해 처분의 성질상 의견청취가 현저히 곤란하거나 명백히 불필요하다고 인정될 만한 상당한 이유가 있는 경우
㉣ 당사자가 의견진술의 기회를 포기한다는 뜻을 의견제출 기간 내에 명백히 표시한 경우

2. 절차상 하자 있는 처분의 효력

「행정절차법」은 강행규정이라는 점과 「헌법」 제12조 적법절차원리가 일반조항으로서 행정절차에 유추적용된다는 점을 볼 때, 절차의 하자도 기본권 침해에 해당하므로 절차 하자의 독자적 위법성을 인정하는 것이 타당하다. 그리고 절차상의 하자는 중대·명백설에 따라 취소 사유에 해당한다.

3. 하자 치유 여부

(1) 치유가능성

하자의 치유는 원칙적으로 부정되지만, 예외적으로 국민의 권익 침해가 없고 행정의 능률적 수행이 가능하다면 제한적으로 하자의 치유가 가능하다.

(2) 치유시기

학설은 ① 쟁송제기 이전시설과 ② 쟁송종결 이전시설이 대립하며, 판례는 치유를 허용하려면 적어도 처분에 대한 불복여부의 결정 및 불복신청에 편의를 줄 수 있는 상당한 기간 내라고 판시하였다.

(3) 치유의 효과

하자의 치유를 인정하면 절차상 위법은 소급적으로 제거되고 처음부터 적법한 것으로 본다.

4. 사안의 적용

사안의 처분은 의견제출 절차가 의무적이며 면제사유에도 해당하지 않으므로 절차상 하자가 있다. 또한 처분 후에 의견제출 기회를 주는 것은 그 절차의 본질적인 취지에 벗어나며 A의 권익이 침해되는 경우에 해당한다. 따라서 본 사안은 절차상 하자가 치유되었다고 볼 수 없다.

사례 연습 7

乙은 압류재산 매각절차에 따라 甲소유의 영업시설의 전부를 인수하였다. 이에 따라 「식품위생법」 관련 법규에 의거하여 甲의 영업자의 지위를 승계하고자 관할 행정청 A에게 영업 지위 승계 사실을 신고하였고 이에 행정청 A는 이를 수리하였다. 이와 같은 사안을 보고 각 물음에 답하시오. (40점)

[물음 1] 본 사안에서 절차상 甲의 지위를 설명하시오. (10점)

[물음 2] 본 사안에서 행정청 A가 신고를 수리하는 처분을 하기 전까지 A가 甲을 대상으로 행하여야 할 「행정절차법」상 절차에 대하여 설명하시오(이 경우에 「식품위생법령」상 청문이나 공청회를 거치도록 하는 규정은 없다). (20점)

[물음 3] 본 사안에서 甲이 의견제출 절차의 하자를 이유로 행정심판을 청구하였다. 행정청 A는 甲이 행정심판 이전에 이의신청을 제기하면서 충분한 의견을 제출하였다는 이유로 절차상 하자가 치유되었다고 주장한다. 행정청 A의 주장에 대해 검토하시오. (10점)

| 모범답안 |

[물음 1]

1. **당사자등의 개념**

당사자등이란 행정청의 처분에 대하여 직접 그 상대가 되는 당사자와 행정청이 직권으로 또는 신청에 따라 행정절차에 참여하게 한 이해관계인을 의미한다.

2. **사안의 적용**

영업자의 지위를 승계한 자가 관계 행정청에 이를 신고하여 행정청이 이를 수리하는 경우에는 종전의 영업자에 대한 영업허가등은 그 효력을 잃는다 할 것이다. 본 사안에서 乙의 영업자지위승계신고를 수리하는 처분은 종전의 영업자인 甲의 권익을 제한하는 불이익한 처분이며, 따라서 甲은 그 처분에 대하여 직접 상대방인 당사자에 해당한다.

[물음 2]

1. **논점의 정리**

영업자지위승계신고를 수리하는 처분은 종전 사업자에 대한 불이익한 처분에 해당한다. 따라서 행정청이 공표한 처분기준에 따라 불이익한 처분을 하는 경우에는 사전에 통지하여 의견청취 절차를 거친 후, 문서로 처분과 그 이유를 명시하고 구제방법 등을 고지하여야 한다. 이는 처분 당사자 등의 절차적 권리이며, 당사자의 개인적 공권으로 보호되어야 한다.

2. 사전통지

(1) 대상

당사자에게 불이익한 처분을 하는 경우에는 미리 해당 사항을 당사자등에게 통지하여야 한다.

(2) 사전통지의 면제사유

① 공공의 안전 또는 복리를 위하여 긴급히 처분을 할 필요가 있는 경우

② 법령등에서 요구된 자격이 없거나 없어지게 되면 반드시 일정한 처분을 하여야 하는 경우에 그 자격이 없거나 없어지게 된 사실이 법원의 재판 등에 의하여 객관적으로 증명되는 경우

③ 당해 처분의 성질상 의견청취가 현저히 곤란하거나 명백히 불필요하다고 인정될 만한 상당한 이유가 있는 경우

(3) 사전통지 기간

의견제출에 필요한 기간을 10일 이상으로 고려하여 정하여야 한다.

3. 의견제출

(1) 의의

행정청이 어떠한 행정작용을 하기 앞서 당사자등이 의견을 제시하는 절차로서 청문이나 공청회에 해당하지 아니하는 절차이다.

(2) 대상

① 원칙

불이익한 처분에 있어 청문 또는 공청회를 거치지 않은 경우 의견제출 절차는 의무적으로 거쳐야 한다.

② 예외

사전통지의 예외사유에 해당하는 경우와 당사자가 의견진술의 기회를 포기한다는 뜻을 의견제출 기간 내에 명백히 표시한 경우에는 의견청취를 아니 할 수 있다.

4. 사안의 해결

행정청 A가 乙의 신청에 따른 영업자지위승계를 수리하는 처분을 함에 있어서는 특별한 면제 사유에 해당하지 않는 한, 종전 영업자인 甲에게 처분의 사전통지를 하고 의견제출의 기회를 주어야 한다.

[물음 3]

1. 하자의 치유 인정여부

하자의 치유는 원칙적으로 부정되지만, 예외적으로 국민의 권익침해가 없고 행정의 능률적 수행이 가능하다면 그 한도 내에서 제한적으로만 하자의 치유가 가능하다고 보아야 한다. 다만, 치유를 인정하려면 적어도 쟁송제기 이전에 행정청의 치유를 위한 행위가 존재해야 한다.

2. 사안의 적용

본 사안의 경우 처분 후에 이의신청 단계에서 의견제출 기회를 주는 것은 그 절차의 본질적인 취지에 벗어나며 甲의 권익이 침해되는 경우에 해당한다. 따라서 절차상 하자가 치유되었다고 볼 수 없다.

사례 연습 8

A시의 시장은 소유자 B의 건조물을 B의 신청이 없는 상태에서 소유자의 의견을 듣지 아니하고 문화재로 지정하는 처분을 하였다. 「문화재보호법」에 의하면 시지정문화재는 시장이 문화재위원회의 자문을 받아 지정한다고만 규정되어 있을 뿐 그 지정에 있어서 청문을 통해 문화재의 소유자의 의견을 들어야 한다는 절차의 규정은 없으며, 다만 「국민의 권익보호를 위한 행정절차에 관한 훈령」에 행정청이 권리를 제한하거나 의무를 부과하는 처분을 할 때에는 미리 당사자에게 행정처분을 하고자 하는 원인이 되는 사실을 통지하여 그에 대한 의견을 청문을 통해 청취한 다음 이유를 명시하여 행정처분을 하여야 한다고 규정되어 있을 뿐이다.
건조물 소유자 B는 A시의 시장의 문화재 지정처분의 절차적 하자를 주장하려고 한다. B주장의 타당성 여부를 검토하시오. (40점)

| 모범답안 |

1. 논점의 정리

문화재지정처분은 불이익한 처분에 해당하므로 「행정절차법」상 불이익한 처분시 필요한 의견청취절차 의무적으로 거쳐야 한다. 따라서 본 사안의 처분이 청문의 실시사유에 해당하는지 여부와 의견제출절차에 대한 검토가 필요하다.

2. 청문

(1) 의의

행정청이 처분에 앞서 당사자등의 의견을 직접 듣고 증거를 조사하는 절차이다.

(2) 실시사유

① 다른 법령등에서 청문을 실시하도록 규정하고 있는 경우
② 행정청이 필요하다고 인정하는 경우
③ 인허가 등의 취소, 신분·자격의 박탈, 법인이나 조합 등의 설립허가의 취소의 처분을 하는 경우

(3) 사안의 적용

본 사안에서 「문화재보호법」상에는 청문의 절차가 규정되어 있지 않으며 다른 실시사유에도 해당하는 경우라고 볼 수 없다.
또한 「국민의 권익보호를 위한 행정절차에 관한 훈령」상 청문 절차가 규정되어 있다 하더라도 이는 행정 내부적 지침에 해당하는 행정명령에 불과하므로 청문 실시 사유에 규정한 법령에 해당하지 않으며, 또한 내부 지침상의 절차를 위반하였다고 하더라도 처분의 절차적 하자에 해당하지는 않는다. 따라서 A시의 시장의 문화재 지정 처분은 청문의 대상이 아니다.

3. 의견제출

(1) 의의

행정청이 어떠한 행정작용을 하기 앞서 당사자 등이 의견을 제시하는 절차로서 청문이나 공청회에 해당하지 아니하는 절차이다.

(2) 대상

① 원칙

불이익한 처분에 있어 청문 또는 공청회를 거치지 않은 경우 의견제출 절차는 의무적으로 거쳐야 한다.

② 예외
  ㉠ 공공의 안전 또는 복리를 위하여 긴급히 처분을 할 필요가 있는 경우
  ㉡ 법령등에서 요구된 자격이 없거나 없어지게 되면 반드시 일정한 처분을 하여야 하는 경우에 그 자격이 없거나 없어지게 된 사실이 법원의 재판 등에 의하여 객관적으로 증명되는 경우
  ㉢ 당해 처분의 성질상 의견청취가 현저히 곤란하거나 명백히 불필요하다고 인정될 만한 상당한 이유가 있는 경우
  ㉣ 당사자가 의견진술의 기회를 포기한다는 뜻을 의견제출 기간 내에 명백히 표시한 경우

(3) 사안의 적용

A시 시장의 문화재 지정 처분은 불이익한 처분에 해당하며, 상대방인 B에게 불이익한 처분 시 특별한 예외 사유에 해당하지 않는 한 반드시 필요한 당사자 의견제출 기회를 제공하지 아니하였으므로 처분의 절차적 하자에 해당한다.

4. 사안의 해결

A시 시장의 문화재 지정 처분은 청문의 대상은 아니나, 불이익한 처분 시 청문이나 공청회를 실시하지 않았다면 반드시 거쳐야 할 의무적 절차인 의견제출 절차를 거치지 않았으므로 절차상 하자가 있는 처분이다. 따라서 B의 주장은 타당하다.

사례 연습 9

각각의 물음에 답하시오. (40점)

[물음 1] 행정안전부장관은 행정사 甲에게 단지 서면으로 의견제출 기회를 제공한 후에 자격취소처분을 하였다. 처분의 효력에 대하여 검토하시오. (20점)

[물음 2] 물음 1의 사안과 별개로 행정안전부장관이 청문을 실시하려고 한다. 청문의 개시부터 진행 그리고 종결까지의 절차에 대하여 설명하시오. (20점)

┃모범답안┃

[물음 1]

1. 청문

  (1) 의의

  행정청이 처분에 앞서 당사자등의 의견을 직접 듣고 증거를 조사하는 절차이다.

  (2) 실시 사유

  ① 다른 법령 등에서 청문을 실시하도록 규정하고 있는 경우

  ② 행정청이 필요하다고 인정하는 경우

  ③ 인허가 등의 취소, 신분·자격의 박탈, 법인이나 조합 등의 설립허가의 취소의 처분을 하는 경우

  (3) 예외

  ① 공공의 안전 또는 복리를 위하여 긴급히 처분을 할 필요한 경우

  ② 법령등에서 요구된 자격이 없거나 없어지게 되면 반드시 일정한 처분을 하여야 하는 경우에 그 자격이 없거나 없어지게 된 사실이 법원의 재판 등에 의하여 객관적으로 증명되는 경우

  ③ 당해 처분의 성질상 의견청취가 현저히 곤란하거나 명백히 불필요하다고 인정될 만한 상당한 이유가 있는 경우

  ④ 당사자가 의견진술의 기회를 포기한다는 뜻을 의견제출 기간 내에 명백히 표시한 경우

  (4) 절차상 하자가 있는지 여부

  청문 실시 사유에 해당함에도 불구하고 이를 실시하지 않고 단지 의견제출의 기회만 부여하였다면 특별히 청문의 예외 사유에 해당하지 않는 한 절차상 하자가 있다.

2. 절차상 하자가 있는 처분의 효력

「행정절차법」은 강행규정이라는 점과 「헌법」 제12조 적법절차원리가 일반조항으로서 행정절차에 유추적용된다는 점을 볼 때, 절차의 하자도 기본권 침해에 해당하므로 절차 하자의 독자적 위법성을 인정하는 것이 타당하다. 절차상 하자의 위법성 정도는 중대·명백설에 따라 판단한다.

3. 사안의 해결

본 사안에서의 처분은 청문절차를 실시하지 않은 절차상 하자가 있는 위법한 처분이며 중대·명백설에 따라 취소되어야 한다.

[물음 2]

1. 사전통지

청문이 시작되기 10일 전까지 일정사항을 통지하여야 한다.

2. 진행

(1) 청문 주재자가 진행한다.

(2) 의견서를 제출한 경우에는 출석하여 진술한 것으로 본다.

(3) 청문 주재자는 직권으로 필요한 조사를 할 수 있다.

3. 결과의 반영

청문결과가 상당한 이유가 있는 경우 처분에 반영하여야 한다.

4. 문서의 열람

(1) 당사자등은 청문의 통지가 있는 날부터 청문이 끝날 때까지 문서의 열람 또는 복사를 요청할 수 있다.

(2) 행정청이 다른 법령에 따라 열람 또는 복사의 요청을 거부하는 경우에는 그 이유를 소명하여야 한다.

5. 공개

청문은 비공개를 원칙으로 한다.

6. 종결과 재개

(1) 청문 주재자는 해당 사안에 대하여 조사가 충분히 이루어졌다고 인정하는 경우 또는 정당한 사유 없이 청문기일에 출석하지 아니하거나 의견서를 제출하지 아니한 경우에는 청문을 마칠 수 있다.

(2) 정당한 사유로 청문기일에 출석하지 못하거나 의견서를 제출하지 못한 경우에는 10일 이상의 기간을 정하여 이들에게 의견진술 및 증거제출을 요구하여야 하며, 해당 기간이 지났을 때에 청문을 마칠 수 있다.

(3) 행정청은 청문을 마친 후 처분을 할 때까지 새로운 사정이 발견되면 청문의 재개를 명할 수 있다.

사례 연습 10

각각의 물음에 답하시오. (40점)

[물음 1] 관할 행정청 A는 甲법인이 수집 목적과 관련 없이 위법하게 고객의 개인정보를 국외로 유출했음을 발견하였다. 이에 관련 법령을 근거로 甲법인의 설립허가취소처분을 하였다. 이 처분에 앞서 청문절차를 시행함 없이 甲법인에게 단지 서면으로 의견제출 기회를 제공하였다. 본 사안에서 행정청 A가 행한 법인설립허가취소처분의 효력에 대하여 검토하시오(청문 실시에 특별한 면제사유가 없음을 전제로 한다.). (20점)

[물음 2] 甲법인은 개인정보보호위원회로부터 위반사실등의 공표에 대하여 미리 통지를 받았으며 이에 의견제출할 수 있음을 고지받았다. 이에 따라 甲법인은 해당 사실에 대한 의견을 제출하고자 한다. 甲법인의 의견제출 방법과 개인정보보호위원회의 제출 의견의 반영 등에 대하여 설명하시오. (20점)

| 모범답안 |

[물음 1]

1. 청문

(1) 의의

행정청이 처분에 앞서 당사자등의 의견을 직접 듣고 증거를 조사하는 절차이다.

(2) 실시 사유

① 다른 법령 등에서 청문을 실시하도록 규정하고 있는 경우
② 행정청이 필요하다고 인정하는 경우
③ 인허가 등의 취소, 신분·자격의 박탈, 법인이나 조합 등의 설립허가의 취소의 처분을 하는 경우

(3) 절차상 하자가 있는지 여부

법인설립허가취소처분은 청문절차를 의무적으로 실시하여야 한다. 따라서 청문절차를 실시함 없이 단지 의견제출의 기회만 부여하였다면 절차상 하자가 있다.

2. 절차상 하자가 있는 처분의 효력

「행정절차법」은 강행규정이라는 점과 「헌법」 제12조 적법절차원리가 일반조항으로서 행정절차에 유추적용된다는 점을 볼 때, 절차의 하자도 기본권 침해에 해당하므로 절차 하자의 독자적 위법성을 인정하는 것이 타당하다. 절차상 하자의 위법성 정도는 중대·명백설에 따라 판단한다.

3. 사안의 해결

사안의 법인설립허가취소처분은 청문절차를 실시하지 않은 절차상 하자가 있는 위법한 처분이며 중대·명백설에 따라 취소되어야 한다.

[물음 2]

1. 의견제출의 의의

의견제출절차란 행정청이 어떠한 행정작용을 하기 앞서 당사자등이 의견을 제시하는 절차로서 청문이나 공청회에 해당하지 아니하는 절차를 말한다.

2. 의견제출의 대상

행정청은 위반사실등의 공표를 할 때에는 미리 당사자에게 그 사실을 통지하고 의견제출의 기회를 주어야 한다. 다만, ① 공공의 안전 또는 복리를 위하여 긴급히 공표를 할 필요가 있는 경우, ② 해당 공표의 성질상 현저히 곤란하거나 명백히 불필요한 경우, ③ 당사자가 포기한다는 뜻을 명백히 밝힌 경우에는 그러하지 아니하다.

3. 의견제출 방법

(1) 당사자는 위반사실등의 공표 전에 그 관할 행정청에 서면이나 말 또는 정보통신망을 이용하여 의견제출을 할 수 있다.

(2) 당사자는 그 주장을 입증하기 위한 증거자료 등을 첨부할 수 있다.

(3) 행정청은 당사자가 말로 의견제출을 하였을 때에는 서면으로 그 진술의 요지와 진술자를 기록하여야 한다.

(4) 당사자가 정당한 이유 없이 의견제출 기한까지 의견제출을 하지 아니한 경우에는 의견이 없는 것으로 본다.

4. 제출 의견의 방영 등

(1) 행정청은 위반사실등의 공표를 할 때에 당사자가 제출한 의견이 상당한 이유가 있다고 인정하는 경우에는 이를 반영하여야 한다.

(2) 행정청은 당사자가 제출한 의견을 반영하지 아니하고 위반사실등의 공표를 한 경우 당사자가 위반사실등의 공표가 있음을 안 날부터 90일 이내에 그 이유의 설명을 요청하면 서면으로 그 이유를 알려야 한다. 다만, 당사자가 동의하면 말, 정보통신망 또는 그 밖의 방법으로 알릴 수 있다.

사례 연습 11

각각의 물음에 답하시오. (60점)

[물음 1] 개인정보보호위원회는 甲기업에 대한 시정조치와 징계권고를 포함한 「개인정보보호법」 위반사실등을 공표하려고 한다. 위반사실등의 공표에 대한 「행정절차법」상 필요한 절차를 설명하시오. (20점)

[물음 2] 甲기업은 개인정보보호위원회로부터 위반사실등의 공표에 대하여 미리 통지를 받았으며 이에 의견제출을 할 수 있음을 고지받았다. 이에 따라 甲기업은 해당 사실에 대한 의견을 제출하고자 한다. 甲기업의 의견제출의 방법과 개인정보보호위원회의 제출 의견의 반영 등에 대하여 설명하시오. (20점)

[물음 3] 甲기업의 「개인정보보호법」상 위반 행위는 개인정보책임자 B가 업무상 관련하여 행한 행위였으며, B는 인사이동으로 개인정보책임자로서의 업무를 담당하지 않고 있다. 그리고 甲 기업은 현재 새로운 개인정보책임자를 지정하고 있지 않다. 해당 위반 행위가 과태료 3,000만 원, 개인정보책임자 미지정이 과태료 1,000만 원에 해당한다면 과태료 부과 대상과 액수를 검토하시오. (20점)

| 모범답안 |

[물음 1]

1. 개념

행정청은 법령 의무를 위반한 자의 성명·법인명, 위반사실, 처분사실 등을 법률로 정하는 바에 따라 일반에게 공표할 수 있다.

2. 의견제출

(1) 행정청은 위반사실등의 공표를 할 때에는 미리 당사자에게 그 사실을 통지하고 의견제출의 기회를 주어야 한다. 다만, ① 공공의 안전 또는 복리를 위하여 긴급히 공표를 할 필요가 있는 경우, ② 해당 공표의 성질상 현저히 곤란하거나 명백히 불필요한 경우, ③ 당사자가 포기한다는 뜻을 명백히 밝힌 경우에는 그러하지 아니하다.

(2) 의견제출의 기회를 받은 당사자는 위반사실등의 공표 전에 관할 행정청에 서면이나 말 또는 정보통신망을 이용하여 의견을 제출할 수 있다.

(3) 의견제출의 방법과 제출 의견의 반영 등에 관하여는 처분상 의견제출 절차를 준용한다.

3. 절차

(1) 행정청은 당사자의 명예·신용 등이 훼손되지 아니하도록 객관적이고 타당한 증거와 근거가 있는지를 확인하여야 한다.

(2) 위반사실등의 공표는 관보, 공보 또는 인터넷 홈페이지 등을 통하여 한다.

(3) 행정청은 당사자가 공표와 관련된 의무의 이행, 원상회복, 손해배상 등의 조치를 마친 경우에는 공표를 하지 아니할 수 있다.

(4) 행정청은 공표된 내용이 사실과 다른 것으로 밝혀지거나 공표에 포함된 처분이 취소된 경우에는 그 내용을 정정하여, 정정한 내용을 지체 없이 해당 공표와 같은 방법으로 공표된 기간 이상 공표하여야 한다. 다만, 당사자가 원하지 아니하면 공표하지 아니할 수 있다.

[물음 2]

1. 의견제출 방법

(1) 당사자는 위반사실등의 공표 전에 그 관할 행정청에 서면이나 말 또는 정보통신망을 이용하여 의견제출을 할 수 있다.

(2) 당사자는 그 주장을 입증하기 위한 증거자료 등을 첨부할 수 있다.

(3) 행정청은 당사자가 말로 의견제출을 하였을 때에는 서면으로 그 진술의 요지와 진술자를 기록하여야 한다.

(4) 당사자가 정당한 이유 없이 의견제출 기한까지 의견제출을 하지 아니한 경우에는 의견이 없는 것으로 본다.

2. 제출 의견의 반영 등

(1) 행정청은 위반사실등의 공표를 할 때에 당사자가 제출한 의견이 상당한 이유가 있다고 인정하는 경우에는 이를 반영하여야 한다.

(2) 행정청은 당사자가 제출한 의견을 반영하지 아니하고 위반사실등의 공표를 한 경우 당사자가 위반사실등의 공표가 있음을 안 날부터 90일 이내에 그 이유의 설명을 요청하면 서면으로 그 이유를 알려야 한다. 다만, 당사자가 동의하면 말, 정보통신망 또는 그 밖의 방법으로 알릴 수 있다.

[물음 3]

1. 법인의 처리 등

대리인 · 사용인 및 그 밖의 종업원이 업무에 관하여 법인 또는 그 개인에게 부과된 법률상의 의무를 위반한 때에는 법인 또는 그 개인에게 과태료를 부과한다.

2. 수개의 질서위반행위의 처리

(1) 하나의 행위가 2 이상의 질서위반행위에 해당하는 경우에는 각 질서위반행위에 대하여 정한 과태료 중 가장 중한 과태료를 부과한다.

(2) 각각의 행위로 2 이상의 질서위반행위가 경합하는 경우에는 각 질서위반행위에 대하여 정한 과태료를 각각 부과한다.

3. 사안의 적용

해당 위반 행위와 개인정보 보호책임자 미지정 행위는 모두 A기업이 과태료 대상이며 각각 다른 행위로 위반하였으므로 각각 과태료가 부과되어 액수는 4,000만 원이다.

사례 연습 12

A는 공장설립을 위해 행정청 甲에게 최소한의 구비서류를 준비하여 「민원처리에 관한 법률」상 사전심사를 청구하였다. 이에 행정청 甲은 관련 기관과의 협의를 거쳐 공장등록이 가능하다는 답변을 문서로 회신하였다. 다음에 제시한 각각의 사안에 대해 물음에 답하시오. (40점)

[물음 1] 행정청 甲의 답변과 관련하여 「행정절차법」상의 내용을 기술하시오. (20점)

[물음 2] 사전심사 답변을 신뢰한 A는 인적·물적 설비를 완비하여 공장등록을 신청하였다. 신청에 대한 수리여부를 결정하기 위하여 행정청 甲은 현지조사를 시행하여 수집한 정보를 바탕으로 최종 검토를 진행하는 중에 사전심사 신청시 제출한 환경영향평가 등급이 허위임을 발견하였다. 이에 따라 해당 공장이 그대로 운영될 경우 인근 주민들에 피해가 있음을 이유로 A의 신청 수리를 거부하였다. A는 행정청 甲의 결정이 신뢰보호원칙 위반이라고 주장한다. 신뢰보호원칙의 요건에 비추어 이 주장의 타당성을 검토하시오.(20점)

| 모범답안 |

[물음 1]

1. 사전심사 결정의 법적 성질

확약이란 행정청이 당사자의 신청에 따라 장래에 어떤 처분을 하거나 하지 아니할 것을 내용으로 하는 의사표시를 의미한다. 따라서 행정청 甲이 A에게 행한 사전심사 결정에 대한 답변은 「행정절차법」상 확약에 해당한다.

2. 방식 및 절차

(1) 확약은 문서로 하여야 한다.

(2) 행정청은 다른 행정청과의 협의 등의 절차를 거쳐야 하는 처분에 대하여 확약을 하려는 경우에는 확약을 하기 전에 그 절차를 거쳐야 한다.

3. 효력

원칙적으로 확약은 행정청을 기속한다.

다만, 행정청은 ① 확약을 한 후에 확약의 내용을 이행할 수 없을 정도로 법령등이나 사정이 변경된 경우와 ② 확약이 위법한 경우에는 확약에 기속되지 아니한다.

4. 통지

행정청이 확약을 이행할 수 없는 경우에는 지체 없이 당사자에게 그 사실을 통지하여야 한다.

[물음 2]

1. 신뢰보호원칙

행정청은 법령 등의 해석 또는 행정청의 관행이 일반적으로 국민들에게 받아들여진 때에는 공익 또는 제3자의 정당한 이익을 현저히 해할 우려가 있는 경우를 제외하고는 새로운 해석 또는 관행에 따라 소급하여 불리하게 처리하여서는 아니 된다.

2. 신뢰보호원칙의 성립요건

(1) 행정청의 개인에 대한 공적 견해표명

(2) 공적 견해표명에 대한 개인의 보호가치 있는 신뢰

(3) 신뢰로 인한 개인의 행위

(4) 공적 견해표명에 반하는 행정청의 처분

(5) 그 견해표명에 따른 행정처분을 할 경우 이로 인하여 공익 또는 제3자의 정당한 이익을 현저히 해할 우려가 있는 경우가 아니어야 한다.

3. 사안의 해결

본 사안에서 행정청 甲의 확약은 A가 허위기재하여 제출한 영향평가서를 기초로 한다. 따라서 그 확약을 A가 신뢰하였다고 하더라도 보호할 가치가 있는 신뢰라고 볼 수 없으며, 또한 확약의 내용이 그대로 시행된다면 인근 주민들의 정당한 이익을 현저히 해할 우려가 있다. 따라서 A의 주장은 타당하지 않다.

사례 연습 13

각각의 물음에 답하시오. (40점)

[물음 1] 행정청 A는 소관 사무 범위 내에서 행정규제안을 입법하려고 한다. 「행정절차법」상 입법예고 절차에 대하여 설명하시오. (20점)

[물음 2] 행정청 A는 폭넓은 의견을 수렴이 필요하다고 판단하여 온라인공청회를 개최하려고 한다. 「행정절차법」상 온라인공청회에 대하여 설명하고, A가 온라인공청회만을 단독으로 실시할 수 있는지 검토하시오(법령에 공청회를 개최하도록 하는 규정은 없음을 전제로 한다.). (20점)

| 모범답안 |

[물음 1]

1. 입법예고의 대상

(1) 원칙
행정청은 법령 등을 제정·개정 또는 폐지하려는 경우에는 이를 예고하여야 한다.

(2) 예외
신속한 국민의 권리 보호를 위해 입법이 긴급을 요하는 경우나 상위 법령 등의 단순한 집행을 위한 경우, 입법내용이 국민의 권리·의무 또는 일상생활과 관련이 없는 경우, 단순한 표현·자구를 변경하는 경우 등 입법내용의 성질상 예고의 필요가 없거나 곤란한 경우, 예고함이 공공의 안전 또는 복리를 현저히 해칠 우려가 있는 경우 등에 해당되면 입법예고를 하지 아니할 수 있다.

(3) 재입법예고
행정청은 입법예고 후 중요한 변경이 발생하는 경우에는 해당 부분을 다시 입법예고하여야 한다.

2. 입법예고의 주체
입법예고는 당해 입법안을 마련한 행정청이 하도록 한다. 다만, 법제처장은 입법예고를 하지 아니한 법령안에 대해 해당 행정청에 입법예고를 권고하거나 직접 예고할 수 있다.

3. 예고방법

(1) 공고
행정청은 입법안의 취지, 주요 내용 또는 전문을 공고하여야 하며, 추가로 인터넷, 신문 또는 방송 등을 통하여 공고할 수 있다.
법령의 입법안은 관보 및 법제처장이 구축·제공하는 정보시스템을 통해 공고하며, 자치법규의 경우 공보를 통해 공고한다.

(2) 예고기간
예고기간은 예고할 때 정하되, 특별한 사정이 없으면 40일(자치법규는 20일) 이상으로 한다.

4. 의견제출 및 처리

(1) 의견제출

누구든지 예고된 입법안에 대하여 의견을 제출할 수 있다. 행정청은 입법안에 관하여 의견 수렴을 위해 공청회 또는 온라인공청회를 개최할 수 있다.

(2) 처리

행정청은 해당 입법안에 대한 의견이 제출된 경우 특별한 사유가 없으면 이를 존중하여 처리하여야 한다. 행정청은 의견을 제출한 자에게 그 제출된 의견의 처리결과를 통지하여야 한다.

[물음 2]

1. 실시

(1) 원칙

행정청은 공청회와 병행하여서만 온라인공청회를 실시할 수 있다.

(2) 예외

① 국민의 안전 또는 권익보호 등의 이유로 공청회를 개최하기 어려운 경우, ② 공청회가 행정청이 책임질 수 없는 사유로 개최되지 못하거나 개최는 되었으나 무산된 횟수가 3회 이상인 경우, ③ 행정청이 온라인공청회를 단독으로 개최할 필요가 있다고 인정하는 경우(다만, 다른 법령등에서 공청회를 개최하도록 규정하고 있는 경우와 국민생활에 큰 영향을 미치는 처분으로서 일정 수 이상의 당사자등이 공청회 개최를 요구하는 경우에 해당하여 공청회를 실시하는 경우는 제외)에 해당하는 경우에는 온라인공청회를 단독으로 개최할 수 있다.

2. 진행 및 처리

(1) 온라인공청회를 실시하는 경우에는 누구든지 정보통신망을 이용하여 의견을 제출하거나 제출된 의견 등에 대한 토론에 참여할 수 있다.

(2) 행정청은 온라인공청회를 통하여 제시된 사실 및 의견이 상당한 이유가 있다고 인정되는 경우에는 이를 반영하여야 한다.

3. 사안 검토

온라인공청회는 공청회와 병행하여서만 실시할 수 있지만, 행정청이 온라인공청회를 단독으로 개최할 필요가 있다고 인정하는 경우에는 온라인공청회를 단독으로 개최할 수 있다. 따라서 본 사안에서 행정청 A는 온라인공청회를 단독으로 개최할 수 있다.

사례 연습 14

행정청 甲은 지역 경제 살리기의 일환으로 해당 지역 화폐를 만들어 발행하였다. 지역 화폐 활성화 방안으로 관할 소상공인들에게 지역 화폐를 사용하는 소비자에게 일정액의 할인을 하도록 권고하였다. (40점)

[물음 1] 사안에서의 권고의 법적성질과 「행정절차법」상 방식과 절차에 대하여 약술하시오. (15점)

[물음 2] 소상공인 A는 지역 화폐가 활성화되기 전에 할인 행사를 먼저 진행하는 것은 오히려 지역 경제 성장에 방해가 되는 정책이라는 의견을 제출하고 정가 판매를 계속하였다. 이에 甲은 권고를 따르지 않았다는 이유로 A에게 영업정지 처분을 내렸다. 甲의 영업정지 처분에 대하여 적법여부를 검토하시오. (15점)

[물음 3] 사안의 행정작용의 한계에 대하여 약술하시오. (10점)

| 모범답안 |

[물음 1]

1. 권고의 법적 성질

행정지도란 행정기관이 그 소관사무의 범위 안에서 일정한 행정목적을 실현하기 위하여 특정인에게 일정한 행위를 하거나 하지 아니하도록 지도·권고·조언 등을 하는 행정작용을 의미한다. 따라서 사안에서 행정청의 권고는 행정지도에 해당한다.

2. 행정지도의 방식과 절차

(1) 행정지도 실명제

행정지도를 하는 자는 그 상대방에게 그 행정지도의 취지 및 내용과 신분을 밝혀야 한다.

(2) 행정지도의 방식

행정지도가 말로 이루어지는 경우에 상대방이 행정지도의 취지 및 내용을 적은 서면의 교부를 요구하면 그 행정지도를 하는 자는 직무수행에 특별한 지장이 없으면 이를 교부하여야 한다.

(3) 의견제출

행정지도의 상대방은 당해 행정지도의 방식·내용 등에 관하여 행정기관에 의견제출을 할 수 있다.

(4) 다수인을 대상으로 하는 행정지도

행정기관이 같은 행정목적을 실현하기 위하여 많은 상대방에게 행정지도를 하려는 경우에는 특별한 사정이 없으면 행정지도에 공통적인 내용이 되는 사항을 공표하여야 한다.

[물음 2]

1. 문제의 소재

「행정절차법」은 행정지도의 기본원칙을 규정하고 있으며 이를 기초로 본 사안의 행정지도에 대한 적법성 여부를 판단할 필요가 있다.

2. 「행정절차법」상 기본원칙

(1) 행정지도는 그 목적 달성에 필요한 최소한도에 그쳐야 한다.

(2) 행정지도의 상대방의 의사에 반하여 부당하게 강요하여서는 아니 된다.

(3) 행정기관은 행정지도의 상대방이 행정지도에 따르지 아니하였다는 것을 이유로 불이익한 조치를 하여서는 아니 된다.

3. 영업정지 처분의 적법성 검토

행정지도를 따르지 않았다는 이유로 영업정지라는 불이익한 조치를 취했다는 점에서 본 사안의 영업정지는 위법한 처분이다.

[물음 3]

1. 행정지도는 상대방의 임의적 협력을 전제로 하므로 책임소재가 명확하지 않다.

2. 행정지도는 비권력적 사실행위로서 강제력이 없으므로 상대방이 행정지도에 응하지 아니하면 행정주체가 의도하는 결과의 발생을 기대할 수 없으므로 실효성 확보가 곤란하다.

3. 행정지도는 행정기관에 의하여 행하여지므로 행정지도의 내용이 상대방에게 사실상 강제되는 경우가 있다.

4. 행정지도에 의하여 발생한 피해에 대하여 사후적인 구제수단이 마련되어 있지 않다.

법령 국민 제안 규정

제1장 총칙

제1조【목적】 이 영은 「행정절차법」제52조의2에 따라 국민의 창의적인 의견이나 고안(考案)을 정부시책이나 행정제도 및 그 운영에 반영함으로써 국민참여를 활성화하고 행정 업무의 혁신을 촉진하기 위한 국민 제안 제도의 운영에 필요한 사항을 규정함을 목적으로 한다.

제2조【정의】 이 영에서 사용하는 용어의 뜻은 다음과 같다.

1. "국민제안"이란 국민(국내에 거주하는 외국인을 포함한다. 이하 같다.)이 정부시책이나 행정제도 및 그 운영의 개선을 목적으로 「행정절차법」제52조의2에 따른 행정청(이하 "행정청"이라 한다.)에 제출하는 창의적인 의견이나 고안으로서 다음 각 목의 어느 하나에 해당하지 아니하는 것을 말한다.

   가. 다른 사람이 취득한 특허권·실용신안권·디자인권 또는 저작권에 속하는 것 또는 「공무원 직무발명의 처분·관리 및 보상 등에 관한 규정」에 따라 보상이 확정된 것

   나. 접수하려는 기관이 이미 채택했던 제안과 내용이 동일한 것

   다. 접수하려는 기관이 이미 시행 중인 사항이거나 기본 구상이 이와 유사한 것

   라. 일반 통념상 적용하기 어렵다고 판단되는 것

   마. 단순한 주의환기·진정(陳情)·비판 또는 건의이거나 불만의 표시에 불과한 것

   바. 특정 개인·단체·기업 등의 수익사업과 그 홍보에 관한 것

   사. 국가나 지방자치단체의 사무에 관한 사항이 아닌 것

2. 삭제

3. "채택제안"이란 행정청이 접수한 국민제안 중 그 내용을 심사한 후 채택한 것을 말한다.

4. "자체우수제안"이란 행정청이 채택제안 중 그 내용이 우수하다고 인정하여 행정안전부장관(국방·군사에 관한 제안의 경우에는 국방부장관을 말한다.)에게 추천한 것을 말한다.

5. "중앙우수제안"이란 행정안전부장관이 자체우수제안 중 그 내용을 심사한 후 채택한 것을 말한다.

제3조【국민 제안 제도의 관장 기관】 행정안전부장관은 국민 제안 제도의 운영 지도·확인·점검, 국민 제안 제도의 개선 및 중앙우수제안에 관한 업무를 맡아 처리한다.

제4조【다른 법령과의 관계】 국민제안에 관하여 다른 법령에 특별한 규정이 있는 경우를 제외하고는 이 영에서 정하는 바에 따른다.

제2장 국민제안의 제출 등

제5조【국민제안의 제출】 ① 모든 국민은 제안 내용의 소관 행정청에 국민제안을 제출할 수 있다.

② 국민제안을 제출하려는 국민은 정부시책이나 행정제도 및 그 운영의 현황과 문제점, 개선방안 및 기대효과 등에 관한 사항을 작성하여 방문·우편·팩스 또는 「부패방지 및 국민권익위원회의 설치와 운영에 관한 법률」제12조 제16호에 따른 온라인 국민참여포털(이하 "온라인 국민참여포털"이라 한다.) 등 인터넷을 통하여 행정청에게 제출하여야 한다. 이 경우 행정청은 장애인이 국민제안을 쉽게 제출할 수 있도록 적절한 편의를 제공해야 한다.

③ 2명 이상이 공동으로 국민제안을 제출하는 경우에는 국민제안에 참여한 사람 개개인의 기여도에 관한 사항을 백분율로 표시하여야 한다. 이 경우 기여도가 가장 큰 사람을 "주제안자"로, 그 밖의 참여자를 "부제안자"로 표시하되, 공동제안자가 2명인 경우로서 기여도가 동등한 경우에는 제안자 간의 합의로 주제안자를 정하여야 한다.

④ 둘 이상 행정청의 소관 업무와 관련된 국민제안의 경우에는 국민제안의 주된 내용의 소관 행정청에게 제출해야 한다.

제6조【국민제안의 접수 등】① 행정청은 제출된 국민제안을 신속히 접수하여야 한다.

② 행정청은 접수한 국민제안이 다음 각 호의 어느 하나에 해당하는 경우에는 그 사유를 구체적으로 밝혀 접수한 날부터 7일 이내에 적절한 기간을 정하여 제안자에게 보완을 요청할 수 있다. 이 경우 보완에 걸리는 기간은 제10조 제1항에 따른 기간에 산입(算入)하지 아니한다.

1. 제안에 보완할 수 있는 흠이 있는 경우
2. 제안이 제2조 제1호 각 목의 어느 하나에 해당하는 경우
3. 제안이 「민원 처리에 관한 법률」 제2조 제1호에 따른 민원에 해당하는 경우

③ 행정청이 접수한 국민제안 중 내용이 같은 국민제안이 있는 경우에는 먼저 접수한 국민제안이 우선한다.

④ 행정청은 제안자가 제2항 각 호 외의 부분 전단에 따른 기간 내에 제안내용을 보완하지 않은 경우에는 다음 각 호의 구분에 따라 그 사유를 구체적으로 밝혀 접수된 제안을 종결처리하거나 민원으로 접수하여 민원 처리 절차에 따라 처리할 수 있다.

1. 제2항 제1호 또는 제2호에 해당하는 경우: 종결처리
2. 제2항 제3호에 해당하는 경우: 종결처리 또는 민원처리

⑤ 삭제

⑥ 행정청은 제출된 국민제안이 다른 행정기관의 소관인 경우에는 이송 사유를 구체적으로 밝혀 지체 없이 소관 행정기관으로 이송하고, 그 사실을 제안자에게 알려야 한다.

⑦ 행정청은 제안자가 동일한 내용의 제안을 정당한 사유 없이 3회 이상 반복해 제출한 경우에는 2회 이상 그 처리결과를 통지하고, 그 후에 접수되는 제안에 대해서 종결처리할 수 있다.

제7조【접수 및 처리 상황의 공개 등】 행정청은 국민제안을 접수하였을 때에는 온라인 국민참여포털 등 인터넷을 통하여 국민제안의 접수 및 처리 상황을 실시간으로 공개하여야 한다. 다만, 제안자가 요구하는 경우에는 국민제안의 제목과 채택 여부를 제외한 사항은 공개하지 않을 수 있다.

제7조의2 삭제

제3장 국민제안의 심사 및 실시

제8조【국민제안의 심사】① 행정청은 제6조에 따라 접수한 국민제안의 채택 여부를 결정하기 위해서는 다음 각 호의 사항을 고려하여 심사하여야 한다.

1. 실시 가능성
2. 창의성
3. 효율성 및 효과성
4. 적용 범위
5. 계속성

② 행정청은 국민제안을 공정하게 심사하기 위하여 필요한 경우에는 기관별 국민제안 심사위원회(이하 "기관별 심사위원회"라 한다)를 구성·운영할 수 있다. 이 경우 제12조 제1항, 제14조 제1항 제1호 또는 제14조 제3항의 재심사 요청에 따른 재심사를 하거나 제15조에 따른 자체우수제안의 결정을 할 때에는 기관별 심사위원회의 심의를 거쳐야 한다.

③ 행정청은 제2항에 따라 기관별 심사위원회를 구성할 경우에는 전체 구성인원의 2분의 1 이상을 국민[국내에 거주하는 내국인 중 공무원(행정청이 「행정절차법」 제2조 제1호 나목에 해당하는 경우에는 그 행정청에 소속된 임직원을 포함한다.)이 아닌 사람으로 한정한다]으로 구성해야 한다.

제9조【의견 또는 자료 제출 등】① 행정청은 제8조에 따른 심사를 하기 위하여 필요한 경우에는 관계 기관 또는 전문가에게 실험·조사 등을 의뢰하거나 의견 또는 자료 제출 요청할 수 있다.

② 행정청은 제출된 제안이 제2조 제1호 가목에 해당하는지에 대하여 문화체육관광부장관 또는 특허청장에게 확인 요청할 수 있다.

③ 행정청은 제1항에 따른 실험·조사 등에 드는 비용을 예산의 범위에서 지급할 수 있다.

④ 제1항과 제2항에 따른 의견 또는 자료 제출 등의 요청을 받은 자는 특별한 사유가 없으면 요청받은 날부터 3주 이내에 회신하여야 한다. 이 경우 회신에 걸리는 기간은 제10조 제1항에 따른 기간에 산입하지 아니한다.

⑤ 제1항 또는 제2항에 따른 의견 또는 자료 제출 등의 요청을 할 때에는 제안자에게 미리 그 사실을 알려야 한다.

제10조【채택제안의 결정】① 행정청은 국민제안을 접수한 날부터 30일 이내에 그 내용을 심사한 후 채택제안으로 채택할지를 결정하고 그 사실을 제안자에게 알려야 한다. 이 경우 온라인 국민참여포털 등 인터넷을 통하여 접수된 국민제안에 대해서는 온라인 국민참여포털 등 인터넷을 통하여 채택 여부의 결정 사실을 알릴 수 있다.

② 제1항에 따라 채택제안으로 채택되었음을 제안자에게 알릴 때에는 제22조에 따른 관리기간의 범위에서 채택제안의 실시 예정 시기를 함께 통지하여야 한다.

제11조【채택제안의 실시】① 행정청은 제10조 제1항에 따라 채택제안으로 결정하였을 때에는 같은 조 제2항에 따라 제안자에게 통지된 실시 예정 시기까지 채택제안을 실시해야 한다.

② 행정청은 제10조 제2항에 따라 통지된 실시 예정 시기까지 채택제안을 실시할 수 없는 사유가 발생한 경우에는 그 사유와 새로운 실시 예정 시기를 지체 없이 제안자에게 통지해야 한다.

제12조【재심사 요청】① 제10조 제1항에 따라 채택제안으로 결정되지 아니하였음을 통지받은 제안자는 통지받은 날부터 15일 이내에 재심사 요청 사유를 구체적으로 밝혀 해당 행정청에게 재심사를 요청할 수 있다.

② 행정안전부장관은 다음 각 호의 어느 하나에 해당하는 국민제안이 행정 업무의 개선, 예산 절감 또는 국고·조세수입 증대 등의 성과가 예상되는 경우 해당 행정청에게 재심사를 요청할 수 있다.

1. 제10조에 따라 채택제안으로 결정되지 아니한 국민제안
2. 제15조에 따른 자체우수제안으로 결정되지 아니한 국민제안

③ 제1항 및 제2항에 따른 국민제안의 재심사 결정 및 실시에 관하여는 제10조 및 제11조를 준용한다.

제13조【국민제안의 보완·개선】행정청은 국민제안이 다음 각 호의 어느 하나에 해당하는 경우에는 국민과 전문가의 의견을 듣거나 국민제안에 대하여 토론, 투표, 평가할 수 있는 온라인 국민참여 플랫폼(이하 "국민참여 플랫폼"이라 한다) 등을 통하여 해당 국민제안을 보완·개선할 수 있다.

1. 채택되지 아니한 국민제안인 경우

2. 채택제안 중 보완·개선이 필요하다고 인정하는 경우

제14조【채택되지 아니한 국민제안의 재심사】① 행정청은 제10조에 따라 채택되지 아니한 국민제안(제22조에 따른 관리기간이 경과하지 아니한 것으로 한정한다. 이하 이 조에서 같다.)이 다음 각 호의 어느 하나에 해당하는 경우에는 그 사실을 제안자에게 알리고 그 제안을 재심사하여 채택 여부를 결정해야 한다.

1. 제12조 제2항에 따라 행정안전부장관이 국민제안의 재심사를 요청하는 경우
2. 채택되지 아니한 국민제안을 제13조에 따라 보완·개선하여 실시하려는 경우
3. 행정청이 행정환경의 변화 등에 따라 채택되지 아니한 국민제안을 실시할 필요가 있다고 인정하는 경우

② 행정청은 제1항 제2호에 따라 국민제안을 재심사하는 경우에는 그 제안에 참여한 사람 개개인의 기여도를 결정해야 한다.

③ 제안자는 제10조 제1항에 따라 국민제안이 채택제안으로 결정되지 않았음을 통지받은 후 해당 국민제안의 내용과 동일한 내용의 정부시책 또는 행정제도가 실시된 사실을 알게 된 경우에는 그 통지를 받은 날부터 2년 이내에 해당 행정청에게 재심사를 요청할 수 있다.

④ 행정청은 제3항의 재심사 요청에 따른 재심사 결과 해당 정부시책 또는 행정제도의 실시내용이 제안자가 제안한 내용과 동일하다고 판단되는 경우에는 제18조 제1항에 따른 포상을 하거나 부상(副賞)을 지급할 수 있다.

⑤ 행정청은 제3항의 재심사 요청에 따른 재심사 결과 해당 정부시책 또는 행정제도의 실시내용이 제안자가 제안한 내용과 다르거나 그 밖의 다른 사유로 제안을 채택하지 않을 경우에는 그 사유를 구체적으로 밝혀 제안자에게 통보해야 한다.

제4장 중앙우수제안의 심사 등

제15조【자체우수제안의 결정】행정청은 자체우수제안(국방·군사에 관한 제안을 제외한다. 이하 이 장에서 같다.)을 결정하여 행정안전부장관에게 추천할 수 있다.

제16조 【중앙우수제안의 심사 및 결정】 ① 행정안전부장관은 제15조에 따라 자체우수제안을 추천받았을 때에는 제17조 제1항에 따른 중앙우수제안 심사위원회의 심의를 거쳐 그 내용을 심사하여 중앙우수제안으로 채택할지 여부 및 창안 등급을 결정하고, 자체우수제안을 추천한 행정청에게 그 사실을 통보해야 한다.

② 행정안전부장관이 제1항에 따라 중앙우수제안으로 채택할지를 결정하는 경우 심사기준 및 의견 조회 등에 관하여는 제8조 제1항 및 제9조를 준용한다. 이 경우 "행정청"은 "행정안전부장관"으로 본다.

제17조 【중앙우수제안 심사위원회】 ① 행정안전부장관은 자체우수제안을 공정하게 심사하기 위하여 행정안전부장관 소속으로 중앙우수제안 심사위원회(이하 "위원회"라 한다.)를 구성·운영할 수 있다.

② 위원회는 다음 각 호의 사항을 심의한다.

1. 자체우수제안의 평가 및 심사
2. 중앙우수제안 채택 여부 및 창안 등급의 구분
3. 부상 지급 금액
4. 다른 법령에 따라 위원회의 심의 사항으로 규정된 사항
5. 그 밖에 행정안전부장관이 필요하다고 인정하는 사항

③ 위원회는 위원장 1명을 포함하여 17명 이내의 위원으로 구성한다.

④ 위원회의 위원은 관계 공무원과 국민제안에 관한 학식과 경험이 풍부한 사람 중에서 행정안전부장관이 임명하거나 위촉하며, 위원장은 위촉위원 중에서 행정안전부장관이 위촉한다.

⑤ 공무원이 아닌 위원의 임기는 1년으로 하되, 한 차례만 연임할 수 있다. 다만, 제14항에 따라 위원회가 해산되는 경우에는 그 해산되는 때에 임기가 만료되는 것으로 한다.

⑥ 위원장은 위원회를 대표하고, 위원회의 업무를 총괄한다. 다만, 위원장이 부득이한 사유로 직무를 수행할 수 없을 때에는 위원장이 미리 지명한 위원이 그 직무를 대행한다.

⑦ 위원회의 회의는 재적위원 과반수의 출석으로 개의(開議)하고, 출석위원 과반수의 찬성으로 의결한다.

⑧ 위원회에 간사 1명을 두며, 간사는 행정안전부장관이 소속 공무원 중에서 지명한다.

⑨ 위원회의 효율적인 운영을 위하여 분야별로 분과위원회를 설치·운영할 수 있다.

⑩ 위원회의 위원이 심사 대상인 제안 및 제안자와 직접적인 이해관계를 가진 경우에는 위원회의 심의·의결에서 제척(除斥)된다.

⑪ 제안자는 위원에게 공정한 심의·의결을 기대하기 어려운 사정이 있는 경우에는 위원회에 기피 신청을 할 수 있고, 위원회는 의결로 이를 결정한다. 이 경우 기피 신청의 대상인 위원은 그 의결에 참여하지 못한다.

⑫ 위원이 제10항에 따른 제척 사유에 해당하는 경우에는 스스로 해당 안건의 심의·의결에서 회피(回避)하여야 한다.

⑬ 행정안전부장관은 위원회의 위원이 다음 각 호의 어느 하나에 해당하는 경우에는 해당 위원을 해임하거나 해촉(解囑)할 수 있다.

1. 심신쇠약 등으로 장기간 직무를 수행할 수 없게 된 경우
2. 직무와 관련된 비위사실이 있는 경우
3. 직무 태만, 품위 손상이나 그 밖의 사유로 인하여 위원으로 적합하지 아니하다고 인정되는 경우
4. 위원 스스로 직무를 수행하기 어렵다는 의사를 밝히는 경우
5. 제10항에 따른 제척 사유에 해당하는 데에도 불구하고 회피하지 아니한 경우

⑭ 행정안전부장관은 위원회의 구성 목적을 달성하였다고 인정하는 경우에는 위원회를 해산할 수 있다.

제5장 시상 및 보상

제18조 【채택제안의 시상】 ① 행정청은 채택제안의 제안자에게 포상을 하거나 예산의 범위에서 부상을 지급할 수 있다. 다만, 제5조 제3항에 따라 공동으로 국민제안을 제출한 경우에는 각자의 기여도에 따라 부상을 지급한다.

② 행정청은 다음 각 호의 어느 하나에 해당하는 경우에는 채택제안에 대한 시상을 하지 않을 수 있다.

1. 채택제안의 제안자가 동일하거나 유사한 국민제안 또는 「공무원 제안 규정」 제2조 제1호에 따른 공무원제안(이하 "공무원제안"으로 한다.)으로 이미 다른 행정청으로부터 포상이나 부상을 받은 경우
2. 다른 사람이 채택제안과 동일하거나 유사한 국민제안 또는 공무원제안으로 이미 다른 행정청으로부터 포상이나 부상을 받은 경우
3. 채택제안의 제안자가 성명, 전화번호 또는 주소 등 개인정보를 제대로 기재하지 않아 포상 또는 부상지급 사실을 알릴 수 없는 경우

제19조 【중앙우수제안의 시상】 ① 중앙우수제안의 창안 등급은 금상·은상·동상 및 장려상으로 구분하며, 각 등급에 해당하는 국민제안이 없는 경우에는 해당 등급의 시상을 하지 아니한다.
② 중앙우수제안의 제안자에게는 「상훈법」 및 「정부 표창 규정」 에서 정하는 바에 따라 훈장·포장을 수여하거나 표창을 할 수 있다.
③ 행정안전부장관은 중앙우수제안의 제안자에게 다음 각 호의 기준에 따라 부상을 지급한다. 다만, 제5조 제3항에 따라 공동으로 국민제안을 제출한 경우에는 각자의 기여도에 따라 부상을 지급한다.
1. 금상 : 하나의 국민제안당 500만 원 이상 800만 원 이하
2. 은상 : 하나의 국민제안당 300만 원 이상 500만 원 이하
3. 동상 : 하나의 국민제안당 100만 원 이상 300만 원 이하
4. 장려상 : 하나의 국민제안당 50만 원 이상 100만 원 이하
④ 3명 이상이 공동으로 국민제안을 제출한 경우에는 제안자의 수를 고려하여 부상의 금액 상한을 제3항 각 호의 2분의 1까지 높여 지급할 수 있다.
⑤ 중앙우수제안의 제안자가 사망한 경우에는 부상을 다음 각 호의 순위에 따라 지급한다.
1. 제안자가 지정한 자
2. 상속인

제20조 【우수기관 등에 대한 포상 등】 ① 행정안전부장관과 행정청은 다음 각 호의 어느 하나에 해당하는 국민제안의 활성화에 직접적인 공로가 있는 우수기관이나 공무원(행정청이 「행정절차법」 제2조 제1호 나목에 해당하는 경우에는 그 행정청에 소속된 임직원을 포함한다. 이하 제2항에서 같다.)에 대하여 포상을 하거나 예산의 범위에서 부상을 지급할 수 있다.
1. 제25조 제3항에 따른 생활공감정책에 관한 국민제안
2. 행정운영의 효율적 추진에 기여한 국민제안
② 행정청은 제23조에 따라 측정된 실시 성과를 바탕으로 해당 채택제안의 채택 및 실시에 직접적인 공로가 있는 공무원에게 예산의 범위에서 상여금을 지급할 수 있다.
③ 행정청이 제2항에 따라 지급하는 상여금의 지급액은 3천만 원 이하의 범위에서 별표에 따라 산정한다. 다만, 실시 성과의 기여도에 따라 상여금을 일부 감액하여 지급할 수 있다.
④ 행정청은 채택제안의 실시에 직접적인 공로가 있는 공무원을 「적극행정 운영규정」 제14조 제1항 및 제15조 제1항 또는 「지방공무원 적극행정 운영규정」 제13조 제1항 및 제14조 제1항에 따라 적극행정 우수 공무원으로 선발하여 인사상 우대조치를 할 수 있다.

제21조 【보상】 행정안전부장관과 행정청은 전시(展示) 등을 위하여 제안자로 하여금 시험제품을 제작하게 하는 경우에는 예산의 범위에서 제작에 든 실비를 보상할 수 있다.

제6장 국민제안의 사후 관리

제22조 【관리기간】 행정청은 채택제안에 대해서는 채택을 결정한 날부터 3년간 실시 여부의 확인 등 필요한 관리를 하여야 하며, 채택되지 아니한 국민제안은 채택하지 아니하는 것으로 결정한 날부터 2년간 보존·관리해야 한다.

제23조 【실시 성과의 측정】 ① 행정청은 채택제안의 실시에 따라 행정 업무의 개선, 예산 절감 또는 국고·조세수입 증대 등의 성과가 있는 경우 그 성과를 측정하여야 한다.
② 제1항에 따른 행정 업무의 개선 성과는 다음 각 호의 사항을 고려하여 수·우·미·양·가로 측정한다.

1. 행정서비스의 질적 수준 향상
2. 행정제도 및 행정운영의 효율성 제고
3. 사고의 예방 및 재해의 제거
4. 근무환경 및 근무조건의 개선
5. 그 밖에 행정안전부장관이 정하는 사항

③ 제1항에 따라 예산 절감 금액 또는 국고·조세수입이 늘어난 금액을 측정할 때에는 회계의 방법으로 하는 것을 원칙으로 한다. 이 경우 그 금액을 산출할 때에는 해당 국민제안을 실시하는 데에 든 경비를 빼야 한다.

④ 제1항에 따른 실시 성과의 측정기간은 채택제안이 실시된 후 최초로 성과가 나타난 날부터 1년간으로 한다.

제24조【확인·점검】 ① 행정청은 국민제안의 처리 상황과 운영 실태를 매분기 1회 이상 확인·점검하고, 그 확인·점검 결과 국민제안의 처리가 미흡하다고 판단되는 경우에는 지체 없이 이를 시정하고, 필요한 조치를 해야 한다.

② 행정청은 매년도의 국민 제안 제도의 운영 실적과 국민제안의 실시 결과 등을 다음 해 1월 31일까지 행정안전부장관에게 제출하여야 한다.

③ 온라인 국민참여포털의 운영을 총괄하는 행정청은 매분기 온라인 국민참여포털에서 처리된 국민제안의 처리 실태를 분석하고, 그 결과를 소관 행정기관의 장 및 행정안전부장관에게 통보해야 한다.

④ 행정안전부장관은 각 행정청의 국민제안 채택 실적, 채택제안의 실시 실적, 제안자에 대한 시상 및 보상 내용 등 국민 제안 제도 운영 전반에 관한 사항을 확인·점검하고, 그 결과를 공개할 수 있다.

제7장 국민제안의 활성화

제25조【국민제안의 발굴 노력】 ① 행정안전부장관 및 행정청은 국민이 국민 제안 제도 운영에 적극 참여할 수 있도록 국민제안의 접수, 심사 방법 및 보상 등에 관한 사항을 안내하고, 제안자가 국민제안과 관련하여 상담이나 정보를 요구하는 경우에는 적극 협조해야 한다.

② 행정청은 국민제안의 활성화를 위하여 국민참여 플랫폼을 국민제안 업무에 적극 활용해야 한다.

③ 행정청은 생활공감정책(정부시책이나 행정제도 등을 조금만 개선하면 국민생활에 실질적인 도움을 줄 수 있는 정책을 말한다.)에 관한 생활밀착형 국민제안의 발굴을 위하여 적극 노력해야 한다.

④ 행정청은 국민제안의 활성화를 위해 「민원 처리에 관한 법률」제12조에 따른 민원실에서 국민제안을 접수할 수 있도록 편의를 제공할 수 있다.

제26조【국민제안 정보의 공동 활용】 행정청은 국민제안의 심사 등을 효율적으로 하기 위하여 다른 행정기관이 접수한 국민제안의 제목, 내용, 제안자, 접수 일시, 채택 및 시상 여부 등 국민제안 관련 정보를 공동으로 활용할 수 있다.

제27조【우수한 국민제안의 확산】 ① 행정청은 채택한 국민제안이 다른 행정청도 적용할 수 있다고 판단될 경우에는 다른 행정청에 그 국민제안의 실시를 권고할 수 있다.

② 행정청은 언론매체, 행정청의 인터넷 홈페이지, 온라인 국민참여포털 등 다양한 매체를 활용하여 자체우수제안이나 중앙우수제안의 내용을 공개하거나 홍보할 수 있다.

제8장 보칙

제28조【국방·군사에 관한 국민제안의 특례】 ① 행정청은 제15조에도 불구하고 국방·군사에 관한 내용의 자체우수제안은 국방부장관에게 추천해야 한다.

② 국방·군사에 관한 중앙우수제안의 심사, 채택 여부의 결정 및 시상은 국방부장관이 한다. 이 경우 심사의 기준 및 의견 또는 자료의 제출, 심사위원회의 구성·운영, 시상 등에 관하여는 제16조(같은 조에 따라 준용되는 제8조 제1항 및 제9조를 포함한다.), 제17조 및 제19조를 준용하되, "행정청" 또는 "행정안전부장관"은 "국방부장관"으로 본다.

③ 국방부장관은 제2항에 따라 중앙우수제안으로 결정하거나 포상 등 시상을 하는 경우 행정안전부장관과 미리 협의하여야 한다.

행정사
이준희 행정절차론

공공기관의 정보공개에
관한 법률

Chapter 02 공공기관의 정보공개에 관한 법률

기·출·문·제

제2회
비공개대상정보에 대하여 설명하시오.

제4회
정보공개 청구를 받은 공공기관의 정보공개여부 결정 절차에 관하여 설명하시오.

제5회
정보공개 청구권자와 공공기관의 범위에 관하여 설명하시오.

제6회
공공기관의 정보 비공개결정에 대한 청구인의 불복 구제 절차에 관하여 설명하시오.

제8회
甲이 공공기관 A에게 공개 청구한 정보가 제3자인 乙과 관련이 있는 경우, 乙의 권리보호에 관하여 설명하시오.

제9회
국내에 주소를 두고 거주하는 외국인 甲은 A광역시에 건물을 보유하고 있다. 그러나 이 건물이 공익사업을 이유로 A광역시지방토지수용위원회의 수용재결을 받게 되었고, 이에 대해 이의신청을 하였으나 중앙토지수용위원회에서 기각재결이 이루어졌다. 그러자 甲은 토지수용위원회의 회의록에 기재된 발언내용에 대한 해당 발언자의 인적사항 부분에 관한 정보공개를 청구하였다. 甲이 정보공개청구권의 주체가 될 수 있는지와 청구내용이 정보공개대상이 되는지를 검토하시오.

제10회
학교폭력 사건에 연루되어 강제전학조치를 받은 사립중학교에 재학중인 학생 甲이 강제전학조치에 불복하여 행정심판을 제기하고자, 학교폭력대책위원회의 회의록에 대하여 「공공기관의 정보공개에 관한 법률」(이하 "법"이라 한다.)에 근거하여 정보공개를 청구하였다. 사립중학교가 이 법의 적용대상이 되는지를 설명하고, 회의록에 사생활 관련 사항이 포함되어 있다면 어떤 범위로 정보공개를 할 수 있는지를 설명하시오.

제11회

甲은 A시장의 업무추진비가 사적인 용도로 사용되고 있을지도 모른다는 의혹이 생기자 「공공기관의 정보공개에 관한 법률」에 근거하여 A시장에게 'A시장의 업무추진비 집행명세서 사본'(이하 '이 사건 정보'라고 한다.)의 공개를 청구하였다. 이 사건 정보의 내용 중에는 A시장의 업무추진비 집행의 상대방이 된 개인의 이름과 주민등록번호도 포함되어 있지만, 이름·주민등록번호가 삭제된 사본을 교부하는 방식에 의한 공개는 가능하다. 그런데 A시장은 "이 사건 정보의 내용 중에는 개인의 이름과 주민등록번호도 포함되어 있어 이를 공개할 경우에는 개인의 사생활의 비밀과 자유를 침해할 우려가 있다"는 이유로 이 사건 정보의 전부에 대해 비공개결정을 하였다. 이 사건 정보 중 이름·주민등록번호를 제외한 나머지 부분은 비공개대상정보가 아니라고 전제할 때, A시장이 위와 같은 이유로 이 사건 정보의 전부에 대해 비공개결정을 한 것이 타당한지를 검토하시오.

01 목적

공공기관이 보유·관리하는 정보에 대한 국민의 공개 청구 및 공공기관의 공개 의무에 관하여 필요한 사항을 정함으로써 국민의 알권리를 보장하고 국정에 대한 국민의 참여와 국정 운영의 투명성을 확보함을 목적으로 한다.

02 법적 근거와 원칙

1. 정보공개청구권의 법적 근거

정보공개청구권이란 사인이 공공기관에 대하여 정보를 제공해 줄 것을 요구할 수 있는 개인적 공권을 말한다. 이는 「헌법」의 제21조에서 직접 파생하는 구체적이고 현실적인 권리이므로, 개별 법률의 제정이 없더라도 「헌법」상의 기본권으로 보장된다고 보아야 한다. 대법원과 헌법재판소도 정보공개청구권은 국민의 알권리에서 보장되어야 하며 이러한 알권리의 핵심적 근거를 「헌법」 제21조에 규정된 표현의 자유로 보고 있다.

2. 정보공개의 원칙

공공기관이 보유·관리하는 정보는 국민의 알권리 보장 등을 위하여 적극적으로 공개하여야 한다.

판례

대법원 2003. 12. 12., 선고, 2003두8050, 판결 [사본공개거부처분취소]

① "모든 국민은 정보의 공개를 청구할 권리를 가진다."고 규정하고 있는데, 여기에서 말하는 국민에는 자연인은 물론 법인, 권리능력 없는 사단·재단도 포함되고, 법인, 권리능력 없는 사단·재단 등의 경우에는 설립목적을 불문하며, 한편 정보공개청구권은 법률상 보호되는 구체적인 권리이므로 청구인이 공공기관에 대하여 정보공개를 청구하였다가 거부처분을 받은 것 자체가 법률상 이익의 침해에 해당한다.

② 정보공개를 청구하는 자가 공공기관에 대해 정보의 사본 또는 출력물의 교부의 방법으로 공개방법을 선택하여 정보공개청구를 한 경우에 공개청구를 받은 공공기관으로서는 정보의 사본 또는 복제물의 교부를 제한할 수 있는 사유에 해당하지 않는 한 정보공개청구자가 선택한 공개방법에 따라 정보를 공개하여야 하므로 그 공개방법을 선택할 재량권이 없다고 해석함이 상당하다.

대법원 2013. 1. 24., 선고, 2010두18918, 판결 [정보공개거부처분취소]

공개대상 정보는 원칙적으로 공개를 청구하는 자가 작성한 정보공개청구서의 기재내용에 의하여 특정되며, 만일 공개청구자가 특정한 바와 같은 정보를 공공기관이 보유·관리하고 있지 않은 경우라면 특별한 사정이 없는 한 해당 정보에 대한 공개거부처분에 대하여는 취소를 구할 법률상 이익이 없다. 이와 관련하여 공개청구자는 그가 공개를 구하는 정보를 공공기관이 보유·관리하고 있을 상당한 개연성이 있다는 점에 대하여 입증할 책임이 있으나, 공개를 구하는 정보를 공공기관이 한때 보유·관리하였으나 후에 그 정보가 담긴 문서들이 폐기되어 존재하지 않게 된 것이라면 그 정보를 더 이상 보유·관리하고 있지 않다는 점에 대한 증명책임은 공공기관에 있다.

대법원 2004. 9. 23., 선고, 2003두1370, 판결 [부작위위법확인]

정보공개청구권은 법률상 보호되는 구체적인 권리이므로 청구인이 공공기관에 대하여 정보공개를 청구하였다가 거부처분을 받은 것 자체가 법률상 이익의 침해에 해당한다고 할 것이고, 거부처분을 받은 것 이외에 추가로 어떤 법률상의 이익을 가질 것을 요구하는 것은 아니다.

3. 적용 범위

(1) 정보의 공개에 관하여는 다른 법률에 특별한 규정이 있는 경우를 제외하고는 이 법에서 정하는 바에 따른다.

(2) 지방자치단체는 그 소관 사무에 관하여 법령의 범위에서 정보공개에 관한 조례를 정할 수 있다.

(3) 국가안전보장에 관련되는 정보 및 보안 업무를 관장하는 기관에서 국가안전보장과 관련된 정보의 분석을 목적으로 수집하거나 작성한 정보에 대해서는 이 법을 적용하지 아니한다. 다만, 정보목록의 작성·비치 및 공개에 대해서는 그러하지 아니한다.

03 정보공개 청구권자와 공공기관의 의무

1. 정보공개 청구권자

(1) 모든 국민은 정보의 공개를 청구할 권리를 가진다. 또한 법인과 법인격 없는 단체도 설립 목적 불문하고 정보의 공개를 청구할 권리를 가진다.

「공공기관의 정보공개에 관한 법률」의 정보공개청구권은 특정인의 특정사안에 대한 이해관련성의 유무를 불문하고 정보에 대한 이익 그 자체를 권리로서 보장하고 있다.

(2) 외국인의 경우도 국내에 일정한 주소를 두고 거주하거나 학술·연구를 위하여 일시적으로 체류하는 사람, 국내에 사무소를 두고 있는 법인 또는 단체에 해당한다면 정보의 공개를 청구할 권리를 가진다.

2. 정보공개의무자─공공기관

(1) **국가기관**

① 국회, 법원, 헌법재판소, 중앙선거관리위원회
② 중앙행정기관(대통령 소속 기관과 국무총리 소속 기관을 포함한다.) 및 그 소속 기관
③ 「행정기관 소속 위원회의 설치·운영에 관한 법률」에 따른 위원회

(2) 지방자치단체

(3) 「공공기관의 운영에 관한 법률」 제2조에 따른 공공기관

(4) 「지방공기업법」에 따른 지방공사 및 지방공단

판례

대법원 2006. 8. 24., 선고, 2004두2783, 판결 [정보공개거부처분취소]

① 정보공개 의무기관을 정하는 것은 입법자의 입법형성권에 속하고, 이에 따라 입법자는 정보공개 의무기관을 공공기관으로 정하였는바, 공공기관은 국가기관에 한정되는 것이 아니라 지방자치단체, 정부투자기관, 그 밖에 공동체 전체의 이익에 중요한 역할이나 기능을 수행하는 기관도 포함되는 것으로 해석되고, 여기에 정보공개의 목적, 교육의 공공성 및 공·사립학교의 동질성, 사립대학교에 대한 국가의 재정지원 및 보조 등 여러 사정을 고려해 보면, 사립대학교가 국비의 지원을 받는 범위 내에서만 공공기관의 성격을 가진다고 볼 수 없다.

② 정보공개청구의 목적에 특별한 제한이 없으므로, 오로지 상대방을 괴롭힐 목적으로 정보공개를 구하고 있다는 등의 특별한 사정이 없는 한 정보공개의 청구가 신의칙에 반하거나 권리남용에 해당한다고 볼 수 없다.

3. 공공기관의 의무

(1) 공공기관은 정보의 공개를 청구하는 국민의 권리가 존중될 수 있도록 이 법을 운영하고 소관 관계 법령을 정비하며, 정보를 투명하고 적극적으로 공개하는 조직문화 형성에 노력하여야 한다.

(2) 공공기관은 정보의 적절한 보존 및 신속한 검색과 국민에게 유용한 정보의 분석 및 공개 등이 이루어지도록 정보관리체계를 정비한다.

(3) 행정안전부장관은 공공기관의 정보공개에 관한 업무를 종합적·체계적·효율적으로 지원하기 위하여 통합정보공개시스템을 구축·운영하여야 한다.

(4) 공공기관(국회·법원·헌법재판소·중앙선거관리위원회는 제외한다.)이 정보공개시스템을 구축하지 아니한 경우에는 행정안전부장관이 구축·운영하는 통합정보공개시스템을 통하여 정보공개 청구 등을 처리하여야 한다.

4. 정보공개 담당자의 의무

공공기관의 정보공개 담당자는 정보공개 업무를 성실하게 수행하여야 하며, 공개 여부의 자의적인 결정, 고의적인 처리 지연 또는 위법한 공개 거부 및 회피 등 부당한 행위를 하여서는 아니 된다.

5. 정보의 사전적 공개 등

(1) 공공기관은 다음 각 호의 어느 하나에 해당하는 정보에 대해서는 공개의 구체적 범위, 주기, 시기 및 방법 등을 미리 정하여 정보통신망 등을 통하여 알리고, 이에 따라 정기적으로 공개하여야 한다. 다만, 비공개 대상 정보에 해당하는 정보에 대해서는 그러하지 아니하다.

① 국민생활에 매우 큰 영향을 미치는 정책에 관한 정보
② 국가의 시책으로 시행하는 공사(工事) 등 대규모 예산이 투입되는 사업에 관한 정보
③ 예산집행의 내용과 사업평가 결과 등 행정감시를 위하여 필요한 정보
④ 그 밖에 공공기관의 장이 정하는 정보

(2) 공공기관은 (1)에 규정된 사항 외에도 국민이 알아야 할 필요가 있는 정보를 국민에게 공개하도록 적극적으로 노력하여야 한다.

6. 정보목록의 작성 · 비치 등

공공기관은 그 기관이 보유 · 관리하는 정보에 대하여 국민이 쉽게 알 수 있도록 정보목록을 작성하여 갖추어 두고, 그 목록을 정보통신망을 활용한 정보공개시스템 등을 통하여 공개하여야 한다. 다만, 정보목록 중 비공개 대상 정보가 포함되어 있는 경우에는 해당 부분을 갖추어 두지 아니하거나 공개하지 아니할 수 있다.

7. 공개대상 정보의 원문공개

공공기관 중 중앙행정기관 및 중앙행정기관의 소속 기관, 지방자치단체, 각급 학교 등은 전자적 형태로 보유 · 관리하는 정보 중 공개대상으로 분류된 정보를 국민의 정보공개 청구가 없더라도 정보통신망을 활용한 정보공개시스템 등을 통하여 공개하여야 한다.

04 정보공개의 절차

1. 비공개 대상 정보

(1) 공공기관이 보유 · 관리하는 정보는 공개 대상이 된다. 다만, 다음의 어느 하나에 해당하는 정보는 공개하지 아니할 수 있다.

① 다른 법률 또는 법률에서 위임한 명령(국회규칙 · 대법원규칙 · 헌법재판소규칙 · 중앙선거관리위원회규칙 · 대통령령 및 조례로 한정한다.)에 따라 비밀이나 비공개 사항으로 규정된 정보

② 국가안전보장 · 국방 · 통일 · 외교관계 등에 관한 사항으로서 공개될 경우 국가의 중대한 이익을 현저히 해칠 우려가 있다고 인정되는 정보

③ 공개될 경우 국민의 생명 · 신체 및 재산의 보호에 현저한 지장을 초래할 우려가 있다고 인정되는 정보

④ 진행 중인 재판에 관련된 정보와 범죄의 예방, 수사, 공소의 제기 및 유지, 형의 집행, 교정, 보안처분에 관한 사항으로서 공개될 경우 그 직무수행을 현저히 곤란하게 하거나 형사피고인의 공정한 재판을 받을 권리를 침해한다고 인정할 만한 상당한 이유가 있는 정보

⑤ 감사 · 감독 · 검사 · 시험 · 규제 · 입찰계약 · 기술개발 · 인사관리에 관한 사항이나 의사결정 과정 또는 내부검토 과정에 있는 사항 등으로서 공개될 경우 업무의 공정한 수행이나 연구 · 개발에 현저한 지장을 초래한다고 인정할 만한 상당한 이유가 있는 정보. 다만, 의사결정 과정 또는 내부검토 과정을 이유로 비공개할 경우에는 의사결정 과정 또는 내부검토 과정의 단계 및 종료 예정일을 함께 안내하여야 하며, 의사결정 과정 및 내부검토 과정이 종료되면 청구인에게 이를 통지하여야 한다.

⑥ 해당 정보에 포함되어 있는 성명·주민등록번호 등 「개인정보 보호법」 제2조 제1호에 따른 개인정보로서 공개될 경우 사생활의 비밀 또는 자유를 침해할 우려가 있다고 인정되는 정보. 다만, 다음 각 목에 열거한 사항은 제외한다.

    ㉠ 법령에서 정하는 바에 따라 열람할 수 있는 정보

    ㉡ 공공기관이 공표를 목적으로 작성하거나 취득한 정보로서 사생활의 비밀 또는 자유를 부당하게 침해하지 아니하는 정보

    ㉢ 공공기관이 작성하거나 취득한 정보로서 공개하는 것이 공익이나 개인의 권리 구제를 위하여 필요하다고 인정되는 정보

    ㉣ 직무를 수행한 공무원의 성명·직위

    ㉤ 공개하는 것이 공익을 위하여 필요한 경우로서 법령에 따라 국가 또는 지방자치단체가 업무의 일부를 위탁 또는 위촉한 개인의 성명·직업

⑦ 법인·단체 또는 개인의 경영상·영업상 비밀에 관한 사항으로서 공개될 경우 법인등의 정당한 이익을 현저히 해칠 우려가 있다고 인정되는 정보. 다만, 다음에 열거한 정보는 제외한다.

    ㉠ 사업활동에 의하여 발생하는 위해로부터 사람의 생명·신체 또는 건강을 보호하기 위하여 공개할 필요가 있는 정보

    ㉡ 위법·부당한 사업활동으로부터 국민의 재산 또는 생활을 보호하기 위하여 공개할 필요가 있는 정보

⑧ 공개될 경우 부동산 투기, 매점매석 등으로 특정인에게 이익 또는 불이익을 줄 우려가 있다고 인정되는 정보

⑵ 공공기관은 비공개 대상 정보에 해당하는 정보가 기간의 경과 등으로 인하여 비공개의 필요성이 없어진 경우에는 그 정보를 공개 대상으로 하여야 한다.

⑶ 공공기관은 해당 공공기관의 업무 성격을 고려하여 비공개 대상 정보의 범위에 관한 세부 기준(비공개 세부 기준)을 수립하고 이를 정보통신망을 활용한 정보공개시스템 등을 통하여 공개하여야 한다.

⑷ 공공기관(국회·법원·헌법재판소 및 중앙선거관리위원회는 제외한다.)은 비공개 세부 기준이 비공개 요건에 부합하는지 3년마다 점검하고 필요한 경우 비공개 세부 기준을 개선하여 그 점검 및 개선 결과를 행정안전부장관에게 제출하여야 한다.

판례

대법원 2011. 11. 24., 선고, 2009두19021, 판결 [정보공개거부처분취소]

① '진행 중인 재판에 관련된 정보'에 해당한다는 사유로 정보공개를 거부하기 위해서는 반드시 그 정보가 진행 중인 재판의 소송기록 자체에 포함된 내용일 필요는 없다. 그러나 재판에 관련된 일체의 정보가 그에 해당하는 것은 아니고 진행 중인 재판의 심리 또는 재판결과에 구체적으로 영향을 미칠 위험이 있는 정보에 한정된다고 보는 것이 타당하다.

② '공개될 경우 업무의 공정한 수행에 현저한 지장을 초래한다고 인정할 만한 상당한 이유가 있는 정보'란 공개될 경우 업무의 공정한 수행이 객관적으로 현저하게 지장을 받을 것이라는 고도의 개연성이 존재하는 경우를 말하고, 이러한 경우에 해당하는지는 비공개함으로써 보호되는 업무수행의 공정성 등 이익과 공개로 보호되는 국민의 알권리 보장과 국정에 대한 국민의 참여 및 국정운영의 투명성 확보 등 이익을 비교·교량하여 구체적인 사안에 따라 신중하게 판단되어야 한다.

대법원 2009. 12. 10., 선고, 2009두12785, 판결 [정보공개거부처분취소]

① 국민의 '알권리', 즉 정보에의 접근·수집·처리의 자유는 자유권적 성질과 청구권적 성질을 공유하는 것으로서 「헌법」 제21조에 의하여 직접 보장되는 권리이고, 그 구체적 실현을 위하여 제정된 「공공기관의 정보공개에 관한 법률」도 제3조에서 공공기관이 보유·관리하는 정보를 원칙적으로 공개하도록 하여 정보공개의 원칙을 천명하고 있고, 위 법 제9조가 예외적인 비공개사유를 열거하고 있는 점에 비추어 보면, 국민으로부터 보유·관리하는 정보에 대한 공개를 요구받은 공공기관으로서는 위 법 제9조 제1항 각 호에서 정하고 있는 비공개사유에 해당하지 않는 한 이를 공개하여야 하고, 이를 거부하는 경우라 할지라도 대상이 된 정보의 내용을 구체적으로 확인·검토하여 어느 부분이 어떠한 법익 또는 기본권과 충돌되어 위 각 호의 어디에 해당하는지를 주장·증명하여야만 하며, 여기에 해당하는지 여부는 비공개에 의하여 보호되는 업무수행의 공정성 등의 이익과 공개에 의하여 보호되는 국민의 알권리의 보장과 국정에 대한 국민의 참여 및 국정운영의 투명성 확보 등의 이익을 비교·교량하여 구체적인 사안에 따라 개별적으로 판단하여야 한다.

② 법원이 행정기관의 정보공개거부처분의 위법 여부를 심리한 결과 공개를 거부한 정보에 비공개사유에 해당하는 부분과 그렇지 않은 부분이 혼합되어 있고, 공개청구의 취지에 어긋나지 않는 범위 안에서 두 부분을 분리할 수 있음을 인정할 수 있을 때에는 공개가 가능한 정보에 국한하여 일부취소를 명할 수 있다. 이러한 정보의 부분 공개가 허용되는 경우란 그 정보의 공개방법 및 절차에 비추어 당해 정보에서 비공개대상정보에 관련된 기술 등을 제외 혹은 삭제하고 나머지 정보만을 공개하는 것이 가능하고 나머지 부분의 정보만으로도 공개의 가치가 있는 경우를 의미한다.

대법원 2008. 9. 25., 선고, 2008두8680, 판결 [정보공개거부처분취소]

공공기관이 보유·관리하는 정보라 함은 당해 공공기관이 작성하여 보유·관리하고 있는 정보뿐만 아니라 경위를 불문하고 당해 공공기관이 보유·관리하고 있는 모든 정보를 의미한다고 할 것이므로, 제3자와 관련이 있는 정보라고 하더라도 당해 공공기관이 이를 보유·관리하고 있는 이상 「정보공개법」 제9조 제1항 단서 각 호의 비공개사유에 해당하지 아니하면 정보공개의 대상이 되는 정보에 해당한다고 보아야 할 것이다. 따라서 「정보공개법」 제11조 제3항이 "공공기관은 공개 청구된 공개대상정보의 전부 또는 일부가 제3자와 관련이 있다고 인정되는 때에는 그 사실을 제3자에게 지체없이 통지하여야 하며, 필요한 경우에는 그의 의견을 청취할 수 있다", 제21조 제1항이 "제11조 제3항의 규정에 의하여 공개청구된 사실을 통지받은 제3자는 통지받은 날부터 3일 이내에 당해 공공기관에 대하여 자신과 관련된 정보를 공개하지 아니할 것을 요청할 수 있다"고 규정하고 있다고 하더라도, 이는 공공기관이 보유·관리하고 있는 정보가 제3자와 관련이 있는 경우 그 정보공개여부를 결정함에 있어 공공기관이 제3자와의 관계에서 거쳐야 할 절차를 규정한 것에 불과할 뿐, 제3자의 비공개요청이 있다는 사유만으로 「정보공개법」상 정보의 비공개사유에 해당한다고 볼 수 없다.

대법원 2020. 5. 14., 선고, 2020두31408, 31415, 판결 [정보공개거부처분취소]

'법인등의 경영상·영업상 비밀'은 '타인에게 알려지지 아니함이 유리한 사업활동에 관한 일체의 정보' 또는 '사업활동에 관한 일체의 비밀사항'을 뜻하고, 그 공개 여부는 공개를 거부할 만한 정당한 이익이 있는지 여부에 따라 결정해야 한다. 그러한 정당한 이익이 있는지 여부는 정보공개법의 입법 취지에 비추어 엄격하게 판단해야 한다.

대법원 2017. 9. 7., 선고, 2017두44558, 판결 [불기소사친기록등열람등사불허가처분취소]

① 「공공기관의 정보공개에 관한 법률」 제9조 제1항 제6호 본문은 "해당 정보에 포함되어 있는 성명·주민등록번호 등 개인에 관한 사항으로서 공개될 경우 사생활의 비밀 또는 자유를 침해할 우려가 있다고 인정되는 정보"를 비공개대상정보의 하나로 규정하고 있다. 여기에서 말하는 비공개대상정보에는 성명·주민등록번호 등 '개인식별정보'뿐만 아니라 그 외에 정보의 내용에 따라 '개인에 관한 사항의 공개로 인하여 개인의 내밀한 내용의 비밀 등이 알려지게 되고, 그 결과 인격적·정신적 내면생활에 지장을 초래하거나 자유로운 사생활을 영위할 수 없게 될 위험성이 있는 정보'도 포함된다. 따라서 불기소처분 기록이나 내사기록 중 피의자신문조서 등 조서에 기재된 피의자 등의 인적사항 이외의 진술내용 역시 개인의 사생활의 비밀 또는 자유를 침해할 우려가 인정되는 경우에는 위 비공개대상정보에 해당한다.

② 「공공기관의 정보공개에 관한 법률」은 국민의 알권리를 보장하고 국정에 대한 국민의 참여와 국정 운영의 투명성을 확보함을 목적으로 하고(제1조), 공공기관이 보유·관리하는 정보는 국민의 알권리 보장 등을 위하여 적극적으로 공개하여야 한다는 정보공개의 원칙을 선언하고 있으며(제3조), 모든 국민은 정보의 공개를 청구할 권리를 가진다고 하면서(제5조 제1항) 비공개대상정보에 해당하지 않는 한 공공기관이 보유·관리하는 정보는 공개 대상이 된다고 규정하고 있을 뿐(제9조 제1항) 정보공개 청구권자가 공개를 청구하는 정보와 어떤 관련성을 가질 것을 요구하거나 정보공개청구의 목적에 특별한 제한을 두고 있지 아니하므로 정보공개 청구권자의 권리구제 가능성 등은 정보의 공개 여부 결정에 아무런 영향을 미치지 못한다.

대법원 2016. 11. 10., 선고, 2016두44674, 판결 [정보공개거부처분취소]

구 「공공기관의 정보공개에 관한 법률」은, 정보의 공개를 청구하는 이(이하 "청구인"이라고 한다.)가 정보공개방법도 아울러 지정하여 정보공개를 청구할 수 있도록 하고 있고, 전자적 형태의 정보를 전자적으로 공개하여 줄 것을 요청한 경우에는 공공기관은 원칙적으로 요청에 응할 의무가 있고, 나아가 비전자적 형태의 정보에 관해서도 전자적 형태로 공개하여 줄 것을 요청하면 재량판단에 따라 전자적 형태로 변환하여 공개할 수 있도록 하고 있다. 이는 정보의 효율적 활용을 도모하고 청구인의 편의를 제고함으로써 구 「정보공개법」의 목적인 국민의 알 권리를 충실하게 보장하려는 것이므로, 청구인에게는 특정한 공개방법을 지정하여 정보공개를 청구할 수 있는 법령상 신청권이 있다.

따라서 공공기관이 공개청구의 대상이 된 정보를 공개는 하되, 청구인이 신청한 공개방법 이외의 방법으로 공개하기로 하는 결정을 하였다면, 이는 정보공개청구 중 정보공개방법에 관한 부분에 대하여 일부 거부처분을 한 것이고, 청구인은 그에 대하여 항고소송으로 다툴 수 있다.

2. 정보공개 여부의 결정

(1) 공공기관은 정보공개의 청구를 받으면 그 청구를 받은 날부터 10일 이내에 공개 여부를 결정하여야 한다.

(2) 공공기관은 부득이한 사유로 청구를 받은 날부터 10일 이내에 공개 여부를 결정할 수 없을 때에는 그 기간이 끝나는 날의 다음 날부터 기산하여 10일의 범위에서 공개 여부 결정기간을 연장할 수 있다. 이 경우 공공기관은 연장된 사실과 연장 사유를 청구인에게 지체 없이 문서로 통지하여야 한다.

(3) 공공기관은 공개 청구된 공개 대상 정보의 전부 또는 일부가 제3자와 관련이 있다고 인정할 때에는 그 사실을 제3자에게 지체 없이 통지하여야 하며, 필요한 경우에는 그의 의견을 들을 수 있다.

(4) 공공기관은 다른 공공기관이 보유·관리하는 정보의 공개 청구를 받았을 때에는 지체 없이 이를 소관 기관으로 이송하여야 하며, 이송한 후에는 지체 없이 소관 기관 및 이송 사유 등을 분명히 밝혀 청구인에게 문서로 통지하여야 한다.

(5) 공공기관은 정보공개 청구가 다음에 해당하는 경우로서 「민원 처리에 관한 법률」에 따른 민원으로 처리할 수 있는 경우에는 민원으로 처리할 수 있다.

① 공개 청구된 정보가 공공기관이 보유·관리하지 아니하는 정보인 경우
② 공개 청구의 내용이 진정·질의 등으로 이 법에 따른 정보공개 청구로 보기 어려운 경우

(6) **반복 청구 등의 처리**

① 공공기관은 정보공개 청구가 다음에 해당하는 경우에는 정보공개 청구 대상 정보의 성격, 종전 청구와의 내용적 유사성·관련성, 종전 청구와 동일한 답변을 할 수밖에 없는 사정 등을 종합적으로 고려하여 해당 청구를 종결 처리할 수 있다. 이 경우 종결 처리 사실을 청구인에게 알려야 한다.

  ㉠ 정보공개를 청구하여 정보공개 여부에 대한 결정의 통지를 받은 자가 정당한 사유 없이 해당 정보의 공개를 다시 청구하는 경우
  ㉡ 정보공개 청구가 민원으로 처리되었으나 다시 같은 청구를 하는 경우

② 공공기관은 정보공개 청구가 다음에 해당하는 경우에는 다음의 구분에 따라 안내하고, 해당 청구를 종결 처리할 수 있다.

  ㉠ 공개를 목적으로 작성되어 이미 정보통신망 등을 통하여 공개된 정보를 청구하는 경우: 해당 정보의 소재(所在)를 안내
  ㉡ 다른 법령이나 사회통념상 청구인의 여건 등에 비추어 수령할 수 없는 방법으로 정보공개 청구를 하는 경우: 수령이 가능한 방법으로 청구하도록 안내

3. 정보공개심의회

(1) 국가기관등은 정보공개의 청구를 받으면 심의회를 개최하여야 한다. 다만, ① 심의회의 심의를 이미 거친 사항, ② 단순·반복적인 청구, ③ 법령에 따라 비밀로 규정된 정보에 대한 청구에 해당하는 경우에는 심의회를 개최하지 아니할 수 있으며, 개최하지 아니하는 사유를 청구인에게 문서로 통지하여야 한다.

(2) 심의회는 위원장 1명을 포함하여 5명 이상 7명 이하의 위원으로 구성한다.

(3) 심의회의 위원은 소속 공무원, 임직원 또는 외부 전문가로 지명하거나 위촉하되, 그 중 3분의 2는 해당 국가기관등의 업무 또는 정보공개의 업무에 관한 지식을 가진 외부 전문가로 위촉하여야 한다.

4. 위원의 제척·기피·회피

(1) 심의회의 위원이 다음 에 해당하는 경우에는 심의회의 심의에서 제척된다.
　① 위원 또는 그 배우자나 배우자이었던 사람이 해당 심의사항의 당사자(당사자가 법인·단체 등인 경우에는 그 임원 또는 직원을 포함한다.)이거나 그 심의사항의 당사자와 공동권리자 또는 공동의무자인 경우
　② 위원이 해당 심의사항의 당사자와 친족이거나 친족이었던 경우
　③ 위원이 해당 심의사항에 대하여 증언, 진술, 자문, 연구, 용역 또는 감정을 한 경우
　④ 위원이나 위원이 속한 법인등이 해당 심의사항의 당사자의 대리인이거나 대리인이었던 경우

(2) 심의회의 심의사항의 당사자는 위원에게 공정한 심의를 기대하기 어려운 사정이 있는 경우에는 심의회에 기피 신청을 할 수 있고, 심의회는 의결로 기피 여부를 결정하여야 한다. 이 경우 기피 신청의 대상인 위원은 그 의결에 참여할 수 없다.

(3) 위원은 제척 사유에 해당하는 경우에는 심의회에 그 사실을 알리고 스스로 해당 안건의 심의에서 회피하여야 한다.

(4) 위원이 제척 사유에 해당함에도 불구하고 회피신청을 하지 아니하여 심의회 심의의 공정성을 해친 경우 국가기관등의 장은 해당 위원을 해촉하거나 해임할 수 있다.

5. 정보공개 여부 결정의 통지

(1) 공공기관은 정보의 공개를 결정한 경우에는 공개의 일시 및 장소 등을 분명히 밝혀 청구인에게 통지하여야 한다.

(2) 공공기관은 청구인이 사본 또는 복제물의 교부를 원하는 경우에는 이를 교부하여야 한다.

(3) 공공기관은 공개 대상 정보의 양이 너무 많아 정상적인 업무수행에 현저한 지장을 초래할 우려가 있는 경우에는 해당 정보를 일정 기간별로 나누어 제공하거나 사본·복제물의 교부 또는 열람과 병행하여 제공할 수 있다.

(4) 공공기관은 정보를 공개하는 경우에 그 정보의 원본이 더럽혀지거나 파손될 우려가 있거나 그 밖에 상당한 이유가 있다고 인정할 때에는 그 정보의 사본·복제물을 공개할 수 있다.

(5) 공공기관은 정보의 비공개 결정을 한 경우에는 그 사실을 청구인에게 지체 없이 문서로 통지하여야 한다. 이 경우 어느 비공개 사유에 해당하는 비공개 대상 정보인지를 포함한 비공개 이유와 불복의 방법 및 절차를 구체적으로 밝혀야 한다.

6. 부분 공개

공개 청구한 정보가 비공개 대상 정보에 해당하는 부분과 공개 가능한 부분이 혼합되어 있는 경우로서 공개 청구의 취지에 어긋나지 아니하는 범위에서 두 부분을 분리할 수 있는 경우에는 비공개 대상 정보에 해당하는 부분을 제외하고 공개하여야 한다.

7. 정보의 전자적 공개

(1) 공공기관은 전자적 형태로 보유·관리하는 정보에 대하여 청구인이 전자적 형태로 공개하여 줄 것을 요청하는 경우에는 그 정보의 성질상 현저히 곤란한 경우를 제외하고는 청구인의 요청에 따라야 한다.

(2) 공공기관은 전자적 형태로 보유·관리하지 아니하는 정보에 대하여 청구인이 전자적 형태로 공개하여 줄 것을 요청한 경우에는 정상적인 업무수행에 현저한 지장을 초래하거나 그 정보의 성질이 훼손될 우려가 없으면 그 정보를 전자적 형태로 변환하여 공개할 수 있다.

8. 즉시 처리가 가능한 정보의 공개

다음의 어느 하나에 해당하는 정보로서 즉시 또는 말로 처리가 가능한 정보에 대해서는 정보공개 여부의 결정 절차를 거치지 아니하고 공개하여야 한다.

(1) 법령등에 따라 공개를 목적으로 작성된 정보

(2) 일반국민에게 알리기 위하여 작성된 각종 홍보자료

(3) 공개하기로 결정된 정보로서 공개에 오랜 시간이 걸리지 아니하는 정보

(4) 그 밖에 공공기관의 장이 정하는 정보

05 불복 구제 절차

1. 이의신청

(1) 청구인이 정보공개와 관련한 공공기관의 비공개 결정 또는 부분 공개 결정에 대하여 불복이 있거나 정보공개 청구 후 20일이 경과하도록 정보공개 결정이 없는 때에는 공공기관으로부터 정보공개 여부의 결정 통지를 받은 날 또는 정보공개 청구 후 20일이 경과한 날부터 30일 이내에 해당 공공기관에 문서로 이의신청을 할 수 있다.

(2) 국가기관등은 이의신청이 있는 경우에는 심의회를 개최하여야 한다. 다만, 다음에 해당하는 경우에는 심의회를 개최하지 아니할 수 있으며 개최하지 아니하는 사유를 청구인에게 문서로 통지하여야 한다.
① 심의회의 심의를 이미 거친 사항
② 단순·반복적인 청구
③ 법령에 따라 비밀로 규정된 정보에 대한 청구

(3) 공공기관은 이의신청을 받은 날부터 7일 이내에 그 이의신청에 대하여 결정하고 그 결과를 청구인에게 지체 없이 문서로 통지하여야 한다. 다만, 부득이한 사유로 정하여진 기간 이내에 결정할 수 없을 때에는 그 기간이 끝나는 날의 다음 날부터 기산하여 7일의 범위에서 연장할 수 있으며, 연장 사유를 청구인에게 통지하여야 한다.

(4) 공공기관은 이의신청을 각하 또는 기각하는 결정을 한 경우에는 청구인에게 행정심판 또는 행정소송을 제기할 수 있다는 사실을 결과 통지와 함께 알려야 한다.

2. 행정심판

(1) 청구인이 정보공개와 관련한 공공기관의 결정에 대하여 불복이 있거나 정보공개 청구 후 20일 이 경과하도록 정보공개 결정이 없는 때에는 「행정심판법」에서 정하는 바에 따라 행정심판 을 청구할 수 있다.

(2) 청구인은 이의신청 절차를 거치지 아니하고 행정심판을 청구할 수 있다.

3. 행정소송

(1) 청구인이 정보공개와 관련한 공공기관의 결정에 대하여 불복이 있거나 정보공개 청구 후 20 일이 경과하도록 정보공개 결정이 없는 때에는 「행정소송법」에서 정하는 바에 따라 행정소 송을 제기할 수 있다.

(2) 재판장은 필요하다고 인정하면 당사자를 참여시키지 아니하고 제출된 공개 청구 정보를 비 공개로 열람·심사할 수 있다.

(3) 재판장은 행정소송의 대상이 국가안전보장·국방 또는 외교관계에 관한 정보의 비공개 또는 부분 공개 결정처분인 경우에 공공기관이 그 정보에 대한 비밀 지정의 절차, 비밀의 등급·종류 및 성질과 이를 비밀로 취급하게 된 실질적인 이유 및 공개를 하지 아니하는 사유 등을 입증하면 해당 정보를 제출하지 아니하게 할 수 있다.

4. 제3자의 비공개 요청 등

(1) 공개 청구된 사실을 통지받은 제3자는 그 통지를 받은 날부터 3일 이내에 해당 공공기관에 대하여 자신과 관련된 정보를 공개하지 아니할 것을 요청할 수 있다.

(2) 비공개 요청에도 불구하고 공공기관이 공개 결정을 할 때에는 공개 결정 이유와 공개 실시일 을 분명히 밝혀 지체 없이 문서로 통지하여야 하며, 제3자는 해당 공공기관에 문서로 이의신 청을 하거나 행정심판 또는 행정소송을 제기할 수 있다. 이 경우 이의신청은 통지를 받은 날 부터 7일 이내에 하여야 한다.

(3) 비공개 요청에도 불구하고 공공기관이 공개 결정을 할 때에는 공공기관은 공개 결정일과 공 개 실시일 사이에 최소한 30일의 간격을 두어야 한다.

06 정보공개위원회 등

1. 정보공개위원회의 설치·심의사항

(1) 설치

행정안전부장관 소속으로 정보공개위원회를 둔다.

(2) 심의사항

① 정보공개에 관한 정책 수립 및 제도 개선에 관한 사항
② 정보공개에 관한 기준 수립에 관한 사항
③ 심의회 심의결과의 조사·분석 및 심의기준 개선 관련 의견제시에 관한 사항
④ 공공기관의 정보공개 운영실태 평가 및 그 결과 처리에 관한 사항
⑤ 정보공개와 관련된 불합리한 제도·법령 및 그 운영에 대한 조사 및 개선권고에 관한 사항

2. 위원회의 구성 등

(1) 위원회는 성별을 고려하여 위원장과 부위원장 각 1명을 포함한 11명의 위원으로 구성한다.

(2) 위원회의 위원은 다음의 사람이 된다. 이 경우 위원장을 포함한 7명은 공무원이 아닌 사람으로 위촉하여야 한다.

① 관계 중앙행정기관의 차관급 공무원이나 고위공무원단에 속하는 일반직공무원
② 정보공개에 관하여 학식과 경험이 풍부한 사람으로서 행정안전부장관이 위촉하는 사람
③ 시민단체(「비영리민간단체 지원법」 제2조에 따른 비영리민간단체를 말한다.)에서 추천한 사람으로서 행정안전부장관이 위촉하는 사람

(3) 위원장·부위원장 및 위원의 임기는 2년으로 하며, 연임할 수 있다.

(4) 위원장·부위원장 및 위원은 정보공개 업무와 관련하여 알게 된 정보를 누설하거나 그 정보를 이용하여 본인 또는 타인에게 이익 또는 불이익을 주는 행위를 하여서는 아니 된다.

(5) 위원장·부위원장 및 위원 중 공무원이 아닌 사람은 「형법」이나 그 밖의 법률에 따른 벌칙을 적용할 때에는 공무원으로 본다.

사례 연습

학원원장인 A는 자체 학원의 학생들의 대학 입학 준비를 돕고자 대학별 입시 요강을 분석하기 위해 「공공기관의 정보공개에 관한 법률」에 따라 B대학을 상대로 합격자 선발기준에 대한 공개를 청구하였다. (40점)

[물음 1] A의 정보공개청구가 타당한지 검토하시오. (20점)

[물음 2] A는 「공공기관의 정보공개에 관한 법률」에 따라 B대학을 상대로 합격자 선발기준과 지역별 합격자의 수 그리고 합격자 전원의 개인정보를 포함한 인적사항 공개를 청구하였다. B 대학은 A의 청구대로 응할 경우 업무의 공정한 수행에 현저히 지장을 초래하며 합격자 사생활 보호 측면에도 바람직하지 않다는 이유로 비공개 결정을 하였다. 이러한 비공개결정의 타당성을 검토하시오. (20점)

| 모범답안 |

[물음 1]

1. 문제의 소재

A의 정보공개청구가 타당하기 위해서는 적법한 정보공개청구권을 바탕으로 공개의무자에게 공개 가능한 정보에 대한 청구가 전제되어야 한다. 따라서 정보공개청구권의 법적근거와 청구권자의 자격, 공개의무자, 대상 정보의 요건에 대하여 살펴본다.

2. 정보공개청구권

(1) 정보공개청구권의 법적근거

정보공개청구권은 「헌법」 제21조에서 직접 파생하는 구체적이고 현실적인 권리이다. 대법원과 헌법재판소도 정보공개청구권은 국민의 알권리에서 보장되어야 하며 이러한 알권리의 핵심적 근거를 「헌법」 제21조에 규정된 표현의 자유로 보고 있다.

또한 「공공기관의 정보공개에 관한 법률」에서 알권리를 명문으로 인정하고 있으며, 특정인의 특정 사안에 대한 이해관련성의 유무를 불문하고 정보에 대한 이익 그 자체를 권리로써 보장하고 있다.

(2) 정보공개 청구권자

① 모든 국민은 정보의 공개를 청구할 수 있다. 나아가 법인과 법인격 없는 단체도 청구적격을 가진다.

② 외국인의 경우도 국내에 일정한 주소를 두고 거주하거나 학술·연구를 위하여 일시적으로 체류하는 사람, 국내에 사무소를 두고 있는 법인 또는 단체에 해당한다면 정보의 공개를 청구할 권리를 가진다.

(3) 정보공개 의무자

국가기관, 지방자치단체, 「공공기관의 운영에 관한 법률」에 따른 공공기관 등을 의미한다. 사립학교의 공공기관 해당 여부에 관하여 대법원은 교육의 공공성, 공·사립학교의 동질성 등을 이유로 사립학교를 정보공개의무를 지는 공공기관의 하나로 보고 있다.

(4) 대상 정보

공공기관이 수집, 직무상 작성 또는 취득하여 관리하고 있는 정보가 청구의 대상이다.

3. 사안의 해결

학원원장 A는 알권리로서 정보공개청구권을 가지는 정당한 청구권자이며, 사립학교 역시 정보공개의 무자에 해당하므로 정보가 현존하다는 전제하에 사안의 정보공개청구는 타당하다.

[물음 2]

1. 비공개 대상 정보

(1) 열거주의

「공공기관의 정보공개에 관한 법률」 제9조는 비공개 대상 정보를 열거하고 있다.

(2) 비공개대상정보

① 다른 법률 또는 법률에서 위임한 명령(국회규칙·대법원규칙·헌법재판소규칙·중앙선거관리 위원회규칙·대통령령 및 조례로 한정한다.)에 따라 비공개 사항으로 규정된 정보

② 국가의 중대한 이익을 현저히 해칠 우려가 있는 정보

③ 국민의 생명·신체 및 재산상 현저한 지장을 초래할 우려가 있는 정보

④ 진행 중인 재판에 관한 정보와 공개될 경우 그 직무수행을 현저히 곤란하게 하거나 형사피고인의 공정한 재판을 받을 권리를 침해한다고 인정할 만한 상당한 이유가 있는 정보

⑤ 업무의 공정한 수행이나 연구·개발에 현저한 지장을 초래하는 정보 (다만, 의사결정 과정등을 이유로 비공개할 경우에는 의사결정 과정 종료 예정일을 함께 안내하여야 한다.)

⑥ 개인의 사생활의 비밀 또는 자유를 침해할 우려가 있다고 인정되는 정보

⑦ 경영상·영업상 비밀에 관한 사항

⑧ 특정인에게 이익 또는 불이익을 줄 우려가 있는 정보

(3) 사안의 적용

B대학이 주장하는 비공개 사유는 「공공기관의 정보공개에 관한 법률」 제9조에서 열거한 비공개대상 정보에는 해당한다.

2. 비공개결정의 타당성 여부

(1) 재량의 남용 여부

합격자의 인적사항 공개가 공익이나 개인의 권리 구제를 위해 반드시 필요하다는 개연성을 찾기가 어려운바, 개인정보 비공개결정은 합리적이라 보인다. 다만, 합격자 선발기준과 지역별 합격자의 수 공개는 공개로 인하여 초래될 업무상 부작용이 합격자 선발의 투명성과 공정성이라는 공익에 비해 더 클 것이라고 단정하기 어려우므로, B대학의 비공개결정은 재량의 남용에 해당한다.

(2) 부분공개

① **의의**: 공개청구한 정보가 비공개 대상 부분과 공개가 가능한 부분이 혼합되어 있는 경우로서 공개청구의 취지에 어긋나지 아니하는 범위 안에서 두 부분을 분리할 수 있는 때에는 비공개 대상 부분을 제외하고 공개하여야 한다.

② **부분공개의 가능성**: 합격자 선발기준과 지역별 합격자의 수 공개는 공익의 측면에서 공개의 필요성이 인정되는 반면 개인인적사항에 해당되는 정보는 비공개하는 것이 타당하다. 따라서 공개청구의 취지에 어긋나지 아니하는 범위 안에서 두 부분을 분리할 수 있는 때에는 비공개 대상 부분을 제외하고 공개하여야 한다.

3. 사안의 해결

A의 정보공개 청구는 그 공개로 인하여 업무상 부작용이 존재하며, 개인에 관한 사항으로 관련자의 사생활 보호 측면에서 비공개대상 정보에 해당한다. 그러나 합격자 선발 기준과 지역별 합격자의 수 공개는 대학 운영의 투명성과 공정성이라는 공익 차원에서 공개하는 것이 타당하다. 따라서 부분공개가 가능함에도 불구하고 개인인적사항을 제외하고 다른 정보에 대하여 전부 비공개한 B대학의 비공개 결정은 위법하다고 보아야 한다.

행정사
이준희 행정절차론

개인정보 보호법

Chapter

03 개인정보 보호법

기·출·문·제

제2회

정보주체의 권리에 대하여 설명하시오.

제3회

A시는 시민들의 복리증진을 목적으로 시민공원을 설치하여 24시간 무료개방하고 있다. 그런데 이 공원에서 범죄와 무질서행위가 증가하여 시민들의 민원이 제기되자, A시의 시장 甲은 공원 출입문, 산책로 및 화장실에 영상정보처리기기를 설치·운영하고자 한다. 「개인정보 보호법」상 甲의 위 영상정보처리기기 설치·운영에 관하여 논하시오.

제4회

인터넷몰 사업자 A는 2만명 이상의 회원정보를 수집하여 회원정보 파일을 관리하던 중, 그 파일을 해킹당하여 회원 정보 일체가 유출되었음을 알게 되었다. 이때 「개인정보 보호법」상 A가 취하여야 할 조치를 설명하시오.

제9회

「개인정보 보호법」상 보호의 대상이 되는 개인정보의 개념 및 개인정보처리자의 손해배상책임에 관하여 설명하시오.

제9회

개인정보자기결정권의 의미와 「개인정보 보호법」상 개인정보보호원칙에 관하여 설명하시오.

제12회

「개인정보보호법」상 '집단분쟁조정'의 실시요건과 이에 대한 분쟁조정위원회의 처리절차에 관하여 설명하시오.

01 목적과 정의

1. 목적

「개인정보 보호법」은 개인정보의 처리 및 보호에 관한 사항을 정함으로써 개인의 자유와 권리를 보호하고, 나아가 개인의 존엄과 가치를 구현함을 목적으로 한다.

2. 정의

(1) 개인정보

살아 있는 개인에 관한 정보로서 다음에 해당하는 정보를 말한다.

① 성명, 주민등록번호 및 영상 등을 통하여 개인을 알아볼 수 있는 정보

② 해당 정보만으로는 특정 개인을 알아볼 수 없더라도 다른 정보와 쉽게 결합하여 알아볼 수 있는 정보. 이 경우 쉽게 결합할 수 있는지 여부는 다른 정보의 입수 가능성 등 개인을 알아보는 데 소요되는 시간, 비용, 기술 등을 합리적으로 고려하여야 한다.

③ 살아 있는 개인에 관한 정보를 가명처리함으로써 원래의 상태로 복원하기 위한 추가 정보의 사용·결합 없이는 특정 개인을 알아볼 수 없는 정보(가명정보)

(2) 가명처리

개인정보의 일부를 삭제하거나 일부 또는 전부를 대체하는 등의 방법으로 추가 정보가 없이는 특정 개인을 알아볼 수 없도록 처리하는 것을 말한다.

(3) 고정형 영상정보처리기기

일정한 공간에 설치되어 지속적 또는 주기적으로 사람 또는 사물의 영상 등을 촬영하거나 이를 유·무선망을 통하여 전송하는 장치로서 대통령령으로 정하는 장치를 의미한다.

(4) 이동형 영상정보처리기기

사람이 신체에 착용 또는 휴대하거나 이동 가능한 물체에 부착 또는 거치(据置)하여 사람 또는 사물의 영상 등을 촬영하거나 이를 유·무선망을 통하여 전송하는 장치를 말한다.

02 기본원칙과 주체의 권리, 국가·지방자치단체의 의무

1. 개인정보 보호 원칙

(1) 개인정보처리자는 개인정보의 처리 목적을 명확하게 하여야 하고 그 목적에 필요한 범위에서 최소한의 개인정보만을 적법하고 정당하게 수집하여야 한다.

(2) 개인정보처리자는 개인정보의 처리 목적에 필요한 범위에서 적합하게 개인정보를 처리하여야 하며, 그 목적 외의 용도로 활용하여서는 아니 된다.

(3) 개인정보처리자는 개인정보의 처리 목적에 필요한 범위에서 개인정보의 정확성, 완전성 및 최신성이 보장되도록 하여야 한다.

(4) 개인정보처리자는 개인정보의 처리 방법 및 종류 등에 따라 정보주체의 권리가 침해받을 가능성과 그 위험 정도를 고려하여 개인정보를 안전하게 관리하여야 한다.

(5) 개인정보처리자는 개인정보 처리방침 등 개인정보의 처리에 관한 사항을 공개하여야 하며, 열람청구권 등 정보주체의 권리를 보장하여야 한다.

(6) 개인정보처리자는 정보주체의 사생활 침해를 최소화하는 방법으로 개인정보를 처리하여야 한다.

(7) 개인정보처리자는 개인정보를 익명 또는 가명으로 처리하여도 개인정보 수집목적을 달성할 수 있는 경우 익명처리가 가능한 경우에는 익명에 의하여, 익명처리로 목적을 달성할 수 없는 경우에는 가명에 의하여 처리될 수 있도록 하여야 한다.

(8) 개인정보처리자는 이 법 및 관계 법령에서 규정하고 있는 책임과 의무를 준수하고 실천함으로써 정보주체의 신뢰를 얻기 위하여 노력하여야 한다.

2. 정보주체의 권리

(1) 개인정보의 처리에 관한 정보를 제공받을 권리

(2) 개인정보의 처리에 관한 동의 여부, 동의 범위 등을 선택하고 결정할 권리

(3) 개인정보의 처리 여부를 확인하고 개인정보에 대하여 열람(사본의 발급을 포함한다.) 및 전송을 요구할 권리

(4) 개인정보의 처리 정지, 정정·삭제 및 파기를 요구할 권리

(5) 개인정보의 처리로 인하여 발생한 피해를 신속하고 공정한 절차에 따라 구제받을 권리

(6) 완전히 자동화된 개인정보 처리에 따른 결정을 거부하거나 그에 대한 설명 등을 요구할 권리

3. 개인정보 자기결정권

개인정보 자기결정권이란 정보주체가 자신에 관한 정보를 보호받기 위하여 자신에 관한 정보의 공개와 이용에 관하여 자율적으로 결정하고 관리할 수 있는 권리이다. 즉, 자신에 관한 정보가 언제 누구에게 어느 범위까지 알려지고 또 이용되도록 할 것인지를 정보주체가 스스로 결정할 수 있는 권리이다. 개인정보 자기결정권은 「헌법」 제17조 사생활의 비밀과 자유를 침해받지 않을 권리를 바탕으로 보장하고 있다.

> **판례**
>
> **대법원 1998. 7. 24., 선고, 96다42789, 판결 [손해배상(기)]**
>
> 「헌법」 제10조는 "모든 국민은 인간으로서의 존엄과 가치를 가지며, 행복을 추구할 권리를 가진다. 국가는 개인이 가지는 불가침의 기본적 인권을 확인하고 이를 보장할 의무를 진다."고 규정하고, 「헌법」 제17조는 "모든 국민은 사생활의 비밀과 자유를 침해받지 아니한다."라고 규정하고 있는바, 이들 「헌법」 규정은 개인의 사생활 활동이 타인으로부터 침해되거나 사생활이 함부로 공개되지 아니할 소극적인 권리는 물론, 오늘날 고도로 정보화된 현대사회에서 자신에 대한 정보를 자율적으로 통제할 수 있는 적극적인 권리까지도 보장하려는 데에 그 취지가 있는 것으로 해석된다.

03 개인정보 보호정책의 수립 등

1. 개인정보 보호위원회의 설치

(1) 개인정보 보호에 관한 사무를 독립적으로 수행하기 위하여 국무총리 소속으로 개인정보 보호위원회(이하 "보호위원회"라 한다.)를 둔다.

(2) 보호위원회는 「정부조직법」 제2조에 따른 중앙행정기관으로 본다.

2. 개인정보 보호위원회의 구성

(1) 보호위원회는 상임위원 2명(위원장 1명, 부위원장 1명)을 포함한 9명의 위원으로 구성한다.

(2) 보호위원회의 위원은 개인정보 보호에 관한 경력과 전문지식이 풍부한 사람 중에서 위원장과 부위원장은 국무총리의 제청으로, 그 외 위원 중 2명은 위원장의 제청으로, 2명은 대통령이 소속되거나 소속되었던 정당의 교섭단체 추천으로, 3명은 그 외의 교섭단체 추천으로 대통령이 임명 또는 위촉한다.

(3) 위원장과 부위원장은 정무직 공무원으로 임명한다.

3. 개인정보 보호위원회의 위원장

(1) 위원장은 보호위원회를 대표하고, 보호위원회의 회의를 주재하며, 소관 사무를 총괄한다.

(2) 위원장은 국회에 출석하여 보호위원회의 소관 사무에 관하여 의견을 진술할 수 있으며, 국회에서 요구하면 출석하여 보고하거나 답변하여야 한다.

(3) 위원장은 국무회의에 출석하여 발언할 수 있으며, 그 소관 사무에 관하여 국무총리에게 의안 제출을 건의할 수 있다.

4. 개인정보 보호위원회의 위원

(1) **임기**

위원의 임기는 3년으로 하되, 한 차례만 연임할 수 있다.

(2) **신분보장**

위원은 법률과 양심에 따라 독립적으로 직무를 수행하며, 그 의사에 반하여 면직 또는 해촉되지 아니한다.

(3) **겸직금지**

위원은 재직 중 ① 국회의원 또는 지방의회의원, ② 국가공무원 또는 지방공무원, ③ 직무와 관련된 영리업무에 종사하여서는 아니 되고, 정치활동에 관여할 수 없다.

(4) **결격사유**

① 대한민국 국민이 아닌 사람, ②「국가공무원법」상 결격사유에 해당하는 사람, ③「정당법」에 따른 당원에 해당하는 사람은 위원이 될 수 없다.

5. 개인정보 보호위원회의 소관 사무

(1) 개인정보의 보호와 관련된 법령의 개선에 관한 사항

(2) 개인정보 보호와 관련된 정책·제도·계획 수립·집행에 관한 사항

(3) 정보주체의 권리침해에 대한 조사 및 이에 따른 처분에 관한 사항

(4) 개인정보의 처리와 관련한 고충처리·권리구제 및 개인정보에 관한 분쟁의 조정

(5) 개인정보 보호를 위한 국제기구 및 외국의 개인정보 보호기구와의 교류·협력

(6) 개인정보 보호에 관한 법령·정책·제도·실태 등의 조사·연구, 교육 및 홍보에 관한 사항

(7) 개인정보 보호에 관한 기술개발의 지원·보급, 기술의 표준화 및 전문인력의 양성에 관한 사항

(8) 이 법 및 다른 법령에 따라 보호위원회의 사무로 규정된 사항

6. 개인정보 보호위원회의 심의·의결 사항

(1) 대상

① 개인정보 침해요인 평가에 관한 사항
② 기본계획 및 시행계획에 관한 사항
③ 개인정보 보호와 관련된 정책, 제도 및 법령의 개선에 관한 사항
④ 개인정보의 처리에 관한 공공기관 간의 의견조정에 관한 사항
⑤ 개인정보 보호에 관한 법령의 해석·운용에 관한 사항
⑥ 개인정보의 이용·제공에 관한 사항
⑦ 개인정보의 국외 이전 중지 명령에 관한 사항
⑧ 영향평가 결과에 관한 사항
⑨ 과징금 부과에 관한 사항
⑩ 의견제시 및 개선권고에 관한 사항
⑪ 시정권고에 관한 사항
⑫ 시정조치 등에 관한 사항
⑬ 고발 및 징계권고에 관한 사항
⑭ 처리 결과의 공표 및 공표명령에 관한 사항
⑮ 과태료 부과에 관한 사항
⑯ 소관 법령 및 보호위원회 규칙의 제정·개정 및 폐지에 관한 사항
⑰ 개인정보 보호와 관련하여 보호위원회의 위원장 또는 위원 2명 이상이 회의에 부치는 사항
⑱ 그 밖에 이 법 또는 다른 법령에 따라 보호위원회가 심의·의결하는 사항

(2) 개선 권고 및 점검

보호위원회는 개인정보 보호와 관련된 정책, 제도 및 법령의 개선에 관한 사항을 심의·의결한 경우에는 관계 기관에 그 개선을 권고할 수 있다. 또한 보호위원회는 권고 내용의 이행 여부를 점검할 수 있다.

7. 개인정보 보호위원회의 회의

(1) 보호위원회의 회의는 위원장이 필요하다고 인정하거나 재적위원 4분의 1 이상의 요구가 있는 경우에 위원장이 소집한다.

(2) 위원장 또는 2명 이상의 위원은 보호위원회에 의안을 제의할 수 있다.

(3) 보호위원회의 회의는 재적위원 과반수의 출석으로 개의하고, 출석위원 과반수의 찬성으로 의결한다.

8. 개인정보 보호위원회 위원의 제척 · 기피 · 회피

(1) 제척사유

① 위원 또는 그 배우자나 배우자였던 자가 해당 사안의 당사자가 되거나 그 사건에 관하여 공동의 권리자 또는 의무자의 관계에 있는 경우
② 위원이 해당 사안의 당사자와 친족이거나 친족이었던 경우
③ 위원이 해당 사안에 관하여 증언, 감정, 법률자문을 한 경우
④ 위원이 해당 사안에 관하여 당사자의 대리인으로서 관여하거나 관여하였던 경우
⑤ 위원이나 위원이 속한 공공기관 · 법인 또는 단체 등이 조언 등 지원을 하고 있는 자와 이해관계가 있는 경우

(2) 기피

위원에게 심의 · 의결의 공정을 기대하기 어려운 사정이 있는 경우 당사자는 기피 신청을 할 수 있고, 보호위원회는 의결로 이를 결정한다.

(3) 회피

위원이 제척 또는 기피의 사유가 있는 경우에는 해당 사안에 대하여 회피할 수 있다.

9. 개인정보 보호위원회의 소위원회

보호위원회는 효율적인 업무 수행을 위하여 개인정보 침해 정도가 경미하거나 유사 · 반복되는 사항 등을 심의 · 의결할 소위원회를 둘 수 있다.
소위원회는 3명의 위원으로 구성하며, 구성위원 전원의 출석과 출석위원 전원의 찬성으로 의결한다. 소위원회가 심의 · 의결한 것은 보호위원회가 심의 · 의결한 것으로 본다.

10. 개인정보 침해요인 평가

중앙행정기관의 장은 소관 법령의 제정 또는 개정을 통하여 개인정보 처리를 수반하는 정책이나 제도를 도입 · 변경하는 경우에는 보호위원회에 개인정보 침해요인 평가를 요청하여야 한다. 요청을 받은 보호위원회는 해당 법령의 개인정보 침해요인을 분석 · 검토하여 그 법령의 소관기관의 장에게 그 개선을 위하여 필요한 사항을 권고할 수 있다.

11. 기본계획

보호위원회는 개인정보의 보호와 정보주체의 권익 보장을 위하여 3년마다 기본계획을 관계 중앙행정기관의 장과 협의하여 수립한다.

12. 시행계획

중앙행정기관의 장은 기본계획에 따라 매년 개인정보 보호를 위한 시행계획을 작성하여 보호위원회에 제출하고, 보호위원회의 심의·의결을 거쳐 시행하여야 한다.

13. 행정조사

(1) 자료제출 요구

① 보호위원회는 기본계획을 효율적으로 수립하기 위하여 개인정보처리자, 관계 중앙행정기관의 장, 지방자치단체의 장 및 관계 기관·단체 등에 개인정보처리자의 법규 준수 현황과 개인정보 관리 실태 등에 관한 자료의 제출이나 의견의 진술 등을 요구할 수 있다.

② 중앙행정기관의 장은 시행계획을 효율적으로 수립·추진하기 위하여 소관 분야의 개인정보처리자에게 자료제출 등을 요구할 수 있다.

③ 자료제출 등을 요구받은 자는 특별한 사정이 없으면 이에 따라야 한다.

(2) 실태조사

보호위원회는 개인정보 보호 정책 추진, 성과평가 등을 위하여 필요한 경우 개인정보처리자, 관계 중앙행정기관의 장, 지방자치단체의 장 및 관계 기관·단체 등을 대상으로 개인정보관리 수준 및 실태파악 등을 위한 조사를 실시할 수 있다.

14. 개인정보 보호수준 평가

(1) 보호위원회는 공공기관 중 중앙행정기관 및 그 소속기관, 지방자치단체, 그 밖에 대통령령으로 정하는 기관을 대상으로 매년 개인정보 보호 정책·업무의 수행 및 이 법에 따른 의무의 준수 여부 등을 평가(개인정보 보호수준 평가)하여야 한다.

(2) 보호위원회는 개인정보 보호수준 평가에 필요한 경우 해당 공공기관의 장에게 관련 자료를 제출하게 할 수 있다.

(3) 보호위원회는 개인정보 보호수준 평가의 결과를 인터넷 홈페이지 등을 통하여 공개할 수 있다.

(4) 보호위원회는 개인정보 보호수준 평가의 결과에 따라 우수기관 및 그 소속 직원에 대하여 포상할 수 있고, 개인정보 보호를 위하여 필요하다고 인정하면 해당 공공기관의 장에게 개선을 권고할 수 있다. 이 경우 권고를 받은 공공기관의 장은 이를 이행하기 위하여 성실하게 노력하여야 하며, 그 조치 결과를 보호위원회에 알려야 한다.

15. 개인정보 보호지침

(1) 보호위원회는 개인정보의 처리에 관한 기준, 개인정보 침해의 유형 및 예방조치 등에 관한 표준지침을 정하여 개인정보처리자에게 그 준수를 권장할 수 있다.

(2) 중앙행정기관의 장은 표준지침에 따라 소관 분야의 개인정보 처리와 관련한 개인정보 보호지침을 정하여 개인정보처리자에게 그 준수를 권장할 수 있다.

(3) 국회, 법원, 헌법재판소 및 중앙선거관리위원회는 해당 기관의 개인정보 보호지침을 정하여 시행할 수 있다.

04 개인정보의 수집, 이용, 제공 등

1. 개인정보의 수집 · 이용

(1) 개인정보처리자는 다음의 경우에는 개인정보를 수집할 수 있으며 그 수집 목적의 범위에서 이용할 수 있다.
① 정보주체의 동의를 받은 경우
② 법률에 특별한 규정이 있거나 법령상 의무를 준수하기 위하여 불가피한 경우
③ 공공기관이 법령등에서 정하는 소관 업무의 수행을 위하여 불가피한 경우
④ 정보주체와 체결한 계약을 이행하거나 계약을 체결하는 과정에서 정보주체의 요청에 따른 조치를 이행하기 위하여 필요한 경우
⑤ 명백히 정보주체 또는 제3자의 급박한 생명, 신체, 재산의 이익을 위하여 필요하다고 인정되는 경우
⑥ 개인정보처리자의 정당한 이익을 달성하기 위하여 필요한 경우로서 명백하게 정보주체의 권리보다 우선하는 경우. 이 경우 개인정보처리자의 정당한 이익과 상당한 관련이 있고 합리적인 범위를 초과하지 아니하는 경우에 한한다.
⑦ 공중위생 등 공공의 안전과 안녕을 위하여 긴급히 필요한 경우

(2) 개인정보처리자는 정보주체의 동의를 받을 때에는 다음의 사항을 정보주체에게 알려야 한다. 다음의 사항을 변경하는 경우에도 이를 알리고 동의를 받아야 한다.

① 개인정보의 수집·이용 목적

② 수집하려는 개인정보의 항목

③ 개인정보의 보유 및 이용 기간

④ 동의를 거부할 권리가 있다는 사실 및 동의 거부에 따른 불이익이 있는 경우에는 그 불이익의 내용

(3) 개인정보처리자는 당초 수집 목적과 합리적으로 관련된 범위에서 정보주체에게 불이익이 발생하는지 여부, 암호화 등 안전성 확보에 필요한 조치를 하였는지 여부 등을 고려하여 정보주체의 동의 없이 개인정보를 이용할 수 있다.

2. 개인정보의 수집 제한

(1) 개인정보처리자는 개인정보를 수집하는 경우에는 그 목적에 필요한 최소한의 개인정보를 수집하여야 한다. 이 경우 최소한의 개인정보 수집이라는 입증책임은 개인정보처리자가 부담한다.

(2) 개인정보처리자는 정보주체의 동의를 받아 개인정보를 수집하는 경우 필요한 최소한의 정보 외의 개인정보 수집에는 동의하지 아니할 수 있다는 사실을 구체적으로 알리고 개인정보를 수집하여야 한다.

(3) 개인정보처리자는 정보주체가 필요한 최소한의 정보 외의 개인정보 수집에 동의하지 아니한다는 이유로 정보주체에게 재화 또는 서비스의 제공을 거부하여서는 아니 된다.

3. 개인정보의 제공

(1) 개인정보처리자는 다음에 해당되는 경우에는 정보주체의 개인정보를 제3자에게 제공할 수 있다.

① 정보주체의 동의를 받은 경우

② 개인정보를 수집한 목적 범위에서 개인정보를 제공하는 경우

(2) 개인정보처리자는 정보주체의 동의를 받을 때에는 다음의 사항을 정보주체에게 알려야 한다. 다음의 어느 하나의 사항을 변경하는 경우에도 이를 알리고 동의를 받아야 한다.

① 개인정보를 제공받는 자

② 개인정보를 제공받는 자의 개인정보 이용 목적

③ 제공하는 개인정보의 항목

④ 개인정보를 제공받는 자의 개인정보 보유 및 이용 기간

⑤ 동의를 거부할 권리가 있다는 사실 및 동의 거부에 따른 불이익이 있는 경우에는 그 불이익의 내용

(3) 개인정보처리자는 당초 수집 목적과 합리적으로 관련된 범위에서 정보주체에게 불이익이 발생하는지 여부, 암호화 등 안전성 확보에 필요한 조치를 하였는지 여부 등을 고려하여 정보주체의 동의 없이 개인정보를 제공할 수 있다.

4. 개인정보의 목적 외 이용 · 제공 제한

(1) 개인정보처리자는 개인정보를 그 수집 목적 범위를 초과하여 이용하거나 그 수집 목적 범위를 초과하여 제3자에게 제공하여서는 아니 된다.

(2) 개인정보처리자는 다음에 해당하는 경우에는 정보주체 또는 제3자의 이익을 부당하게 침해할 우려가 있을 때를 제외하고는 개인정보를 목적 외의 용도로 이용하거나 이를 제3자에게 제공할 수 있다. 다만, ④부터 ⑧까지의 경우는 공공기관의 경우로 한정한다.

① 정보주체로부터 별도의 동의를 받은 경우
② 다른 법률에 특별한 규정이 있는 경우
③ 명백히 정보주체 또는 제3자의 급박한 생명, 신체, 재산의 이익을 위하여 필요하다고 인정되는 경우
④ 개인정보를 목적 외의 용도로 이용하거나 이를 제3자에게 제공하지 아니하면 다른 법률에서 정하는 소관 업무를 수행할 수 없는 경우로서 보호위원회의 심의 · 의결을 거친 경우
⑤ 조약, 그 밖의 국제협정의 이행을 위하여 외국정부 또는 국제기구에 제공하기 위하여 필요한 경우
⑥ 범죄의 수사와 공소의 제기 및 유지를 위하여 필요한 경우
⑦ 법원의 재판업무 수행을 위하여 필요한 경우
⑧ 형 및 감호, 보호처분의 집행을 위하여 필요한 경우
⑨ 공중위생 등 공공의 안전과 안녕을 위하여 긴급히 필요한 경우

(3) 개인정보처리자는 정보주체로부터 별도의 동의를 받을 때에는 다음의 사항을 정보주체에게 알려야 한다. 다음의 어느 하나의 사항을 변경하는 경우에도 이를 알리고 동의를 받아야 한다.

① 개인정보를 제공받는 자
② 개인정보의 이용 목적(제공 시에는 제공받는 자의 이용 목적을 말한다.)
③ 이용 또는 제공하는 개인정보의 항목
④ 개인정보의 보유 및 이용 기간(제공 시에는 제공받는 자의 보유 및 이용 기간)
⑤ 동의를 거부할 권리가 있다는 사실 및 동의 거부에 따른 불이익이 있는 경우에는 그 불이익의 내용

(4) 공공기관은 (2)의 ②부터 ⑥까지, ⑧ 및 ⑨에 따라 개인정보를 목적 외의 용도로 이용하거나 이를 제3자에게 제공하는 경우에는 그 이용 또는 제공의 법적 근거, 목적 및 범위 등에 관하여 필요한 사항을 보호위원회가 고시로 정하는 바에 따라 관보 또는 인터넷 홈페이지 등에 게재하여야 한다.

(5) 개인정보처리자는 (2)의 경우에 해당하여 개인정보를 목적 외의 용도로 제3자에게 제공하는 경우에는 개인정보를 제공받는 자에게 이용 목적, 이용 방법, 그 밖에 필요한 사항에 대하여 제한을 하거나, 개인정보의 안전성 확보를 위하여 필요한 조치를 마련하도록 요청하여야 한다. 이 경우 요청을 받은 자는 개인정보의 안전성 확보를 위하여 필요한 조치를 하여야 한다.

5. 개인정보를 제공받은 자의 이용·제공 제한

개인정보처리자로부터 개인정보를 제공받은 자는 다음의 경우를 제외하고는 개인정보를 제공받은 목적 외의 용도로 이용하거나 이를 제3자에게 제공하여서는 아니 된다.

(1) 정보주체로부터 별도의 동의를 받은 경우

(2) 다른 법률에 특별한 규정이 있는 경우

6. 정보주체 이외로부터 수집한 개인정보의 수집 출처 등 통지

(1) 통지사항

개인정보처리자가 정보주체 이외로부터 수집한 개인정보를 처리하는 때에는 정보주체의 요구가 있으면 즉시 ① 개인정보의 수집 출처, ② 개인정보의 처리 목적, ③ 개인정보 처리의 정지를 요구하거나 동의를 철회할 권리가 있다는 사실에 해당하는 모든 사항을 정보주체에게 알려야 한다.

(2) 의무적 통지

① ㉠ 5만 명 이상의 민감정보 또는 고유식별정보, ㉡ 100만 명 이상의 개인정보에 해당하는 개인정보를 수집하여 처리하는 개인정보처리자는 정보주체에게 통지사항을 알려야 한다.

② 개인정보처리자는 정보주체가 쉽게 알 수 있는 방법으로 개인정보를 제공받은 날부터 3개월 이내에 정보주체에게 알려야 한다. 정보주체의 동의를 받은 범위에서 연 2회 이상 주기적으로 개인정보를 제공받아 처리하는 경우에는 그 동의를 받은 날부터 기산하여 연 1회 이상 정보주체에게 알려야 한다.

(3) **통지의 예외**

① 통지를 요구하는 대상이 되는 개인정보가 ㉠ 국가의 중대한 이익, ㉡ 범죄 수사, 공소 제기 및 유지, 형 집행, ㉢ 조세나 관세의 범칙행위 조사, ㉣ 일회적으로 운영되는 파일 등 지속적으로 관리할 필요성이 낮다고 인정되는 개인정보파일, ㉤ 다른 법령에 따라 비밀로 분류된 개인정보파일에 해당하는 경우

② 다른 사람의 생명·신체·재산을 부당하게 침해할 우려가 있는 경우

(4) ① 5만 명 이상의 민감정보 또는 고유식별정보, ② 100만 명 이상의 개인정보에 해당하는 개인정보를 수집하여 처리하는 개인정보처리자는 수집한 개인정보의 이용·제공 내역이나 이용·제공 내역을 확인할 수 있는 정보시스템에 접속하는 방법을 주기적으로 정보주체에게 통지하여야 한다. 다만, 연락처 등 정보주체에게 통지할 수 있는 개인정보를 수집·보유하지 아니한 경우에는 통지하지 아니할 수 있다.

7. 개인정보의 파기

(1) 개인정보처리자는 보유기간의 경과, 개인정보의 처리 목적 달성, 가명정보의 처리 기간 경과 등 그 개인정보가 불필요하게 되었을 때에는 지체 없이 그 개인정보를 파기하여야 한다. 다만, 다른 법령에 따라 보존하여야 하는 경우에는 그러하지 아니하다.

(2) 개인정보처리자가 개인정보를 파기할 때에는 복구 또는 재생되지 아니하도록 조치하여야 한다.

(3) 개인정보처리자가 개인정보를 파기하지 아니하고 보존하여야 하는 경우에는 해당 개인정보 또는 개인정보파일을 다른 개인정보와 분리하여서 저장·관리하여야 한다.

8. 동의를 받는 방법

(1) 개인정보처리자는 개인정보의 처리에 대하여 정보주체의 동의를 받을 때에는 각각의 동의 사항을 구분하여 정보주체가 이를 명확하게 인지할 수 있도록 알리고 동의를 받아야 한다. 이 경우 다음의 경우에는 동의 사항을 구분하여 각각 동의를 받아야 한다.

① 개인정보의 수집·이용을 위해 정보주체의 동의를 받는 경우

② 개인정보를 제3자에게 제공하기 위해 정보주체의 동의를 받는 경우

③ 개인정보를 목적 외의 용도로 이용하거나 이를 제3자에게 제공하기 위해 정보주체의 동의를 받는 경우

④ 개인정보처리자로부터 개인정보를 제공받은 자가 개인정보를 제공받은 목적 외의 용도로 이용하거나 이를 제3자에게 제공하기 위해 정보주체의 동의를 받는 경우

⑤ 개인정보처리자가 민감정보를 처리하기 위해 정보주체의 동의를 받는 경우

⑥ 개인정보처리자가 고유식별정보를 처리하기 위해 정보주체의 동의를 받는 경우

⑦ 재화나 서비스를 홍보하거나 판매를 권유하기 위하여 개인정보의 처리에 대한 동의를 받으려는 경우

⑧ 그 밖에 정보주체를 보호하기 위하여 동의 사항을 구분하여 동의를 받아야 할 필요가 있는 경우

(2) 개인정보처리자는 동의를 서면으로 받을 때에는 ① 재화나 서비스의 홍보 또는 판매 등을 위하여 해당 개인정보를 이용하여 정보주체에게 연락할 수 있다는 사실, ② 처리하려는 개인정보의 항목 중 민감정보 또는 고유식별정보가 포함되어 있다는 사실 등을 명확히 표시하여 알아보기 쉽게 하여야 한다.

(3) 개인정보처리자는 정보주체의 동의 없이 처리할 수 있는 개인정보에 대해서는 그 항목과 처리의 법적 근거를 정보주체의 동의를 받아 처리하는 개인정보와 구분하여 공개하거나 전자우편 등의 방법에 따라 정보주체에게 알려야 한다. 이 경우 동의 없이 처리할 수 있는 개인정보라는 입증책임은 개인정보처리자가 부담한다.

(4) 개인정보처리자는 정보주체가 선택적으로 동의할 수 있는 사항을 동의하지 아니한다는 이유로 정보주체에게 재화 또는 서비스의 제공을 거부하여서는 아니 된다.

(5) **아동의 개인정보 보호**

① 개인정보처리자는 만 14세 미만 아동의 개인정보를 처리하기 위하여 이 법에 따른 동의를 받아야 할 때에는 그 법정대리인의 동의를 받아야 하며, 법정대리인이 동의하였는지를 확인하여야 한다.

② 법정대리인의 동의를 받기 위하여 필요한 최소한의 정보는 법정대리인의 동의 없이 해당 아동으로부터 직접 수집할 수 있다.

③ 개인정보처리자는 만 14세 미만의 아동에게 개인정보 처리와 관련한 사항의 고지 등을 할 때에는 이해하기 쉬운 양식과 명확하고 알기 쉬운 언어를 사용하여야 한다.

05 개인정보의 처리 제한

1. 민감정보의 처리 제한

(1) 개인정보처리자는 사상·신념, 노동조합·정당의 가입·탈퇴, 정치적 견해, 건강, 성생활 등에 관한 정보, 그 밖에 정보주체의 사생활을 현저히 침해할 우려가 있는 개인정보로서 민감정보를 처리하여서는 아니 된다. 다만, 다음의 어느 하나에 해당하는 경우에는 그러하지 아니하다.

① 정보주체에게 개인정보의 처리에 대한 동의와 별도로 동의를 받은 경우
② 법령에서 민감정보의 처리를 요구하거나 허용하는 경우

(2) 개인정보처리자가 민감정보를 처리하는 경우에는 그 민감정보가 분실·도난·유출·위조·변조 또는 훼손되지 아니하도록 안전성 확보에 필요한 조치를 하여야 한다.

(3) 개인정보처리자는 재화 또는 서비스를 제공하는 과정에서 공개되는 정보에 정보주체의 민감정보가 포함됨으로써 사생활 침해의 위험성이 있다고 판단하는 때에는 재화 또는 서비스의 제공 전에 민감정보의 공개 가능성 및 비공개를 선택하는 방법을 정보주체가 알아보기 쉽게 알려야 한다.

2. 고유식별정보의 처리 제한

(1) 개인정보처리자는 다음의 경우를 제외하고는 법령에 따라 개인을 고유하게 구별하기 위하여 부여된 식별정보로서 고유식별정보를 처리할 수 없다.

① 정보주체에게 개인정보의 처리에 대한 동의와 별도로 동의를 받은 경우
② 법령에서 구체적으로 고유식별정보의 처리를 요구하거나 허용하는 경우

(2) 개인정보처리자가 고유식별정보를 처리하는 경우에는 그 고유식별정보가 분실·도난·유출·위조·변조 또는 훼손되지 아니하도록 암호화 등 안전성 확보에 필요한 조치를 하여야 한다.

(3) **정기조사**

① 보호위원회는 ㉠ 1만 명 이상의 정보주체에 관하여 고유식별정보를 처리하는 공공기관, ㉡ 보호위원회가 정기조사가 필요하다고 인정하는 공공기관, 그리고 ㉢ 공공기관 외의 자로서 5만 명 이상의 정보주체에 관하여 고유식별정보를 처리하는 자에 해당하는 개인정보처리자가 안전성 확보에 필요한 조치를 하였는지에 관하여 3년마다 1회 이상 정기적으로 조사하여야 한다.
② 보호위원회는 한국인터넷진흥원등이 정기조사를 수행하게 할 수 있다.
③ 개인정보 보호수준 평가를 받은 경우 또는 개인정보 보호 인증을 받은 경우와 같이 고유식별정보의 안전성 확보 조치에 대한 점검이 이루어진 경우에는 정기조사를 실시한 것으로 본다.

(4) **주민등록번호 처리의 제한**

① 개인정보처리자는 다음의 어느 하나에 해당하는 경우를 제외하고는 주민등록번호를 처리할 수 없다.

      ㉠ 법률·대통령령·국회규칙·대법원규칙·헌법재판소규칙·중앙선거관리위원회규칙 및 감사원규칙에서 구체적으로 주민등록번호의 처리를 요구하거나 허용한 경우

      ㉡ 정보주체 또는 제3자의 급박한 생명, 신체, 재산의 이익을 위하여 명백히 필요하다고 인정되는 경우

      ㉢ 주민등록번호 처리가 불가피한 경우로서 보호위원회가 고시로 정하는 경우

    ② 개인정보처리자는 주민등록번호가 분실·도난·유출·위조·변조 또는 훼손되지 아니하도록 암호화 조치를 통하여 안전하게 보관하여야 한다.

    ③ 개인정보처리자는 주민등록번호를 처리하는 경우에도 정보주체가 인터넷 홈페이지를 통하여 회원으로 가입하는 단계에서는 주민등록번호를 사용하지 아니하고도 회원으로 가입할 수 있는 방법을 제공하여야 한다.

3. 고정형 영상정보처리기기의 설치·운영 제한

⑴ 누구든지 다음의 경우를 제외하고는 공개된 장소에 고정형 영상정보처리기기를 설치·운영하여서는 아니 된다.

    ① 법령에서 구체적으로 허용하고 있는 경우

    ② 범죄의 예방 및 수사를 위하여 필요한 경우

    ③ 시설의 안전 및 관리, 화재 예방을 위하여 정당한 권한을 가진 자가 설치·운영하는 경우

    ④ 교통단속을 위하여 정당한 권한을 가진 자가 설치·운영하는 경우

    ⑤ 교통정보의 수집·분석 및 제공을 위하여 정당한 권한을 가진 자가 설치·운영하는 경우

    ⑥ 촬영된 영상정보를 저장하지 아니하는 경우로서 대통령령으로 정하는 경우

⑵ 누구든지 불특정 다수가 이용하는 목욕실, 화장실, 발한실(發汗室), 탈의실 등 개인의 사생활을 현저히 침해할 우려가 있는 장소의 내부를 볼 수 있도록 고정형 영상정보처리기기를 설치·운영하여서는 아니 된다. 다만, 교도소, 정신보건 시설 등 법령에 근거하여 사람을 구금하거나 보호하는 시설에 대하여는 그러하지 아니하다.

⑶ 고정형 영상정보처리기기를 설치·운영하려는 공공기관의 장은 공청회·설명회의 개최 등을 거쳐 관계 전문가 및 이해관계인의 의견을 수렴하여야 한다.

⑷ 고정형 영상정보처리기기운영자는 정보주체가 쉽게 인식할 수 있도록 ① 설치 목적 및 장소, ② 촬영 범위 및 시간, ③ 관리책임자의 연락처 등이 포함된 안내판을 설치하는 등 필요한 조치를 하여야 한다.

⑸ 고정형 영상정보처리기기운영자는 고정형 영상정보처리기기의 설치 목적과 다른 목적으로 고정형 영상정보처리기기를 임의로 조작하거나 다른 곳을 비춰서는 아니 되며, 녹음기능은 사용할 수 없다.

(6) 고정형 영상정보처리기기운영자는 개인정보가 분실·도난·유출·위조·변조 또는 훼손되지 아니하도록 안전성 확보에 필요한 조치를 하여야 한다.

(7) 고정형 영상정보처리기기운영자는 고정형 영상정보처리기기 운영·관리 방침을 마련하여야 한다. 다만, 개인정보 처리방침을 정할 때 고정형 영상정보처리기기 운영·관리에 관한 사항을 포함시킨 경우에는 고정형 영상정보처리기기 운영·관리 방침을 마련하지 아니할 수 있다.

(8) 고정형 영상정보처리기기운영자는 고정형 영상정보처리기기의 설치·운영에 관한 사무를 위탁할 수 있다.

4. 이동형 영상정보처리기기의 운영 제한

(1) 업무를 목적으로 이동형 영상정보처리기기를 운영하려는 자는 다음의 경우를 제외하고는 공개된 장소에서 이동형 영상정보처리기기로 사람 또는 그 사람과 관련된 사물의 영상(개인정보에 해당하는 경우로 한정)을 촬영하여서는 아니 된다.

① 개인정보의 수집·이용을 할 수 있는 경우
② 촬영 사실을 명확히 표시하여 정보주체가 촬영 사실을 알 수 있도록 하였음에도 불구하고 촬영 거부 의사를 밝히지 아니한 경우. 이 경우 정보주체의 권리를 부당하게 침해할 우려가 없고 합리적인 범위를 초과하지 아니하는 경우로 한정한다.

(2) 누구든지 불특정 다수가 이용하는 목욕실, 화장실, 발한실, 탈의실 등 개인의 사생활을 현저히 침해할 우려가 있는 장소의 내부를 볼 수 있는 곳에서 이동형 영상정보처리기기로 사람 또는 그 사람과 관련된 사물의 영상을 촬영하여서는 아니 된다. 다만, 인명의 구조·구급 등을 위하여 필요한 경우에는 그러하지 아니하다.

(3) 이동형 영상정보처리기기로 사람 또는 그 사람과 관련된 사물의 영상을 촬영하는 경우에는 불빛, 소리, 안내판 등으로 촬영 사실을 표시하고 알려야 한다.

(4) 이동형 영상정보처리기기의 운영에 관하여는 고정형 영상정보처리기기의 (6), (7), (8)을 준용한다.

5. 업무위탁에 따른 개인정보의 처리 제한

(1) 개인정보처리자가 제3자에게 개인정보의 처리 업무를 위탁하는 경우에는 다음의 내용이 포함된 문서로 하여야 한다.

① 위탁업무 수행 목적 외 개인정보의 처리 금지에 관한 사항
② 개인정보의 기술적·관리적 보호조치에 관한 사항
③ 그 밖에 개인정보의 안전한 관리를 위한 사항

⑵ 개인정보의 처리 업무를 위탁하는 개인정보처리자는 위탁하는 업무의 내용과 개인정보 처리 업무를 위탁받아 처리하는 수탁자를 정보주체가 언제든지 쉽게 확인할 수 있도록 공개하여야 한다.

⑶ 위탁자가 재화 또는 서비스를 홍보하거나 판매를 권유하는 업무를 위탁하는 경우에는 위탁하는 업무의 내용과 수탁자를 정보주체에게 알려야 한다. 위탁하는 업무의 내용이나 수탁자가 변경된 경우에도 또한 같다.

⑷ 위탁자는 업무 위탁으로 인하여 정보주체의 개인정보가 분실·도난·유출·위조·변조 또는 훼손되지 아니하도록 수탁자를 교육하고, 처리 현황 점검 등 수탁자가 개인정보를 안전하게 처리하는지를 감독하여야 한다.

⑸ 수탁자는 개인정보처리자로부터 위탁받은 해당 업무 범위를 초과하여 개인정보를 이용하거나 제3자에게 제공하여서는 아니 된다.

⑹ 수탁자는 위탁받은 개인정보의 처리 업무를 제3자에게 다시 위탁하려는 경우에는 위탁자의 동의를 받아야 한다.

⑺ 수탁자가 위탁받은 업무와 관련하여 개인정보를 처리하는 과정에서 「개인정보 보호법」을 위반하여 발생한 손해배상책임에 대하여는 수탁자를 개인정보처리자의 소속 직원으로 본다.

6. 영업양도 등에 따른 개인정보의 이전 제한

⑴ 개인정보처리자는 영업의 전부 또는 일부의 양도·합병 등으로 개인정보를 다른 사람에게 이전하는 경우에는 미리 다음의 사항을 해당 정보주체에게 알려야 한다.
  ① 개인정보를 이전하려는 사실
  ② 개인정보를 이전받는 자(영업양수자등)의 성명(법인의 경우에는 법인의 명칭), 주소, 전화번호 및 그 밖의 연락처
  ③ 정보주체가 개인정보의 이전을 원하지 아니하는 경우 조치할 수 있는 방법 및 절차

⑵ 영업양수자등은 개인정보를 이전받았을 때에는 지체 없이 그 사실을 정보주체에게 알려야 한다. 다만, 개인정보처리자가 ⑴에 따라 그 이전 사실을 이미 알린 경우에는 그러하지 아니하다.

⑶ 영업양수자등은 영업의 양도·합병 등으로 개인정보를 이전받은 경우에는 이전 당시의 본래 목적으로만 개인정보를 이용하거나 제3자에게 제공할 수 있다. 이 경우 영업양수자등은 개인정보처리자로 본다.

7. 개인정보취급자에 대한 감독

(1) 개인정보처리자는 개인정보를 처리함에 있어서 개인정보가 안전하게 관리될 수 있도록 임직원, 파견근로자, 시간제근로자 등 개인정보처리자의 지휘·감독을 받아 개인정보를 처리하는 자(개인정보취급자)의 범위를 최소한으로 제한하고, 개인정보취급자에 대하여 적절한 관리·감독을 하여야 한다.

(2) 개인정보처리자는 개인정보의 적정한 취급을 보장하기 위하여 개인정보취급자에게 정기적으로 필요한 교육을 실시하여야 한다.

06 가명정보의 처리에 관한 특례

1. 가명정보의 처리 등

(1) 개인정보처리자는 통계작성, 과학적 연구, 공익적 기록보존 등을 위하여 정보주체의 동의 없이 가명정보를 처리할 수 있다.

(2) 개인정보처리자는 가명정보를 제3자에게 제공하는 경우에는 특정 개인을 알아보기 위하여 사용될 수 있는 정보를 포함해서는 아니 된다.

2. 가명정보의 결합 제한

(1) 통계작성, 과학적 연구, 공익적 기록보존 등을 위한 서로 다른 개인정보처리자 간의 가명정보의 결합은 보호위원회 또는 관계 중앙행정기관의 장이 지정하는 전문기관이 수행한다.

(2) 결합을 수행한 기관 외부로 결합된 정보를 반출하려는 개인정보처리자는 가명정보 또는 시간·비용·기술 등을 합리적으로 고려할 때 다른 정보를 사용하여도 더 이상 개인을 알아볼 수 없는 정보에 해당하는 정보로 처리한 뒤 전문기관의 장의 승인을 받아야 한다.

3. 가명정보에 대한 안전조치의무 등

(1) 개인정보처리자는 가명정보를 처리하는 경우에는 원래의 상태로 복원하기 위한 추가 정보를 별도로 분리하여 보관·관리하는 등 해당 정보가 분실·도난·유출·위조·변조 또는 훼손되지 않도록 안전성 확보에 필요한 기술적·관리적 및 물리적 조치를 하여야 한다.

(2) 개인정보처리자는 가명정보를 처리하는 경우 처리목적 등을 고려하여 가명정보의 처리 기간을 별도로 정할 수 있다.

(3) 개인정보처리자는 가명정보를 처리하고자 하는 경우에는 가명정보의 처리 목적, 제3자 제공 시 제공받는 자, 가명정보의 처리 기간(처리 기간을 별도로 정한 경우에 한한다.) 등 가명정 보의 처리 내용을 관리하기 위한 관련 기록을 작성하여 보관하여야 하며, 가명정보를 파기한 경우에는 파기한 날부터 3년 이상 보관하여야 한다.

4. 가명정보 처리 시 금지의무 등

(1) 가명정보를 처리하는 자는 특정 개인을 알아보기 위한 목적으로 가명정보를 처리해서는 아 니 된다.

(2) 개인정보처리자는 가명정보를 처리하는 과정에서 특정 개인을 알아볼 수 있는 정보가 생성 된 경우에는 즉시 해당 정보의 처리를 중지하고, 지체 없이 회수·파기하여야 한다.

5. 적용범위

가명정보는 제20조(정보주체 이외로부터 수집한 개인정보의 수집 출처 등 통지), 제20조의2 (개인정보 이용·제공 내역의 통지), 제27조(영업양도 등에 따른 개인정보의 이전 제한), 제34조 제1항(개인정보 유출 등의 통지), 제35조(개인정보의 열람), 제35조의2(개인정보의 전송 요구), 제36조(개인정보의 정정·삭제) 및 제37조(개인정보의 처리정지 등)를 적용하지 아니한다.

07 개인정보의 국외 이전과 중지 명령

1. 개인정보의 국외 이전

(1) 개인정보처리자는 개인정보를 국외로 제공(조회되는 경우를 포함)·처리위탁·이전하여서는 아니 된다.

(2) 개인정보를 국외로 이전할 수 있는 경우
① 정보주체로부터 국외 이전에 관한 별도의 동의를 받은 경우
② 법률, 대한민국을 당사자로 하는 조약 또는 그 밖의 국제협정에 개인정보의 국외 이전에 관한 특별한 규정이 있는 경우
③ 정보주체와의 계약의 체결 및 이행을 위하여 개인정보의 이전이 필요한 경우로서 ㉠ 개인 정보 처리방침에 공개한 경우, ㉡ 전자우편 등의 방법으로 정보주체에게 알린 경우에 해 당하는 경우

④ 개인정보를 이전받는 자가 개인정보 보호 인증 등 보호위원회가 정하여 고시하는 인증을 받은 경우로서 ㉠ 개인정보 보호에 필요한 안전조치 및 정보주체 권리보장에 필요한 조치와 ㉡ 인증받은 사항을 개인정보가 이전되는 국가에서 이행하기 위하여 필요한 조치를 모두 한 경우

⑤ 개인정보가 이전되는 국가 또는 국제기구의 개인정보 보호체계, 정보주체 권리보장 범위, 피해구제 절차 등이 「개인정보 보호법」에 따른 개인정보 보호 수준과 실질적으로 동등한 수준을 갖추었다고 보호위원회가 인정하는 경우

(3) 동의 시 통지사항

① 이전되는 개인정보 항목

② 개인정보가 이전되는 국가, 시기 및 방법

③ 개인정보를 이전받는 자의 성명(법인인 경우에는 그 명칭과 연락처)

④ 개인정보를 이전받는 자의 개인정보 이용목적 및 보유·이용 기간

⑤ 개인정보의 이전을 거부하는 방법, 절차 및 거부의 효과

(4) 개인정보처리자는 (3)의 어느 하나에 해당하는 사항을 변경하는 경우에는 정보주체에게 알리고 동의를 받아야 한다.

(5) 개인정보처리자는 개인정보를 국외로 이전하는 경우 국외 이전과 관련한 「개인정보 보호법」의 다른 규정, 제공에 관한 규정(개인정보의 제공, 개인정보의 목적 외 이용·제공 제한, 개인정보를 제공받은 자의 이용·제공 제한) 및 정보주체의 권리 보장에 관한 규정을 준수하여야 한다.

(6) 개인정보처리자는 「개인정보 보호법」을 위반하는 사항을 내용으로 하는 개인정보의 국외 이전에 관한 계약을 체결하여서는 아니 된다.

2. 개인정보의 국외 이전 중지 명령

(1) 보호위원회는 개인정보의 국외 이전이 계속되고 있거나 추가적인 국외 이전이 예상되는 경우로서 다음의 어느 하나에 해당하는 경우에는 개인정보처리자에게 개인정보의 국외 이전을 중지할 것을 명할 수 있다.

① 개인정보를 국외로 이전할 수 있는 경우 외의 사유로 이전하는 경우

② 개인정보처리자는 「개인정보 보호법」상 준수규정이나 보호조치 의무를 위반한 경우

③ 개인정보처리자가 「개인정보 보호법」을 위반하는 내용으로 하는 개인정보의 국외 이전에 관한 계약을 체결한 경우

④ 개인정보를 이전받는 자나 개인정보가 이전되는 국가 또는 국제기구가 「개인정보 보호법」에 따른 개인정보 보호 수준에 비하여 개인정보를 적정하게 보호하지 아니하여 정보주체에게 피해가 발생하거나 발생할 우려가 현저한 경우

(2) 개인정보처리자는 국외 이전 중지 명령을 받은 경우에는 명령을 받은 날부터 7일 이내에 보호위원회에 이의를 제기할 수 있다.

3. 상호주의

개인정보의 국외 이전을 제한하는 국가의 개인정보처리자에 대해서는 해당 국가의 수준에 상응하는 제한을 할 수 있다. 다만, 조약 또는 그 밖의 국제협정의 이행에 필요한 경우에는 그러하지 아니하다.

08 개인정보의 안전한 관리

1. 안전조치의무

개인정보처리자는 개인정보가 분실·도난·유출·위조·변조 또는 훼손되지 아니하도록 내부 관리계획 수립, 접속기록 보관 등 안전성 확보에 필요한 기술적·관리적 및 물리적 조치를 하여야 한다.

2. 개인정보 처리방침의 수립 및 공개

(1) 개인정보처리자는 다음의 사항이 포함된 개인정보 처리방침을 정하여야 한다. 이 경우 공공기관은 등록대상이 되는 개인정보파일에 대하여 개인정보 처리방침을 정한다.
① 개인정보의 처리 목적
② 개인정보의 처리 및 보유 기간
③ 개인정보의 제3자 제공에 관한 사항(해당되는 경우에만 정한다.)
④ 개인정보의 파기절차 및 파기방법(개인정보를 보존하여야 하는 경우에는 그 보존근거와 보존하는 개인정보 항목을 포함한다.)
⑤ 민감정보의 공개 가능성 및 비공개를 선택하는 방법(해당되는 경우에만 정한다.)
⑥ 개인정보처리의 위탁에 관한 사항(해당되는 경우에만 정한다.)
⑦ 가명정보의 처리 등에 관한 사항(해당되는 경우에만 정한다.)
⑧ 정보주체와 법정대리인의 의 권리·의무 및 그 행사방법에 관한 사항
⑨ 개인정보 보호책임자의 성명 또는 개인정보 보호업무 및 관련 고충사항을 처리하는 부서의 명칭과 전화번호 등 연락처
⑩ 인터넷 접속정보파일 등 개인정보를 자동으로 수집하는 장치의 설치·운영 및 그 거부에 관한 사항(해당하는 경우에만 정한다.)

(2) 개인정보처리자가 개인정보 처리방침을 수립하거나 변경하는 경우에는 정보주체가 쉽게 확인할 수 있도록 공개하여야 한다.

(3) 개인정보 처리방침의 내용과 개인정보처리자와 정보주체 간에 체결한 계약의 내용이 다른 경우에는 정보주체에게 유리한 것을 적용한다.

(4) 보호위원회는 개인정보 처리방침의 작성지침을 정하여 개인정보처리자에게 그 준수를 권장할 수 있다.

3. 개인정보 처리방침의 평가 및 개선권고

보호위원회는 개인정보 처리방침에 관하여 ① 개인정보 처리방침에 포함하여야 할 사항을 적정하게 정하고 있는지 여부, ② 개인정보 처리방침을 알기 쉽게 작성하였는지 여부, ③ 개인정보 처리방침을 정보주체가 쉽게 확인할 수 있는 방법으로 공개하고 있는지 여부에 해당하는 사항을 평가하고, 평가 결과 개선이 필요하다고 인정하는 경우에는 개인정보처리자에게 개선을 권고할 수 있다.

4. 개인정보 보호책임자의 지정

(1) 개인정보처리자는 개인정보의 처리에 관한 업무를 총괄해서 책임질 개인정보 보호책임자를 지정하여야 한다. 다만, 소상공인의 경우에는 사업주 또는 대표자가 개인정보 보호책임자의 업무를 수행하고, 별도의 개인정보 보호책임자를 지정하지 아니할 수 있다.

(2) 연간 매출액 등이 1,500억 원 이상인 자로서 5만 명 이상의 정보주체에 관하여 민감정보를 처리하는 개인정보처리자와 100만 명 이상의 정보주체에 관하여 개인정보를 처리하는 자는 4년 이상의 개인 정보보호 경력등이 있는 사람을 개인정보 보호책임자로 지정해야 한다.

(3) 개인정보 보호책임자는 다음의 업무를 수행한다.
    ① 개인정보 보호 계획의 수립 및 시행
    ② 개인정보 처리 실태 및 관행의 정기적인 조사 및 개선
    ③ 개인정보 처리와 관련한 불만의 처리 및 피해 구제
    ④ 개인정보 유출 및 오용·남용 방지를 위한 내부통제시스템의 구축
    ⑤ 개인정보 보호 교육 계획의 수립 및 시행
    ⑥ 개인정보파일의 보호 및 관리·감독

(4) 개인정보 보호책임자는 업무를 수행함에 있어서 필요한 경우 개인정보의 처리 현황, 처리 체계 등에 대하여 수시로 조사하거나 관계 당사자로부터 보고를 받을 수 있다.

(5) 개인정보 보호책임자는 개인정보 보호와 관련하여 「개인정보 보호법」 및 다른 관계 법령의 위반 사실을 알게 된 경우에는 즉시 개선조치를 하여야 하며, 필요하면 소속 기관 또는 단체의 장에게 개선조치를 보고하여야 한다.

(6) 개인정보처리자는 개인정보 보호책임자가 업무를 수행함에 있어서 정당한 이유 없이 불이익을 주거나 받게 하여서는 아니 되며, 개인정보 보호책임자가 업무를 독립적으로 수행할 수 있도록 보장하여야 한다.

5. 국내대리인의 지정

(1) 국내에 주소 또는 영업소가 없는 개인정보처리자로서 매출액, 개인정보의 보유 규모 등을 고려하여 ① 개인정보 보호책임자의 업무, ② 개인정보 유출 등의 통지 및 신고, ③ 보호위원회의 물품·서류 등 자료의 제출 요구에 해당하는 사항을 대리하는 자(국내대리인)를 지정하여야 한다. 이 경우 국내대리인의 지정은 문서로 하여야 한다.

(2) 국내대리인은 국내에 주소 또는 영업소가 있어야 한다.

(3) 개인정보처리자는 (1)에 따라 국내대리인을 지정하는 경우에는 ① 국내대리인의 성명(법인의 경우에는 그 명칭 및 대표자의 성명), ② 국내대리인의 주소(법인의 경우에는 영업소의 소재지), 전화번호 및 전자우편 주소의 사항을 개인정보 처리방침에 포함하여야 한다.

(4) 국내대리인이 대리업무와 관련하여 이 법을 위반한 경우에는 개인정보처리자가 그 행위를 한 것으로 본다.

6. 개인정보파일의 등록 및 공개

(1) 공공기관의 장이 개인정보파일을 운용하는 경우에는 다음의 사항을 보호위원회에 등록하여야 한다. 등록한 사항이 변경된 경우에도 또한 같다.
   ① 개인정보파일의 명칭
   ② 개인정보파일의 운영 근거 및 목적
   ③ 개인정보파일에 기록되는 개인정보의 항목
   ④ 개인정보의 처리방법
   ⑤ 개인정보의 보유기간
   ⑥ 개인정보를 통상적 또는 반복적으로 제공하는 경우에는 그 제공받는 자

(2) 다음의 어느 하나에 해당하는 개인정보파일에 대하여는 보호위원회에 등록하지 아니한다.

　① 국가 안전, 외교상 비밀, 그 밖에 국가의 중대한 이익에 관한 사항을 기록한 개인정보파일

　② 범죄의 수사, 공소의 제기 및 유지, 형 및 감호의 집행, 교정처분, 보호처분, 보안관찰처분과 출입국관리에 관한 사항을 기록한 개인정보파일

　③ 「조세범처벌법」에 따른 범칙행위 조사 및 「관세법」에 따른 범칙행위 조사에 관한 사항을 기록한 개인정보파일

　④ 일회적으로 운영되는 파일 등 지속적으로 관리할 필요성이 낮다고 인정되는 개인정보파일

　⑤ 다른 법령에 따라 비밀로 분류된 개인정보파일

(3) 보호위원회는 필요하면 개인정보파일의 등록여부와 그 내용을 검토하여 해당 공공기관의 장에게 개선을 권고할 수 있다.

(4) 보호위원회는 정보주체의 권리 보장 등을 위하여 필요한 경우 개인정보파일의 등록 현황을 누구든지 쉽게 열람할 수 있도록 공개할 수 있다.

7. 개인정보 보호 인증

(1) 보호위원회는 개인정보처리자의 개인정보 처리 및 보호와 관련한 일련의 조치가 이 법에 부합하는지 등에 관하여 인증할 수 있다.

(2) 인증의 유효기간은 3년으로 한다.

(3) 보호위원회는 다음에 해당하는 경우에는 인증을 취소할 수 있다. 다만 ①에 해당하는 경우에는 취소하여야 한다.

　① 거짓이나 그 밖의 부정한 방법으로 개인정보 보호 인증을 받은 경우

　② 사후관리를 거부 또는 방해한 경우

　③ 인증기준에 미달하게 된 경우

　④ 개인정보 보호 관련 법령을 위반하고 그 위반사유가 중대한 경우

(4) 보호위원회는 개인정보 보호 인증의 실효성 유지를 위하여 연 1회 이상 사후관리를 실시하여야 한다.

(5) 보호위원회는 한국인터넷진흥원 또는 보호위원회가 지정·고시하는 법인, 단체 또는 기관으로 하여금 인증, 인증 취소, 사후관리 및 인증 심사원 관리 업무를 수행하게 할 수 있다.

(6) 인증을 받은 자는 인증의 내용을 표시하거나 홍보할 수 있다.

8. 개인정보 영향평가

(1) 공공기관의 장은 개인정보파일의 운용으로 인하여 정보주체의 개인정보 침해가 우려되는 경우에는 그 위험요인의 분석과 개선 사항 도출을 위한 평가(영향평가)를 하고 그 결과를 보호위원회에 제출하여야 한다.

(2) 보호위원회는 인력·설비 및 그 밖에 필요한 요건을 갖춘 자를 영향평가를 수행하는 평가기관으로 지정할 수 있으며, 공공기관의 장은 영향평가를 평가기관에 의뢰하여야 한다.

(3) 영향평가를 하는 경우에는 다음의 사항을 고려하여야 한다.
① 처리하는 개인정보의 수
② 개인정보의 제3자 제공 여부
③ 정보주체의 권리를 해할 가능성 및 그 위험 정도

(4) 보호위원회는 제출받은 영향평가 결과에 대하여 의견을 제시할 수 있다.

(5) 공공기관의 장은 영향평가를 한 개인정보파일을 등록할 때에는 영향평가 결과를 함께 첨부하여야 한다.

(6) 보호위원회는 영향평가의 활성화를 위하여 관계 전문가의 육성, 영향평가 기준의 개발·보급 등 필요한 조치를 마련하여야 한다.

(7) 보호위원회는 평가기관이 다음의 어느 하나에 해당하는 경우에는 평가기관의 지정을 취소할 수 있다. 다만, ① 또는 ②에 해당하는 경우에는 평가기관의 지정을 취소하여야 한다.
① 거짓이나 그 밖의 부정한 방법으로 지정을 받은 경우
② 지정된 평가기관 스스로 지정취소를 원하거나 폐업한 경우
③ 지정요건을 충족하지 못하게 된 경우
④ 고의 또는 중대한 과실로 영향평가업무를 부실하게 수행하여 그 업무를 적정하게 수행할 수 없다고 인정되는 경우

(8) 보호위원회는 지정된 평가기관의 지정을 취소하는 경우에는 「행정절차법」에 따른 청문을 실시하여야 한다.

(9) 공공기관 외의 개인정보처리자는 개인정보파일 운용으로 인하여 정보주체의 개인정보 침해가 우려되는 경우에는 영향평가를 하기 위하여 적극 노력하여야 한다.

9. 개인정보 유출 등의 통지 · 신고

(1) 개인정보처리자는 개인정보가 분실 · 도난 · 유출(유출등)이 되었음을 알게 되었을 때에는 지체 없이 해당 정보주체에게 다음의 사실을 알려야 한다. 다만, 정보주체의 연락처를 알 수 없는 경우 등 정당한 사유가 있는 경우에는 통지를 갈음하는 조치를 취할 수 있다.

① 유출등이 된 개인정보의 항목

② 유출등이 된 시점과 그 경위

③ 유출등으로 인하여 발생할 수 있는 피해를 최소화하기 위하여 정보주체가 할 수 있는 방법 등에 관한 정보

④ 개인정보처리자의 대응조치 및 피해 구제절차

⑤ 정보주체에게 피해가 발생한 경우 신고 등을 접수할 수 있는 담당부서 및 연락처

(2) 개인정보처리자는 개인정보가 유출등이 된 경우 그 피해를 최소화하기 위한 대책을 마련하고 필요한 조치를 하여야 한다.

(3) 개인정보처리자는 개인정보의 유출등이 있음을 알게 되었을 때에는 개인정보의 유형, 유출등의 경로 및 규모 등을 고려하여 지체 없이 보호위원회 또는 한국인터넷진흥원에 신고하여야 한다. 이 경우 보호위원회 또는 한국인터넷진흥원은 피해 확산방지, 피해 복구 등을 위한 기술을 지원할 수 있다.

10. 노출된 개인정보의 삭제 · 차단

(1) 개인정보처리자는 고유식별정보, 계좌정보, 신용카드정보 등 개인정보가 정보통신망을 통하여 공중(公衆)에 노출되지 아니하도록 하여야 한다.

(2) 개인정보처리자는 공중에 노출된 개인정보에 대하여 보호위원회 또는 한국인터넷진흥원의 요청이 있는 경우에는 해당 정보를 삭제하거나 차단하는 등 필요한 조치를 하여야 한다.

09 정보주체의 권리 보장

1. 개인정보의 열람

(1) 정보주체는 개인정보처리자가 처리하는 자신의 개인정보에 대한 열람을 해당 개인정보처리자에게 요구할 수 있다.

(2) 정보주체가 자신의 개인정보에 대한 열람을 공공기관에 요구하고자 할 때에는 공공기관에 직접 열람을 요구하거나 보호위원회를 통하여 열람을 요구할 수 있다.

(3) 개인정보처리자는 열람을 요구받았을 때에는 10일 내에 정보주체가 해당 개인정보를 열람할 수 있도록 하여야 한다. 이 경우 해당 기간 내에 열람할 수 없는 정당한 사유가 있을 때에는 정보주체에게 그 사유를 알리고 열람을 연기할 수 있으며, 그 사유가 소멸하면 지체 없이 열람하게 하여야 한다.

(4) 개인정보처리자는 다음의 어느 하나에 해당하는 경우에는 정보주체에게 그 사유를 알리고 열람을 제한하거나 거절할 수 있다.

① 법률에 따라 열람이 금지되거나 제한되는 경우

② 다른 사람의 생명·신체를 해할 우려가 있거나 다른 사람의 재산과 그 밖의 이익을 부당하게 침해할 우려가 있는 경우

③ 공공기관이 다음에 해당하는 업무를 수행할 때 중대한 지장을 초래하는 경우

　㉠ 조세의 부과·징수 또는 환급에 관한 업무

　㉡ 「초·중등교육법」 및 「고등교육법」에 따른 각급 학교, 「평생교육법」에 따른 평생교육시설, 그 밖의 다른 법률에 따라 설치된 고등교육기관에서의 성적 평가 또는 입학자 선발에 관한 업무

　㉢ 학력·기능 및 채용에 관한 시험, 자격 심사에 관한 업무

　㉣ 보상금·급부금 산정 등에 대하여 진행 중인 평가 또는 판단에 관한 업무

　㉤ 다른 법률에 따라 진행 중인 감사 및 조사에 관한 업무

2. 개인정보의 전송 요구(시행일 미지정)

(1) 정보주체는 개인정보 처리 능력 등을 고려하여 개인정보처리자에 대하여 다음의 요건을 모두 충족하는 개인정보를 자신에게로 전송할 것을 요구할 수 있다.

① 정보주체가 전송을 요구하는 개인정보가 정보주체 본인에 관한 개인정보로서 ㉠ 개인정보의 수집·이용에 대한 동의 또는 민감정보·고유식별정보로서 동의를 받아 처리되는 개인정보, ㉡ 계약을 이행하거나 계약을 체결하는 과정에서 정보주체의 요청에 따른 조치를 이행하기 위하여 처리되는 개인정보, ㉢ 법령에 따라 처리되는 개인정보 중 정보주체의 이익이나 공익적 목적을 위하여 관계 중앙행정기관의 장의 요청에 따라 보호위원회가 심의·의결하여 전송 요구의 대상으로 지정한 개인정보에 해당하는 정보일 것

② 전송을 요구하는 개인정보가 개인정보처리자가 수집한 개인정보를 기초로 분석·가공하여 별도로 생성한 정보가 아닐 것

③ 전송을 요구하는 개인정보가 컴퓨터 등 정보처리장치로 처리되는 개인정보일 것

(2) 정보주체는 매출액, 개인정보의 보유 규모, 개인정보 처리 능력, 산업별 특성 등을 고려하여 대통령령으로 정하는 기준에 해당하는 개인정보처리자에 대하여 전송 요구 대상인 개인정보를 기술적으로 허용되는 합리적인 범위에서 ① 개인정보관리 전문기관, ② 안전조치의무를 이행하고 대통령령으로 정하는 시설 및 기술 기준을 충족하는 자에게 전송할 것을 요구할 수 있다.

(3) 개인정보처리자는 전송 요구를 받은 경우에는 시간, 비용, 기술적으로 허용되는 합리적인 범위에서 해당 정보를 컴퓨터 등 정보처리장치로 처리 가능한 형태로 전송하여야 한다.

(4) 전송 요구를 받은 개인정보처리자는 국세기본법이나 지방세기본법 등의 관련 규정에도 불구하고 정보주체에 관한 개인정보를 전송하여야 한다.

(5) 정보주체는 전송 요구를 철회할 수 있다.

(6) 개인정보처리자는 정보주체의 본인 여부가 확인되지 아니하는 경우 등에는 전송 요구를 거절하거나 전송을 중단할 수 있다.

(7) 정보주체는 전송 요구로 인하여 타인의 권리나 정당한 이익을 침해하여서는 아니 된다.

3. 개인정보관리 전문기관

(1) ① 개인정보의 전송 요구권 행사 지원, ② 정보주체의 권리행사를 지원하기 위한 개인정보 전송 시스템의 구축 및 표준화, ③ 정보주체의 권리행사를 지원하기 위한 개인정보의 관리·분석, ④ 그 밖에 정보주체의 권리행사를 효과적으로 지원하는 업무 등의 업무를 수행하려는 자는 보호위원회 또는 관계 중앙행정기관의 장으로부터 개인정보관리 전문기관의 지정을 받아야 한다.

(2) 개인정보관리 전문기관의 지정요건

① 개인정보를 전송·관리·분석할 수 있는 기술수준 및 전문성을 갖추었을 것
② 개인정보를 안전하게 관리할 수 있는 안전성 확보조치 수준을 갖추었을 것
③ 개인정보관리 전문기관의 안정적인 운영에 필요한 재정능력을 갖추었을 것

(3) 개인정보관리 전문기관의 금지행위

① 정보주체에게 개인정보의 전송 요구를 강요하거나 부당하게 유도하는 행위
② 그 밖에 개인정보를 침해하거나 정보주체의 권리를 제한할 우려가 있는 행위

(4) 보호위원회 및 관계 중앙행정기관의 장은 개인정보관리 전문기관이 다음에 해당하는 경우에는 개인정보관리 전문기관의 지정을 취소할 수 있다. 다만, ①에 해당하는 경우에는 지정을 취소하여야 한다.
① 거짓이나 부정한 방법으로 지정을 받은 경우
② 지정요건을 갖추지 못하게 된 경우

(5) 보호위원회 및 관계 중앙행정기관의 장은 지정을 취소하는 경우에는 「행정절차법」에 따른 청문을 실시하여야 한다.

4. 개인정보 전송 관리 및 지원

(1) 보호위원회는 개인정보의 전송을 요구하는 개인정보처리자 및 개인정보관리 전문기관의 현황, 활용내역 및 관리실태 등을 체계적으로 관리·감독하여야 한다.

(2) 보호위원회는 개인정보가 안전하고 효율적으로 전송될 수 있도록 다음의 사항을 포함한 개인정보 전송 지원 플랫폼을 구축·운영할 수 있다.

① 개인정보관리 전문기관 현황 및 전송 가능한 개인정보 항목 목록
② 정보주체의 개인정보 전송 요구·철회 내역
③ 개인정보의 전송 이력 관리 등 지원 기능
④ 그 밖에 개인정보 전송을 위하여 필요한 사항

(3) 보호위원회는 개인정보 전송지원 플랫폼의 효율적 운영을 위하여 개인정보관리 전문기관에서 구축·운영하고 있는 전송 시스템을 상호 연계하거나 통합할 수 있다. 이 경우 관계 중앙행정기관의 장 및 해당 개인정보관리 전문기관과 사전에 협의하여야 한다.

5. 개인정보의 정정·삭제

(1) 자신의 개인정보를 열람한 정보주체는 개인정보처리자에게 그 개인정보의 정정 또는 삭제를 요구할 수 있다. 다만, 다른 법령에서 그 개인정보가 수집 대상으로 명시되어 있는 경우에는 그 삭제를 요구할 수 없다.

(2) 개인정보처리자는 정보주체의 요구를 받았을 때에는 개인정보의 정정 또는 삭제에 관하여 다른 법령에 특별한 절차가 규정되어 있는 경우를 제외하고는 지체 없이 그 개인정보를 조사하여 정보주체의 요구에 따라 정정·삭제 등 필요한 조치를 한 후 그 결과를 정보주체에게 알려야 한다.

(3) 개인정보처리자가 정보주체의 요구에 따라 개인정보를 삭제할 때에는 복구 또는 재생되지 아니하도록 조치하여야 한다.

6. 개인정보의 처리정지 등

(1) 정보주체는 개인정보처리자에 대하여 자신의 개인정보 처리의 정지를 요구하거나 개인정보 처리에 대한 동의를 철회할 수 있다. 이 경우 공공기관에 대하여는 등록 대상이 되는 개인정보파일 중 자신의 개인정보에 대한 처리의 정지를 요구하거나 개인정보 처리에 대한 동의를 철회할 수 있다.

(2) 개인정보처리자는 개인정보 처리정지 요구를 받았을 때에는 지체 없이 정보주체의 요구에 따라 개인정보 처리의 전부를 정지하거나 일부를 정지하여야 한다. 다만, 다음의 어느 하나에 해당하는 경우에는 정보주체의 처리정지 요구를 거절할 수 있다.

① 법률에 특별한 규정이 있거나 법령상 의무를 준수하기 위하여 불가피한 경우

② 다른 사람의 생명·신체를 해할 우려가 있거나 다른 사람의 재산과 그 밖의 이익을 부당하게 침해할 우려가 있는 경우

③ 공공기관이 개인정보를 처리하지 아니하면 다른 법률에서 정하는 소관 업무를 수행할 수 없는 경우

④ 개인정보를 처리하지 아니하면 정보주체와 약정한 서비스를 제공하지 못하는 등 계약의 이행이 곤란한 경우로서 정보주체가 그 계약의 해지 의사를 명확하게 밝히지 아니한 경우

(3) 개인정보처리자는 정보주체가 처리정지 요구를 하거나 개인정보 처리에 대한 동의를 철회한 때에는 지체 없이 해당 개인정보의 파기 등 필요한 조치를 하여야 한다. 다만, 처리정지 요구의 거절사유에 해당하는 경우에는 동의 철회에 따른 조치를 하지 아니할 수 있다.

(4) 개인정보처리자는 처리정지 요구를 거절하거나 동의 철회에 따른 조치를 하지 아니하였을 때에는 정보주체에게 지체 없이 그 사유를 알려야 한다.

7. 자동화된 결정에 대한 정보주체의 권리 등

(1) 정보주체는 완전히 자동화된 시스템(인공지능 기술을 적용한 시스템을 포함한다.)으로 개인정보를 처리하여 이루어지는 결정(자동화된 결정 -「행정기본법」제20조에 따른 행정청의 자동적 처분은 제외)이 자신의 권리 또는 의무에 중대한 영향을 미치는 경우에는 해당 개인정보처리자에 대하여 해당 결정을 거부할 수 있는 권리를 가진다. 다만, 자동화된 결정이 ① 정보주체의 동의를 받은 경우, ② 법률에 특별한 규정이 있거나 법령상 의무를 준수하기 위하여 불가피한 경우, ③ 정보주체와 체결한 계약을 이행하거나 계약을 체결하는 과정에서 정보주체의 요청에 따른 조치를 이행하기 위하여 필요한 경우에 따라 이루어지는 경우에는 그러하지 아니하다.

(2) 정보주체는 개인정보처리자가 자동화된 결정을 한 경우에는 그 결정에 대하여 설명 등을 요구할 수 있다.

(3) 개인정보처리자는 정보주체가 자동화된 결정을 거부하거나 이에 대한 설명 등을 요구한 경우에는 정당한 사유가 없는 한 자동화된 결정을 적용하지 아니하거나 인적 개입에 의한 재처리·설명 등 필요한 조치를 하여야 한다.

⑷ 개인정보처리자는 자동화된 결정의 기준과 절차, 개인정보가 처리되는 방식 등을 정보주체가 쉽게 확인할 수 있도록 공개하여야 한다.

8. 권리행사의 방법 및 절차

⑴ 정보주체는 열람, 정정·삭제, 정보전송, 처리정지 및 동의 철회, 자동화된 결정에 대한 거부·설명 등의 요구를 대리인에게 하게 할 수 있다.

⑵ 만 14세 미만 아동의 법정대리인은 개인정보처리자에게 그 아동의 개인정보 열람 등 요구를 할 수 있다.

⑶ 개인정보처리자는 정보주체가 열람 등 요구를 할 수 있는 구체적인 방법과 절차를 마련하고, 이를 정보주체가 알 수 있도록 공개하여야 한다. 이 경우 열람 등 요구의 방법과 절차는 해당 개인정보의 수집 방법과 절차보다 어렵지 아니하도록 하여야 한다.

⑷ 개인정보처리자는 정보주체가 열람 등 요구에 대한 거절 등 조치에 대하여 불복이 있는 경우 이의를 제기할 수 있도록 필요한 절차를 마련하고 안내하여야 한다.

9. 손해배상책임

⑴ 정보주체는 개인정보처리자가 이 법을 위반한 행위로 손해를 입으면 개인정보처리자에게 손해배상을 청구할 수 있다. 이 경우 그 개인정보처리자는 고의 또는 과실이 없음을 입증하지 아니하면 책임을 면할 수 없다.

⑵ 개인정보처리자의 고의 또는 중대한 과실로 인하여 개인정보가 분실·도난·유출·위조·변조 또는 훼손된 경우로서 정보주체에게 손해가 발생한 때에는 법원은 그 손해액의 5배를 넘지 아니하는 범위에서 손해배상액을 정할 수 있다. 다만, 개인정보처리자가 고의 또는 중대한 과실이 없음을 증명한 경우에는 그러하지 아니하다.

⑶ **배상액 산정시 고려사항**

① 고의 또는 손해 발생의 우려를 인식한 정도
② 위반행위로 인하여 입은 피해 규모
③ 위법행위로 인하여 개인정보처리자가 취득한 경제적 이익
④ 위반행위에 따른 벌금 및 과징금
⑤ 위반행위의 기간·횟수 등
⑥ 개인정보처리자의 재산상태

⑦ 개인정보처리자가 정보주체의 개인정보 분실·도난·유출 후 해당 개인정보를 회수하기 위하여 노력한 정도

⑧ 개인정보처리자가 정보주체의 피해구제를 위하여 노력한 정도

(4) 법정손해배상의 청구

① 정보주체는 개인정보처리자의 고의 또는 과실로 인하여 개인정보가 분실·도난·유출·위조·변조 또는 훼손된 경우에는 300만 원 이하의 범위에서 상당한 금액을 손해액으로 하여 배상을 청구할 수 있다. 이 경우 해당 개인정보처리자는 고의 또는 과실이 없음을 입증하지 아니하면 책임을 면할 수 없다.

② 법원은 법정손해배상의 청구가 있는 경우에 변론 전체의 취지와 증거조사의 결과를 고려하여 300만 원 이하의 범위에서 상당한 손해액을 인정할 수 있다.

③ 손해배상을 청구한 정보주체는 사실심의 변론이 종결되기 전까지 그 청구를 법정손해배상의 청구로 변경할 수 있다.

10. 자료의 제출

(1) 법원은 이 법을 위반한 행위로 인한 손해배상청구소송에서 당사자의 신청에 따라 상대방 당사자에게 해당 손해의 증명 또는 손해액의 산정에 필요한 자료의 제출을 명할 수 있다. 다만, 제출명령을 받은 자가 그 자료의 제출을 거부할 정당한 이유가 있으면 그러하지 아니하다.

(2) 법원은 제출명령을 받은 자가 그 자료의 제출을 거부할 정당한 이유가 있다고 주장하는 경우에는 그 주장의 당부(當否)를 판단하기 위하여 자료의 제시를 명할 수 있다. 이 경우 법원은 그 자료를 다른 사람이 보게 하여서는 아니 된다.

(3) 제출되어야 할 자료가 영업비밀에 해당하나 손해의 증명 또는 손해액의 산정에 반드시 필요한 경우에는 그 자료의 제출을 거부할 정당한 이유로 보지 아니한다. 이 경우 법원은 제출명령의 목적 내에서 열람할 수 있는 범위 또는 열람할 수 있는 사람을 지정하여야 한다.

(4) 법원은 제출명령을 받은 자가 정당한 이유 없이 그 명령에 따르지 아니한 경우에는 자료의 기재에 대한 신청인의 주장을 진실한 것으로 인정할 수 있다.

(5) 법원은 제출명령을 받은 자가 정당한 이유 없이 그 명령에 따르지 아니한 경우 신청인이 자료의 기재에 관하여 구체적으로 주장하기에 현저히 곤란한 사정이 있고 자료로 증명할 사실을 다른 증거로 증명하는 것을 기대하기도 어려운 경우에는 신청인이 자료의 기재로 증명하려는 사실에 관한 주장을 진실한 것으로 인정할 수 있다.

11. 비밀유지명령

(1) 법원은 이 법을 위반한 행위로 인한 손해배상청구소송에서 당사자의 신청에 따른 결정으로 ① 다른 당사자(법인인 경우에는 그 대표자), ② 당사자를 위하여 해당 소송을 대리하는 자, ③ 그 밖에 해당 소송으로 영업비밀을 알게 된 자에게 그 당사자가 보유한 영업비밀을 해당 소송의 계속적인 수행 외의 목적으로 사용하거나 그 영업비밀에 관계된 비밀유지명령을 받은 자 외의 자에게 공개하지 아니할 것을 명할 수 있다. 다만, 그 신청 시점까지 ① 다른 당사자(법인인 경우에는 그 대표자), ② 당사자를 위하여 해당 소송을 대리하는 자, ③ 그 밖에 해당 소송으로 영업비밀을 알게 된 자가 준비서면의 열람이나 증거조사 외의 방법으로 그 영업비밀을 이미 취득하고 있는 경우에는 그러하지 아니하다.

(2) 비밀유지명령을 신청하는 자는 ① 이미 제출하였거나 제출하여야 할 준비서면, 이미 조사하였거나 조사하여야 할 증거 또는 제출하였거나 제출하여야 할 자료에 영업비밀이 포함되어 있다는 것과 ② 영업비밀이 해당 소송 수행 외의 목적으로 사용되거나 공개되면 당사자의 영업에 지장을 줄 우려가 있어 이를 방지하기 위하여 영업비밀의 사용 또는 공개를 제한할 필요가 있다는 것을 모두 소명하여야 한다.

(3) 비밀유지명령의 신청은 ① 비밀유지명령을 받을 자, ② 비밀유지명령의 대상이 될 영업비밀을 특정하기에 충분한 사실, ③ 소명 사유에 해당하는 사실을 적은 서면으로 하여야 한다.

(4) 법원은 비밀유지명령이 결정된 경우에는 그 결정서를 비밀유지명령을 받을 자에게 송달하여야 한다.

(5) 비밀유지명령은 결정서가 비밀유지명령을 받을 자에게 송달된 때부터 효력이 발생한다.

(6) 비밀유지명령의 신청을 기각하거나 각하한 재판에 대해서는 즉시항고를 할 수 있다.

12. 비밀유지명령의 취소

(1) 비밀유지명령을 신청한 자 또는 비밀유지명령을 받은 자는 비밀유지신청에 관한 소명 사유에 부합하지 아니하는 사실이나 사정이 있는 경우 소송기록을 보관하고 있는 법원(소송기록을 보관하고 있는 법원이 없는 경우에는 비밀유지명령을 내린 법원)에 비밀유지명령의 취소를 신청할 수 있다.

(2) 법원은 비밀유지명령의 취소신청에 대한 재판이 있는 경우에는 그 결정서를 그 신청을 한 자 및 상대방에게 송달하여야 한다.

(3) 비밀유지명령의 취소신청에 대한 재판에 대해서는 즉시항고를 할 수 있다.

(4) 비밀유지명령을 취소하는 재판은 확정되어야 효력이 발생한다.

(5) 비밀유지명령을 취소하는 재판을 한 법원은 비밀유지명령의 취소신청을 한 자 또는 상대방 외에 해당 영업비밀에 관한 비밀유지명령을 받은 자가 있는 경우에는 그 자에게 즉시 비밀유지명령의 취소 재판을 한 사실을 알려야 한다.

13. 소송기록 열람 등의 청구 통지 등

(1) 비밀유지명령이 내려진 소송에 관한 소송기록에 대하여 열람 등의 신청인을 당사자로 제한하는 결정이 있었던 경우로서 당사자가 비밀 기재 부분의 열람 등의 청구를 하였으나 그 청구 절차를 해당 소송에서 비밀유지명령을 받지 아니한 자가 밟은 경우에는 법원사무관등은 신청을 한 당사자(그 열람 등의 청구를 한 자는 제외한다.)에게 그 청구 직후에 그 열람 등의 청구가 있었다는 사실을 알려야 한다.

(2) 법원사무관등은 열람 등의 청구가 있었던 날부터 2주일이 지날 때까지 그 청구 절차를 밟은 자에게 비밀 기재 부분의 열람 등을 하게 하여서는 아니 된다.

10 개인정보 분쟁조정

1. 조정의 신청

(1) 개인정보에 관한 분쟁의 조정을 위하여 개인정보 분쟁조정위원회를 둔다.

(2) 개인정보와 관련한 분쟁의 조정을 원하는 자는 분쟁조정위원회에 분쟁조정을 신청할 수 있다.

(3) 분쟁조정위원회는 당사자 일방으로부터 분쟁조정 신청을 받았을 때에는 그 신청내용을 상대방에게 알려야 한다.

(4) 개인정보처리자가 분쟁조정의 통지를 받은 경우에는 특별한 사유가 없으면 분쟁조정에 응하여야 한다.

2. 처리기간

(1) 분쟁조정위원회는 분쟁조정 신청을 받은 날부터 60일 이내에 이를 심사하여 조정안을 작성하여야 한다. 다만, 부득이한 사정이 있는 경우에는 분쟁조정위원회의 의결로 처리기간을 연장할 수 있다.

(2) 분쟁조정위원회는 처리기간을 연장한 경우에는 기간연장의 사유와 그 밖의 기간연장에 관한 사항을 신청인에게 알려야 한다.

3. 자료의 요청 및 사실조사 등

(1) 분쟁조정위원회는 분쟁조정 신청을 받았을 때에는 해당 분쟁의 조정을 위하여 필요한 자료를 분쟁당사자에게 요청할 수 있다. 이 경우 분쟁당사자는 정당한 사유가 없으면 요청에 따라야 한다.

(2) 분쟁조정위원회는 분쟁의 조정을 위하여 사실 확인이 필요한 경우에는 사건과 관련된 장소에 출입하여 관련 자료를 조사하거나 열람하게 할 수 있다. 이 경우 분쟁당사자는 해당 조사·열람을 거부할 정당한 사유가 있을 때에는 그 사유를 소명하고 조사·열람에 따르지 아니할 수 있다.

(3) 조사·열람을 하는 위원 또는 공무원은 그 권한을 표시하는 증표를 지니고 이를 관계인에게 내보여야 한다.

(4) 분쟁조정위원회는 분쟁의 조정을 위하여 필요하다고 인정하면 관계 기관 등에 자료 또는 의견의 제출 등 필요한 협조를 요청할 수 있다.

(5) 분쟁조정위원회는 필요하다고 인정하면 분쟁당사자나 참고인을 위원회에 출석하도록 하여 그 의견을 들을 수 있다.

4. 진술의 원용 제한

조정절차에서의 의견과 진술은 소송(해당 조정에 대한 준재심은 제외한다.)에서 원용(援用)하지 못한다.

5. 조정 전 합의 권고

분쟁조정위원회는 분쟁조정 신청을 받았을 때에는 당사자에게 그 내용을 제시하고 조정 전 합의를 권고할 수 있다.

6. 분쟁의 조정

(1) 분쟁조정위원회는 다음의 어느 하나의 사항을 포함하여 조정안을 작성할 수 있다.
 ① 조사 대상 침해행위의 중지
 ② 원상회복, 손해배상, 그 밖에 필요한 구제조치
 ③ 같거나 비슷한 침해의 재발을 방지하기 위하여 필요한 조치

(2) 분쟁조정위원회는 조정안을 작성하면 지체 없이 각 당사자에게 제시하여야 한다.

(3) 조정안을 제시받은 당사자가 제시받은 날부터 15일 이내에 수락 여부를 알리지 아니하면 조정을 수락한 것으로 본다.

(4) 당사자가 조정내용을 수락한 경우 분쟁조정위원회는 조정서를 작성하고, 분쟁조정위원회의 위원장과 각 당사자가 기명날인 또는 서명을 한 후 조정서 정본을 지체 없이 각 당사자 또는 그 대리인에게 송달하여야 한다. 다만, (3)에 따라 수락한 것으로 보는 경우에는 각 당사자의 기명날인 및 서명을 생략할 수 있다.

(5) 조정의 내용은 재판상 화해와 동일한 효력을 갖는다.

7. 조정의 거부 및 중지

(1) 분쟁조정위원회는 분쟁의 성질상 분쟁조정위원회에서 조정하는 것이 적합하지 아니하다고 인정하거나 부정한 목적으로 조정이 신청되었다고 인정하는 경우에는 그 조정을 거부할 수 있다. 이 경우 조정거부의 사유 등을 신청인에게 알려야 한다.

(2) 분쟁조정위원회는 신청된 조정사건에 대한 처리절차를 진행하던 중에 한 쪽 당사자가 소를 제기하면 그 조정의 처리를 중지하고 이를 당사자에게 알려야 한다.

8. 집단분쟁조정

(1) 국가 및 지방자치단체, 개인정보 보호단체 및 기관, 정보주체, 개인정보처리자는 다수의 정보주체에게 같거나 비슷한 유형으로 피해 또는 권리침해가 발생하는 사건에 대하여 분쟁조정위원회에 집단분쟁조정을 의뢰 또는 신청할 수 있다. 이 경우 집단분쟁조정의 대상 사건은 사건의 중요한 쟁점이 사실상 또는 법률상 공통되고 피해 또는 권리침해를 입은 정보주체의 수가 50명 이상(이미 구제가 끝났거나 구제절차가 진행되고 있는 정보주체는 제외)이어야 한다.

(2) 집단분쟁조정을 의뢰받거나 신청받은 분쟁조정위원회는 그 의결로써 집단분쟁조정의 절차를 개시할 수 있다. 이 경우 분쟁조정위원회는 14일 동안 그 절차의 개시를 공고하여야 한다.

(3) 분쟁조정위원회는 집단분쟁조정의 당사자가 아닌 정보주체 또는 개인정보처리자로부터 그 분쟁조정의 당사자에 추가로 포함될 수 있도록 하는 신청을 받을 수 있다.

(4) 분쟁조정위원회는 그 의결로써 집단분쟁조정의 당사자 중에서 공동의 이익을 대표하기에 가장 적합한 1인 또는 수인을 대표당사자로 선임할 수 있다.

(5) 분쟁조정위원회는 개인정보처리자가 분쟁조정위원회의 집단분쟁조정의 내용을 수락한 경우에는 집단분쟁조정의 당사자가 아닌 자로서 피해를 입은 정보주체에 대한 보상계획서를 작성하여 분쟁조정위원회에 제출하도록 권고할 수 있다.

(6) 분쟁조정위원회는 집단분쟁조정의 당사자인 다수의 정보주체 중 일부의 정보주체가 법원에 소를 제기한 경우에는 그 절차를 중지하지 아니하고, 소를 제기한 일부의 정보주체를 그 절차에서 제외한다.

(7) 집단분쟁조정의 기간은 공고가 종료된 날의 다음 날부터 60일 이내로 한다. 다만, 부득이한 사정이 있는 경우에는 분쟁조정위원회의 의결로 처리기간을 연장할 수 있다.

11 개인정보 단체소송

1. 단체소송의 대상 등

다음의 어느 하나에 해당하는 단체는 개인정보처리자가 집단분쟁조정을 거부하거나 집단분쟁조정의 결과를 수락하지 아니한 경우에는 법원에 권리침해 행위의 금지·중지를 구하는 소송(단체소송)을 제기할 수 있다.

(1) 「소비자기본법」 제29조에 따라 공정거래위원회에 등록한 소비자단체로서 다음의 요건을 모두 갖춘 단체

① 정관에 따라 상시적으로 정보주체의 권익증진을 주된 목적으로 하는 단체일 것
② 단체의 정회원수가 1천 명 이상일 것
③ 「소비자기본법」 제29조에 따른 등록 후 3년이 경과하였을 것

(2) 「비영리민간단체 지원법」 제2조에 따른 비영리민간단체로서 다음의 요건을 모두 갖춘 단체

① 법률상 또는 사실상 동일한 침해를 입은 100명 이상의 정보주체로부터 단체소송의 제기를 요청받을 것
② 정관에 개인정보 보호를 단체의 목적으로 명시한 후 최근 3년 이상 이를 위한 활동실적이 있을 것
③ 단체의 상시 구성원수가 5천 명 이상일 것
④ 중앙행정기관에 등록되어 있을 것

2. 전속관할

(1) 단체소송의 소는 피고의 주된 사무소 또는 영업소가 있는 곳, 주된 사무소나 영업소가 없는 경우에는 주된 업무담당자의 주소가 있는 곳의 지방법원 본원 합의부의 관할에 전속한다.

(2) 외국사업자에 적용하는 경우 대한민국에 있는 이들의 주된 사무소·영업소 또는 업무담당자의 주소에 따라 정한다.

3. 소송대리인의 선임

단체소송의 원고는 변호사를 소송대리인으로 선임하여야 한다.

4. 소송허가신청

(1) 단체소송을 제기하는 단체는 소장과 함께 다음의 사항을 기재한 소송허가신청서를 법원에 제출하여야 한다.
   ① 원고 및 그 소송대리인
   ② 피고
   ③ 정보주체의 침해된 권리의 내용

(2) 소송허가신청서에는 다음의 자료를 첨부하여야 한다.
   ① 소제기단체가 단체소송 요건을 갖추고 있음을 소명하는 자료
   ② 개인정보처리자가 조정을 거부하였거나 조정결과를 수락하지 아니하였음을 증명하는 서류

5. 소송허가요건 등

(1) 법원은 다음의 요건을 모두 갖춘 경우에 한하여 결정으로 단체소송을 허가한다.
   ① 개인정보처리자가 분쟁조정위원회의 조정을 거부하거나 조정결과를 수락하지 아니하였을 것
   ② 소송허가신청서의 기재사항에 흠결이 없을 것

(2) 단체소송을 허가하거나 불허가하는 결정에 대하여는 즉시항고할 수 있다.

6. 확정판결의 효력

원고의 청구를 기각하는 판결이 확정된 경우 다른 단체는 이와 동일한 사안에 관하여는 단체소송을 제기할 수 없다. 다만, 다음에 해당하는 경우에는 그러하지 아니하다.

⑴ 판결이 확정된 후 그 사안과 관련하여 국가·지방자치단체 또는 국가·지방자치단체가 설립한 기관에 의하여 새로운 증거가 나타난 경우

⑵ 기각판결이 원고의 고의로 인한 것임이 밝혀진 경우

12 보칙

1. 적용의 일부 제외

⑴ 다음의 어느 하나에 해당하는 개인정보에 관하여는 개인정보의 처리 규정, 개인정보의 안전한 관리 규정, 정보주체의 권리 보장 규정, 개인정보 분쟁조정위원회 규정 그리고 개인정보 단체소송 규정을 적용하지 아니한다.

① 국가안전보장과 관련된 정보 분석을 목적으로 수집 또는 제공 요청되는 개인정보
② 언론, 종교단체, 정당이 각각 취재·보도, 선교, 선거 입후보자 추천 등 고유 목적을 달성하기 위하여 수집·이용하는 개인정보

⑵ 공개된 장소에 고정형 영상정보처리기기를 설치·운영하여 처리되는 개인정보에 대하여는 개인정보의 수집·이용, 개인정보의 수집·이용 동의 방법, 아동의 개인정보 보호, 영업양도에 따른 개인정보의 이전 제한, 개인정보 유출 통지 및 개인정보의 처리정지에 관한 규정을 적용하지 아니한다.

⑶ 개인정보처리자가 동창회, 동호회 등 친목 도모를 위한 단체를 운영하기 위하여 개인정보를 처리하는 경우에는 개인정보의 수집·이용, 개인정보 처리방침의 수립·공개 및 개인정보 보호책임자의 지정에 관한 규정을 적용하지 아니한다.

⑷ 개인정보처리자는 ⑴에 따라 개인정보를 처리하는 경우에도 그 목적을 위하여 필요한 범위에서 최소한의 기간에 최소한의 개인정보만을 처리하여야 하며, 개인정보의 안전한 관리를 위하여 필요한 기술적·관리적 및 물리적 보호조치, 개인정보의 처리에 관한 고충처리, 그 밖에 개인정보의 적절한 처리를 위하여 필요한 조치를 마련하여야 한다.

2. 적용 제외

시간·비용·기술 등을 합리적으로 고려할 때 다른 정보를 사용하여도 더 이상 개인을 알아볼 수 없는 정보에는 적용하지 아니한다.

3. 의견제시 및 개선권고

(1) 보호위원회는 개인정보 보호에 영향을 미치는 내용이 포함된 법령이나 조례에 대하여 필요하다고 인정하면 심의·의결을 거쳐 관계 기관에 의견을 제시할 수 있다.

(2) 보호위원회는 개인정보 보호를 위하여 필요하다고 인정하면 개인정보처리자에게 개인정보 처리 실태의 개선을 권고할 수 있다. 이 경우 권고를 받은 개인정보처리자는 이를 이행하기 위하여 성실하게 노력하여야 하며, 그 조치 결과를 보호위원회에 알려야 한다.

(3) 관계 중앙행정기관의 장은 개인정보 보호를 위하여 필요하다고 인정하면 소관 법률에 따라 개인정보처리자에게 개인정보 처리 실태의 개선을 권고할 수 있다. 이 경우 권고를 받은 개인정보처리자는 이를 이행하기 위하여 성실하게 노력하여야 하며, 그 조치 결과를 관계 중앙행정기관의 장에게 알려야 한다.

(4) 중앙행정기관, 지방자치단체, 국회, 법원, 헌법재판소, 중앙선거관리위원회는 그 소속 기관 및 소관 공공기관에 대하여 개인정보 보호에 관한 의견을 제시하거나 지도·점검을 할 수 있다.

4. 침해 사실의 신고 등

(1) 개인정보처리자가 개인정보를 처리할 때 개인정보에 관한 권리 또는 이익을 침해받은 사람은 보호위원회에 그 침해 사실을 신고할 수 있다.

(2) 보호위원회는 신고의 접수·처리 등에 관한 업무를 효율적으로 수행하기 위하여 전문기관을 지정할 수 있다. 이 경우 전문기관은 개인정보침해 신고센터를 설치·운영하여야 한다.

(3) 신고센터는 다음의 업무를 수행한다.
 ① 개인정보 처리와 관련한 신고의 접수·상담
 ② 사실의 조사·확인 및 관계자의 의견 청취

(4) 보호위원회는 사실 조사·확인 등의 업무를 효율적으로 하기 위하여 필요하면 소속 공무원을 전문기관에 파견할 수 있다.

5. 자료제출 요구 및 검사

(1) 보호위원회는 다음의 어느 하나에 해당하는 경우에는 개인정보처리자에게 관계 물품·서류 등 자료를 제출하게 할 수 있다.

① 「개인정보 보호법」을 위반하는 사항을 발견하거나 혐의가 있음을 알게 된 경우
② 「개인정보 보호법」 위반에 대한 신고를 받거나 민원이 접수된 경우
③ 그 밖에 정보주체의 개인정보 보호를 위하여 필요한 경우

(2) 보호위원회는 개인정보처리자가 자료를 제출하지 아니하거나 「개인정보 보호법」을 위반한 사실이 있다고 인정되면 소속 공무원으로 하여금 개인정보처리자 및 해당 법 위반사실과 관련한 관계인의 사무소나 사업장에 출입하여 업무 상황, 장부 또는 서류 등을 검사하게 할 수 있다. 이 경우 검사를 하는 공무원은 그 권한을 나타내는 증표를 지니고 이를 관계인에게 내보여야 한다.

(3) 보호위원회는 「개인정보 보호법」 등 개인정보 보호와 관련된 법규의 위반행위로 인하여 중대한 개인정보 침해사고가 발생한 경우 신속하고 효과적인 대응을 위하여 다음의 어느 하나에 해당하는 관계 기관의 장에게 협조를 요청할 수 있다.

① 중앙행정기관
② 지방자치단체
③ 그 밖에 법령 또는 자치법규에 따라 행정권한을 가지고 있거나 위임 또는 위탁받은 공공기관

(4) 협조를 요청받은 관계 기관의 장은 특별한 사정이 없으면 이에 따라야 한다.

(5) 자료제출 요구, 검사 절차 및 방법 등에 관하여 필요한 사항은 보호위원회가 정하여 고시할 수 있다.

(6) 보호위원회는 제출받거나 수집한 서류·자료 등을 「개인정보 보호법」에 따른 경우를 제외하고는 제3자에게 제공하거나 일반에 공개해서는 아니 된다.

(7) 보호위원회는 정보통신망을 통하여 자료의 제출 등을 받은 경우나 수집한 자료 등을 전자화한 경우에는 개인정보·영업비밀 등이 유출되지 아니하도록 제도적·기술적 보완조치를 하여야 한다.

6. 사전 실태점검

(1) 보호위원회는 개인정보 침해사고 발생의 위험성이 높고 개인정보 보호의 취약점을 사전에 점검할 필요성이 인정되는 개인정보처리자에 대하여 개인정보 보호실태를 점검할 수 있다.

(2) 보호위원회는 실태점검을 실시하여 「개인정보 보호법」을 위반하는 사항을 발견한 경우 해당 개인정보처리자에 대하여 시정방안을 정하여 이에 따를 것을 권고할 수 있다.

(3) 시정권고를 받은 개인정보처리자는 이를 통보받은 날부터 10일 이내에 해당 권고를 수락하는지 여부에 관하여 보호위원회에 통지하여야 하며, 그 이행 결과를 보호위원회가 고시로 정하는 바에 따라 보호위원회에 알려야 한다.

(4) 시정권고를 받은 자가 해당 권고를 수락한 때에는 시정조치 명령(중앙행정기관, 지방자치단체, 국회, 법원, 헌법재판소, 중앙선거관리위원회의 경우에는 시정조치에 따른 권고를 말한다.)을 받은 것으로 본다.

(5) 보호위원회는 시정권고를 받은 자가 해당 권고를 수락하지 아니하거나 이행하지 아니한 경우 현장조사를 통한 검사를 할 수 있다.

(6) 보호위원회는 관계 중앙행정기관의 장과 합동으로 개인정보 보호실태를 점검할 수 있다.

7. 시정조치 등

(1) 보호위원회는 이 법을 위반한 자(중앙행정기관, 지방자치단체, 국회, 법원, 헌법재판소, 중앙선거관리위원회는 제외한다)에 대하여 다음에 해당하는 조치를 명할 수 있다.
   ① 개인정보 침해행위의 중지
   ② 개인정보 처리의 일시적인 정지
   ③ 그 밖에 개인정보의 보호 및 침해 방지를 위하여 필요한 조치

(2) 지방자치단체, 국회, 법원, 헌법재판소, 중앙선거관리위원회는 그 소속 기관 및 소관 공공기관이 이 법을 위반하였을 때에는 (1)에 해당하는 조치를 명할 수 있다.

(3) 보호위원회는 중앙행정기관, 지방자치단체, 국회, 법원, 헌법재판소, 중앙선거관리위원회가 이 법을 위반하였을 때에는 해당 기관의 장에게 (1)에 해당하는 조치를 하도록 권고할 수 있다. 이 경우 권고를 받은 기관은 특별한 사유가 없으면 이를 존중하여야 한다.

8. 과징금의 부과

(1) 보호위원회는 다음에 해당하는 경우에는 해당 개인정보처리자에게 전체 매출액의 100분의 3을 초과하지 아니하는 범위에서 과징금을 부과할 수 있다. 다만, 매출액이 없거나 매출액의 산정이 곤란한 경우에는 20억 원을 초과하지 아니하는 범위에서 과징금을 부과할 수 있다.

① 개인정보를 처리에 관한 규정을 위반한 경우

② 법정대리인의 동의를 받지 아니하고 만 14세 미만인 아동의 개인정보를 처리한 경우

③ 정보주체의 동의를 받지 아니하고 민감정보를 처리한 경우

④ 고유식별정보 또는 주민등록번호를 처리에 관한 규정을 위반한 경우

⑤ 관리·감독 또는 교육을 소홀히 하여 수탁자가 이 법의 규정을 위반한 경우

⑥ 가명정보에 관한 규정을 위반하여 특정 개인을 알아보기 위한 목적으로 정보를 처리한 경우

⑦ 개인정보의 국외 이전에 관한 규정을 위반한 경우

⑧ 국외 이전 중지 명령을 따르지 아니한 경우

⑨ 개인정보처리자가 처리하는 개인정보가 분실·도난·유출·위조·변조·훼손된 경우. 다만, 개인정보가 분실·도난·유출·위조·변조·훼손되지 아니하도록 안전성 확보에 필요한 조치를 다한 경우에는 그러하지 아니하다.

(2) 보호위원회는 과징금을 부과하려는 경우 전체 매출액에서 위반행위와 관련이 없는 매출액을 제외한 매출액을 기준으로 과징금을 산정한다.

(3) 보호위원회는 과징금을 부과하려는 경우 개인정보처리자가 정당한 사유 없이 매출액 산정자료의 제출을 거부하거나 거짓의 자료를 제출한 경우에는 해당 개인정보처리자의 전체 매출액을 기준으로 산정하되 해당 개인정보처리자 및 비슷한 규모의 개인정보처리자의 개인정보 보유 규모, 재무제표 등 회계자료, 상품·용역의 가격 등 영업현황 자료에 근거하여 매출액을 추정할 수 있다.

(4) 보호위원회는 과징금을 부과하는 경우에는 위반행위에 상응하는 비례성과 침해 예방에 대한 효과성이 확보될 수 있도록 다음의 사항을 고려하여야 한다.

① 위반행위의 내용 및 정도

② 위반행위의 기간 및 횟수

③ 위반행위로 인하여 취득한 이익의 규모

④ 암호화 등 안전성 확보 조치 이행 노력

⑤ 개인정보가 분실·도난·유출·위조·변조·훼손된 경우 위반행위와의 관련성 및 분실·도난·유출·위조·변조·훼손의 규모

⑥ 위반행위로 인한 피해의 회복 및 피해 확산 방지 조치의 이행 여부

⑦ 개인정보처리자의 업무 형태 및 규모

⑧ 개인정보처리자가 처리하는 개인정보의 유형과 정보주체에게 미치는 영향

⑨ 위반행위로 인한 정보주체의 피해 규모

⑩ 개인정보 보호 인증, 자율적인 보호 활동 등 개인정보 보호를 위한 노력

⑪ 보호위원회와의 협조 등 위반행위를 시정하기 위한 조치 여부

(5) 보호위원회는 다음의 어느 하나에 해당하는 사유가 있는 경우에는 과징금을 부과하지 아니할 수 있다.

① 지급불능·지급정지 또는 자본잠식 등의 사유로 객관적으로 과징금을 낼 능력이 없다고 인정되는 경우

② 본인의 행위가 위법하지 아니한 것으로 잘못 인식할 만한 정당한 사유가 있는 경우

③ 위반행위의 내용·정도가 경미하거나 산정된 과징금이 소액인 경우

④ 그 밖에 정보주체에게 피해가 발생하지 아니하였거나 경미한 경우

(6) 보호위원회는 과징금을 내야 할 자가 납부기한까지 이를 내지 아니하면 납부기한의 다음 날부터 내지 아니한 과징금의 연 100분의 6에 해당하는 가산금을 징수한다. 이 경우 가산금을 징수하는 기간은 60개월을 초과하지 못한다.

9. 고발 및 징계권고

(1) 보호위원회는 개인정보처리자에게 「개인정보 보호법」 등 개인정보 보호와 관련된 법규의 위반에 따른 범죄혐의가 있다고 인정될 만한 상당한 이유가 있을 때에는 관할 수사기관에 그 내용을 고발할 수 있다.

(2) 보호위원회는 「개인정보 보호법」 등 개인정보 보호와 관련된 법규의 위반행위가 있다고 인정될 만한 상당한 이유가 있을 때에는 책임이 있는 자를 징계할 것을 해당 개인정보처리자에게 권고할 수 있다. 이 경우 권고를 받은 사람은 이를 존중하여야 하며 그 결과를 보호위원회에 통보하여야 한다.

(3) 관계 중앙행정기관의 장은 소관 법률에 따라 개인정보처리자에 대하여 고발을 하거나 소속 기관·단체 등의 장에게 징계권고를 할 수 있다. 이 경우 권고를 받은 사람은 이를 존중하여야 하며 그 결과를 관계 중앙행정기관의 장에게 통보하여야 한다.

10. 결과의 공표

(1) 보호위원회는 개선권고, 시정조치 명령, 과징금의 부과, 고발 또는 징계권고 및 과태료 부과의 내용 및 결과에 대하여 공표할 수 있다.

(2) 보호위원회는 처분 등을 받은 자에게 해당 처분 등을 받았다는 사실을 공표할 것을 명할 수 있다.

행정사
이준희 행정절차론

질서위반행위규제법

질서위반행위규제법

제4회

행정청의 과태료 부과·징수 및 불복절차에 관하여 설명하시오.

제6회

甲은 질서위반행위로 인하여 과태료 부과처분을 받았다. 「질서위반행위규제법」에 따를 때 다음 각각의 경우에 위 과태료 부과처분이 적법한지 설명하시오.

물음 (1) 甲이 위 위반행위에 대한 고의 또는 과실이 없었고, 설령 고의가 있었다고 하더라도 위 위반행위가 위법한 줄 몰랐던 경우   (10점)

물음 (2) 甲이 18세이지만 심신장애로 인하여 자신의 행위의 옳고 그름을 판단할 능력이 없었던 경우   (10점)

제8회

과태료 체납자에 대한 제재로서 관허사업의 제한과 고액·상습 체납자에 대한 제재를 설명하시오.

제9회

질서위반행위의 개념과 시간적, 장소적 적용범위에 관하여 설명하시오.

제11회

甲은 허가를 요하는 사업의 주무관청인 A행정청으로부터 허가를 받아 사업을 경영하고 있다. 그러던 중 甲은 법률상의 의무위반을 이유로 B행정청으로부터 과태료를 부과받았으나 이를 체납하고 있다. 이 경우 행정청이 「질서위반행위규제법령」에 따라 과태료 체납자에 대한 제재로서 위 허가를 취소할 수 있는 요건과, 그 요건이 충족된다면 B행정청이 취할 수 있는 조치에 관하여 설명하시오.

제12회

「질서위반행위규제법」상 약식재판에 대한 이의신청이 제기된 경우 법원의 처리절차를 설명하고, '이의신청 취하'와 '이의신청 각하'를 비교하여 공통점과 차이점을 설명하시오.

01 목적과 정의

1. 목적

「질서위반행위규제법」은 법률상 의무의 효율적인 이행을 확보하고 국민의 권리와 이익을 보호하기 위하여 질서위반행위의 성립요건과 과태료의 부과·징수 및 재판 등에 관한 사항을 규정하는 것을 목적으로 한다.

2. 질서위반행위

법률 또는 조례상의 의무를 위반하여 과태료를 부과하는 행위를 말한다. 다만, 다음의 어느 하나에 해당하는 행위를 제외한다.

(1) 대통령령으로 정하는 사법상·소송법상 의무를 위반하여 과태료를 부과하는 행위

(2) 대통령령으로 정하는 법률에 따른 징계사유에 해당하여 과태료를 부과하는 행위

02 적용범위

1. 법 적용의 시간적 범위

(1) 질서위반행위의 성립과 과태료 처분은 행위 시의 법률에 따른다.

(2) 질서위반행위 후 법률이 변경되어 그 행위가 질서위반행위에 해당하지 아니하게 되거나 과태료가 변경되기 전의 법률보다 가볍게 된 때에는 법률에 특별한 규정이 없는 한 변경된 법률을 적용한다.

(3) 행정청의 과태료 처분이나 법원의 과태료 재판이 확정된 후 법률이 변경되어 그 행위가 질서위반행위에 해당하지 아니하게 된 때에는 변경된 법률에 특별한 규정이 없는 한 과태료의 징수 또는 집행을 면제한다.

판례

대법원 2020. 12. 18., 자, 2020마6912, 결정 [과태료처분에대한이의]

과태료 부과에 관한 일반법인 「질서위반행위규제법」에 의하면, 질서위반행위의 성립과 과태료 처분은 원칙적으로 행위 시의 법률에 따르지만(제3조 제1항), 질서위반행위 후 법률이 변경되어 그 행위가 질서위반행위에 해당하지 아니하게 되거나 과태료가 변경되기 전의 법률보다 가볍게 된 때에는 법률에 특별한 규정이 없는 한 변경된 법률을 적용하여야 한다(제3조 제2항). 따라서 질서위반행위에 대하여 과태료 부과의 근거 법률이 개정되어 행위 시의 법률에 의하면 과태료 부과대상이었지만 재판 시의 법률에 의하면 과태료 부과대상이 아니게 된 때에는, 개정 법률의 부칙에서 종전 법률 시행 당시에 행해진 질서위반행위에 대해서는 행위 시의 법률을 적용하도록 특별한 규정을 두지 않은 이상 재판 시의 법률을 적용하여야 하므로 과태료를 부과할 수 없다.

2. 법 적용의 장소적 범위

(1) 「질서위반행위규제법」은 대한민국 영역 안에서 질서위반행위를 한 자에게 적용한다.

(2) 「질서위반행위규제법」은 대한민국 영역 밖에서 질서위반행위를 한 대한민국의 국민에게 적용한다.

(3) 「질서위반행위규제법」은 대한민국 영역 밖에 있는 대한민국의 선박 또는 항공기 안에서 질서위반행위를 한 외국인에게 적용한다.

3. 다른 법률과의 관계

과태료의 부과·징수, 재판 및 집행 등의 절차에 관한 다른 법률의 규정 중 「질서위반행위규제법」의 규정에 저촉되는 것은 이 법으로 정하는 바에 따른다.

03 질서위반행위의 성립 등

1. 질서위반행위 법정주의

법률에 따르지 아니하고는 어떤 행위도 질서위반행위로 과태료를 부과하지 아니한다.

2. 고의 또는 과실

고의 또는 과실이 없는 질서위반행위는 과태료를 부과하지 아니한다.

> **판례**
>
> **대법원 2011. 7. 14., 자, 2011마364, 결정 [국토의 계획 및 이용에 관한 법률 위반 이의]**
> 주거용으로 토지거래허가를 받아 매수한 토지지분을 허가받은 목적대로 이용하지 않은 채 방치하였다는 이유로 과태료 처분을 받은 자가 토지거래허가를 받은 직후 주거용 건물을 신축하려고 하였으나 허가 당시 도로사용승낙을 하여 주었던 인근 토지 소유자가 태도를 바꿔 차량 출입을 방해함으로써 착공에 이르지 못하였을 뿐이므로 자신에게 책임이 없다고 주장한 사안에서, 이는 제3자의 방해로 토지를 이용할 수 없었을 뿐 의도적으로 허가 목적에 따른 이용을 회피한 것이 아니라는 취지로 「질서위반행위규제법」 제7조에 따라 고의나 과실을 부인하는 것으로 이해될 여지가 있음에도, 위 주장이 과태료 부과에 아무런 장애가 되지 않는다고 보아 이에 관한 심리와 판단에 나아가지 않은 채 위 주장을 배척한 원심판단에는 법리오해의 위법이 있다.

3. 위법성의 착오

자신의 행위가 위법하지 아니한 것으로 오인하고 행한 질서위반행위는 그 오인에 정당한 이유가 있는 때에 한하여 과태료를 부과하지 아니한다.

4. 책임연령

14세가 되지 아니한 자의 질서위반행위는 과태료를 부과하지 아니한다. 다만, 다른 법률에 특별한 규정이 있는 경우에는 그러하지 아니하다.

5. 심신장애

(1) 심신장애로 인하여 행위의 옳고 그름을 판단할 능력이 없거나 그 판단에 따른 행위를 할 능력이 없는 자의 질서위반행위는 과태료를 부과하지 아니한다.

(2) 심신장애로 인하여 능력이 미약한 자의 질서위반행위는 과태료를 감경한다.

(3) 스스로 심신장애 상태를 일으켜 질서위반행위를 한 자에 대하여는 심신장애를 적용하지 아니한다.

6. 법인의 처리 등

법인의 대표자, 법인 또는 개인의 대리인·사용인 및 그 밖의 종업원이 업무에 관하여 법인 또는 그 개인에게 부과된 법률상의 의무를 위반한 때에는 법인 또는 그 개인에게 과태료를 부과한다.

7. 다수인의 질서위반행위 가담

(1) 2인 이상이 질서위반행위에 가담한 때에는 각자가 질서위반행위를 한 것으로 본다.

(2) 신분에 의하여 성립하는 질서위반행위에 신분이 없는 자가 가담한 때에는 신분이 없는 자에 대하여도 질서위반행위가 성립한다.

(3) 신분에 의하여 과태료를 감경 또는 가중하거나 과태료를 부과하지 아니하는 때에는 그 신분의 효과는 신분이 없는 자에게는 미치지 아니한다.

8. 수개의 질서위반행위의 처리

(1) 하나의 행위가 2 이상의 질서위반행위에 해당하는 경우에는 각 질서위반행위에 대하여 정한 과태료 중 가장 중한 과태료를 부과한다.

(2) 다른 행위로 2 이상의 질서위반행위가 경합하는 경우에는 각 질서위반행위에 대하여 정한 과태료를 각각 부과한다.

9. 과태료의 산정 시 고려사항

(1) 질서위반행위의 동기·목적·방법·결과

(2) 질서위반행위 이후의 당사자의 태도와 정황

(3) 질서위반행위자의 연령·재산상태·환경

(4) 그 밖에 과태료의 산정에 필요하다고 인정되는 사유

10. 과태료의 시효

과태료는 행정청의 과태료 부과처분이나 법원의 과태료 재판이 확정된 후 5년간 징수하지 아니하거나 집행하지 아니하면 시효로 인하여 소멸한다.

04 행정청의 과태료 부과 및 징수

1. 사전통지 및 의견제출 등

(1) 행정청이 질서위반행위에 대하여 과태료를 부과하고자 하는 때에는 미리 당사자(고용주 등을 포함)에게 통지하고, 10일 이상의 기간을 정하여 의견을 제출할 기회를 주어야 한다. 이 경우 지정된 기일까지 의견제출이 없는 경우에는 의견이 없는 것으로 본다.

(2) 당사자는 의견제출 기한 이내에 행정청에 의견을 진술하거나 필요한 자료를 제출할 수 있다.

(3) 행정청은 당사자가 제출한 의견에 상당한 이유가 있는 경우에는 과태료를 부과하지 아니하거나 통지한 내용을 변경할 수 있다.

2. 과태료의 부과

행정청은 의견제출 절차를 마친 후에 서면(당사자가 동의하는 경우에는 전자문서를 포함)으로 과태료를 부과하여야 한다.

3. 신용카드 등에 의한 과태료의 납부

당사자는 과태료, 가산금, 중가산금 및 체납처분비를 과태료 납부대행기관을 통하여 신용카드등으로 낼 수 있다.

4. 자진납부자에 대한 과태료 감경

(1) 행정청은 당사자가 의견제출 기한 이내에 과태료를 자진하여 납부하고자 하는 경우에는 과태료를 감경할 수 있다.

(2) 당사자가 감경된 과태료를 납부한 경우에는 해당 질서위반행위에 대한 과태료 부과 및 징수 절차는 종료한다.

5. 과태료 부과의 제척기간

(1) 행정청은 질서위반행위가 종료된 날(다수인이 질서위반행위에 가담한 경우에는 최종행위가 종료된 날)부터 5년이 경과한 경우에는 해당 질서위반행위에 대하여 과태료를 부과할 수 없다.

(2) 행정청은 법원의 결정이 있는 경우에는 그 결정이 확정된 날부터 1년이 경과하기 전까지는 과태료를 정정부과 하는 등 해당 결정에 따라 필요한 처분을 할 수 있다.

6. 이의제기

(1) 행정청의 과태료 부과에 불복하는 당사자는 과태료 부과 통지를 받은 날부터 60일 이내에 해당 행정청에 서면으로 이의제기를 할 수 있다.

(2) 이의제기가 있는 경우에는 행정청의 과태료 부과처분은 그 효력을 상실한다.

(3) 당사자는 행정청으로부터 통지를 받기 전까지는 행정청에 대하여 서면으로 이의제기를 철회할 수 있다.

7. 법원에의 통보

(1) 이의제기를 받은 행정청은 이의제기를 받은 날부터 14일 이내에 이에 대한 의견 및 증빙서류를 첨부하여 관할 법원에 통보하여야 한다. 다만, 다음의 어느 하나에 해당하는 경우에는 그러하지 아니하다.

  ① 당사자가 이의제기를 철회한 경우
  ② 당사자의 이의제기에 이유가 있어 과태료를 부과할 필요가 없는 것으로 인정되는 경우

(2) 행정청은 사실상 또는 법률상 같은 원인으로 말미암아 다수인에게 과태료를 부과할 필요가 있는 경우에는 다수인 가운데 1인에 대한 관할권이 있는 법원에 이의제기 사실을 통보할 수 있다.

(3) 행정청이 관할 법원에 통보를 하거나 통보하지 아니하는 경우에는 그 사실을 즉시 당사자에게 통지하여야 한다.

8. 질서위반행위의 조사

(1) 행정청은 질서위반행위가 발생하였다는 합리적 의심이 있어 그에 대한 조사가 필요하다고 인정할 때에는 대통령령으로 정하는 바에 따라 다음의 조치를 할 수 있다.

  ① 당사자 또는 참고인의 출석 요구 및 진술의 청취
  ② 당사자에 대한 보고 명령 또는 자료 제출의 명령

(2) 행정청은 질서위반행위가 발생하였다는 합리적 의심이 있어 그에 대한 조사가 필요하다고 인정할 때에는 그 소속 직원으로 하여금 당사자의 사무소 또는 영업소에 출입하여 장부·서류 또는 그 밖의 물건을 검사하게 할 수 있다.

(3) 검사를 하고자 하는 행정청 소속 직원은 당사자에게 검사 개시 7일 전까지 검사 대상 및 검사 이유 등을 통지하여야 한다. 다만, 긴급을 요하거나 사전통지의 경우 증거인멸 등으로 검사목적을 달성할 수 없다고 인정되는 때에는 그러하지 아니하다.

(4) 검사를 하는 직원은 그 권한을 표시하는 증표를 지니고 이를 관계인에게 내보여야 한다.

(5) 조치 또는 검사는 그 목적 달성에 필요한 최소한에 그쳐야 한다.

9. 자료제공의 요청

행정청은 과태료의 부과·징수를 위하여 필요한 때에는 관계 행정기관, 지방자치단체, 그 밖에 공공기관의 장에게 그 필요성을 소명하여 자료 또는 정보의 제공을 요청할 수 있으며, 그 요청을 받은 공공기관등의 장은 특별한 사정이 없는 한 이에 응하여야 한다.

10. 가산금 징수 및 체납처분 등

(1) 행정청은 당사자가 납부기한까지 과태료를 납부하지 아니한 때에는 납부기한을 경과한 날부터 체납된 과태료에 대하여 100분의 3에 상당하는 가산금을 징수한다.

(2) 체납된 과태료를 납부하지 아니한 때에는 납부기한이 경과한 날부터 매 1개월이 경과할 때마다 체납된 과태료의 1천분의 12에 상당하는 가산금(중가산금)을 가산금에 가산하여 징수한다. 이 경우 중가산금을 가산하여 징수하는 기간은 60개월을 초과하지 못한다.

(3) 행정청은 당사자가 기한 이내에 이의를 제기하지 아니하고 가산금을 납부하지 아니한 때에는 국세 또는 지방세 체납처분의 예에 따라 징수한다.

(4) 행정청은 당사자에게 다음에 해당하는 사유가 있을 경우에는 결손처분을 할 수 있다.
① 과태료의 소멸시효가 완성된 경우
② 체납자의 행방이 분명하지 아니하거나 재산이 없는 등 징수할 수 없다고 인정되는 경우

(5) 행정청은 결손처분을 한 후 압류할 수 있는 다른 재산을 발견하였을 때에는 지체없이 그 처분을 취소하고 체납처분을 하여야 한다.

11. 과태료의 징수유예등

(1) 행정청은 당사자가 다음의 어느 하나에 해당하여 과태료(체납된 과태료와 가산금, 중가산금 및 체납처분비를 포함)를 납부하기가 곤란하다고 인정되면 1년의 범위에서 과태료의 분할납부나 납부기일의 연기(징수유예등)를 결정할 수 있다.
① 「국민기초생활 보장법」에 따른 수급권자
② 「국민기초생활 보장법」에 따른 차상위계층 중 「의료급여법」에 따른 수급권자, 「한부모가족지원법」에 따른 지원대상자, 자활사업 참여자
③ 「장애인복지법」 제2조 제2항에 따른 장애인
④ 본인 외에는 가족을 부양할 사람이 없는 사람
⑤ 불의의 재난으로 피해를 당한 사람

⑥ 납부의무자 또는 그 동거 가족이 질병이나 중상해로 1개월 이상의 장기 치료를 받아야
하는 경우

⑦ 「채무자 회생 및 파산에 관한 법률」에 따른 개인회생절차개시결정자

⑧ 「고용보험법」에 따른 실업급여수급자

⑨ 그 밖에 ①부터 ⑧까지에 준하는 것으로서 부득이한 사유가 있는 경우

(2) 징수유예등을 받으려는 당사자는 이를 행정청에 신청할 수 있다.

(3) 행정청은 징수유예등을 하는 경우 그 유예하는 금액에 상당하는 담보의 제공이나 제공된 담
보의 변경을 요구할 수 있고, 그 밖에 담보보전에 필요한 명령을 할 수 있다.

(4) 행정청은 징수유예등의 기간 중에는 그 유예한 과태료 징수금에 대하여 가산금, 중가산금의
징수 또는 체납처분(교부청구는 제외)을 할 수 없다.

(5) 행정청은 다음의 어느 하나에 해당하는 경우 그 징수유예등을 취소하고, 유예된 과태료 징수
금을 한꺼번에 징수할 수 있다. 이 경우 그 사실을 당사자에게 통지하여야 한다.

① 과태료 징수금을 지정된 기한까지 납부하지 아니하였을 때

② 담보의 제공이나 변경, 그 밖에 담보보전에 필요한 행정청의 명령에 따르지 아니하였을 때

③ 재산상황이나 그 밖의 사정의 변화로 유예할 필요가 없다고 인정될 때

④ ①부터 ③까지에 준하는 사유에 해당되어 유예한 기한까지 과태료 징수금의 전액을 징수
할 수 없다고 인정될 때

12. 상속재산 등에 대한 집행

(1) 과태료는 당사자가 과태료 부과처분에 대하여 이의를 제기하지 아니한 채 기한이 종료한 후
사망한 경우에는 그 상속재산에 대하여 집행할 수 있다.

(2) 법인에 대한 과태료는 법인이 과태료 부과처분에 대하여 이의를 제기하지 아니한 채 기한이
종료한 후 합병에 의하여 소멸한 경우에는 합병 후 존속한 법인 또는 합병에 의하여 설립된
법인에 대하여 집행할 수 있다.

05 질서위반행위의 재판 및 집행

1. 관할 법원

과태료 사건은 다른 법령에 특별한 규정이 있는 경우를 제외하고는 당사자의 주소지의 지방법원 또는 그 지원의 관할로 한다.

2. 관할의 표준이 되는 시기

법원의 관할은 행정청이 이의제기 사실을 통보한 때를 표준으로 정한다.

3. 관할위반에 따른 이송

(1) 법원은 과태료 사건의 전부 또는 일부에 대하여 관할권이 없다고 인정하는 경우에는 결정으로 이를 관할 법원으로 이송한다.

(2) 당사자 또는 검사는 이송결정에 대하여 즉시항고를 할 수 있다.

4. 준용규정

「비송사건절차법」제2조부터 제4조까지, 제6조, 제7조, 제10조(인증과 감정을 제외한다.) 및 제24조부터 제26조까지의 규정은 「질서위반행위규제법」에 따른 과태료 재판에 준용한다.

5. 법원직원의 제척 등

법원직원의 제척·기피 및 회피에 관한 「민사소송법」의 규정은 과태료 재판에 준용한다.

6. 행정청 통보사실의 통지

법원은 행정청의 통보가 있는 경우 이를 즉시 검사에게 통지하여야 한다.

7. 심문 등

(1) 법원은 심문기일을 열어 당사자의 진술을 들어야 한다.

(2) 법원은 검사의 의견을 구하여야 하고, 검사는 심문에 참여하여 의견을 진술하거나 서면으로 의견을 제출하여야 한다.

(3) 법원은 당사자 및 검사에게 심문기일을 통지하여야 한다.

8. 행정청에 대한 출석 요구 등

(1) 법원은 행정청의 참여가 필요하다고 인정하는 때에는 행정청으로 하여금 심문기일에 출석하여 의견을 진술하게 할 수 있다.

(2) 행정청은 법원의 허가를 받아 소속 공무원으로 하여금 심문기일에 출석하여 의견을 진술하게 할 수 있다.

9. 직권에 의한 사실탐지와 증거조사

(1) 법원은 직권으로 사실의 탐지와 필요하다고 인정하는 증거의 조사를 하여야 한다.

(2) 증거조사에 관하여는 「민사소송법」에 따른다.

10. 촉탁할 수 있는 사항

사실탐지ㆍ소환 및 고지에 관한 행위는 촉탁할 수 있다.

11. 조서의 작성

법원사무관등은 증인 또는 감정인의 심문에 관하여는 조서를 작성하고, 그 밖의 심문에 관하여는 필요하다고 인정하는 경우에 한하여 조서를 작성한다.

12. 재판

(1) 과태료 재판은 이유를 붙인 결정으로써 한다.

(2) 결정서의 원본에는 판사가 서명날인하여야 한다. 다만, 이의제기서 또는 조서에 재판에 관한 사항을 기재하고 판사가 이에 서명날인함으로써 원본에 갈음할 수 있다.

(3) 결정서의 정본과 등본에는 법원사무관등이 기명날인하고, 정본에는 법원인을 찍어야 한다.

(4) 서명날인은 기명날인으로 갈음할 수 있다.

13. 결정의 고지

(1) 결정은 당사자와 검사에게 고지함으로써 효력이 생긴다.

(2) 결정의 고지는 법원이 적당하다고 인정하는 방법으로 한다. 다만, 공시송달을 하는 경우에는 「민사소송법」에 따라야 한다.

14. 항고

(1) 당사자와 검사는 과태료 재판에 대하여 즉시항고를 할 수 있다. 이 경우 항고는 집행정지의 효력이 있다.

(2) 검사는 필요한 경우에는 즉시항고 여부에 대한 행정청의 의견을 청취할 수 있다.

15. 항고법원의 재판

항고법원의 과태료 재판에는 이유를 적어야 한다.

16. 재판비용

(1) 과태료 재판절차의 비용은 과태료에 처하는 선고가 있는 경우에는 그 선고를 받은 자의 부담으로 하고, 그 외의 경우에는 국고의 부담으로 한다.

(2) 항고법원이 당사자의 신청을 인정하는 과태료 재판을 한 때에는 항고절차의 비용과 전심에서 당사자의 부담이 된 비용은 국고의 부담으로 한다.

17. 과태료 재판의 집행

(1) 과태료 재판은 검사의 명령으로써 집행한다. 이 경우 그 명령은 집행력 있는 집행권원과 동일한 효력이 있다.

(2) 과태료 재판의 집행절차는 「민사집행법」에 따르거나 국세 또는 지방세 체납처분의 예에 따른다. 다만, 「민사집행법」에 따를 경우에는 집행을 하기 전에 과태료 재판의 송달은 하지 아니한다.

(3) 검사는 과태료 재판을 집행한 경우 그 결과를 해당 행정청에 통보하여야 한다.

18. 약식재판

법원은 상당하다고 인정하는 때에는 심문 없이 과태료 재판을 할 수 있다.

19. 이의신청

(1) 당사자와 검사는 약식재판의 고지를 받은 날부터 7일 이내에 이의신청을 할 수 있다. 이 기간은 불변기간으로 한다.

(2) 검사는 필요한 경우에는 이의신청 여부에 대하여 행정청의 의견을 청취할 수 있다.

20. 이의신청 방식

(1) 이의신청은 이의신청서를 약식재판을 한 법원에 제출함으로써 한다.

(2) 법원은 이의신청이 있는 때에는 이의신청의 상대방에게 이의신청서 부본을 송달하여야 한다.

21. 이의신청 취하

(1) 이의신청을 한 당사자 또는 검사는 정식재판 절차에 따른 결정을 고지받기 전까지 이의신청을 취하할 수 있다.

(2) 이의신청의 취하는 이의신청취하서를 법원에 제출함으로써 한다. 다만, 심문기일에는 말로 할 수 있다.

(3) 법원은 이의신청서 부본을 송달한 뒤에 이의신청의 취하가 있는 때에는 그 상대방에게 이의신청취하서 부본을 송달하여야 한다.

22. 이의신청 각하

(1) 법원은 이의신청이 법령상 방식에 어긋나거나 이의신청권이 소멸된 뒤의 것임이 명백한 경우에는 결정으로 이를 각하하여야 한다. 다만, 그 흠을 보정할 수 있는 경우에는 그러하지 아니하다.

(2) 이의신청의 각하 결정에 대하여는 즉시항고를 할 수 있다.

23. 약식재판의 확정

약식재판은 다음에 해당하는 때에 확정된다.

(1) 이의 신청 기간 이내에 이의신청이 없는 때

(2) 이의신청에 대한 각하결정이 확정된 때

(3) 당사자 또는 검사가 이의신청을 취하한 때

24. 이의신청에 따른 정식재판절차로의 이행

법원이 이의신청이 적법하다고 인정하는 때에는 약식재판은 그 효력을 잃는다. 따라서 법원은 심문을 거쳐 다시 재판하여야 한다.

06 보칙

1. 관허사업의 제한

(1) 행정청은 허가·인가·면허·등록 및 갱신(이하 "허가등"이라 한다.)을 요하는 사업을 경영하는 자로서 다음의 사유에 모두 해당하는 체납자에 대하여는 사업의 정지 또는 허가등의 취소를 할 수 있다.

① 해당 사업과 관련된 질서위반행위로 부과받은 과태료를 3회 이상 체납하고 있고, 체납발생일부터 각 1년이 경과하였으며, 체납금액의 합계가 500만 원 이상인 체납자

② 천재지변이나 그 밖의 중대한 재난 등에 해당하는 특별한 사유 없이 과태료를 체납한 자

(2) 허가등을 요하는 사업의 주무관청이 따로 있는 경우에는 행정청은 당해 주무관청에 대하여 사업의 정지 또는 허가등의 취소를 요구할 수 있다.

(3) 행정청은 사업의 정지 또는 허가등을 취소하거나 주무관청에 대하여 그 요구를 한 후 당해 과태료를 징수한 때에는 지체 없이 사업의 정지 또는 허가등의 취소나 그 요구를 철회하여야 한다.

(4) 행정청의 요구가 있는 때에는 당해 주무관청은 정당한 사유가 없는 한 이에 응하여야 한다.

3. 신용정보의 제공 등

(1) 행정청은 과태료 징수 또는 공익목적을 위하여 필요한 경우 종합신용정보집중기관의 요청에 따라 체납 또는 결손처분자료를 제공할 수 있다.

(2) 행정청은 당사자에게 과태료를 납부하지 아니할 경우에는 체납 또는 결손처분자료를 종합신용정보집중기관에게 제공할 수 있음을 미리 알려야 한다.

(3) 행정청은 체납 또는 결손처분자료를 제공한 경우에는 해당 체납자에게 그 제공사실을 통보하여야 한다.

4. 고액·상습체납자에 대한 제재

(1) 법원은 검사의 청구에 따라 결정으로 30일의 범위 이내에서 과태료의 납부가 있을 때까지 다음의 사유에 모두 해당하는 경우 체납자(법인인 경우에는 대표자)를 감치(監置)에 처할 수 있다.

① 과태료를 3회 이상 체납하고 있고, 체납발생일부터 각 1년이 경과하였으며, 체납금액의 합계가 1천만 원 이상인 체납자

② 과태료 납부능력이 있음에도 불구하고 정당한 사유 없이 체납한 경우

(2) 행정청은 과태료 체납자가 (1)의 사유에 모두 해당하는 경우에는 관할 지방검찰청 또는 지청의 검사에게 체납자의 감치를 신청할 수 있다.

(3) (1)의 결정에 대하여는 즉시항고를 할 수 있다.

(4) 감치에 처하여진 과태료 체납자는 동일한 체납사실로 인하여 재차 감치되지 아니한다.

5. 자동차 관련 과태료 체납자에 대한 자동차 등록번호판의 영치

(1) 행정청은 자동차의 운행·관리 등에 관한 질서위반행위로 부과받은 과태료를 납부하지 아니한 자에 대하여 체납된 자동차 관련 과태료와 관계된 그 소유의 자동차의 등록번호판을 영치할 수 있다.

(2) 자동차 등록업무를 담당하는 주무관청이 아닌 행정청이 등록번호판을 영치한 경우에는 지체 없이 주무관청에 등록번호판을 영치한 사실을 통지하여야 한다.

(3) 자동차 관련 과태료를 납부하지 아니한 자가 체납된 자동차 관련 과태료를 납부한 경우 행정청은 영치한 자동차 등록번호판을 즉시 내주어야 한다.

(4) 행정청은 자동차의 등록번호판이 영치된 당사자가 해당 자동차를 직접적인 생계유지 목적으로 사용하고 있어 자동차 등록번호판을 영치할 경우 생계유지가 곤란하다고 인정되는 경우 자동차 등록번호판을 내주고 영치를 일시 해제할 수 있다. 다만, 그 밖의 다른 과태료를 체납하고 있는 당사자에 대하여는 그러하지 아니하다.

6. 자동차 관련 과태료 납부증명서의 제출

자동차 관련 과태료와 관계된 자동차가 그 자동차 관련 과태료의 체납으로 인하여 압류등록된 경우 그 자동차에 대하여 소유권 이전등록을 하려는 자는 압류등록의 원인이 된 자동차 관련 과태료를 납부한 증명서를 제출하여야 한다. 다만, 행정정보의 공동이용을 통하여 납부사실을 확인할 수 있는 경우에는 그러하지 아니하다.

Chapter

05

행정조사기본법

Chapter
05 행정조사기본법

기·출·문·제

[제1회]

행정조사의 기본원칙에 관하여 설명하시오.

[제3회]

행정조사의 사전통지와 연기신청에 관하여 설명하시오.

[제6회]

행정기관의 장 A는 조사원 B로 하여금 행정법규 위반이 의심되는 甲의 사업장에 출입하여 현장조사를 실시하게 하고자 한다. 「행정조사기본법」상 현장조사의 절차 및 제한에 관하여 설명하시오.

[제7회]

행정조사의 기본원칙 및 위법한 행정조사에 기초한 행정행위의 효력에 관하여 설명하시오.

[제8회]

행정조사 방법에 관하여 설명하시오.

[제10회]

「행정조사기본법」에서는 정기조사와 수시조사를 규정하고 있다. 수시조사를 실시하고 있는 경우를 설명하고, 정기조사 또는 수시조사를 실시한 행정기관의 장은 동일한 사안에 대하여 동일한 조사대상자를 조사하여서는 안된다는 원칙과 그 예외에 관하여 설명하시오.

[제12회]

「행정조사기본법」상 자율관리체제의 구축신고에 관하여 설명하시오.

01 목적과 의의

1. 목적

행정조사에 관한 기본원칙·행정조사의 방법 및 절차 등에 관한 공통적인 사항을 규정함으로써 행정의 공정성·투명성 및 효율성을 높이고, 국민의 권익을 보호함을 목적으로 한다.

2. 행정조사의 의의

행정기관이 정책을 결정하거나 직무를 수행하는 데 필요한 정보나 자료를 수집하기 위하여 현장조사·문서열람·시료채취 등을 하거나 조사대상자에게 보고요구·자료제출요구 및 출석·진술요구를 행하는 활동을 말한다.

02 적용범위와 기본원칙

1. 적용범위

(1) 행정조사에 관하여 다른 법률에 특별한 규정이 있는 경우를 제외하고는 「행정조사기본법」으로 정하는 바에 따른다.

(2) 적용 예외

① 행정조사를 한다는 사실이나 조사내용이 공개될 경우 국가의 존립을 위태롭게 하거나 국가의 중대한 이익을 현저히 해칠 우려가 있는 국가안전보장·통일 및 외교에 관한 사항

② 국방 및 안전에 관한 사항 중 다음의 어느 하나에 해당하는 사항

　㉠ 군사시설·군사기밀보호 또는 방위사업에 관한 사항

　㉡ 「병역법」·「예비군법」·「민방위기본법」·「비상대비에 관한 법률」·「재난관리자원의 관리 등에 관한 법률」에 따른 징집·소집·동원 및 훈련에 관한 사항

③ 「공공기관의 정보공개에 관한 법률」 제4조 제3항의 정보에 관한 사항

④ 「근로기준법」 제101조에 따른 근로감독관의 직무에 관한 사항

⑤ 조세·형사·행형 및 보안처분에 관한 사항

⑥ 금융감독기관의 감독·검사·조사 및 감리에 관한 사항

⑦ 「독점규제 및 공정거래에 관한 법률」, 「표시·광고의 공정화에 관한 법률」, 「하도급거래 공정화에 관한 법률」, 「가맹사업거래의 공정화에 관한 법률」, 「방문판매 등에 관한 법률」, 「전자상거래 등에서의 소비자보호에 관한 법률」, 「약관의 규제에 관한 법률」 및 「할부거래에 관한 법률」에 따른 공정거래위원회의 법률위반행위 조사에 관한 사항

---

(3) 적용 예외에 해당하더라도 행정조사의 기본원칙, 행정조사의 근거 및 정보통신수단을 통한 행정조사는 「행정조사기본법」을 적용한다.

2. 기본원칙

(1) 행정조사는 조사목적을 달성하는데 필요한 최소한의 범위 안에서 실시하여야 하며, 다른 목적 등을 위하여 조사권을 남용하여서는 아니 된다.

(2) 행정기관은 조사목적에 적합하도록 조사대상자를 선정하여 행정조사를 실시하여야 한다.

(3) 행정기관은 유사하거나 동일한 사안에 대하여는 공동조사 등을 실시함으로써 행정조사가 중복되지 아니하도록 하여야 한다.

(4) 행정조사는 법령등의 위반에 대한 처벌보다는 법령등을 준수하도록 유도하는 데 중점을 두어야 한다.

(5) 다른 법률에 따르지 아니하고는 행정조사의 대상자 또는 행정조사의 내용을 공표하거나 직무상 알게 된 비밀을 누설하여서는 아니된다.

(6) 행정기관은 행정조사를 통하여 알게 된 정보를 다른 법률에 따라 내부에서 이용하거나 다른 기관에 제공하는 경우를 제외하고는 원래의 조사목적 이외의 용도로 이용하거나 타인에게 제공하여서는 아니 된다.

03 법적 근거

행정기관은 법령등에서 행정조사를 규정하고 있는 경우에 한하여 행정조사를 실시할 수 있다. 다만, 조사대상자의 자발적인 협조를 얻어 실시하는 행정조사의 경우에는 그러하지 아니하다.

[04] 조사계획의 수립 및 조사대상의 선정

1. 연도별 행정조사운영계획의 수립 및 제출

(1) 행정기관의 장은 매년 12월말까지 다음 연도의 행정조사운영계획을 수립하여 국무조정실장에게 제출하여야 한다.

(2) 행정기관의 장이 행정조사운영계획을 수립하는 때에는 행정조사의 기본원칙에 따라야 한다.

(3) 국무조정실장은 행정기관의 장이 제출한 행정조사운영계획을 검토한 후 그에 대한 보완을 요청할 수 있다. 이 경우 행정기관의 장은 특별한 사정이 없는 한 이에 응하여야 한다.

2. 조사의 주기

행정조사는 법령등 또는 행정조사운영계획으로 정하는 바에 따라 정기적으로 실시함을 원칙으로 한다. 다만, 다음의 어느 하나에 해당하는 경우에는 수시조사를 할 수 있다.

(1) 법률에서 수시조사를 규정하고 있는 경우

(2) 법령등의 위반에 대하여 혐의가 있는 경우

(3) 다른 행정기관으로부터 법령등의 위반에 관한 혐의를 통보 또는 이첩받은 경우

(4) 법령등의 위반에 대한 신고를 받거나 민원이 접수된 경우

3. 조사대상의 선정

(1) 행정기관의 장은 행정조사의 목적, 법령준수의 실적, 자율적인 준수를 위한 노력, 규모와 업종 등을 고려하여 명백하고 객관적인 기준에 따라 행정조사의 대상을 선정하여야 한다.

(2) 조사대상자는 조사대상 선정기준에 대한 열람을 행정기관의 장에게 신청할 수 있다.

(3) **열람 거절 사유**

① 행정기관이 당해 행정조사업무를 수행할 수 없을 정도로 조사활동에 지장을 초래하는 경우
② 내부고발자 등 제3자에 대한 보호가 필요한 경우

05 조사방법

1. 출석 · 진술 요구

(1) 행정기관의 장이 조사대상자의 출석 · 진술을 요구하는 때에는 다음의 사항이 기재된 출석요구서를 발송하여야 한다.

　① 일시와 장소
　② 출석요구의 취지
　③ 출석하여 진술하여야 하는 내용
　④ 제출자료
　⑤ 출석거부에 대한 제재(근거 법령 및 조항 포함)
　⑥ 그 밖에 당해 행정조사와 관련하여 필요한 사항

(2) 조사대상자는 지정된 출석일시에 출석하는 경우 업무 또는 생활에 지장이 있는 때에는 행정기관의 장에게 출석일시를 변경하여 줄 것을 신청할 수 있으며, 변경신청을 받은 행정기관의 장은 행정조사의 목적을 달성할 수 있는 범위 안에서 출석일시를 변경할 수 있다.

(3) 출석한 조사대상자가 출석요구서에 기재된 내용을 이행하지 아니하여 행정조사의 목적을 달성할 수 없는 경우를 제외하고는 조사원은 조사대상자의 1회 출석으로 당해 조사를 종결하여야 한다.

2. 보고요구와 자료제출의 요구

(1) 행정기관의 장은 조사대상자에게 조사사항에 대하여 보고를 요구하는 때에는 다음의 사항이 포함된 보고요구서를 발송하여야 한다.

　① 일시와 장소
　② 조사의 목적과 범위
　③ 보고하여야 하는 내용
　④ 보고거부에 대한 제재(근거법령 및 조항 포함)
　⑤ 그 밖에 당해 행정조사와 관련하여 필요한 사항

(2) 행정기관의 장은 조사대상자에게 장부 · 서류나 그 밖의 자료를 제출하도록 요구하는 때에는 다음의 사항이 기재된 자료제출요구서를 발송하여야 한다.

　① 제출기간
　② 제출요청사유
　③ 제출서류

④ 제출서류의 반환 여부

⑤ 제출거부에 대한 제재(근거 법령 및 조항 포함)

⑥ 그 밖에 당해 행정조사와 관련하여 필요한 사항

3. 현장조사

(1) 조사원이 가택·사무실 또는 사업장 등에 출입하여 현장조사를 실시하는 경우에는 행정기관의 장은 다음의 사항이 기재된 현장출입조사서 또는 법령등에서 현장조사시 제시하도록 규정하고 있는 문서를 조사대상자에게 발송하여야 한다.

① 조사목적

② 조사기간과 장소

③ 조사원의 성명과 직위

④ 조사범위와 내용

⑤ 제출자료

⑥ 조사거부에 대한 제재(근거 법령 및 조항 포함)

⑦ 그 밖에 당해 행정조사와 관련하여 필요한 사항

(2) 현장조사는 해가 뜨기 전이나 해가 진 뒤에는 할 수 없다. 다만, 다음의 어느 하나에 해당하는 경우에는 그러하지 아니하다.

① 조사대상자(대리인 및 관리책임이 있는 자를 포함한다.)가 동의한 경우

② 사무실 또는 사업장 등의 업무시간에 행정조사를 실시하는 경우

③ 해가 뜬 후부터 해가 지기 전까지 행정조사를 실시하는 경우에는 조사목적의 달성이 불가능하거나 증거인멸로 인하여 조사대상자의 법령등의 위반 여부를 확인할 수 없는 경우

(3) 현장조사를 하는 조사원은 그 권한을 나타내는 증표를 지니고 이를 조사대상자에게 내보여야 한다.

4. 시료채취

(1) 조사원이 조사목적의 달성을 위하여 시료채취를 하는 경우에는 그 시료의 소유자 및 관리자의 정상적인 경제활동을 방해하지 아니하는 범위 안에서 최소한도로 하여야 한다.

(2) 행정기관의 장은 조사대상자에게 손실을 입힌 때에는 그 손실을 보상하여야 한다.

5. 자료등의 영치

(1) 조사원이 현장조사 중에 자료등을 영치하는 때에는 조사대상자 또는 그 대리인을 입회시켜야 한다.

(2) 조사원이 자료등을 영치하는 경우에 조사대상자의 생활이나 영업이 사실상 불가능하게 될 우려가 있는 때에는 조사원은 자료등을 사진으로 촬영하거나 사본을 작성하는 등의 방법으로 영치에 갈음할 수 있다. 다만, 증거인멸의 우려가 있는 자료등을 영치하는 경우에는 그러하지 아니하다.

(3) 조사원이 영치를 완료한 때에는 영치조서 2부를 작성하여 입회인과 함께 서명날인하고 그중 1부를 입회인에게 교부하여야 한다.

(4) 행정기관의 장은 영치한 자료등이 다음의 어느 하나에 해당하는 경우에는 이를 즉시 반환하여야 한다.

  ① 영치한 자료등을 검토한 결과 당해 행정조사와 관련이 없다고 인정되는 경우
  ② 당해 행정조사의 목적의 달성 등으로 자료등에 대한 영치의 필요성이 없게 된 경우

6. 공동조사

(1) 행정기관의 장은 다음의 어느 하나에 해당하는 행정조사를 하는 경우에는 공동조사를 하여야 한다.

  ① 당해 행정기관 내의 2 이상의 부서가 동일하거나 유사한 업무분야에 대하여 동일한 조사대상자에게 행정조사를 실시하는 경우
  ② 서로 다른 행정기관이 대통령령으로 정하는 분야에 대하여 동일한 조사대상자에게 행정조사를 실시하는 경우

(2) 행정조사의 사전통지를 받은 조사대상자는 관계 행정기관의 장에게 공동조사를 실시하여 줄 것을 신청할 수 있다. 이 경우 조사대상자는 신청인의 성명·조사일시·신청이유 등이 기재된 공동조사신청서를 관계 행정기관의 장에게 제출하여야 한다.

(3) 공동조사를 요청받은 행정기관의 장은 이에 응하여야 한다.

(4) 국무조정실장은 행정기관의 장이 제출한 행정조사운영계획의 내용을 검토한 후 관계 부처의 장에게 공동조사의 실시를 요청할 수 있다.

7. 중복조사의 제한

(1) 정기조사 또는 수시조사를 실시한 행정기관의 장은 동일한 사안에 대하여 동일한 조사대상자를 재조사 하여서는 아니 된다. 다만, 당해 행정기관이 이미 조사를 받은 조사대상자에 대하여 위법행위가 의심되는 새로운 증거를 확보한 경우에는 그러하지 아니하다.

(2) 행정조사를 실시할 행정기관의 장은 행정조사를 실시하기 전에 다른 행정기관에서 동일한 조사대상자에게 동일하거나 유사한 사안에 대하여 행정조사를 실시하였는지 여부를 확인할 수 있다.

(3) 행정조사를 실시할 행정기관의 장이 사실을 확인하기 위하여 행정조사의 결과에 대한 자료를 요청하는 경우 요청받은 행정기관의 장은 특별한 사유가 없는 한 관련 자료를 제공하여야 한다.

06 조사실시

1. 개별조사계획의 수립

행정조사를 실시하고자 하는 행정기관의 장은 사전통지를 하기 전에 개별조사계획을 수립하여야 한다. 다만, 행정조사의 시급성으로 행정조사계획을 수립할 수 없는 경우에는 행정조사에 대한 결과보고서로 개별조사계획을 갈음할 수 있다.

2. 조사의 사전통지

(1) 행정조사를 실시하고자 하는 행정기관의 장은 출석요구서, 보고요구서 · 자료제출요구서 및 현장출입조사서(이하 "출석요구서등"이라 한다.)를 조사개시 7일 전까지 조사대상자에게 서면으로 통지하여야 한다. 다만, 다음의 어느 하나에 해당하는 경우에는 행정조사의 개시와 동시에 출석요구서등을 조사대상자에게 제시하거나 행정조사의 목적 등을 조사대상자에게 구두로 통지할 수 있다.

① 행정조사를 실시하기 전에 관련 사항을 미리 통지하는 때에는 증거인멸 등으로 행정조사의 목적을 달성할 수 없다고 판단되는 경우
② 「통계법」 제3조 제2호에 따른 지정통계의 작성을 위하여 조사하는 경우
③ 조사대상자의 자발적인 협조를 얻어 실시하는 행정조사의 경우

(2) 행정기관의 장이 출석요구서등을 조사대상자에게 발송하는 경우 출석요구서등의 내용이 외부에 공개되지 아니하도록 필요한 조치를 하여야 한다.

3. 조사의 연기신청

(1) 출석요구서등을 통지받은 자가 ① 천재지변이나 ② 화재나 그 밖의 재해로 인하여 사업장의 운영이 불가능한 경우 또는 ③ 조사대상자의 질병이나 장기 출장 등으로 인하여 조사가 곤란하다고 판단되는 경우에는 당해 행정조사를 연기하여 줄 것을 행정기관의 장에게 요청할 수 있다.

(2) 연기요청을 하고자 하는 자는 연기하고자 하는 기간과 사유가 포함된 연기신청서를 행정기관의 장에게 제출하여야 한다.

(3) 행정기관의 장은 행정조사의 연기요청을 받은 때에는 연기요청을 받은 날부터 7일 이내에 조사의 연기 여부를 결정하여 조사대상자에게 통지하여야 한다.

4. 제3자에 대한 보충조사

(1) 행정기관의 장은 조사대상자에 대한 조사만으로는 당해 행정조사의 목적을 달성할 수 없거나 조사대상이 되는 행위에 대한 사실 여부 등을 입증하는 데 과도한 비용 등이 소요되는 경우로서 다음의 어느 하나에 해당하는 경우에는 제3자에 대하여 보충조사를 할 수 있다.

　① 다른 법률에서 제3자에 대한 조사를 허용하고 있는 경우
　② 제3자의 동의가 있는 경우

(2) 행정기관의 장은 제3자에 대한 보충조사를 실시하는 경우에는 조사개시 7일 전까지 보충조사의 일시·장소 및 보충조사의 취지 등을 제3자에게 서면으로 통지하여야 한다.

(3) 행정기관의 장은 제3자에 대한 보충조사를 하기 전에 그 사실을 원래의 조사대상자에게 통지하여야 한다. 다만, 제3자에 대한 보충조사를 사전에 통지하여서는 조사목적을 달성할 수 없거나 조사목적의 달성이 현저히 곤란한 경우에는 제3자에 대한 조사결과를 확정하기 전에 그 사실을 통지하여야 한다.

(4) 통지를 받은 원래의 조사대상자는 의견을 제출할 수 있다.

5. 자발적인 협조에 따라 실시하는 행정조사

(1) 행정기관의 장이 조사대상자의 자발적인 협조를 얻어 행정조사를 실시하고자 하는 경우 조사대상자는 문서·전화·구두 등의 방법으로 당해 행정조사를 거부할 수 있다.

(2) 행정조사에 대하여 조사대상자가 조사에 응할 것인지에 대한 응답을 하지 아니하는 경우에는 법령등에 특별한 규정이 없는 한 그 조사를 거부한 것으로 본다.

(3) 행정기관의 장은 조사거부자의 인적 사항 등에 관한 기초자료는 특정 개인을 식별할 수 없는 형태로 통계를 작성하는 경우에 한하여 이를 이용할 수 있다.

6. 의견제출

(1) 조사대상자는 사전통지의 내용에 대하여 행정기관의 장에게 의견을 제출할 수 있다.

(2) 행정기관의 장은 조사대상자가 제출한 의견이 상당한 이유가 있다고 인정하는 경우에는 이를 행정조사에 반영하여야 한다.

7. 조사원 교체신청

(1) 조사대상자는 조사원에게 공정한 행정조사를 기대하기 어려운 사정이 있다고 판단되는 경우에는 행정기관의 장에게 당해 조사원의 교체를 신청할 수 있다.

(2) 교체신청은 그 이유를 명시한 서면으로 행정기관의 장에게 하여야 한다.

(3) 교체신청을 받은 행정기관의 장은 즉시 이를 심사하여야 한다.

(4) 행정기관의 장은 교체신청이 타당하다고 인정되는 경우에는 다른 조사원으로 하여금 행정조사를 하게 하여야 한다.

(5) 행정기관의 장은 교체신청이 조사를 지연할 목적으로 한 것이거나 그 밖에 교체신청에 타당한 이유가 없다고 인정되는 때에는 그 신청을 기각하고 그 취지를 신청인에게 통지하여야 한다.

8. 조사권 행사의 제한

(1) 조사원은 사전에 발송된 사항에 한하여 조사대상자를 조사하되, 사전통지한 사항과 관련된 추가적인 행정조사가 필요할 경우에는 조사대상자에게 추가조사의 필요성과 조사내용 등에 관한 사항을 서면이나 구두로 통보한 후 추가조사를 실시할 수 있다.

(2) 조사대상자는 법률·회계 등에 대하여 전문지식이 있는 관계 전문가로 하여금 행정조사를 받는 과정에 입회하게 하거나 의견을 진술하게 할 수 있다.

(3) 조사대상자와 조사원은 조사과정을 방해하지 아니하는 범위 안에서 행정조사의 과정을 녹음하거나 녹화할 수 있다. 이 경우 녹음·녹화의 범위 등은 상호 협의하여 정하여야 한다.

(4) 조사대상자와 조사원이 녹음이나 녹화를 하는 경우에는 사전에 이를 당해 행정기관의 장에게 통지하여야 한다.

9. 조사결과의 통지

행정기관의 장은 법령등에 특별한 규정이 있는 경우를 제외하고는 행정조사의 결과를 확정한 날부터 7일 이내에 그 결과를 조사대상자에게 통지하여야 한다.

07 자율관리체제의 구축 등

1. 자율신고제도

(1) 행정기관의 장은 법령등에서 규정하고 있는 조사사항을 조사대상자로 하여금 스스로 신고하도록 하는 제도를 운영할 수 있다.

(2) 행정기관의 장은 조사대상자가 신고한 내용이 거짓의 신고라고 인정할 만한 근거가 있거나 신고내용을 신뢰할 수 없는 경우를 제외하고는 그 신고내용을 행정조사에 갈음할 수 있다.

2. 자율관리체제의 구축

(1) 행정기관의 장은 조사대상자가 자율적으로 행정조사사항을 신고·관리하고, 스스로 법령준수사항을 통제하도록 하는 체제(이하 "자율관리체제"라 한다.)의 기준을 마련하여 고시할 수 있다.

(2) 조사대상자와 조사대상자가 법령등에 따라 설립하거나 자율적으로 설립한 단체 또는 협회는 자율관리체제의 기준에 따라 자율관리체제를 구축하여 이를 행정기관의 장에게 신고할 수 있다.

(3) 국가와 지방자치단체는 행정사무의 효율적인 집행과 법령등의 준수를 위하여 조사대상자의 자율관리체제 구축을 지원하여야 한다.

3. 자율관리에 대한 혜택의 부여

행정기관의 장은 자율신고를 하는 자와 자율관리체제를 구축하고 자율관리체제의 기준을 준수한 자에 대하여는 법령등으로 규정한 바에 따라 행정조사의 감면 또는 행정·세제상의 지원을 하는 등 필요한 혜택을 부여할 수 있다.

08 위법한 행정조사를 기초로 한 행정행위의 적법성 여부

1. 견해의 대립

행정조사는 행정행위의 결정을 내리기 위한 준비작용으로 조사 그 자체를 목적으로 하므로 반드시 행정행위결정의 선행요건으로 볼 수는 없지만, 행정행위와 관련성을 갖는 경우가 많다. 그러므로 행정조사과정에서 준수해야 할 한계를 위반하는 등 위법한 행정조사가 실시된 경우, 그에 근거하여 내려진 행정행위에 그 위법성이 승계되어 행정행위까지도 위법하게 볼 수 있는지 여부에 대해 견해가 나뉜다.

2. 학설

(1) 승계부정설(행정행위 적법설)

특별히 법령에서 행정행위의 전제요건으로 규정한 경우를 제외하고는 서로 별개의 제도이다. 따라서 행정조사가 위법하더라도, 행정행위는 원칙적으로 적법하다.

(2) 승계긍정설(행정행위 위법설)

행정조사와 행정행위는 전체적으로 하나의 행정과정을 구성하고 있으므로 행정조사에 중대한 위법사유가 있으면 그 위법성이 승계되어 행정행위까지도 위법하다.

3. 검토

행정조사와 그에 기초한 행정행위는 별개라 할지라도 밀접한 관련성을 가지므로, 행정조사의 위법성은 행정행위에도 원칙적으로 승계된다고 보는 것이 타당하다. 따라서 권력적 행정조사에서 권력남용이 있었거나, 비권력적 행정조사에서 실력행사에 의한 조사가 실행되는 등 위법한 행정조사에 기초한 행정행위의 결정 역시 위법하다.

09 행정조사에 대한 구제

1. 적법한 행정조사에 대한 구제

행정조사에 의해 조사원 등의 귀책사유 없이 재산상 특별한 희생을 받는 자의 손실을 보상하기 위하여 행정조사의 근거법률에서 정당보상을 규정하여야 한다. 다만 소량의 식품을 수거하여 검사하는 것과 같이 그 손실이 경미한 경우에는 재산권의 사회적 제약에 해당하므로 보상조치를 하지 않아도 된다.

2. 위법한 행정조사에 대한 구제

(1) 행정쟁송을 통한 구제

권력적 행정조사는 처분성이 인정되어 행정쟁송의 대상이 될 수 있다.

(2) 헌법소원을 통한 구제

대부분의 행정조사는 단기간에 종료되는 특성을 가지므로 행정쟁송의 대상이 될지라도 주관적 권리보호이익이 없어 각하될 가능성이 높다. 반면에 헌법재판소에 의한 헌법소원은 법원의 행정소송과는 달리, 개인의 주관적 권리보호이익이 없더라도 침해의 반복방지 등 객관적 권리보호이익이 인정되는 경우에는 그에 대한 본안판단을 하게 되므로 헌법소원을 청구하여 그 구제를 모색할 수 있다.

(3) 국가배상을 통한 구제

행정조사가 공무원의 직무상 불법행위에 해당하면 그로 인해 피해를 입은 자는 국가배상을 청구할 수 있다.

Chapter

06

행정규제기본법

Chapter

06 행정규제기본법

기·출·문·제

제1회

행정규제의 개념과 행정규제 법정주의에 관하여 설명하시오.

제5회

규제영향분석 및 자체심사에 관하여 설명하시오.

제7회

규제개혁위원회의 설치, 기능 및 조사·의견청취 등에 관하여 설명하시오.

제10회

규제의 원칙을 설명하고 규제개혁위원회의 심의·조정 사항을 기술하시오.

01 목적과 정의

1. 목적

행정규제에 관한 기본적인 사항을 규정하여 불필요한 행정규제를 폐지하고 비효율적인 행정 규제의 신설을 억제함으로써 사회·경제활동의 자율과 창의를 촉진하여 국민의 삶의 질을 높이고 국가경쟁력이 지속적으로 향상되도록 함을 목적으로 한다.

2. 정의

(1) 행정규제

국가나 지방자치단체가 특정한 행정 목적을 실현하기 위하여 국민(국내법을 적용받는 외국 인을 포함한다.)의 권리를 제한하거나 의무를 부과하는 것으로서 법령등이나 조례·규칙에 규정되는 사항을 말한다.

(2) 규제영향분석

규제로 인하여 국민의 일상생활과 사회·경제·행정 등에 미치는 여러 가지 영향을 객관적이고 과학적인 방법을 사용하여 미리 예측·분석함으로써 규제의 타당성을 판단하는 기준을 제시하는 것을 말한다.

02 규제 법정주의과 원칙

1. 규제 법정주의

(1) 규제는 법률에 근거하여야 하며, 그 내용은 알기 쉬운 용어로 구체적이고 명확하게 규정되어야 한다.

(2) 규제는 법률에 직접 규정하되, 규제의 세부적인 내용은 법률 또는 상위법령에서 구체적으로 범위를 정하여 위임한 바에 따라 대통령령·총리령·부령 또는 조례·규칙으로 정할 수 있다. 다만, 법령에서 전문적·기술적 사항이나 경미한 사항으로서 업무의 성질상 위임이 불가피한 사항에 관하여 구체적으로 범위를 정하여 위임한 경우에는 고시 등으로 정할 수 있다.

(3) 행정기관은 법률에 근거하지 아니한 규제로 국민의 권리를 제한하거나 의무를 부과할 수 없다.

> **판례**
>
> **대법원 2018. 11. 29., 선고, 2016두35229, 판결 [폐기물처리시설설치비용부담금부과처분취소]**
> 「행정규제기본법」 제4조 제3항에 따르면 지방자치단체가 조례를 제정할 때에 그 내용이 주민의 권리제한 또는 의무부과에 관한 사항이나 벌칙인 경우에는 법률의 위임이 있어야 하므로, 법률의 위임 없이 주민의 권리제한 또는 의무부과에 관한 사항을 정한 조례는 효력이 없다.
> 폐기물처리시설을 설치하거나 그 설치비용에 해당하는 금액을 납부할 의무를 부담하는 보금자리주택지구 조성사업을 시행하는 사업시행자에게 조례 규정에 따라 폐기물처리시설 설치비용 산정의 기준이 되는 부지면적에 주민편익시설의 면적을 포함시켜 산정한 폐기물처리시설 부담금을 부과한 사안에서, 위 조례 규정은 폐기물시설촉진법령의 가능한 해석범위를 넘어 이를 확장함으로써 위임의 한계를 벗어난 새로운 입법을 한 것과 다름없으므로 효력이 없고, 사업시행자가 주민편익시설 설치비용을 부담하도록 할 필요성 또는 타당성이 있다는 사정만으로 그 법령 문언의 해석상 예측 가능한 범위를 벗어나 사업시행자에게 새로운 비용부담의무를 부과하는 내용으로 제정된 조례 규정에 대하여 효력을 인정할 수는 없다.
>
> **대법원 2019. 7. 10., 선고, 2016두61051, 판결 [폐기물처리시설설치비용부담금부과처분취소]**
> 하위법령의 규정이 상위법령의 규정에 저촉되는지 여부가 명백하지 않은 경우에, 관련 법령의 내용과 입법 취지 및 연혁 등을 종합적으로 살펴 하위법령의 의미를 상위법령에 합치되는 것으로 해석하는 것이 가능한 경우라면, 하위법령이 상위법령에 위반된다는 이유로 쉽게 무효를 선언할 것은 아니다.

06

특정 사안과 관련하여 법령에서 조례에 위임을 한 경우 조례가 위임의 한계를 준수하였는지를 판단할 때는 당해 법령 규정의 입법 목적과 규정 내용, 규정의 체계, 다른 규정과의 관계 등을 종합적으로 살펴야 하고, 수권 규정에서 사용하고 있는 용어의 의미를 넘어 그 범위를 확장하거나 축소하여 위임 내용을 구체화하는 단계를 벗어나 새로운 입법을 하였는지 등도 아울러 고려하여야 한다.

3. 규제의 원칙

(1) 국가나 지방자치단체는 국민의 자유와 창의를 존중하여야 하며, 규제를 정하는 경우에도 그 본질적 내용을 침해하지 아니하도록 하여야 한다.

(2) 국가나 지방자치단체가 규제를 정할 때에는 국민의 생명·인권·보건 및 환경 등의 보호와 식품·의약품의 안전을 위한 실효성이 있는 규제가 되도록 하여야 한다.

(3) 규제의 대상과 수단은 규제의 목적 실현에 필요한 최소한의 범위에서 가장 효과적인 방법으로 객관성·투명성 및 공정성이 확보되도록 설정되어야 한다.

4. 우선허용·사후규제 원칙

(1) 국가나 지방자치단체가 신기술을 활용한 새로운 서비스 또는 제품과 관련된 규제를 법령등이나 조례·규칙에 규정할 때에는 다음의 어느 하나의 규정 방식을 우선적으로 고려하여야 한다.
   ① 규제로 인하여 제한되는 권리나 부과되는 의무는 한정적으로 열거하고 그 밖의 사항은 원칙적으로 허용하는 규정 방식
   ② 서비스와 제품의 인정 요건·개념 등을 장래의 신기술 발전에 따른 새로운 서비스와 제품도 포섭될 수 있도록 하는 규정 방식
   ③ 서비스와 제품에 관한 분류기준을 장래의 신기술 발전에 따른 서비스와 제품도 포섭될 수 있도록 유연하게 정하는 규정 방식
   ④ 그 밖에 신기술 서비스·제품과 관련하여 출시 전에 권리를 제한하거나 의무를 부과하지 아니하고 필요에 따라 출시 후에 권리를 제한하거나 의무를 부과하는 규정 방식

(2) 국가와 지방자치단체는 신기술 서비스·제품과 관련된 규제를 점검하여 해당 규제를 (1)에 따른 규정 방식으로 개선하는 방안을 강구하여야 한다.

5. 규제의 등록 및 공표

(1) 중앙행정기관의 장은 소관 규제의 명칭·내용·근거·처리기관 등을 규제개혁위원회에 등록하여야 한다.

(2) 위원회는 등록된 규제사무 목록을 작성하여 공표하고, 매년 6월 말일까지 국회에 제출하여야 한다.

(3) 위원회는 직권으로 조사하여 등록되지 아니한 규제가 있는 경우에는 관계 중앙행정기관의 장에게 지체 없이 위원회에 등록하게 하거나 그 규제를 폐지하는 법령등의 정비계획을 제출하도록 요구하여야 하며, 관계 중앙행정기관의 장은 특별한 사유가 없으면 그 요구에 따라야 한다.

03 규제의 신설·강화에 대한 원칙과 심사

1. 규제영향분석 및 자체심사

(1) 중앙행정기관의 장은 규제를 신설하거나 강화(규제의 존속기한 연장을 포함)하려면 다음의 사항을 종합적으로 고려하여 규제영향분석을 하고 규제영향분석서를 작성하여야 한다.

① 규제의 신설 또는 강화의 필요성
② 규제 목적의 실현 가능성
③ 규제 외의 대체 수단 존재 여부 및 기존규제와의 중복 여부
④ 규제의 시행에 따라 규제를 받는 집단과 국민이 부담하여야 할 비용과 편익의 비교 분석
⑤ 규제의 시행이 「중소기업기본법」 제2조에 따른 중소기업에 미치는 영향
⑥ 「국가표준기본법」 제3조 제8호 및 제19호에 따른 기술규정 및 적합성평가의 시행이 기업에 미치는 영향
⑦ 경쟁 제한적 요소의 포함 여부
⑧ 규제 내용의 객관성과 명료성
⑨ 규제의 존속기한·재검토기한(일정기간마다 그 규제의 시행상황에 관한 점검결과에 따라 폐지 또는 완화 등의 조치를 할 필요성이 인정되는 규제에 한정하여 적용되는 기한을 말한다.)의 설정 근거 또는 미설정 사유
⑩ 규제의 신설 또는 강화에 따른 행정기구·인력 및 예산의 소요
⑪ 규제의 신설 또는 강화에 따른 부담을 경감하기 위하여 폐지·완화가 필요한 기존규제 대상
⑫ 관련 민원사무의 구비서류 및 처리절차 등의 적정 여부

(2) 중앙행정기관의 장은 규제영향분석서를 입법예고 기간 동안 국민에게 공표하여야 하고, 제출된 의견을 검토하여 규제영향분석서를 보완하며, 의견을 제출한 자에게 제출된 의견의 처리 결과를 알려야 한다.

(3) 중앙행정기관의 장은 (1)에 따른 규제영향분석의 결과를 기초로 규제의 대상·범위·방법 등을 정하고 자체규제심사위원회의 심의를 거쳐 그 타당성에 대하여 자체심사를 하여야 한다. 이 경우 관계 전문가 등의 의견을 충분히 수렴하여 심사에 반영하여야 한다.

2. 규제의 존속기한 및 재검토기한 명시(규제일몰제)

(1) 중앙행정기관의 장은 규제를 신설하거나 강화하려는 경우에 존속시켜야 할 명백한 사유가 없는 규제는 존속기한 또는 재검토기한을 설정하여 그 법령등에 규정하여야 한다.

(2) 규제의 존속기한 또는 재검토기한은 규제의 목적을 달성하기 위하여 필요한 최소한의 기간 내에서 설정되어야 하며, 그 기간은 원칙적으로 5년을 초과할 수 없다.

(3) 중앙행정기관의 장은 규제의 존속기한 또는 재검토기한을 연장할 필요가 있을 때에는 그 규제의 존속기한 또는 재검토기한의 6개월 전까지 심사요청에 따라 위원회에 심사를 요청하여야 한다.

(4) 위원회는 심사 시 필요하다고 인정하면 관계 중앙행정기관의 장에게 그 규제의 존속기한 또는 재검토기한을 설정할 것을 권고할 수 있다.

(5) 중앙행정기관의 장은 법률에 규정된 규제의 존속기한 또는 재검토기한을 연장할 필요가 있을 때에는 그 규제의 존속기한 또는 재검토기한의 3개월 전까지 규제의 존속기한 또는 재검토기한 연장을 내용으로 하는 개정안을 국회에 제출하여야 한다.

3. 규제의 재검토

(1) 중앙행정기관의 장은 규제의 재검토기한이 도래하는 경우 자체규제심사위원회의 심의를 거쳐 해당 규제의 시행상황을 점검하는 방법 등으로 규제의 재검토를 실시하고 그 결과에 따라 규제의 폐지 또는 완화 등 필요한 조치를 하여야 한다.

(2) 중앙행정기관의 장은 재검토의 결과보고서를 작성·보존 및 공개하고, 다음 재검토를 실시할 때 그 내용을 반영하여야 한다.

4. 소상공인 등에 대한 규제 형평

(1) 중앙행정기관의 장은 규제를 신설하거나 강화하려는 경우 「소상공인기본법」 제2조에 따른 소상공인 및 「중소기업기본법」 제2조 제2항에 따른 소기업에 대하여 해당 규제를 적용하는 것이 적절하지 아니하거나 과도한 부담을 줄 우려가 있다고 판단되면 규제의 전부 또는 일부의 적용을 면제하거나 일정기간 유예하는 등의 방안을 검토하여야 한다.

(2) 중앙행정기관의 장은 (1)을 적용하는 것이 적절하지 아니하다고 판단될 경우에는 위원회에 심사를 요청할 때에 그 판단의 근거를 제시하여야 한다.

5. 의견 수렴

중앙행정기관의 장은 규제를 신설하거나 강화하려면 공청회, 행정상 입법예고 등의 방법으로 행정기관·민간단체·이해관계인·연구기관·전문가 등의 의견을 충분히 수렴하여야 한다.

6. 심사 요청

(1) 중앙행정기관의 장은 규제를 신설하거나 강화하려면 위원회에 심사를 요청하여야 한다. 이 경우 법령안에 대하여는 법제처장에게 법령안 심사를 요청하기 전에 하여야 한다.

(2) 중앙행정기관의 장은 심사를 요청할 때에는 규제안에 다음의 사항을 첨부하여 위원회에 제출하여야 한다.
   ① 규제영향분석서
   ② 자체심사 의견
   ③ 행정기관·이해관계인 등의 제출의견 요지

(3) 위원회는 규제심사를 요청받은 경우에는 그 법령에 대한 규제정비 계획을 제출하게 할 수 있다.

7. 예비심사

(1) 위원회는 심사를 요청받은 날부터 10일 이내에 그 규제가 국민의 일상생활과 사회·경제활동에 미치는 파급 효과를 고려하여 심사를 받아야 할 규제(중요규제)인지를 결정하여야 한다.

(2) 위원회가 중요규제가 아니라고 결정한 규제는 위원회의 심사를 받은 것으로 본다.

(3) 위원회는 결정을 하였을 때에는 지체 없이 그 결과를 관계 중앙행정기관의 장에게 통보하여야 한다.

8. 중요규제의 판단기준

(1) 원칙

① 규제의 시행에 따라 규제를 받는 집단과 국민이 부담하여야 할 비용이 연간 100억 원 이상인 규제

② 규제를 받는 사람의 수가 연간 100만 명 이상인 규제

③ 명백하게 진입이나 경쟁이 제한적인 성격의 규제

④ 국제기준에 비추어 규제 정도가 과도하거나 불합리한 규제

⑤ 다른 행정기관에 의하여 시행되고 있거나 시행 예정인 규제와 심각한 불일치 또는 간섭을 발생시키는 규제

⑥ 이해관계인 간 이견이 첨예하게 대립하거나 사회・경제적으로 상당한 부작용이 우려되는 규제

⑦ 중소기업영향평가・경쟁영향평가・기술영향평가의 결과 개선이 필요한 규제

⑧ 규제 수준 및 정도가 현저히 부당하여 위원회의 심도 있는 논의가 필요한 규제

(2) 예외

위원회는 심사를 요청받은 규제가 중요규제 판단기준의 어느 하나에 해당하더라도 이해관계인 간의 이견이 없으면서 다른 규제대안이 없는 경우 등 불가피성이 인정되는 경우에는 중요규제로 보지 아니할 수 있다.

9. 심사

(1) 위원회는 중요규제라고 결정한 규제에 대하여는 심사 요청을 받은 날부터 45일 이내에 심사를 끝내야 한다. 다만, 심사기간의 연장이 불가피한 경우에는 위원회의 결정으로 15일을 넘지 아니하는 범위에서 한 차례만 연장할 수 있다.

(2) 위원회는 관계 중앙행정기관의 자체심사가 신뢰할 수 있는 자료와 근거에 의하여 적절한 절차에 따라 적정하게 이루어졌는지 심사하여야 한다.

(3) 위원회는 첨부서류 중 보완이 필요한 사항에 대하여는 관계 중앙행정기관의 장에게 보완할 것을 요구할 수 있다. 이 경우 보완하는 데에 걸린 기간은 심사기간에 포함하지 아니한다.

(4) 위원회는 심사를 마쳤을 때에는 지체 없이 그 결과를 관계 중앙행정기관의 장에게 통보하여야 한다.

10. 긴급한 규제의 신설·강화 심사

(1) 중앙행정기관의 장은 긴급하게 규제를 신설하거나 강화하여야 할 특별한 사유가 있는 경우에는 규제영향분석 및 자체심사, 재검토기한 연장 요청, 의견 수렴 및 심사 요청의 절차를 거치지 아니하고 위원회에 심사를 요청할 수 있다. 이 경우 그 사유를 제시하여야 한다.

(2) 위원회는 심사 요청된 규제의 긴급성이 인정된다고 결정하면 심사를 요청받은 날부터 20일 이내에 규제의 신설 또는 강화의 타당성을 심사하고 그 결과를 관계 중앙행정기관의 장에게 통보하여야 한다. 이 경우 관계 중앙행정기관의 장은 위원회의 심사 결과를 통보받은 날부터 60일 이내에 위원회에 규제영향분석서를 제출하여야 한다.

(3) 위원회는 심사 요청된 규제의 긴급성이 인정되지 아니한다고 결정하면 심사를 요청받은 날부터 10일 이내에 관계 중앙행정기관의 장에게 절차를 거치도록 요구할 수 있다.

11. 개선 권고

(1) 위원회는 심사 결과 필요하다고 인정하면 관계 중앙행정기관의 장에게 그 규제의 신설 또는 강화를 철회하거나 개선하도록 권고할 수 있다.

(2) 권고를 받은 관계 중앙행정기관의 장은 특별한 사유가 없으면 이에 따라야 하며, 그 처리 결과를 위원회에 제출하여야 한다.

12. 재심사

(1) 중앙행정기관의 장은 위원회의 심사 결과에 이의가 있거나 위원회의 권고대로 조치하기가 곤란하다고 판단되는 특별한 사정이 있는 경우에는 위원회에 재심사를 요청할 수 있다.

(2) 위원회는 재심사 요청을 받으면 그 요청받은 날부터 15일 이내에 재심사를 끝내고 그 결과를 관계 중앙행정기관의 장에게 통보하여야 한다.

13. 심사절차의 준수

(1) 중앙행정기관의 장은 위원회의 심사를 받지 아니하고 규제를 신설하거나 강화하여서는 아니 된다.

(2) 중앙행정기관의 장은 법제처장에게 신설되거나 강화되는 규제를 포함하는 법령안의 심사를 요청할 때에는 그 규제에 대한 위원회의 심사의견을 첨부하여야 한다. 법령안을 국무회의에 상정하는 경우에도 또한 같다.

04 기존규제의 정비

1. 규제 정비의 요청

(1) 누구든지 위원회에 고시(告示) 등 기존규제의 폐지 또는 개선(정비)을 요청할 수 있다.

(2) 위원회는 정비 요청을 받으면 해당 규제의 소관 행정기관의 장에게 지체 없이 통보하여야 하고, 통보를 받은 행정기관의 장은 책임자 실명으로 성실히 답변하여야 한다.

(3) 위원회는 답변과 관련하여 필요한 경우 해당 행정기관의 장에게 규제 존치의 필요성 등에 대하여 소명할 것을 요청할 수 있다.

(4) 소명을 요청받은 행정기관의 장은 특별한 사유가 없으면 이에 따라야 한다.

2. 다른 행정기관 소관의 규제에 관한 의견제출

중앙행정기관의 장은 규제 개선 또는 소관 정책의 목적을 효과적으로 달성하기 위하여 다른 중앙행정기관의 소관 규제를 개선할 필요가 있다고 판단하는 경우에는 그에 관한 의견을 위원회에 제출할 수 있다.

3. 기존규제의 심사

위원회는 의견을 수렴한 결과 특정한 기존규제에 대한 심사가 필요하다고 인정한 경우에는 기존규제의 정비에 관하여 심사할 수 있다.

4. 기존규제의 자체정비

중앙행정기관의 장은 매년 소관 기존규제에 대하여 이해관계인·전문가 등의 의견을 수렴하여 정비가 필요한 규제를 선정하여 정비하여야 한다.

5. 기존규제의 존속기한 및 재검토기한 명시

중앙행정기관의 장은 기존규제에 대한 점검결과 존속시켜야 할 명백한 사유가 없는 규제는 존속기한 또는 재검토기한을 설정하여 그 법령등에 규정하여야 한다.

6. 신기술 서비스·제품 관련 규제의 정비 및 특례

(1) 중앙행정기관의 장은 신기술 서비스·제품과 관련된 규제와 관련하여 규제의 적용 또는 존재 여부에 대하여 국민이 확인을 요청하는 경우 신기술 서비스·제품에 대한 규제 특례를 부여하는 관계법률로 정하는 바에 따라 이를 지체 없이 확인하여 통보하여야 한다.

(2) 중앙행정기관의 장은 신기술 서비스·제품과 관련된 규제와 관련하여 ① 기존 규제를 해당 신기술 서비스·제품에 적용하는 것이 곤란하거나 맞지 아니한 경우, ② 해당 신기술 서비스·제품에 대하여 명확히 규정되어 있지 아니한 경우에 해당하여 신기술 서비스·제품의 육성을 저해하는 경우에는 해당 규제를 신속하게 정비하여야 한다.

(3) 중앙행정기관의 장은 해당 규제가 정비되기 전이라도 신기술 서비스·제품과 관련된 규제 특례 관계법률로 정하는 바에 따라 해당 규제의 적용을 면제하거나 완화할 수 있다.

(4) 중앙행정기관의 장은 규제 특례 규정을 두는 경우에는 다음의 사항을 종합적으로 고려하여야 한다.
   ① 국민의 안전·생명·건강에 위해가 되거나 환경 및 지역균형발전을 저해하는지 여부와 개인정보의 안전한 보호 및 처리 여부
   ② 해당 신기술 서비스·제품의 혁신성 및 안전성과 그에 따른 이용자의 편익
   ③ 규제의 적용 면제 또는 완화로 인하여 발생할 수 있는 부작용에 대한 사후 책임 확보 방안

(5) 신기술 서비스·제품과 관련된 규제 특례를 부여받고자 하는 자의 신청을 받은 중앙행정기관의 장(규제 특례 주관기관)은 신기술 서비스·제품 관련 규제 특례에 관한 사항을 심의·의결하기 위하여 90일 이내에 규제 특례 관계법률에 따라 설치된 위원회(규제 특례 위원회)로 신청된 사항을 상정하여야 한다. 부득이한 사유로 그 기간 내에 상정할 수 없는 때에는 1회에 한정하여 30일을 넘지 않는 범위에서 그 기간을 연장할 수 있다.

(6) 규제 특례의 부여를 신청한 자는 규제 특례 부여가 규제 특례 위원회에서 부결된 경우 규제 특례 주관기관의 장에게 재심의를 신청할 수 있다.

(7) 신기술 서비스·제품과 관련된 규제 특례를 부여받은 자는 사정의 변경 등 정당한 사유가 있는 경우 규제 특례 주관기관의 장에게 규제 특례의 내용·조건 등의 변경을 신청할 수 있다.

06

7. 신산업 규제정비 기본계획의 수립 및 시행

(1) 위원회는 신산업을 육성하고 촉진하기 위하여 신산업 분야의 규제정비에 관한 기본계획을 3년마다 수립·시행하여야 한다.

(2) 기본계획에는 다음의 사항이 포함되어야 한다.
   ① 신산업 분야의 규제정비의 목표와 기본방향
   ② 신산업 분야 육성을 위한 규제정비에 관한 사항
   ③ 신산업 분야 규제의 우선허용·사후규제 방식으로의 전환에 관한 사항
   ④ 신산업 분야의 규제정비와 관련하여 관계 중앙행정기관 간 정책 및 업무 협력에 관한 사항
   ⑤ 그 밖에 신산업 분야의 규제정비에 필요한 사항

(3) 위원회는 기본계획이 수립된 때에는 지체 없이 이를 관계 중앙행정기관의 장에게 통보하여야 한다.

(4) 관계 중앙행정기관의 장은 기본계획에 따라 연도별 시행계획을 규제정비 종합계획에 반영하여야 한다.

8. 규제정비 종합계획의 수립

(1) 위원회는 매년 중점적으로 추진할 규제분야나 특정한 기존규제를 선정하여 기존규제의 정비지침을 작성하고 위원회의 의결을 거쳐 중앙행정기관의 장에게 통보하여야 한다. 이 경우 위원회는 필요하다고 인정하면 정비지침에 특정한 기존규제에 대한 정비의 기한을 정할 수 있다.

(2) 중앙행정기관의 장은 정비지침에 따라 그 기관의 규제정비 계획을 수립하여 위원회에 제출하여야 한다.

(3) 위원회는 중앙행정기관별 규제정비 계획을 종합하여 정부의 규제정비 종합계획을 수립하고, 국무회의의 심의를 거쳐 대통령에게 보고한 후 그 내용을 공표하여야 한다.

9. 규제정비 종합계획의 시행

(1) 중앙행정기관의 장은 수립·공표된 정부의 규제정비 종합계획에 따라 소관 기존규제를 정비하고 그 결과를 위원회에 제출하여야 한다.

(2) 중앙행정기관의 장은 위원회가 정비의 기한을 정하여 통보한 특정한 기존규제에 대하여는 그 기한까지 정비를 끝내고 그 결과를 위원회에 통보하여야 한다.

10. 조직 정비 등

(1) 위원회는 기존규제가 정비된 경우 정부의 조직과 예산을 관장하는 관계 중앙행정기관의 장에게 이를 통보하여야 한다.

(2) 통보를 받은 관계 중앙행정기관의 장은 기존규제의 정비에 따른 정부의 조직 또는 예산의 합리화 방안을 마련하여야 한다.

05 규제개혁위원회

1. 설치

정부의 규제정책을 심의·조정하고 규제의 심사·정비 등에 관한 사항을 종합적으로 추진하기 위하여 대통령 소속으로 규제개혁위원회를 둔다.

2. 심의·조정 사항

(1) 규제정책의 기본방향과 규제제도의 연구·발전에 관한 사항

(2) 규제의 신설·강화 등에 대한 심사에 관한 사항

(3) 기존규제의 심사, 신산업 규제정비 기본계획 및 규제정비 종합계획의 수립·시행에 관한 사항

(4) 규제의 등록·공표에 관한 사항

(5) 규제 개선에 관한 의견 수렴 및 처리에 관한 사항

(6) 각급 행정기관의 규제 개선 실태에 대한 점검·평가에 관한 사항

3. 권고

위원회는 규제 특례 위원회에 의견을 제출하거나, 필요한 경우 권고할 수 있다. 이 경우 권고를 받은 규제 특례 위원회는 권고사항에 대한 처리결과를 위원회에 제출하여야 한다.

4. 구성 등

(1) 위원회는 위원장 2명을 포함한 20명 이상 25명 이하의 위원으로 구성한다.

(2) 위원장은 국무총리와 학식과 경험이 풍부한 사람 중에서 대통령이 위촉하는 사람이 된다.

(3) 위원은 학식과 경험이 풍부한 사람 중에서 대통령이 위촉하는 사람과 대통령령으로 정하는 공무원(기획재정부장관·행정안전부장관·산업통상자원부장관·중소벤처기업부장관·국무조정실장·공정거래위원회위원장 및 법제처장)이 된다. 이 경우 공무원이 아닌 위원이 전체위원의 과반수가 되어야 한다.

(4) 위원 중 공무원이 아닌 위원의 임기는 2년으로 하되, 한 차례만 연임할 수 있다.

5. 의결 정족수

위원회의 회의는 재적위원 과반수의 출석으로 개의하고, 재적위원 과반수의 찬성으로 의결한다.

6. 회의록의 작성·공개

위원회는 회의록을 작성·보존·공개하여야 한다. 다만, 위원장이 공익보호나 그 밖의 사유로 필요하다고 인정하는 때에는 위원회의 의결로 공개하지 아니할 수 있다.

7. 위원의 신분보장

위원은 ① 금고 이상의 형을 선고받은 경우 또는 ② 장기간의 심신쇠약으로 직무를 수행할 수 없게 된 경우에 해당하는 경우를 제외하고는 본인의 의사와 관계없이 면직되거나 해촉되지 아니한다.

8. 위원의 제척·회피

(1) 제척
① 해당 안건이 위원 본인이나 친족과 직접적인 이해관계가 있는 경우
② 위원이 해당 안건과 관련하여 증언 또는 감정을 하거나 자문·용역 등을 한 경우
③ 해당 안건 당사자의 대리인이거나 대리인이었던 경우

(2) 회피
위원은 제척사유 또는 이에 준하는 사유가 있거나 그 밖에 심의의 공정성을 확보하기 어렵다고 판단하는 경우에는 스스로 해당 안건의 심의·의결에서 회피하여야 한다.

9. 조사 및 의견청취 등

(1) 위원회는 기능을 수행할 때 필요하다고 인정하면 다음의 조치를 할 수 있다.

    ① 관계 행정기관에 대한 설명 또는 자료·서류 등의 제출 요구
    ② 이해관계인 참고인 또는 관계 공무원의 출석 및 의견진술 요구
    ③ 관계 행정기관 등에 대한 현지조사

(2) 관계 행정기관의 장은 규제의 심사 등과 관련하여 소속 공무원이나 관계 전문가를 위원회에 출석시켜 의견을 진술하게 하거나 필요한 자료를 제출할 수 있다.

10. 벌칙 적용 시의 공무원 의제

위원회의 위원 중 공무원이 아닌 위원·전문위원 및 조사요원은 「형법」이나 그 밖의 법률에 따른 벌칙을 적용할 때에는 공무원으로 본다.

06 보칙

1. 규제 개선 점검·평가

(1) 위원회는 효과적인 규제 개선을 위하여 각급 행정기관의 규제제도의 운영 실태와 개선사항을 확인·점검하여야 한다.

(2) 위원회는 확인·점검 결과를 평가하여 국무회의와 대통령에게 보고하여야 한다.

(3) 위원회는 확인·점검 및 평가를 객관적으로 하기 위하여 관련 전문기관 등에 제도·기반연구 또는 여론조사를 의뢰할 수 있다.

(4) 위원회는 확인·점검 및 평가 결과 규제 개선에 소극적이거나 이행 상태가 불량하다고 판단되는 경우 대통령에게 그 시정에 필요한 조치를 건의할 수 있다.

2. 규제개혁 백서

위원회는 매년 정부의 주요 규제개혁 추진상황에 관한 백서를 발간하여 국민에게 공표하여야 한다.

행정사
이준희 행정절차론

주민등록법

Chapter 07 주민등록법

기·출·문·제

제3회

주민등록증의 재발급에 관하여 설명하시오.

제11회

「주민등록법」상 주민등록번호의 '정정사유'와 '변경사유'에 관하여 설명하시오.

01 목적

이 법은 지방자치단체의 주민을 등록하게 함으로써 주민의 거주관계 등 인구의 동태(動態)를 항상 명확하게 파악하여 주민생활의 편익을 증진시키고 행정사무를 적정하게 처리하도록 하는 것을 목적으로 한다.

02 사무의 관장

1. 주민등록에 관한 사무는 특별자치시장·특별자치도지사·시장·군수 또는 자치구의 구청장(이하 "시장·군수 또는 구청장"이라 한다.)이 관장(管掌)한다.

2. 시장·군수 또는 구청장은 권한의 일부를 그 지방자치단체의 조례로 정하는 바에 따라 행정시장이나 그 관할구역 내의 자치구가 아닌 구의 구청장·읍·면·동장 또는 출장소장에게 위임할 수 있다.

03 감독 등

1. 주민등록에 관한 사무의 지도·감독은 행정안전부장관이 한다.

2. 행정안전부장관은 그 권한의 일부를 특별시장·광역시장·특별자치시장·도지사 또는 특별자치도지사에게 위임할 수 있다.

04 수수료와 과태료 등의 귀속

「주민등록법」의 규정에 따라 수납하는 수수료·사용료 및 과태료는 특별시·광역시·특별자치시·도·특별자치도 또는 시·군·자치구의 수입으로 한다.

05 경비의 부담

1. 주민등록에 관한 사무에 필요한 경비는 해당 특별자치시·특별자치도·시·군·자치구의 부담으로 한다.

2. 주민등록증의 발급에 드는 경비는 해당 특별자치시·특별자치도·시·군·자치구와 국가가 분담한다.

06 대상자

1. 시장 군수 또는 구청장은 30일 이상 거주할 목적으로 그 관할 구역에 주소나 거소(이하 "거주지"라 한다.)를 가진 주민을 「주민등록법」의 규정에 따라 등록하여야 한다. 다만, 외국인은 예외로 한다.

(1) **거주자**

거주지가 분명한 사람(재외국민은 제외한다.)

(2) **거주불명자**

직권조치에 따라 거주불명으로 등록된 사람

(3) **재외국민**

「재외동포의 출입국과 법적 지위에 관한 법률」 제2조 제1호에 따른 국민으로서 「해외이주법」 제12조에 따른 영주귀국의 신고를 하지 아니한 사람 중 다음의 어느 하나의 경우
① 주민등록이 말소되었던 사람이 귀국 후 재등록 신고를 하는 경우
② 주민등록이 없었던 사람이 귀국 후 최초로 주민등록 신고를 하는 경우

2. 영내에 기거하는 군인은 그가 속한 세대의 거주지에서 본인이나 세대주의 신고에 따라 등록하여야 한다.

07 주민등록표 등의 작성

1. 시장·군수 또는 구청장은 주민등록사항을 기록하기 위하여 주민등록정보시스템으로 개인별 및 세대별 주민등록표와 세대별 주민등록표 색인부를 작성하고 기록·관리·보존하여야 한다.

2. 개인별 주민등록표는 개인에 관한 기록을 종합적으로 기록·관리하며 세대별 주민등록표는 그 세대에 관한 기록을 통합하여 기록·관리한다.

3. 시장·군수 또는 구청장은 주민에게 개인별로 고유한 등록번호(주민등록번호)를 부여하여야 한다.

4. 주민등록번호의 정정

(1) 주민등록이 되어 있는 거주지(주민등록지)의 시장·군수 또는 구청장은 다음의 어느 하나에 해당하는 사유가 발생하면 주민등록번호를 부여한 시장·군수 또는 구청장(번호부여지의 시장·군수 또는 구청장)에게 주민등록번호의 정정을 요구하여야 한다. 다만, 주민등록지의 시장·군수 또는 구청장이 번호부여지의 시장·군수 또는 구청장인 경우에는 직접 주민등록번호를 정정하여야 한다.
  ① 등록 사항의 정정으로 인하여 주민등록번호를 정정하여야 하는 경우
  ② 주민으로부터 주민등록번호의 오류를 이유로 정정신청을 받은 경우
  ③ 주민등록번호에 오류가 있음을 발견한 경우

(2) 번호부여지의 시장·군수 또는 구청장은 주민등록번호 정정의 요구를 받으면 지체 없이 이를 정정하고, 그 정정사항을 주민등록지의 시장·군수 또는 구청장에게 알려야 한다. 다만, 주민등록번호에 오류가 있음을 발견하지 못하였거나 주민등록번호 부여사실을 확인하지 못하면 그 사유를 적어 주민등록지의 시장·군수 또는 구청장에게 알려야 한다.

5. 주민등록번호의 변경

(1) 다음의 어느 하나에 해당하는 사람은 이를 입증할 수 있는 자료를 갖추어 주민등록지 또는 거주지의 시장·군수 또는 구청장에게 주민등록번호의 변경을 신청할 수 있다. 다만, 신청인의 주민등록지가 아닌 거주지의 시장·군수 또는 구청장이 주민등록번호의 변경 신청을 받은 경우 이를 지체 없이 주민등록지의 시장·군수 또는 구청장에게 이송하고 그 사실을 신청인에게 통지하여야 한다.

① 유출된 주민등록번호로 인하여 생명·신체에 위해를 입거나 입을 우려가 있다고 인정되는 사람
② 유출된 주민등록번호로 인하여 재산에 피해를 입거나 입을 우려가 있다고 인정되는 사람
③ 「아동 청소년의 성보호에 관한 법률」 제2조 제6호에 따른 피해아동·청소년, 「성폭력방지 및 피해자보호 등에 관한 법률」 제2조 제3호에 따른 성폭력피해자, 「성매매알선 등 행위의 처벌에 관한 법률」 제2조 제1항 제4호에 따른 성매매피해자, 「가정폭력범죄의 처벌 등에 관한 특례법」 제2조 제5호에 따른 피해자 등에 해당하는 사람으로서 유출된 주민등록번호로 인하여 피해를 입거나 입을 우려가 있다고 인정되는 사람

(2) 신청 또는 이의신청을 받은 주민등록지의 시장·군수 또는 구청장은 주민등록번호변경위원회에 주민등록번호 변경 여부에 관한 결정을 청구하여야 한다.

(3) 주민등록지의 시장·군수 또는 구청장은 주민등록번호변경위원회로부터 주민등록번호의 변경 결정을 통보받은 경우에는 신청인의 주민등록번호를 지체 없이 변경하고 이를 신청인에게 통지하여야 한다.

(4) 주민등록지의 시장·군수 또는 구청장은 주민등록번호변경위원회로부터 주민등록번호의 변경 결정 이외의 결정을 통보받은 경우에는 그 사실과 사유를 그 신청인에게 통지하여야 하며, 이의가 있는 신청인은 그 통지를 받은 날부터 30일 이내에 그 주민등록지의 시장·군수 또는 구청장에게 이의신청을 할 수 있다.

6. 주민등록번호변경위원회

(1) 주민등록번호의 변경에 관한 사항을 심사·의결하기 위하여 행정안전부에 주민등록번호변경위원회(변경위원회)를 둔다.

(2) 변경위원회는 그 권한에 속하는 업무를 독립하여 수행한다.

(3) 변경위원회는 청구를 받은 날부터 90일 이내에 심사·의결을 완료하고 그 결과(변경 결정 이외의 결정을 한 경우에는 그 사유를 포함한다.)를 해당 주민등록지의 시장·군수 또는 구청장에게 통보하여야 한다. 다만, 이 기간 안에 심사·의결을 완료하기 어려운 경우에 변경위원회는 그 의결로 30일의 범위에서 그 기간을 연장할 수 있다.

(4) 변경위원회는 유출된 주민등록번호로 인하여 생명·신체에 위해를 입거나 위해의 발생이 긴박하여 변경 청구의 중대성·시급성이 인정되는 경우에는 청구를 받은 날부터 45일 이내에 심사·의결을 완료하고 그 결과(변경 결정 외의 결정을 한 경우에는 그 사유를 포함한다.)를 해당 주민등록지의 시장·군수 또는 구청장에게 통보하여야 한다. 다만, 이 기간 안에 심

07

사·의결을 완료하기 어려운 경우 변경위원회는 그 의결로 30일의 범위에서 그 기간을 연장할 수 있다.

(5) 변경위원회는 청구를 심사한 결과 다음에 해당하는 사유가 있는 경우에는 청구를 받아들이지 아니하는 결정 등을 할 수 있다.
　① 범죄경력을 은폐하거나 법령상의 의무를 회피할 목적이 있는 경우
　② 수사나 재판을 방해할 목적이 있는 경우
　③ 선량한 풍속 기타 사회질서에 위반되는 경우

(6) 변경위원회는 위원장 1명을 포함하여 11명 이내의 위원으로 구성하며, 그 중 1명은 상임위원으로 한다.

(7) 위원은 행정안전부장관이 임명하거나 위촉한다. 이 경우 공무원이 아닌 위원의 수는 위원장과 상임위원을 포함한 위원 수의 2분의 1 이상이어야 한다.

(8) 위원장은 위원 중에서 공무원이 아닌 사람으로 행정안전부장관이 위촉한다.

(9) 위원장과 위원의 임기는 2년으로 하되, 한 차례만 연임할 수 있다. 다만, 공무원인 위원은 그 직에 재직하는 동안 재임한다.

(10) 변경위원회의 회의는 재적위원 과반수의 출석으로 개의하고, 출석위원 과반수의 찬성으로 의결한다.

[08] 등록의 신고주의 원칙

주민의 등록 또는 그 등록사항의 정정 또는 말소는 주민의 신고에 따라 한다. 다만, 이 법에 특별한 규정이 있으면 예외로 한다.

[09] 정리

개인별 주민등록표는 주민등록번호순으로, 세대별 주민등록표는 세대주의 주민등록번호순으로 각각 정리한다.

10 신고사항

1. 주민(재외국민은 제외한다)은 다음의 사항을 해당 거주지를 관할하는 시장·군수 또는 구청장에게 신고하여야 한다.

(1) 성명

(2) 성별

(3) 생년월일

(4) 세대주와의 관계

(5) 합숙하는 곳은 관리책임자

(6) 「가족관계의 등록 등에 관한 법률」 제10조 제1항에 따른 등록기준지

(7) 주소

(8) 가족관계등록이 되어 있지 아니한 자 또는 가족관계등록의 여부가 분명하지 아니한 자는 그 사유

(9) 대한민국의 국적을 가지지 아니한 자는 그 국적명이나 국적의 유무

(10) 거주지를 이동하는 경우에는 전입 전의 주소 또는 전입지와 해당 연월일

2. 누구든지 신고를 이중으로 할 수 없다.

11 재외국민의 신고

1. 재외국민이 국내에 30일 이상 거주할 목적으로 입국하는 때에는 다음의 사항을 해당 거주지를 관할하는 시장·군수 또는 구청장에게 신고하여야 한다.

(1) 주민등록 신고사항

(2) 영주 또는 거주하는 국가나 지역의 명칭과 체류자격의 종류

2. 누구든지 신고를 이중으로 할 수 없다.

12 해외체류에 관한 신고

1. 주민등록을 한 거주자 또는 거주불명자가 90일 이상 해외에 체류할 목적으로 출국하려는 경우(국외이주신고를 하여야 하는 사람은 제외)에는 출국 후에 그가 속할 세대의 거주지를 주소로 미리 신고할 수 있다. 다만, 출국 후 어느 세대에도 속하지 아니하게 되는 사람은 신고 당시 거주지를 관할하는 읍·면사무소 또는 동 주민센터의 주소를 행정상 관리주소로 신고할 수 있다.

2. 출국 후에 그가 속할 세대가 있는 경우에는 신고할 주소지를 관할하는 시장·군수 또는 구청장에게 신고를 하고, 출국 후 어느 세대에도 속하지 아니하는 경우에는 신고 당시 거주지를 관할하는 시장·군수 또는 구청장에게 신고를 한다.

3. 시장·군수 또는 구청장은 해외체류자의 주민등록을 구분하여 등록·관리할 수 있다.

13 신고의무자

1. 신고는 세대주가 신고사유가 발생한 날부터 14일 이내에 하여야 한다. 다만, 세대주가 신고할 수 없으면 그를 대신하여 다음의 어느 하나에 해당하는 자가 할 수 있다.

(1) 세대를 관리하는 자

(2) 본인

(3) 세대주의 위임을 받은 자로서 다음의 어느 하나에 해당하는 자
  ① 세대주의 배우자
  ② 세대주의 직계혈족
  ③ 세대주의 배우자의 직계혈족
  ④ 세대주의 직계혈족의 배우자

2. 재외국민의 신고는 재외국민 본인이 하여야 한다. 다만, 재외국민 본인이 신고할 수 없으면 그를 대신하여 다음에 해당하는 사람이 할 수 있다.

(1) 재외국민이 거주하는 세대의 세대주

(2) 재외국민 본인의 위임을 받은 사람으로서 다음의 어느 하나에 해당하는 사람
  ① 재외국민 본인의 배우자
  ② 재외국민 본인의 직계혈족
  ③ 재외국민 본인의 배우자의 직계혈족
  ④ 재외국민 본인의 직계혈족의 배우자

14 합숙하는 곳에서의 신고의무자

기숙사, 노인요양시설, 노숙인요양시설, 아동양육시설 등 여러 사람이 동거하는 숙소에 거주하는 주민은 신고사유가 발생한 날부터 14일 이내에 그 숙소의 관리자가 신고하여야 한다. 다만, 관리자가 신고할 수 없으면 본인이 하여야 한다.

15 정정신고

신고의무자는 그 신고사항에 변동이 있으면 변동이 있는 날부터 14일 이내에 그 정정신고를 하여야 한다.

16 가족관계등록신고 등에 따른 주민등록의 정리

1. 「주민등록법」에 따른 신고사항과 「가족관계의 등록 등에 관한 법률」에 따른 신고사항이 같으면 「가족관계의 등록 등에 관한 법률」에 따른 신고로써 이 법에 따른 신고를 갈음한다.

2. 주민등록지의 시장·군수 또는 구청장은 「가족관계의 등록 등에 관한 법률」에 따른 신고를 받으면 그에 따라 주민등록을 하거나 등록사항을 정정 또는 말소하여야 한다.

3. 신고대상자의 「가족관계의 등록 등에 관한 법률」에 따른 가족관계등록 신고지와 주민등록지가 다를 경우에 가족관계등록 신고지의 시장·구청장 또는 읍·면장이 「가족관계의 등록 등에 관한 법률」에 따른 신고를 받아 가족관계등록부의 기록사항을 변경하면 지체 없이 그 신고사항을 주민등록지의 시장·군수 또는 구청장에게 통보하여야 하며, 그 통보를 받은 주민등록지의 시장·군수 또는 구청장은 이에 따라 주민등록을 하거나 등록사항을 정정 또는 말소하여야 한다.

17 주민등록과 가족관계등록과의 관련

1. 등록기준지와 주민등록지가 다른 경우에 주민등록지의 시장·군수 또는 구청장이 「가족관계의 등록 등에 관한 법률」에 따른 가족관계등록부의 기록사항과 같은 내용의 주민등록을 하였거나 등록사항을 정정 또는 말소하면 그 내용을 등록기준지의 시장·구청장 또는 읍·면장에게 알려야 한다.

2. 통보를 받은 시장·구청장 또는 읍·면장은 통보받은 사항 중 가족관계등록부의 기록사항과 다른 사항에 대하여는 지체 없이 그 내용을 주민등록지의 시장·군수 또는 구청장에게 알려야 한다.

3. 시장·군수 또는 구청장은 「주민등록법」에 따른 신고를 갈음하는 「가족관계의 등록 등에 관한 법률」에 따른 신고사항의 변경 여부 등을 확인하기 위하여 필요한 경우에는 법원행정처장에게 등록전산정보자료의 제공을 요청할 수 있다. 이 경우 법원행정처장은 특별한 사유가 없으면 이에 따라야 한다.

18 거주지의 이동

1. 하나의 세대에 속하는 자의 전원 또는 그 일부가 거주지를 이동하면 신고의무자가 신거주지에 전입한 날부터 14일 이내에 신거주지의 시장·군수 또는 구청장에게 전입신고를 하여야 한다.

2. 신거주지의 시장·군수 또는 구청장은 전입신고를 받으면 지체 없이 전 거주지의 시장·군수 또는 구청장에게 전입신고 사항을 알리고 주민등록정보시스템을 이용하여 주민등록표와 관련 공부의 이송을 요청하여야 한다.

3. 이송요청을 받은 전 거주지의 시장·군수 또는 구청장은 전출대상자가 세대원 전원이거나 세대주를 포함한 세대의 일부 전출인 경우에는 주민등록표와 관련 공부를, 세대주를 제외한 세대의 일부의 전출인 경우에는 전출자의 개인별 주민등록표와 관련 공부를 지체 없이 정리하여 신거주지의 시장·군수 또는 구청장에게 주민등록정보시스템을 이용하여 이송하여야 한다.

4. 신거주지의 시장·군수 또는 구청장은 주민등록표와 관련 공부가 이송되어 오면 전입신고서와 대조·확인한 후 지체 없이 주민등록표와 관련 공부를 정리 또는 작성하여야 한다.

5. 시장·군수 또는 구청장은 관할 구역에 거주지를 가진 세대주나 거주지에 있는 건물 또는 시설의 소유자 또는 임대인의 신청이 있는 경우에는 그 거주지를 신거주지로 하는 전입신고를 받을 때마다 전입신고가 있었다는 사실을 그 세대주, 소유자 또는 임대인에게 통보할 수 있다.

19 다른 법령에 따른 신고와의 관계

주민의 거주지 이동에 따른 주민등록의 전입신고가 있으면 「병역법」, 「민방위기본법」, 「인감증명법」, 「국민기초생활 보장법」, 「국민건강보험법」 및 「장애인복지법」에 따른 거주지 이동의 전출신고와 전입신고를 한 것으로 본다.

20 신고의 방법

신고는 구술이나 서면으로 한다.

21 국외이주신고 등

1. 주민등록을 한 거주자 또는 거주불명자가 대한민국 외에 거주지를 정하려는 때에는 그의 현 거주지를 관할하는 시장·군수 또는 구청장에게 미리 신고하여야 한다. 이 경우 해외이주신고로 국외이주신고를 갈음할 수 있다.

2. 재외국민이 국내에 30일 이상 거주할 목적으로 입국하여 신고를 한 재외국민이 국외에 30일 이상 거주할 목적으로 출국하려는 때에는 그의 현 거주지를 관할하는 시장·군수 또는 구청장에게 미리 신고하여야 한다.

3. 시장·군수 또는 구청장은 국외이주신고를 한 사람의 거주지를 관할하는 읍·면사무소 또는 동 주민센터의 주소를 행정상 관리주소로 지정하여야 한다.

4. 시장·군수 또는 구청장은 주민등록된 거주자 또는 거주불명자가 해외이주신고를 하고 출국하거나 현지이주를 한 경우에는 재외국민으로 구분하여 등록·관리하여야 한다.

22 출입국자료 등 자료의 제공 요청

1. 시장·군수 또는 구청장 및 행정안전부장관은 재외국민 및 해외체류자의 거주사실 등을 명확하게 파악하기 위하여 필요한 경우에는 법무부장관에게 출입국자료 및 국내거소신고자료 제공을 요청할 수 있으며, 재외동포청장에게 해외이주신고자료 및 재외국민등록자료 제공을 요청할 수 있다. 이 경우 법무부장관 및 재외동포청장은 특별한 사유가 없으면 이에 따라야 한다.

2. 법무부장관 및 재외동포청장은 국내거소신고자 관리 또는 재외국민등록 등을 위하여 필요한 경우에는 시장·군수 또는 구청장 및 행정안전부장관에게 재외국민의 주민등록자료 제공을 요청할 수 있다. 이 경우 시장·군수 또는 구청장 및 행정안전부장관은 특별한 사유가 없으면 이에 따라야 한다.

07

23 사실조사와 직권조치

1. 시장·군수 또는 구청장은 신고의무자가 다음에 해당하면 그 사실을 조사할 수 있다.

(1) 신고사항을 기간 내에 신고하지 아니한 때

(2) 신고사항을 부실하게 신고한 때

(3) 신고사항의 신고된 내용이 사실과 다르다고 인정할 만한 상당한 이유가 있는 때

2. 시장·군수 또는 구청장은 사실조사 등을 통하여 신고의무자가 신고할 사항을 신고하지 아니하였거나 신고된 내용이 사실과 다른 것을 확인하면 일정한 기간을 정하여 신고의무자에게 사실대로 신고할 것을 최고하여야 한다. 통보를 받은 때에도 또한 같다.

3. 시장·군수 또는 구청장은 신고의무자에게 최고할 수 없으면 일정한 기간을 정하여 신고할 것을 공고하여야 한다.

4. 최고 또는 공고를 할 때에는 정하여진 기간에 신고하지 아니하면 시장·군수 또는 구청장이 주민등록을 하거나 등록사항을 정정 또는 말소할 수 있다는 내용을 포함하여야 한다.

5. 시장·군수 또는 구청장은 신고의무자가 최고 또는 공고에 따라 정하여진 기간에 신고하지 아니하면 사실조사, 공부상의 근거 또는 통장·이장의 확인에 따라 주민등록을 하거나 등록사항을 정정 또는 말소하여야 한다.

6. 시장·군수 또는 구청장은 신고의무자가 확인 결과, 거주사실이 불분명하다고 인정되는 경우에는 그 신고의무자가 마지막으로 신고한 주소를 행정상 관리주소로 하여 거주불명 등록을 하여야 한다. 다만, 시장·군수 또는 구청장은 거주불명 등록 후 1년이 지나고 공고를 2회 이상 하여도 거주불명자가 정당한 거주지에 등록하지 아니한 경우에는 읍·면사무소 또는 동 주민센터의 주소를 행정상 관리주소로 할 수 있다.

7. 시장·군수 또는 구청장은 공부상의 근거 또는 통장·이장의 확인을 받는 방법으로 직권조치를 한 경우에는 14일 이내에 그 사실을 신고의무자에게 알려야 하고, 알릴 수 없으면 공고하여야 한다.

8. 관계 공무원은 조사를 할 때에, 그 권한을 나타내는 증표를 지니고 이를 관계인에게 내보여야 한다.

24 거주불명자에 대한 사실조사와 직권조치

1. 시장·군수 또는 구청장은 거주불명자 관리를 위하여 거주불명자의 거주사실 등에 대한 사실조사를 실시하여야 한다.

2. 시장·군수 또는 구청장은 사실조사, 공부상의 근거 또는 통장·이장의 확인에 따라 다음에 해당하는 조치를 하여야 한다.

(1) 거주자 또는 재외국민으로의 등록

(2) 등록사항의 말소(사망 사실을 확인한 경우 또는 그 밖에 거주불명자의 주민등록을 유지할 필요가 없다고 인정되는 경우)

(3) 거주불명 등록의 유지

3. 시장·군수 또는 구청장은 직권조치를 한 경우에는 14일 이내에 그 사실을 신고의무자에게 알려야 하고, 알릴 수 없으면 공고하여야 한다.

4. 시장·군수 또는 구청장 및 행정안전부장관은 관계 국가기관, 지방자치단체 및 공공기관의 장에게 사실조사와 직권조치를 위하여 필요한 자료 제공을 요청할 수 있다. 이 경우 자료 제공을 요청받은 국가기관, 지방자치단체 및 공공기관의 장은 특별한 사유가 없으면 이에 따라야 한다.

25 이의신청 등

1. 시장·군수 또는 구청장으로부터 ① 주민등록, ② 등록사항의 정정 또는 말소, ③ 거주불명 등록의 처분을 받은 자가 그 처분에 대하여 이의가 있으면 그 처분일 또는 통지를 받거나 공고된 날부터 30일 이내에 서면으로 해당 시장·군수 또는 구청장에게 이의를 신청할 수 있다.

2. 시장·군수 또는 구청장이 이의신청을 받으면 그 신청을 받은 날부터 10일 이내에 심사·결정하여 그 결과를 지체 없이 신청인에게 알려야 하며, 그 요구가 정당하다고 결정되면 그에 따라 주민등록을 하거나 등록사항을 정정 또는 말소하여야 한다.

3. 시장·군수 또는 구청장이 이의신청을 각하 또는 기각하는 결정을 하면 결과통지서에 행정심판이나 행정소송을 제기할 수 있다는 취지를 함께 적어 신청인에게 알려야 한다.

> **판례**
>
> **대법원 2009. 6. 18., 선고, 2008두10997, 전원합의체 판결 [주민등록전입신고수리거부처분취소]**
> 전입신고를 받은 시장·군수 또는 구청장의 심사 대상은 전입신고자가 30일 이상 생활의 근거로 거주할 목적으로 거주지를 옮기는지 여부만으로 제한된다고 보아야 한다. 따라서 전입신고자가 거주의 목적 이외에 다른 이해관계에 관한 의도를 가지고 있는지 여부, 무허가 건축물의 관리, 전입신고를 수리함으로써 당해 지방자치단체에 미치는 영향 등과 같은 사유는 「주민등록법」이 아닌 다른 법률에 의하여 규율되어야 하고, 주민등록전입신고의 수리 여부를 심사하는 단계에서는 고려 대상이 될 수 없다.

07

26 주민등록표의 재작성

1. 시장·군수 또는 구청장은 다음의 어느 하나에 해당하면 종전 주민등록에 관한 여러 신청서 등에 따라 주민등록표를 다시 작성하고 신고의무자의 확인을 받아야 한다. 다만, 주민등록에 관한 여러 신청서 등에 따라 다시 작성할 수 없으면 주민등록표를 다시 작성한다는 뜻을 신고의무자에게 알리거나 공고하고 그 신고의무자의 신고에 따라 이를 작성하여야 하며, 세대주가 변경된 경우에는 세대별 주민등록표에 한정하여 작성한다.

(1) 재해·재난 등으로 주민등록표가 멸실되거나 손상되어 복구가 불가능한 때

(2) 세대주가 변경된 때

2. 주민등록표를 재작성하는 경우에는 다시 작성한 주민등록표에 그 사유를 기록하여야 하고, 세대주가 변경된 경우에 해당하여 주민등록표를 재작성하는 경우에는 변경되기 이전의 주민등록표는 보존·관리하여야 한다.

27 주민등록자의 지위 등

1. 다른 법률에 특별한 규정이 없으면 「주민등록법」에 따른 주민등록지를 공법 관계에서의 주소로 한다.

2. 주민등록지를 공법 관계에서의 주소로 하는 경우에 신고의무자가 신거주지에 전입신고를 하면 신거주지에서의 주민등록이 전입신고일에 된 것으로 본다.

28 주민등록증의 발급 등

1. 시장·군수 또는 구청장은 관할 구역에 주민등록이 된 자 중 17세 이상인 자에 대하여 주민등록증을 발급한다. 다만, 장애인 중 시각장애인이 신청하는 경우 시각장애인용 점자 주민등록증을 발급할 수 있다.

2. 주민등록증에는 성명, 사진, 주민등록번호, 주소, 지문, 발행일, 주민등록기관을 수록한다.

3. 시장·군수 또는 구청장은 재외국민에게 발급하는 주민등록증에는 재외국민임을 추가로 표시하여야 한다.

4. 주민등록증을 발급받을 나이가 된 사람(재외국민 및 해외체류자는 제외한다.)은 시장·군수 또는 구청장에게 주민등록증의 발급을 신청하여야 한다. 이 경우 시장·군수 또는 구청장은 발급신청을 하지 아니한 사람(재외국민 및 해외체류자는 제외한다.)에게 발급신청을 할 것을 최고할 수 있다.

5. 주민등록증을 발급받지 아니한 17세 이상의 재외국민 및 해외체류자는 국내에 30일 이상 거주할 목적으로 입국하는 때에는 시장·군수 또는 구청장에게 주민등록증의 발급을 신청하여야 한다.

29 주민등록증 등의 확인

1. 국가기관, 지방자치단체, 공공단체, 사회단체, 기업체 등에서 17세 이상의 자에 대하여 신분을 확인할 필요가 있으면 주민등록증으로 확인하여야 한다.

2. 행정안전부장관은 주민등록정보시스템을 이용하여 주민등록확인서비스(휴대전화 등 정보통신기기로 성명·사진·주민등록번호 또는 주소를 확인할 수 있는 서비스)를 제공할 수 있다.

3. 주민등록확인서비스를 이용하여 성명·사진·주민등록번호 또는 주소를 확인한 경우 주민등록증으로 성명·사진·주민등록번호 또는 주소를 확인한 것으로 본다.

30 주민등록증의 제시요구

1. 사법경찰관리가 범인을 체포하는 등 그 직무를 수행할 때에 17세 이상인 주민의 신원이나 거주 관계를 확인할 필요가 있으면 주민등록증의 제시를 요구할 수 있다. 이 경우 사법경찰관리는 주민등록증을 제시하지 아니하는 자로서 신원을 증명하는 증표나 그 밖의 방법에 따라 신원이나 거주 관계가 확인되지 아니하는 자에게는 범죄의 혐의가 있다고 인정되는 상당한 이유가 있을 때에 한정하여 인근 관계 관서에서 신원이나 거주 관계를 밝힐 것을 요구할 수 있다.

2. 사법경찰관리는 신원 등을 확인할 때 친절과 예의를 지켜야 하며, 정복근무 중인 경우 외에는 미리 신원을 표시하는 증표를 지니고 이를 관계인에게 내보여야 한다.

31 주민등록증의 재발급

1. 주민등록증을 발급받은 후 ① 주민등록증의 분실이나 훼손, ② 성명, 생년월일 또는 성별의 변경 등에 해당하는 사유로 재발급을 받으려는 자는 시장·군수 또는 구청장에게 그 사실을 신고하고 재발급을 신청하여야 한다.

2. 주민등록 업무를 수행하는 공무원은 ① 주민등록증이 훼손되거나 그 내용을 알아보기 어려운 경우, ② 주민등록증의 주요 기재내용이 변경된 경우에 해당하는 사유로 업무수행이 어려우면 그 주민등록증을 회수하고, 본인이 시장·군수 또는 구청장에게 재발급신청을 하도록 하여야 한다.

3. 시장·군수 또는 구청장은 주민등록증을 재발급 신청하는 자에게 수수료를 징수할 수 있다.

32 중증장애인에 대한 주민등록증의 발급 및 재발급

시장·군수 또는 구청장은 신체적·정신적 장애 정도가 심하여 자립하기가 매우 곤란한 장애인(중증장애인)으로서 본인이 직접 주민등록증의 발급·재발급을 신청하기가 어렵다고 판단하는 경우에는 해당 중증장애인, 그 법정대리인 또는 보호자의 신청에 따라 관계 공무원으로 하여금 해당 중증장애인을 직접 방문하게 하여 주민등록증을 발급·재발급(발급의 경우는 관할구역에 주민등록이 된 중증장애인에 한정한다.)할 수 있다.

33 주민등록전산정보센터의 설치 등

행정안전부장관은 주민등록전산정보의 관리 및 주민등록증의 발급 등을 위하여 주민등록전산정보센터를 설치하고, 주민등록전산정보센터에서 시장·군수 또는 구청장의 요청에 따라 주민등록증을 대행하여 발급하게 할 수 있다.

34 열람 또는 등·초본의 교부

1. 주민등록표를 열람하거나 그 등본 또는 초본의 교부를 받으려는 자는 시장·군수 또는 구청장이나 읍·면·동장 또는 출장소장에게 신청할 수 있다.

2. 주민등록표의 열람이나 등·초본의 교부신청은 본인이나 세대원이 할 수 있다. 다만, 본인이나 세대원의 위임이 있거나 다음의 어느 하나에 해당하면 그러하지 아니하다.

⑴ 국가나 지방자치단체가 공무상 필요로 하는 경우

⑵ 관계 법령에 따른 소송·비송사건·경매목적 수행상 필요한 경우

⑶ 다른 법령에 주민등록자료를 요청할 수 있는 근거가 있는 경우

⑷ 다른 법령에서 본인이나 세대원이 아닌 자에게 등·초본의 제출을 의무화하고 있는 경우

⑸ 다음의 어느 하나에 해당하는 자가 신청하는 경우
  ① 세대주의 배우자
  ② 세대주의 직계혈족
  ③ 세대주의 배우자의 직계혈족
  ④ 세대주의 직계혈족의 배우자
  ⑤ 세대원의 배우자(주민등록표 초본에 한정한다.)
  ⑥ 세대원의 직계혈족(주민등록표 초본에 한정한다.)

⑹ 채권·채무관계 등 정당한 이해관계가 있는 사람이 신청하는 경우(주민등록표 초본에 한정한다.)

3. 주민등록표의 열람이나 등·초본의 교부는 주민등록정보시스템을 이용하여 열람하게 하거나 교부한다. 다만, 전자문서나 무인민원발급기를 이용하는 경우에는 신청자 본인이나 세대원의 주민등록표 등·초본의 교부에 한정한다.

4. 열람 또는 등·초본교부기관의 장은 본인이나 세대원이 아닌 자로부터 주민등록표의 열람 또는 등·초본의 교부신청을 받으면 그 열람 또는 등·초본의 교부가 개인의 사생활을 침해할 우려가 있거나 공익에 반한다고 판단되면 그 열람을 하지 못하게 하거나 등·초본을 발급하지 아니할 수 있다. 이 경우 그 사유를 신청인에게 서면으로 알려야 한다.

5. 「가정폭력범죄의 처벌 등에 관한 특례법」에 따른 피해자는 가정폭력행위자가 본인과 주민등록지를 달리하는 경우 대상자를 지정하여 시장·군수 또는 구청장에게 본인과 세대원 및 직계존비속(가정폭력피해자등)의 주민등록표의 열람 또는 등·초본의 교부를 제한하도록 신청할 수 있다.

6. 열람 또는 등·초본교부기관의 장은 가정폭력피해자의 제한신청이 있는 경우 제한대상자에게 가정폭력피해자등의 주민등록표 열람을 하지 못하게 하거나 등·초본을 발급하지 아니할 수 있다. 이 경우 그 사유를 제한대상자에게 서면으로 알려야 한다.

07

7. 열람 또는 등·초본교부기관의 장은 채권·채무관계 등 정당한 이해관계가 있는 사람이 신청하는 경우에도 제한대상자가 가정폭력피해자등의 주민등록표 초본의 열람을 하지 못하게 하거나 발급하지 아니할 수 있다. 이 경우 그 사유를 제한대상자에게 서면으로 알려야 한다.

8. 이혼한 자와 같은 세대를 구성하지 아니한 그 직계비속이 이혼한 자의 주민등록표의 열람 또는 등·초본의 교부를 신청한 경우에는 열람 또는 등·초본교부기관의 장은 주민등록표 초본만을 열람하게 하거나 교부할 수 있다.

35 전입세대확인서의 열람 또는 교부

1. 주민등록표 중 해당 건물 또는 시설의 소재지에 주민등록이 되어 있는 세대주와 주민등록표 상의 동거인(말소 또는 거주불명 등록된 사람을 포함한다.)의 성명과 전입일자를 확인할 수 있는 서류(전입세대확인서)를 열람하거나 교부받으려는 자는 열람 또는 등·초본교부기관 의 장에게 신청할 수 있다.

2. 전입세대확인서의 열람 또는 교부 신청을 할 수 있는 자

(1) 해당 건물 또는 시설의 소유자 본인이나 그 세대원, 임차인 본인이나 그 세대원, 매매계약자 또는 임대차계약자 본인

(2) 해당 건물 또는 시설의 소유자, 임차인, 매매계약자 또는 임대차계약자 본인의 위임을 받은 자

(3) 다음의 어느 하나에 해당하는 경우로서 열람 또는 교부 신청을 하려는 자
    ① 경매참가자가 경매에 참가하려는 경우
    ② 신용조사회사 또는 감정평가법인등이 임차인의 실태 등을 확인하려는 경우
    ③ 금융회사 등이 담보주택의 근저당을 설정하려는 경우
    ④ 법원의 현황조사명령서에 따라 집행관이 현황조사를 하려는 경우
    ⑤ 국가 또는 지방자치단체가 공무상 필요로 하는 경우

3. 전입세대확인서의 열람 및 교부는 주민등록정보시스템을 통하여 한다.

36 주민등록전산정보자료의 이용 등

1. 주민등록표에 기록된 주민등록 사항에 관한 주민등록전산정보자료(전산자료)를 이용 또는 활용하려는 자는 관계 중앙행정기관의 장의 심사를 거쳐 행정안전부장관의 승인을 받아야 한다.

2. 전산자료를 이용·활용하려는 자의 범위는 주민등록표의 열람 또는 등·초본의 교부를 신청할 수 있는 자로 하되, 전산자료의 형태로 제공하는 것이 적합한 경우에 한정한다.

3. 행정안전부장관은 전산자료를 제공하는 경우 자료의 이용·활용 목적을 고려하여 필요 최소한의 자료를 제공하여야 한다.

4. 전산자료를 이용·활용하는 자는 본래의 목적 외의 용도로 이용·활용하여서는 아니 된다.

37 주민등록표 보유기관 등의 의무

1. 주민등록표 보유기관의 장은 주민등록표를 관리할 때에 주민등록표가 멸실, 도난, 유출 또는 손상되지 아니하도록 필요한 안전조치를 하여야 한다.

2. 주민등록표의 관리자는 「주민등록법」의 규정에 따른 보유 또는 이용목적 외의 목적을 위하여 주민등록표를 이용한 전산처리를 하여서는 아니 된다.

3. 주민등록업무에 종사하거나 종사하였던 자 또는 그 밖의 자로서 직무상 주민등록사항을 알게 된 자는 다른 사람에게 이를 누설하여서는 아니 된다.

38 주민등록사항의 진위확인

행정안전부장관은 다음의 어느 하나에 해당하면 주민등록사항의 진위를 확인하여 줄 수 있다.

1. 「공직선거법」에 따라 인터넷 언론사·정당 또는 후보자가 해당 인터넷 사이트의 게시판·대화방 등에 선거에 관한 의견게시를 하려는 자의 성명 및 주민등록번호의 진위 확인을 위하여 필요한 경우

2. 주민등록정보시스템에 따라 주민등록증의 진위 확인이 필요한 경우

3. 주민등록확인서비스를 통하여 제공된 주민등록사항의 진위 확인이 필요한 경우

39 비밀유지 등

변경위원회의 업무에 종사하거나 종사하였던 사람은 직무상 알게 된 비밀을 다른 사람에게 누설하거나 직무상 목적 외에 이용하여서는 아니 된다. 다만, 다른 법률에 특별한 규정이 있는 경우에는 그러하지 아니하다.

행정사
이준희 행정절차론

가족관계의 등록 등에 관한 법률

Chapter

08

가족관계의 등록 등에 관한 법률

Chapter 08 가족관계의 등록 등에 관한 법률

기·출·문·제

제5회

자신의 가족관계등록부에 기재된 출생연월일이 잘못되었다고 생각한 甲은 행정사 乙을 방문하였다. 甲의 사정을 들은 乙이 검토해야 할 「가족관계의 등록 등에 관한 법률」상 가족관계등록부의 정정절차에 관하여 설명하시오.

01 목적과 사무관리

1. 목적

「가족관계의 등록 등에 관한 법률」은 국민의 출생·혼인·사망 등 가족관계의 발생 및 변동사항에 관한 등록과 그 증명에 관한 사항을 규정함을 목적으로 한다.

2. 관장

가족관계의 발생 및 변동사항에 관한 등록과 그 증명에 관한 사무(등록사무)는 대법원이 관장한다.

3. 권한의 위임

(1) 대법원장은 등록사무의 처리에 관한 권한을 시·읍·면의 장(도농복합형태의 시에 있어서 동지역에 대하여는 시장, 읍·면지역에 대하여는 읍·면장으로 한다.)에게 위임한다.

(2) 특별시 및 광역시와 구를 둔 시에 있어서는 「가족관계의 등록 등에 관한 법률」 중 시, 시장 또는 시의 사무소라 함은 각각 구, 구청장 또는 구의 사무소를 말한다. 다만, 광역시에 있어서 군지역에 대하여는 읍·면, 읍·면의 장 또는 읍·면의 사무소를 말한다.

(3) 대법원장은 등록사무의 감독에 관한 권한을 시·읍·면의 사무소 소재지를 관할하는 가정법원장에게 위임한다. 다만, 가정법원지원장은 가정법원장의 명을 받아 그 관할 구역 내의 등록사무를 감독한다.

4. 등록사무처리

등록사무는 가족관계의 발생 및 변동사항의 등록에 관한 신고 등을 접수하거나 수리한 신고지의 시·읍·면의 장이 처리한다.

5. 재외국민 등록사무처리에 관한 특례

대법원장은 외국에 거주하거나 체류하는 대한민국 국민(재외국민)에 관한 등록사무를 법원서기관, 법원사무관, 법원주사 또는 법원주사보(가족관계등록관)로 하여금 처리하게 할 수 있다.

6. 직무의 제한

시·읍·면의 장은 등록에 관한 증명서 발급사무를 제외하고 자기 또는 자기와 4촌 이내의 친족에 관한 등록사건에 관하여는 그 직무를 행할 수 없다.

7. 대법원규칙

「가족관계의 등록 등에 관한 법률」 시행에 관하여 필요한 사항은 대법원규칙으로 정한다.

02 가족관계등록부의 작성과 등록사무의 처리

1. 가족관계등록부의 작성 및 기록사항

(1) 가족관계등록부는 전산정보처리조직에 의하여 입력·처리된 가족관계 등록사항에 관한 전산정보자료를 등록기준지에 따라 개인별로 구분하여 작성한다.

(2) 등록부 기록사항
① 등록기준지
② 성명·본·성별·출생연월일 및 주민등록번호
③ 출생·혼인·사망 등 가족관계의 발생 및 변동에 관한 사항
④ 가족으로 기록할 자가 외국인인 경우에는 성명·성별·출생연월일·국적 및 외국인등록번호(외국인등록을 하지 아니한 외국인의 경우에는 대법원규칙으로 정하는 바에 따른 국내거소신고번호 등을 말한다.)
⑤ 그 밖에 가족관계에 관한 사항으로서 대법원규칙으로 정하는 사항

판례

대법원 2020. 1. 9., 자, 2018스40, 결정 [등록부정정]

① 가족관계등록제도는 국민의 출생·혼인·사망 등 가족관계의 발생 및 변동사항을 가족관계의 등록 등에 관한 법률이 정한 절차에 따라 가족관계등록부에 등록하여 공시·공증하는 제도이다(제1조, 제9조). 따라서 가족관계등록부는 그 기재가 적법하게 되었고 기재사항이 진실에 부합한다는 추정을 받는다. 그러나 가족관계등록부의 기재에 반하는 증거가 있거나 그 기재가 진실이 아니라고 볼만한 특별한 사정이 있을 때에는 그 추정은 번복될 수 있다. 따라서 어떠한 신분에 관한 내용이 가족관계등록부에 기재되었더라도 기재된 사항이 진실에 부합하지 않음이 분명한 경우에는 그 기재내용을 수정함으로써 가족관계등록부가 진정한 신분관계를 공시하도록 하여야 한다.

② 甲은 현재 가족관계등록부의 성명란에 성이 '김(金)'으로 기재되어 있지만 주민등록표에는 '금(金)'으로 기재되어 있고, 여권과 자동차운전면허증에도 각각 '금'으로 기재되어 있는데, 甲의 어머니가 사망한 후 甲이 상속재산에 대하여 상속등기신청을 하였으나, 관할 등기소에서 신청서와 가족관계증명서상 상속인의 성명이 다르다는 이유로 위 신청을 각하하자 법원에 가족관계등록부상 성(姓)의 정정을 구한 사안에서, 甲이 출생 시 또는 유년시절부터 한자 성 '金'을 한글 성 '금'으로 사용하여 오랜 기간 자신의 공·사적 생활영역을 형성하여 왔고, 가족관계등록부 기재내용의 진실성을 확보하여 진정한 신분관계를 공시하는 가족관계등록제도 본래의 목적과 기능 등을 고려할 때 甲의 가족관계등록부의 성을 '금'으로 정정하는 것이 타당하다.

2. 등록기준지의 결정

출생 또는 그 밖의 사유로 처음으로 등록을 하는 경우에는 등록기준지를 정하여 신고하여야 한다.

3. 전산정보처리조직에 의한 등록사무의 처리 등

(1) 시·읍·면의 장은 등록사무를 전산정보처리조직에 의하여 처리하여야 한다.

(2) 본인이 사망하거나 실종선고·부재선고를 받은 때, 국적을 이탈하거나 상실한 때 또는 그 밖에 대법원규칙으로 정한 사유가 발생한 때에는 등록부를 폐쇄한다.

(3) 등록부와 폐쇄한 등록부는 법원행정처장이 보관·관리한다.

(4) 법원행정처장은 등록부 또는 폐쇄등록부(등록부등)에 기록되어 있는 등록사항과 동일한 전산정보자료를 따로 작성하여 관리하여야 한다.

(5) 등록부등의 전부 또는 일부가 손상되거나 손상될 염려가 있는 때에는 법원행정처장은 대법원규칙으로 정하는 바에 따라 등록부등의 복구 등 필요한 처분을 명할 수 있다.

(6) 등록부등을 관리하는 사람 또는 등록사무를 처리하는 사람은 「가족관계 등록 등에 관한 법률」이나 그 밖의 법에서 규정하는 사유가 아닌 다른 사유로 등록전산정보자료를 이용하거나 다른 사람(법인을 포함)에게 자료를 제공하여서는 아니 된다.

4. 전산정보중앙관리소의 설치 등

(1) 등록부등의 보관과 관리, 전산정보처리조직에 의한 등록사무처리의 지원 및 등록전산정보자료의 효율적인 활용을 위하여 법원행정처에 전산정보중앙관리소(중앙관리소)를 둔다. 이 경우 국적 관련 통보에 따른 등록사무처리에 관하여는 대법원규칙으로 정하는 바에 따라 법무부와 전산정보처리조직을 연계하여 운영한다.

(2) 법원행정처장은 필요한 경우 중앙관리소 소속 공무원으로 하여금 증명서의 발급사무를 하게 할 수 있다.

5. 등록전산정보자료의 이용 등

(1) 등록전산정보자료를 이용 또는 활용하고자 하는 사람은 관계 중앙행정기관의 장의 심사를 거쳐 법원행정처장의 승인을 받아야 한다. 다만, 중앙행정기관의 장이 등록전산정보자료를 이용하거나 활용하고자 하는 경우에는 법원행정처장과 협의하여야 한다.

(2) 등록전산정보자료를 이용 또는 활용하고자 하는 사람은 본래의 목적 외의 용도로 이용하거나 활용하여서는 아니 된다.

6. 증명서의 교부 등

(1) 본인 또는 배우자, 직계혈족(본인등)은 등록부등의 기록사항에 관하여 발급할 수 있는 증명서(등록사항별 증명서)의 교부를 청구할 수 있고, 본인등의 대리인이 청구하는 경우에는 본인등의 위임을 받아야 한다. 다만, 다음에 해당하는 경우에는 본인등이 아닌 경우에도 교부를 신청할 수 있다.
① 국가 또는 지방자치단체가 직무상 필요에 따라 문서로 신청하는 경우
② 소송·비송·민사집행의 각 절차에서 필요한 경우
③ 다른 법령에서 본인등에 관한 증명서를 제출하도록 요구하는 경우
④ 그 밖에 대법원규칙으로 정하는 정당한 이해관계가 있는 사람이 신청하는 경우

(2) 친양자입양관계증명서는 다음의 어느 하나에 해당하는 경우에 한하여 교부를 청구할 수 있다.
　① 친양자가 성년이 되어 신청하는 경우
　② 혼인당사자가 친족관계를 파악하고자 하는 경우
　③ 법원의 사실조회촉탁이 있거나 수사기관이 수사상 필요에 따라 문서로 신청하는 경우
　④ 그 밖에 대법원규칙으로 정하는 경우

(3) 증명서의 교부를 청구하는 사람은 수수료를 납부하여야 하며, 증명서의 송부를 신청하는 경우에는 우송료를 따로 납부하여야 한다.

(4) 시·읍·면의 장은 등록부에 기록된 사람에 대한 사생활의 비밀을 침해하는 등 부당한 목적에 의한 것이 분명하다고 인정되는 때에는 증명서의 교부를 거부할 수 있다.

(5) 등록사항별 증명서를 제출할 것을 요구하는 자는 사용목적에 필요한 최소한의 등록사항이 기록된 일반증명서 또는 특정증명서를 요구하여야 하며, 상세증명서를 요구하는 경우에는 그 이유를 설명하여야 한다. 제출받은 증명서를 사용목적 외의 용도로 사용하여서는 아니 된다.

(6) (1)부터 (5)까지의 규정은 폐쇄등록부에 관한 증명서 교부의 경우에도 준용한다.

(7) 본인 또는 배우자, 부모, 자녀는 대법원규칙으로 정하는 바에 따라 등록부등의 기록사항의 전부 또는 일부에 대하여 전자적 방법에 의한 열람을 청구할 수 있다. 다만, 친양자입양관계증명서의 기록사항에 대하여는 친양자가 성년이 된 이후에만 청구할 수 있다.

(8) 가정폭력피해자 또는 그 대리인은 가정폭력피해자의 배우자 또는 직계혈족을 지정(교부제한대상자)하여 시·읍·면의 장에게 가정폭력피해자 본인의 등록사항별 증명서의 교부를 제한하거나 그 제한을 해지하도록 신청할 수 있다.

(9) 시·읍·면의 장은 가정폭력피해자 본인의 등록사항별 증명서의 교부를 제한하는 신청을 받은 때에는 교부제한대상자 또는 그 대리인에게 가정폭력피해자 본인의 등록사항별 증명서를 교부하지 아니할 수 있다.

(10) 교부제한대상자에게는 가정폭력피해자 본인의 등록부등의 기록사항을 열람하게 하지 아니한다.

판례

헌재 2016. 6. 30., 선고, 2015헌마924, 결정 [가족관계의 등록 등에 관한 법률 제14조 제1항 위헌확인]

가족관계등록법상 각종 증명서에 기재된 개인정보가 유출되거나 오남용될 경우 정보의 주체에게 가해지는 타격은 크므로 증명서 교부청구권자의 범위는 가능한 한 축소하여야 하는데, 형제자매는 언제나 이해관계를 같이 하는 것은 아니므로 형제자매가 본인에 대한 개인정보를 오남용 또는 유출할 가능성은 얼마든지 있다. 그런데 이 사건 법률조항은 증명서 발급에 있어 형제자매에게 정보주체인 본인과 거의 같은 지위를 부여하고 있으므로, 이는 증명서 교부청구권자의 범위를 필요한 최소한도로 한정한 것이라고 볼 수 없다.

헌재 2020. 8. 28., 2018헌마927, 헌법불합치 [가족관계의 등록 등에 관한 법률 제14조 제1항 본문 부진정입법부작위 위헌확인 사건]

가정폭력 가해자에 대한 별도의 제한 없이 직계혈족이기만 하면 사실상 자유롭게 그 자녀의 가족관계증명서와 기본증명서의 교부를 청구하여 발급받을 수 있도록 함으로써, 그로 인하여 가정폭력 피해자인 청구인의 개인정보가 가정폭력 가해자인 전 배우자에게 무단으로 유출될 수 있는 가능성을 열어놓고 있다. 따라서 과잉금지원칙에 위배되어 청구인의 개인정보자기결정권을 침해한다.

7. 인터넷에 의한 증명서 발급

(1) 등록사항별 증명서의 발급사무는 인터넷을 이용하여 처리할 수 있다.

(2) 인터넷에 의한 증명서 발급은 본인 또는 배우자, 부모, 자녀가 신청할 수 있다.

(3) 교부제한대상자에게는 가정폭력피해자 본인의 등록사항별 증명서를 발급하지 아니한다.

8. 무인증명서발급기에 의한 증명서 발급

(1) 시·읍·면의 장은 신청인 스스로 입력하여 등록사항별 증명서를 발급받을 수 있는 장치를 이용하여 증명서의 발급사무를 처리할 수 있다.

(2) 무인증명서발급기에 의한 증명서 발급은 본인에게만 할 수 있다.

9. 일반증명서와 상세증명서의 기재사항

(1) **일반증명서의 기재사항**

① **가족관계증명서**

　㉠ 본인의 등록기준지·성명·성별·본·출생연월일 및 주민등록번호

　㉡ 부모의 성명·성별·본·출생연월일 및 주민등록번호(입양의 경우 양부모를 부모로 기록한다. 다만, 단독입양한 양부가 친생모와 혼인관계에 있는 때에는 양부와 친생모를, 단독입양한 양모가 친생부와 혼인관계에 있는 때에는 양모와 친생부를 각각 부모로 기록한다.)

　㉢ 배우자, 생존한 현재의 혼인 중의 자녀의 성명·성별·본·출생연월일 및 주민등록번호

② **기본증명서**

　㉠ 본인의 등록기준지·성명·성별·본·출생연월일 및 주민등록번호

　㉡ 본인의 출생, 사망, 국적상실에 관한 사항

③ **혼인관계증명서**

　㉠ 본인의 등록기준지·성명·성별·본·출생연월일 및 주민등록번호

　㉡ 배우자의 성명·성별·본·출생연월일 및 주민등록번호

　㉢ 현재의 혼인에 관한 사항

④ **입양관계증명서**

　㉠ 본인의 등록기준지·성명·성별·본·출생연월일 및 주민등록번호

　㉡ 친생부모·양부모 또는 양자의 성명·성별·본·출생연월일 및 주민등록번호

　㉢ 현재의 입양에 관한 사항

⑤ **친양자입양관계증명서**

　㉠ 본인의 등록기준지·성명·성별·본·출생연월일 및 주민등록번호

　㉡ 친생부모·양부모 또는 친양자의 성명·성별·본·출생연월일 및 주민등록번호

　㉢ 현재의 친양자 입양에 관한 사항

⑵ **상세증명서의 기재사항**

① **가족관계증명서** : 모든 자녀의 성명·성별·본·출생연월일 및 주민등록번호

② **기본증명서** : 국적취득 및 회복 등에 관한 사항

③ **혼인관계증명서** : 혼인 및 이혼에 관한 사항

④ **입양관계증명서** : 입양 및 파양에 관한 사항

⑤ **친양자입양관계증명서** : 친양자 입양 및 파양에 관한 사항

10. 특정증명서의 기재사항

대법원규칙으로 정하는 증명서에 대해서는 해당 증명서의 상세증명서 기재사항 중 신청인이 대법원규칙으로 정하는 바에 따라 선택한 사항을 기재한 특정증명서를 발급한다.

⑴ **가족관계증명서에 대한 특정증명서의 기재사항**

① 본인의 성명·성별·출생연월일 및 주민등록번호

② 부모, 배우자 및 자녀 중 신청인이 선택한 사람의 성명·성별·출생연월일 및 주민등록번호(사람을 복수로 선택할 수 있다.)

③ 본인의 등록기준지(신청인이 기재사항으로 선택한 경우)

④ 본인 및 신청인이 선택한 사람의 본(신청인이 기재사항으로 선택한 경우)

(2) 기본증명서에 대한 특정증명서의 기재사항

① 본인의 성명·성별·출생연월일 및 주민등록번호
② 다음 중 신청인이 선택한 어느 하나에 관한 사항
　　㉠ 출생, 사망과 실종
　　㉡ 인지와 친생자관계 정정
　　㉢ 친권과 미성년후견(다만, 현재의 사항만을 선택할 수도 있다.)
　　㉣ 개명과 성·본 변경
　　㉤ 국적의 취득과 상실
　　㉥ 성별 등의 정정
③ 본인의 등록기준지(신청인이 기재사항으로 선택한 경우)
④ 본인의 본(신청인이 기재사항으로 선택한 경우)

(3) 혼인관계증명서에 대한 특정증명서의 기재사항

① 본인의 성명·성별·출생연월일 및 주민등록번호
② 신청인이 선택한 과거의 혼인에 관한 사항
③ 본인의 등록기준지(신청인이 기재사항으로 선택한 경우)
④ 본인의 본(신청인이 기재사항으로 선택한 경우)

11. 가정폭력피해자에 관한 기록사항의 공시 제한

(1) 가정폭력피해자 또는 그 대리인은 가정폭력피해자의 배우자 또는 직계혈족(배우자 또는 직계혈족이었던 사람을 포함)을 지정(공시제한대상자)하여 시·읍·면의 장에게 등록부등 중 가정폭력피해자에 관한 기록사항을 가리도록 제한하거나 그 제한을 해지하도록 신청할 수 있다.

(2) 신청을 받은 시·읍·면의 장은 다음의 구분에 따른 사람에게 등록사항별 증명서를 열람 또는 교부하거나 무인증명서발급기 또는 인터넷으로 등록사항별 증명서를 발급할 때 가정폭력피해자에 관한 기록사항을 가리고 교부하거나 발급할 수 있다.
다만, ① 국가 또는 지방자치단체가 직무상 필요에 따라 문서로 신청하는 경우, ② 소송·비송·민사집행의 각 절차에서 필요한 경우, ③ 다른 법령에서 본인등에 관한 증명서를 제출하도록 요구하는 경우, ④ 그 밖에 대법원규칙으로 정하는 정당한 이해관계가 있는 사람이 신청하는 경우에 해당하여 등록사항별 증명서를 교부할 때에는 해당 사항을 가리지 아니하고 교부할 수 있다.

① **공시제한대상자의 등록사항별 증명서**: 공시제한대상자 본인등 또는 그 대리인
② **공시제한대상자의 배우자 또는 직계혈족으로서 가정폭력피해자가 아닌 사람의 등록사항별 증명서**: 공시제한대상자 또는 그 대리인

03 등록부의 기록

1. 등록부의 기록절차

등록부는 신고, 통보, 신청, 증서의 등본, 항해일지의 등본 또는 재판서에 의하여 기록한다.

2. 등록부가 없는 사람

가족관계등록이 되어 있지 아니한 사람에 대하여 등록사항을 기록하여야 할 때에는 새로 등록부를 작성한다.

3. 등록부의 정정

(1) 등록부의 기록이 법률상 무효인 것이거나 그 기록에 착오 또는 누락이 있음을 안 때에는 시·읍·면의 장은 지체 없이 신고인 또는 신고사건의 본인에게 그 사실을 통지하여야 한다. 다만, 그 착오 또는 누락이 시·읍·면의 장의 잘못으로 인한 것인 때에는 그러하지 아니하다.

(2) 시·읍·면의 장이 통지를 할 수 없을 때 또는 통지를 하였으나 정정신청을 하는 사람이 없는 때 또는 그 기록의 착오 또는 누락이 시·읍·면의 장의 잘못으로 인한 것인 때에는 시·읍·면의 장은 감독법원의 허가를 받아 직권으로 정정할 수 있다. 다만, 경미한 사항인 경우에는 시·읍·면의 장이 직권으로 정정하고, 감독법원에 보고하여야 한다.

(3) 국가 또는 지방자치단체의 공무원이 그 직무상 등록부의 기록에 착오 또는 누락이 있음을 안 때에는 지체 없이 신고사건의 본인의 등록기준지의 시·읍·면의 장에게 통지하여야 한다.

4. 등록부의 행정구역, 명칭 등의 변경

(1) 행정구역 또는 토지의 명칭이 변경된 때에는 등록부의 기록은 정정된 것으로 본다. 이 경우 시·읍·면의 장은 그 기록사항을 경정하여야 한다.

(2) 시·읍·면의 장은 지번의 변경이 있을 때에는 등록부의 기록을 경정하여야 한다.

04 신고

1. 신고의 장소

(1) 『가족관계의 등록 등에 관한 법률』에 따른 신고는 신고사건 본인의 등록기준지 또는 신고인의 주소지나 현재지에서 할 수 있다. 다만, 재외국민에 관한 신고는 재외국민 가족관계등록사무소에서도 할 수 있다.

(2) 외국인에 관한 신고는 그 거주지 또는 신고인의 주소지나 현재지에서 할 수 있다.

2. 출생·사망의 동 경유 신고 등

(1) 시에 있어서 출생·사망의 신고는 그 신고의 장소가 신고사건 본인의 주민등록지 또는 주민등록을 할 지역과 같은 경우에는 신고사건 본인의 주민등록지 또는 주민등록을 할 지역을 관할하는 동을 거쳐 할 수 있다.

(2) 동장은 소속 시장을 대행하여 신고서를 수리하고, 동이 속하는 시의 장에게 신고서를 송부한다.

3. 신고 후 등록되어 있음이 판명된 때 등

등록되어 있는지가 분명하지 아니한 사람 또는 등록되어 있지 아니하거나 등록할 수 없는 사람에 관한 신고가 수리된 후 그 사람에 관하여 등록되어 있음이 판명된 때 또는 등록할 수 있게 된 때에는 신고인 또는 신고사건의 본인은 그 사실을 안 날부터 1개월 이내에 수리된 신고사건을 표시하여 처음 그 신고를 수리한 시·읍·면의 장에게 그 사실을 신고하여야 한다.

4. 신고방법

(1) 신고는 서면이나 말로 할 수 있다.

(2) 신고로 인하여 효력이 발생하는 등록사건에 관하여 신고사건 본인이 시·읍·면에 출석하지 아니하는 경우에는 신고사건 본인의 주민등록증·운전면허증·여권, 그 밖에 대법원규칙으로 정하는 신분증명서를 제시하거나 신고서에 신고사건 본인의 인감증명서를 첨부하여야 한다. 이 경우 본인의 신분증명서를 제시하지 아니하거나 본인의 인감증명서를 첨부하지 아니한 때에는 신고서를 수리하여서는 아니 된다.

5. 전자문서를 이용한 신고

(1) 대법원규칙으로 정하는 등록에 관한 신고(등록기준지 변경신고, 출생신고, 성·본 등 창설신고, 개명신고, 가족관계등록 창설신고, 104조·105조 등록부정정 신청)는 전산정보처리조직을 이용하여 전자문서로 할 수 있다.

(2) 전자문서를 이용한 신고는 신고사건 본인의 등록기준지 시·읍·면의 장이 처리한다. 다만, 신고사건 본인의 등록기준지가 없는 경우에는 신고인의 주소지 시·읍·면의 장이 처리하고, 재외국민에 관한 신고인 경우에는 재외국민 가족관계등록사무소의 가족관계등록관이 처리하며, 외국인에 관한 신고인 경우에는 그 거주지 시·읍·면의 장이 처리한다.

(3) 전자문서를 이용한 신고는 「가족관계의 등록 등에 관한 법률」 및 대법원규칙으로 정하는 정보가 전산정보처리조직에 저장된 때에 접수된 것으로 본다.

(4) 전자문서를 이용한 신고의 불수리 통지는 전산정보처리조직을 이용하여 전자문서로 할 수 있다.

6. 첨부서류의 전자적 확인

시·읍·면의 장이 등록사무를 처리하는 전산정보처리조직을 통하여 첨부서류에 대한 정보를 확인할 수 있는 경우에는 그 확인으로 해당 서류의 첨부를 갈음한다.

7. 신고서 양식

신고서 양식은 대법원예규로 정한다. 이 경우 가족관계에 관한 등록신고가 다른 법령으로 규정한 신고를 갈음하는 경우에 당해 신고서 양식을 정함에 있어서는 미리 관계부처의 장과 협의하여야 한다.

8. 신고서 기재사항

(1) 신고서에는 다음 사항을 기재하고 신고인이 서명하거나 기명날인하여야 한다.
① 신고사건
② 신고연월일
③ 신고인의 출생연월일·주민등록번호·등록기준지 및 주소
④ 신고인과 신고사건의 본인이 다른 때에는 신고사건의 본인의 등록기준지·주소·성명·출생연월일 및 주민등록번호와 신고인의 자격

(2) 이 법에 따라 신고서류를 작성한 경우 그 신고서류에 주민등록번호를 기재한 때에는 출생연월일의 기재를 생략할 수 있다.

9. 신고하여야 할 사람이 미성년자 또는 피성년후견인인 경우

(1) 신고하여야 할 사람이 미성년자 또는 피성년후견인인 경우에는 친권자, 미성년후견인 또는 성년후견인을 신고의무자로 한다. 다만, 미성년자 또는 피성년후견인 본인이 신고를 하여도 된다.

(2) 친권자, 미성년후견인 또는 성년후견인이 신고하는 경우에는 신고서에 다음의 사항을 적어야 한다.
① 신고하여야 할 미성년자 또는 피성년후견인의 성명·출생연월일·주민등록번호 및 등록기준지
② 신고하여야 할 사람이 미성년자 또는 피성년후견인이라는 사실
③ 신고인이 친권자, 미성년후견인 또는 성년후견인이라는 사실

10. 동의가 불필요한 미성년자 또는 피성년후견인의 신고

(1) 미성년자 또는 피성년후견인이 그 법정대리인의 동의 없이 할 수 있는 행위에 관하여는 미성년자 또는 피성년후견인이 신고하여야 한다.

(2) 피성년후견인이 신고하는 경우에는 신고서에 신고사건의 성질 및 효과를 이해할 능력이 있음을 증명할 수 있는 진단서를 첨부하여야 한다.

11. 증인을 필요로 하는 신고

증인을 필요로 하는 사건의 신고에 있어서는 증인은 신고서에 주민등록번호 및 주소를 기재하고 서명하거나 기명날인하여야 한다.

12. 부존재 또는 부지의 사항

신고서에 기재하여야 할 사항으로서 존재하지 아니하거나 알지 못하는 것이 있을 때에는 그 취지를 기재하여야 한다. 다만, 시·읍·면의 장은 법률상 기재하여야 할 사항으로서 특히 중요하다고 인정되는 사항을 기재하지 아니한 신고서는 수리하여서는 아니 된다.

13. 법령 규정사항 이외의 기재사항

신고서에는 「가족관계의 등록 등에 관한 법률」 또는 다른 법령으로 정하는 사항 외에 등록부에 기록하여야 할 사항을 더욱 분명하게 하기 위하여 필요한 사항이 있으면 이러한 사항도 기재하여야 한다.

14. 말로 하는 신고 등

(1) 말로 신고하려 할 때에는 신고인은 시·읍·면의 사무소에 출석하여 신고서에 기재하여야 할 사항을 진술하여야 한다.

(2) 시·읍·면의 장은 신고인의 진술 및 신고연월일을 기록하여 신고인에게 읽어 들려주고 신고인으로 하여금 그 서면에 서명하거나 기명날인하게 하여야 한다.

(3) 신고인이 질병 또는 그 밖의 사고로 출석할 수 없는 때에는 대리인으로 하여금 신고하게 할 수 있다. 다만, 인지신고, 태아의 인지, 입양신고, 파양신고, 혼인신고 및 이혼신고는 그러하지 아니하다.

15. 동의, 승낙 또는 허가를 요하는 사건의 신고

(1) 신고사건에서 부모 또는 다른 사람의 동의나 승낙이 필요한 경우에는 신고서에 그 동의나 승낙을 증명하는 서면을 첨부하여야 한다. 이 경우 동의나 승낙을 한 사람으로 하여금 신고서에 그 사유를 적고 서명 또는 기명날인하게 함으로써 그 서면의 첨부를 갈음할 수 있다.

(2) 신고사건, 신고인 또는 신고사항 등에 있어서 재판 또는 관공서의 허가를 요하는 사항이 있는 경우에는 신고서에 그 재판서 또는 허가서의 등본을 첨부하여야 한다.

16. 외국에서 하는 신고

재외국민은 재외공관의 장에게 신고하거나 신청을 할 수 있다.

17. 외국의 방식에 따른 증서의 등본

(1) 재외국민이 그 나라의 방식에 따라 신고사건에 관한 증서를 작성한 경우에는 3개월 이내에 그 지역을 관할하는 재외공관의 장에게 그 증서의 등본을 제출하여야 한다.

(2) 대한민국의 국민이 있는 지역이 재외공관의 관할에 속하지 아니하는 경우에는 3개월 이내에 등록기준지의 시·읍·면의 장 또는 재외국민 가족관계등록사무소의 가족관계등록관에게 증서의 등본을 발송하여야 한다.

18. 외국에서 수리한 서류의 송부

(1) 재외공관의 장은 서류를 수리한 때에는 1개월 이내에 외교부장관을 경유하여 재외국민 가족관계등록사무소의 가족관계등록관에게 송부하여야 한다.

(2) 서류의 송부는 전산정보처리조직을 이용하여 할 수 있다.

19. 신고기간의 기산점

(1) 신고기간은 신고사건 발생일부터 기산한다.

(2) 재판의 확정일부터 기간을 기산하여야 할 경우에 재판이 송달 또는 교부 전에 확정된 때에는 그 송달 또는 교부된 날부터 기산한다.

20. 신고의 최고

(1) 시·읍·면의 장은 신고를 게을리 한 사람을 안 때에는 상당한 기간을 정하여 신고의무자에 대하여 그 기간 내에 신고할 것을 최고(催告)하여야 한다.

(2) 신고의무자가 최고(催告)한 기간 내에 신고를 하지 아니한 때에는 시·읍·면의 장은 다시 상당한 기간을 정하여 최고할 수 있다.

21. 신고의 추후 보완

시·읍·면의 장은 신고를 수리한 경우에 흠이 있어 등록부에 기록을 할 수 없을 때에는 신고인 또는 신고의무자로 하여금 보완하게 하여야 한다.

22. 기간경과 후의 신고

시·읍·면의 장은 신고기간이 경과한 후의 신고라도 수리하여야 한다.

23. 사망 후에 도달한 신고

(1) 신고인의 생존 중에 우송한 신고서는 그 사망 후라도 시·읍·면의 장은 수리하여야 한다.

(2) 사망 후에 도달한 신고의 신고서가 수리된 때에는 신고인의 사망 시에 신고한 것으로 본다.

24. 수리, 불수리증명서와 서류의 열람

(1) 신고인은 신고의 수리 또는 불수리의 증명서를 청구할 수 있다.

(2) 이해관계인은 시·읍·면의 장에게 신고서나 그 밖에 수리한 서류의 열람 또는 그 서류에 기재한 사항에 관하여 증명서를 청구할 수 있다.

(3) 증명서를 청구할 때에는 수수료를 납부하여야 한다.

(4) 이해관계인은 법원에 보관되어 있는 신고서류에 대한 열람을 청구할 수 있다.

25. 신고불수리의 통지

시·읍·면의 장이 신고를 수리하지 아니한 때에는 그 사유를 지체 없이 신고인에게 서면으로 통지하여야 한다.

05 출생

1. 출생신고의 기재사항

(1) 출생의 신고는 출생 후 1개월 이내에 하여야 한다.

(2) **신고서의 기재사항**
　① 자녀의 성명·본·성별 및 등록기준지
　② 자녀의 혼인 중 또는 혼인 외의 출생자의 구별
　③ 출생의 연월일시 및 장소
　④ 부모의 성명·본·등록기준지 및 주민등록번호(부 또는 모가 외국인인 때에는 그 성명·출생연월일·국적 및 외국인등록번호)
　⑤ 자의 성과 본을 모의 성과 본에 따르기로 협의가 있는 경우 그 사실
　⑥ 자녀가 복수국적자(複數國籍者)인 경우 그 사실 및 취득한 외국 국적

(3) 자녀의 이름에는 한글 또는 통상 사용되는 한자를 사용하여야 한다. 통상 사용되는 한자의 범위는 대법원규칙으로 정한다.

(4) 출생신고서에는 의사나 조산사가 작성한 출생증명서를 첨부하여야 한다. 다만, 다음에 해당하는 서면을 첨부하는 경우에는 그러하지 아니하다.

① 분만에 직접 관여한 자가 모의 출산사실을 증명할 수 있는 자료 등을 첨부하여 작성한 출생사실을 증명하는 서면
② 국내 또는 외국의 권한 있는 기관에서 발행한 출생사실을 증명하는 서면
③ 모의 출산사실을 증명할 수 있는 「119구조·구급에 관한 법률」 제22조에 따른 구조·구급활동상황일지

2. 출생증명서가 없는 경우의 출생신고

(1) 출생증명서 또는 서면을 첨부할 수 없는 경우에는 가정법원의 출생확인을 받고 그 확인서를 받은 날부터 1개월 이내에 출생의 신고를 하여야 한다.

(2) 가정법원은 출생확인을 위하여 필요한 경우에는 직권으로 사실을 조사할 수 있으며, 지방자치단체의 장, 국가경찰관서의 장 등 행정기관이나 그 밖에 상당하다고 인정되는 단체 또는 개인에게 필요한 사항을 보고하게 하거나 자료의 제출을 요청할 수 있다.

3. 출생사실의 통보

(1) 의료기관에 종사하는 의료인은 해당 의료기관에서 출생이 있는 경우 출생사실을 확인하기 위하여 출생정보를 해당 의료기관에서 관리하는 출생자 모의 진료기록부 또는 조산기록부(전자적 형태로 바꾼 문서를 포함)에 기재하여야 한다.

(2) **출생정보의 내용**
① 출생자의 모의 성명, 주민등록번호 또는 외국인등록번호
② 출생자의 성별, 수(數) 및 출생 연월일시
③ 그 밖에 의료기관의 주소 등 출생사실을 확인하기 위하여 대법원규칙으로 정하는 사항

(3) 의료기관의 장은 출생일부터 14일 이내에 출생정보를 건강보험심사평가원에 제출하여야 한다. 이 경우 보건복지부장관이 출생사실의 통보 및 관리를 목적으로 구축하여 심사평가원에 위탁 운영하는 전산정보시스템을 이용하여 제출하여야 한다.

(4) 심사평가원은 출생정보를 제출받은 경우 출생자 모의 주소지를 관할하는 시·읍·면의 장에게 해당 출생정보를 포함한 출생사실을 지체 없이 통보하여야 한다. 이 경우 심사평가원은 행정정보 공동이용센터를 통하여 전자적인 방법으로 출생사실을 통보할 수 있다.

4. 출생신고의 확인·최고 및 직권 출생 기록

(1) 심사평가원으로부터 출생사실의 통보를 받은 시·읍·면의 장은 출생 후 1개월 이내에 출생자에 대한 출생신고가 되었는지를 확인하여야 한다.

(2) 시·읍·면의 장은 출생신고기간이 지나도록 심사평가원으로부터 통보를 받은 출생자에 대한 출생신고가 되지 아니한 경우에는 즉시 신고의무자에게 7일 이내에 출생신고를 할 것을 최고하여야 한다.

(3) 시·읍·면의 장은 다음에 해당하는 경우 심사평가원으로부터 통보를 받은 자료를 첨부하여 감독법원의 허가를 받아 해당 출생자에 대하여 직권으로 등록부에 출생을 기록하여야 한다.
① 신고의무자가 최고기간 내에 출생신고를 하지 아니한 경우
② 신고의무자를 특정할 수 없는 등의 이유로 신고의무자에게 최고할 수 없는 경우

5. 자료제공의 요청

시·읍·면의 장은 등록사무처리를 위하여 필요한 자료를 관계 기관의 장에게 요청할 수 있고, 해당 기관의 장은 특별한 사유가 없으면 요청에 따라야 한다. 다만, 행정정보 공동이용을 통하여 확인할 수 있는 사항은 예외로 한다.

6. 출생신고의 장소

(1) 출생의 신고는 출생지에서 할 수 있다.

(2) 기차나 그 밖의 교통기관 안에서 출생한 때에는 모가 교통기관에서 내린 곳, 항해일지가 비치되지 아니한 선박 안에서 출생한 때에는 그 선박이 최초로 입항한 곳에서 신고할 수 있다.

7. 신고의무자

(1) 혼인 중 출생자의 출생의 신고는 부 또는 모가 하여야 한다.

(2) 혼인 외 출생자의 신고는 모가 하여야 한다(헌법불합치, 2021헌마975, 2023. 3. 23.).

(3) 신고의무자가 신고를 할 수 없는 경우에는 ① 동거하는 친족, ② 분만에 관여한 의사·조산사 또는 그 밖의 사람의 순위로 신고를 하여야 한다.

(4) 신고의무자가 기간 내에 신고를 하지 아니하여 자녀의 복리가 위태롭게 될 우려가 있는 경우에는 검사 또는 지방자치단체의 장이 출생의 신고를 할 수 있다.

08

헌재 2023. 3. 23., 2021헌마975, 헌법불합치 [가족관계의 등록 등에 관한 법률 제46조 제2항 등 위헌 확인]

① 혼인 중인 여자와 남편이 아닌 남자 사이에서 출생한 자녀의 경우, 혼인 중인 여자와 그 남편이 출생신고의 의무자에 해당하나, 해당 자녀의 모가 남편과의 관계에서 발생하는 여러 사정을 고려하여 출생신고를 하지 아니하는 경우가 발생하고 있고, 그 남편이 해당 자녀의 출생 경위를 알고도 출생신고를 하는 것은 사실상 기대하기 어렵다.

따라서 심판대상조항들은 입법형성권의 한계를 넘어서서 실효적으로 출생등록될 권리를 보장하고 있다고 볼 수 없으므로, 혼인 중 여자와 남편 아닌 남자 사이에서 출생한 자녀에 해당하는 혼인외 출생자인 청구인들의 태어난 즉시 '출생등록될 권리'를 침해한다.

② 심판대상조항들에 대하여 단순위헌결정을 하게 되면, 입법 공백이 발생하고, 나아가 입법자는 출생등록을 실효적으로 보장하면서도 법적 부자관계의 형성에 혼란이 생기지 않도록 방안을 마련할 일차적 책임과 재량이 있다. 따라서 심판대상조항들에 대하여 입법자의 개선입법이 이루어질 때까지 계속 적용을 명하는 헌법불합치결정을 선고한다. 입법자는 늦어도 2025. 5. 31.까지는 개선입법을 이행하여야 한다.

8. 친생부인의 소를 제기한 때

친생부인의 소를 제기한 때에도 출생신고를 하여야 한다.

9. 법원이 부를 정하는 때

법원이 부(父)를 정하여야 할 때에는 출생의 신고는 모가 하여야 한다.

10. 항해 중의 출생

(1) 항해 중에 출생이 있는 때에는 선장은 24시간 이내에 항해일지에 기재하고 서명 또는 기명날인하여야 한다.

(2) 선박이 대한민국의 항구에 도착하였을 때에는 선장은 지체 없이 출생에 관한 항해일지의 등본을 그 곳의 시·읍·면의 장 또는 재외국민 가족관계등록사무소의 가족관계등록관에게 발송하여야 한다.

(3) 선박이 외국의 항구에 도착하였을 때에는 선장은 지체 없이 등본을 그 지역을 관할하는 재외공관의 장에게 발송하고 재외공관의 장은 지체 없이 외교부장관을 경유하여 재외국민 가족관계등록사무소의 가족관계등록관에게 발송하여야 한다.

11. 공공시설에서의 출생

병원, 교도소, 그 밖의 시설에서 출생이 있었을 경우에 부모가 신고할 수 없는 때에는 당해 시설의 장 또는 관리인이 신고를 하여야 한다.

12. 출생신고 전에 사망한 때

출생의 신고 전에 자녀가 사망한 때에는 출생의 신고와 동시에 사망의 신고를 하여야 한다.

13. 기아

(1) 기아(棄兒)를 발견한 사람 또는 기아발견의 통지를 받은 경찰공무원은 24시간 이내에 그 사실을 시·읍·면의 장에게 통보하여야 한다.

(2) 통보를 받은 시·읍·면의 장은 소지품, 발견장소, 발견연월일시, 그 밖의 상황, 성별, 출생의 추정연월일을 조서에 기재하여야 한다. 이 경우 그 조서를 신고서로 본다.

(3) 시·읍·면의 장은 기아의 성과 본을 창설한 후 이름과 등록기준지를 정하여 등록부에 기록하여야 한다.

14. 부모가 기아를 찾은 때

부 또는 모가 기아를 찾은 때에는 1개월 이내에 출생의 신고를 하고 등록부의 정정을 신청하여야 한다.

15. 기아가 사망한 때

출생신고 전에 기아가 사망하였을 때에는 사망의 신고와 동시에 그 절차를 밟아야 한다.

06 인지

1. 인지신고의 기재사항

(1) 신고서 기재사항

① 자녀의 성명·성별·출생연월일·주민등록번호 및 등록기준지(자가 외국인인 때에는 그 성명·성별·출생연월일·국적 및 외국인등록번호)
② 사망한 자녀를 인지할 때에는 사망연월일, 그 직계비속의 성명·출생연월일·주민등록번호 및 등록기준지
③ 부가 인지할 때에는 모의 성명·등록기준지 및 주민등록번호
④ 인지 전의 자녀의 성과 본을 유지할 경우 그 취지와 내용
⑤ 가정법원이 친권자를 지정하는 때의 그 취지와 내용

(2) 인지 전의 자녀의 성과 본을 유지할 경우와 가정법원이 친권자를 지정하는 경우에는 신고서에 그 내용을 증명하는 서면을 첨부하여야 한다.

2. 태아의 인지

태내에 있는 자녀를 인지할 때에는 신고서에 그 취지, 모의 성명 및 등록기준지를 기재하여야
한다.

3. 친생자출생의 신고에 의한 인지

(1) 부가 혼인 외의 자녀에 대하여 친생자출생의 신고를 한 때에는 그 신고는 인지의 효력이 있다.
다만, 모가 특정됨에도 불구하고 부가 본문에 따른 신고를 함에 있어 모의 소재불명 또는 모
가 정당한 사유 없이 출생신고에 필요한 서류 제출에 협조하지 아니하는 등의 장애가 있는
경우에는 부의 등록기준지 또는 주소지를 관할하는 가정법원의 확인을 받아 신고를 할 수
있다(헌법불합치, 2021헌마975, 2023. 3. 23.).

(2) 모의 성명·등록기준지 및 주민등록번호의 전부 또는 일부를 알 수 없어 모를 특정할 수 없
는 경우 또는 모가 공적 서류·증명서·장부 등에 의하여 특정될 수 없는 경우에는 부의 등
록기준지 또는 주소지를 관할하는 가정법원의 확인을 받아 신고를 할 수 있다.

(3) 가정법원은 확인을 위하여 필요한 사항을 직권으로 조사할 수 있고, 지방자치단체, 국가경찰
관서 및 행정기관이나 그 밖의 단체 또는 개인에게 필요한 사항을 보고하게 하거나 자료의
제출을 요구할 수 있다.

(4) 다음에 해당하는 경우에는 신고의무자가 1개월 이내에 출생의 신고를 하고 등록부의 정정을
신청하여야 한다. 이 경우 시·읍·면의 장이 확인하여야 한다.
  ① 출생자가 제3자로부터 친생자 추정을 받고 있음이 밝혀진 경우
  ② 그 밖에 대법원규칙으로 정하는 사유에 해당하는 경우

4. 재판에 의한 인지

(1) 인지의 재판이 확정된 경우에 소를 제기한 사람은 재판의 확정일부터 1개월 이내에 재판서
의 등본 및 확정증명서를 첨부하여 그 취지를 신고하여야 한다.

(2) 신고서에는 재판확정일을 기재하여야 한다.

(3) 소의 상대방도 재판서의 등본 및 확정증명서를 첨부하여 인지의 재판이 확정된 취지를 신고
할 수 있다.

5. 유언에 의한 인지

유언에 의한 인지의 경우에는 유언집행자는 그 취임일부터 1개월 이내에 인지에 관한 유언서 등본 또는 유언녹음을 기재한 서면을 첨부하여 신고를 하여야 한다.

6. 인지된 태아의 사산

인지된 태아가 사체로 분만된 경우에 출생의 신고의무자는 그 사실을 안 날부터 1개월 이내에 그 사실을 신고하여야 한다.

07 입양

1. 입양신고의 기재사항

(1) 당사자의 성명·본·출생연월일·주민등록번호·등록기준지(당사자가 외국인인 때에는 그 성명·출생연월일·국적 및 외국인등록번호) 및 양자의 성별

(2) 양자의 친생부모의 성명·주민등록번호 및 등록기준지

2. 입양의 신고

(1) 양자가 13세 미만인 경우에는 입양을 승낙한 법정대리인이 신고하여야 한다.

(2) 미성년자를 입양하는 경우 또는 피성년후견인이 입양을 하거나 양자가 되는 경우에는 가정법원의 허가서를 첨부하여야 한다.

(3) 성년자 입양에 대하여 부모가 정당한 이유 없이 동의를 거부하는 경우에는 가정법원은 부모의 동의를 갈음하는 심판을 할 수 있다. 이러한 부모의 동의를 갈음하는 심판이 있는 경우에는 가정법원의 심판서를 첨부하여야 한다.

08 파양

1. 파양신고의 기재사항

(1) 당사자의 성명·본·출생연월일·주민등록번호 및 등록기준지(당사자가 외국인인 때에는 그 성명·출생연월일·국적 및 외국인등록번호)

(2) 양자의 친생부모의 성명·등록기준지 및 주민등록번호

2. 준용

입양취소의 재판이 확정된 경우와 파양의 재판이 확정된 경우에는 재판에 의한 인지 규정을 준용한다.

[09] 친양자의 입양 및 파양

1. 친양자의 입양신고

(1) 친양자를 입양하고자 하는 사람은 친양자 입양재판의 확정일부터 1개월 이내에 재판서의 등본 및 확정증명서를 첨부하여 신고를 하여야 한다.

(2) 신고서에는 재판확정일을 기재하여야 한다.

2. 준용

친양자의 입양신고는 재판에 의한 인지 규정을 준용한다.

3. 친양자의 파양신고

(1) 친양자 파양의 재판이 확정된 경우 소를 제기한 사람은 재판의 확정일부터 1개월 이내에 재판서의 등본 및 확정증명서를 첨부하여 신고를 하여야 한다.

(2) 신고서에는 재판확정일을 기재하여야 한다.

(3) 소의 상대방도 재판서의 등본 및 확정증명서를 첨부하여 친양자 파양의 재판이 확정된 취지를 신고할 수 있다.

(4) 친양자의 입양취소의 재판이 확정된 경우에도 동일하게 적용한다.

[10] 혼인

1. 혼인신고의 기재사항

(1) 당사자의 성명·본·출생연월일·주민등록번호 및 등록기준지(당사자가 외국인인 때에는 그 성명·출생연월일·국적 및 외국인등록번호)

(2) 당사자의 부모와 양부모의 성명·등록기준지 및 주민등록번호

(3) 부모가 혼인신고시 자의 성과 본을 모의 성과 본에 따르기로 협의한 경우 그 사실(혼인당사자의 협의서를 첨부)

(4) 근친혼에 해당되지 아니한다는 사실

2. 재판에 의한 혼인

사실상 혼인관계 존재확인의 재판이 확정된 경우에는 소를 제기한 사람은 재판의 확정일부터 1개월 이내에 재판서의 등본 및 확정증명서를 첨부하여 신고를 하여야 한다.

3. 준용

혼인취소의 재판이 확정된 경우는 재판에 의한 인지 규정을 준용한다.

11 이혼

1. 이혼신고의 기재사항

(1) 당사자의 성명·본·출생연월일·주민등록번호 및 등록기준지(당사자가 외국인인 때에는 그 성명·국적 및 외국인등록번호)

(2) 당사자의 부모와 양부모의 성명·등록기준지 및 주민등록번호

(3) 가정법원에 의해 친권자가 정하여진 때에는 그 내용

2. 협의상 이혼의 확인

(1) 협의상 이혼을 하고자 하는 사람은 등록기준지 또는 주소지를 관할하는 가정법원의 확인을 받아 신고하여야 한다. 다만, 국내에 거주하지 아니하는 경우에 그 확인은 서울가정법원의 관할로 한다.

(2) 신고는 협의상 이혼을 하고자 하는 사람이 가정법원으로부터 확인서등본을 교부 또는 송달받은 날부터 3개월 이내에 그 등본을 첨부하여 행하여야 한다.

(3) 가정법원으로부터 확인서등본을 교부 또는 송달받은 날부터 3개월의 기간이 경과한 때에는 그 가정법원의 확인은 효력을 상실한다.

3. 간주규정

협의이혼신고서에 가정법원의 이혼의사확인서등본을 첨부한 경우에는 증인 2인의 연서가 있는 것으로 본다.

4. 준용

(1) 이혼신고의 기재사항는 혼인취소의 신고에 준용한다.

(2) 이혼의 재판이 확정된 경우는 재판에 의한 인지 규정을 준용한다.

12 친권 및 미성년후견

1. 친권자 지정 및 변경 신고 등

(1) 혼인외의 자가 인지된 경우와 부모가 이혼하는 경우에는 부모의 협의로 친권자를 정하여야 한다. 그러나 협의할 수 없거나 협의가 이루어지지 아니하는 경우에 해당하여 가정법원이 친권자를 정한 때에는 1개월 이내에 그 사실을 신고하여야 한다. 부모 중 일방이 신고하는 경우에는 그 사실을 증명하는 서면을 첨부하여야 한다.

(2) 다음의 재판이 확정된 경우에는 그 재판을 청구한 사람이나 그 재판으로 친권자 또는 그 임무를 대행할 사람으로 정하여진 사람이 그 내용을 신고하여야 한다.
① 친권자를 정하거나 변경하는 재판
② 친권자 또는 그 임무를 대행할 사람을 지정하거나 선임하는 재판
③ 친권의 상실, 일시 정지, 일부 제한 및 그 회복에 관한 재판
④ 법률행위의 대리권이나 재산관리권의 상실·사퇴 및 그 회복에 관한 재판

2. 미성년후견 개시신고의 기재사항

(1) 미성년후견 개시의 신고는 미성년후견인이 그 취임일부터 1개월 이내에 하여야 한다.

(2) 신고서 기재사항
① 미성년자와 미성년후견인의 성명·출생연월일·주민등록번호 및 등록기준지(당사자가 외국인인 때에는 그 성명·출생연월일·국적 및 외국인등록번호)
② 미성년후견 개시의 원인 및 연월일
③ 미성년후견인이 취임한 연월일

3. 미성년후견인 경질신고 등

미성년후견인이 경질된 경우에는 후임자는 취임일부터 1개월 이내에 그 취지를 신고하여야한다.

4. 유언 또는 재판에 따른 미성년후견인의 선정

(1) 유언에 의하여 미성년후견인을 지정한 경우에는 지정에 관한 유언서 그 등본 또는 유언녹음을 기재한 서면을 신고서에 첨부하여야 한다.

(2) 미성년후견인 선임의 재판이 있는 경우에는 재판서의 등본을 신고서에 첨부하여야 한다.

5. 미성년후견 종료신고

(1) 미성년후견 종료의 신고는 미성년후견인이 1개월 이내에 하여야 한다. 다만, 미성년자가 성년이 되어 미성년후견이 종료된 경우에는 그러하지 아니하다.

(2) **신고서 기재사항**

　① 미성년자와 미성년후견인의 성명·등록기준지 및 주민등록번호(당사자가 외국인인 때에는 그 성명·국적 및 외국인등록번호)
　② 미성년후견 종료의 원인 및 연월일

6. 미성년후견감독 개시신고

(1) 미성년후견감독 개시의 신고는 미성년후견감독인이 그 취임일부터 1개월 이내에 하여야 한다.

(2) **신고서 기재사항**

　① 미성년후견감독인, 미성년후견인 및 미성년자의 성명·출생연월일·주민등록번호 및 등록기준지(당사자가 외국인인 때에는 그 성명·출생연월일·국적 및 외국인등록번호)
　② 미성년후견감독 개시의 원인 및 연월일
　③ 미성년후견감독인이 취임한 연월일

7. 미성년후견감독인의 경질신고 등

미성년후견감독인이 경질된 경우에는 후임자는 취임일부터 1개월 이내에 그 취지를 신고하여야 한다.

8. 유언 또는 재판에 따른 미성년후견감독인의 선정

유언으로 미성년후견감독인을 지정한 경우 또는 미성년후견감독인 선임의 재판이 있는 경우에 신고서의 첨부서류에 관하여는 유언 또는 재판에 따른 미성년후견인의 선정 규정을 준용한다.

9. 미성년후견감독 종료신고

(1) 미성년후견감독 종료의 신고는 미성년후견감독인이 1개월 이내에 하여야 한다. 다만, 미성년자가 성년이 되어 미성년후견감독이 종료된 경우에는 그러하지 아니하다.

(2) 신고서 기재사항

① 미성년후견감독인, 미성년후견인 및 미성년자의 성명·출생연월일·주민등록번호 및 등록기준지(당사자가 외국인인 경우에는 그 성명·출생연월일·국적 및 외국인등록번호)
② 미성년후견감독 종료의 원인 및 연월일

13 사망과 실종

1. 사망신고와 그 기재사항

(1) 사망의 신고는 사망의 사실을 안 날부터 1개월 이내에 진단서 또는 검안서를 첨부하여 하여야 한다.

(2) 신고서 기재사항

① 사망자의 성명, 성별, 등록기준지 및 주민등록번호
② 사망의 연월일시 및 장소

(3) 부득이한 사유로 진단서나 검안서를 첨부할 수 없는 때에는 사망의 사실을 증명할 만한 서면으로서 대법원규칙으로 정하는 서면을 첨부하여야 한다. 이 경우 신고서에 진단서 또는 검안서를 첨부할 수 없는 사유를 기재하여야 한다.

2. 사망신고의무자

(1) 사망의 신고는 동거하는 친족이 하여야 한다.

(2) 친족·동거자 또는 사망장소를 관리하는 사람, 사망장소의 동장 또는 통·이장도 사망의 신고를 할 수 있다.

3. 사망신고의 장소

사망의 신고는 사망지·매장지 또는 화장지에서 할 수 있다. 다만, 사망지가 분명하지 아니한 때에는 사체가 처음 발견된 곳에서, 기차나 그 밖의 교통기관 안에서 사망이 있었을 때에는 그 사체를 교통기관에서 내린 곳에서, 항해일지를 비치하지 아니한 선박 안에서 사망한 때에는 그 선박이 최초로 입항한 곳에서 할 수 있다.

4. 재난 등으로 인한 사망

수해, 화재나 그 밖의 재난으로 인하여 사망한 사람이 있는 경우에는 이를 조사한 관공서는 지체 없이 사망지의 시·읍·면의 장에게 통보하여야 한다. 다만, 외국에서 사망한 때에는 사망자의 등록기준지의 시·읍·면의 장 또는 재외국민 가족관계등록사무소의 가족관계등록관에게 통보하여야 한다.

5. 사형, 재소 중 사망

(1) 사형의 집행이 있는 때에는 교도소장은 지체 없이 교도소 소재지의 시·읍·면의 장에게 사망의 통보를 하여야 한다.

(2) 재소 중 사망한 사람의 사체를 찾아갈 사람이 없는 경우에 준용한다. 이 경우 통보서에 진단서 또는 검안서를 첨부하여야 한다.

6. 무연고자 등의 사망

시장등이 무연고 사망자 등을 처리한 경우에는 지체 없이 사망지·매장지 또는 화장지의 시·읍·면의 장에게 통보하여야 한다.

7. 등록불명자 등의 사망

(1) 사망자에 대하여 등록이 되어 있는지 여부가 분명하지 아니하거나 사망자를 인식할 수 없는 때에는 경찰공무원은 검시조서를 작성·첨부하여 지체 없이 사망지의 시·읍·면의 장에게 사망의 통보를 하여야 한다.

(2) 사망자가 등록이 되어 있음이 판명되었거나 사망자의 신원을 알 수 있게 된 때에는 경찰공무원은 지체 없이 사망지의 시·읍·면의 장에게 그 취지를 통보하여야 한다.

(3) 통보가 있은 후에 사망자의 신원을 안 때에는 그 날부터 10일 이내에 사망의 신고를 하여야 한다.

8. 실종선고의 신고

(1) 실종선고의 신고는 그 선고를 청구한 사람이 재판확정일부터 1개월 이내에 재판서의 등본 및 확정증명서를 첨부하여 하여야 한다.

(2) **신고서 기재사항**

① 실종자의 성명·성별·등록기준지 및 주민등록번호
② 실종선고 기간의 만료일

14 국적의 취득과 상실

1. 인지에 의한 국적취득의 통보

(1) 법무부장관은 인지에 의한 대한민국의 국적을 취득한 사람이 있는 경우 지체 없이 국적을 취득한 사람이 정한 등록기준지의 시·읍·면의 장에게 통보하여야 한다.

(2) 통보를 받은 시·읍·면의 장은 국적을 취득한 사람의 등록부를 작성한다.

> **판례**
>
> **대법원 2018. 11. 6., 자, 2018스32, 결정 [등록부정정]**
> ① 「국적법」 제2조 제1항 제1호는 출생 당시에 부(父) 또는 모(母)가 대한민국의 국민인 자는 출생과 동시에 대한민국 국적을 취득한다고 규정하고 있다. 그리고 「국적법」 제3조 제1항, 제2항은 대한민국의 국민이 아닌 자(이하 '외국인'이라 한다)로서 대한민국의 국민인 부 또는 모에 의하여 인지된 사람이 대한민국 민법상 미성년이고, 출생 당시에 부 또는 모가 대한민국의 국민이었다면 법무부장관에게 신고한 때에 대한민국 국적을 취득한다고 규정하고 있다.
> 여기서 「국적법」 제2조 제1항 제1호에 따라 부가 대한민국의 국민임을 이유로 출생과 동시에 대한민국 국적을 취득하기 위해서는, 부와 자녀 사이에 법률상 친자관계가 인정되어야 한다. 그런데 부와 혼인외의 자녀 사이에서는 인지 없이는 법률상 친자관계가 발생하지 않는다. 따라서 대한민국의 국민인 부와 외국인인 모 사이에 태어난 혼인외의 출생자에 대하여는 부의 출생신고만으로 가족관계등록부를 작성할 수 없고, 그 자녀가 미성년인 경우 대한민국의 국민인 부가 외국인에 대한 인지절차에 따라 인지신고를 한 다음, 자녀가 위 「국적법」 제3조에 따라 법무부장관에게 신고함으로써 대한민국 국적을 취득한 후 그 통보가 된 때 가족관계등록부를 작성할 수 있다.
> ② 출생기록이 있는 자녀와 부 또는 모 사이에 친생자관계부존재 확인판결이 확정된 경우 가족관계등록관서는 친생자관계부존재가 확인된 자녀의 가족관계등록부에 친생자관계가 부존재하는 부 또는 모의 특정등록사항을 말소한 후 그 가족관계등록부를 폐쇄한다.
> 나아가 위와 같이 가족관계등록부가 폐쇄된 자녀에게 진정한 출생신고의무자가 있는 경우 출생신고를 다시 하여 가족관계등록부를 새롭게 작성하여야 하고, 출생신고의무자와 자녀 사이에 친생자관계존재 확인의 확정판결이 존재한다고 하여 그것만으로 「가족관계의 등록 등에 관한 법률」 제107조에 따른 등록부 정정의 대상이 되는 것은 아니다.

2. 귀화허가의 통보

(1) 법무부장관은 외국인을 대한민국 국민으로 귀화허가한 경우 지체 없이 귀화허가를 받은 사람이 정한 등록기준지의 시·읍·면의 장에게 통보하여야 한다.

(2) 통보를 받은 시·읍·면의 장은 귀화허가를 받은 사람의 등록부를 작성한다.

3. 국적회복허가의 통보

(1) 법무부장관은 대한민국의 국적회복을 허가한 경우 지체 없이 국적회복을 한 사람이 정한 등록기준지의 시·읍·면의 장에게 통보하여야 한다.

(2) 통보를 받은 시·읍·면의 장은 국적회복을 한 사람의 등록부를 작성한다. 다만, 국적회복을 한 사람의 등록부등이 있는 경우에는 등록부등에 기재된 등록기준지의 시·읍·면의 장에게 그 사항을 통보하여야 한다.

4. 국적취득자의 성과 본의 창설 신고

(1) 외국의 성을 쓰는 국적취득자가 그 성을 쓰지 아니하고 새로이 성(姓)·본(本)을 정하고자 하는 경우에는 그 등록기준지·주소지 또는 등록기준지로 하고자 하는 곳을 관할하는 가정법원의 허가를 받고 그 등본을 받은 날부터 1개월 이내에 그 성과 본을 신고하여야 한다.

(2) 대한민국의 국적을 회복하거나 재취득하는 경우에는 종전에 사용하던 대한민국식 성명으로 국적회복신고 또는 국적재취득신고를 할 수 있다.

(3) 신고서에는 종전에 사용하던 대한민국식 성명을 소명하여야 한다.

(4) **신고서 기재사항**
    ① 종전의 성
    ② 창설한 성·본
    ③ 허가의 연월일

(5) 신고서에는 가정법원의 허가 등본을 첨부하여야 한다.

(6) 가정법원은 심리(審理)를 위하여 국가경찰관서의 장에게 성·본 창설허가 신청인의 범죄경력 조회를 요청할 수 있고, 그 요청을 받은 국가경찰관서의 장은 지체 없이 그 결과를 회보하여야 한다.

5. 국적상실신고

⑴ 국적상실의 신고는 배우자 또는 4촌 이내의 친족이 그 사실을 안 날부터 1개월 이내에 하여야 한다.

⑵ 신고서 기재사항

① 국적상실자의 성명·주민등록번호 및 등록기준지
② 국적상실의 원인 및 연월일
③ 새로 외국국적을 취득한 때에는 그 국적

⑶ 신고서에는 국적상실을 증명하는 서면을 첨부하여야 한다.

⑷ 국적상실자 본인도 국적상실의 신고를 할 수 있다.

6. 국적선택 등의 통보

⑴ 법무부장관은 다음의 어느 하나에 해당하는 사유가 발생한 경우 그 사람의 등록기준지(등록기준지가 없는 경우에는 그 사람이 정한 등록기준지)의 시·읍·면의 장에게 통보하여야 한다.

① 복수국적자로부터 대한민국의 국적을 선택한다는 신고를 수리한 때
② 국적이탈신고를 수리한 때
③ 대한민국 국적의 취득이나 보유 여부가 분명하지 아니한 자에 대하여 이를 심사한 후 대한민국 국민으로 판정한 때

⑵ 대한민국 국민으로 판정받은 사람이 등록되어 있지 아니한 때에는 그 통보를 받은 시·읍·면의 장은 등록부를 작성한다.

15 개명 및 성(姓)·본(本) 변경

1. 개명신고

⑴ 개명하고자 하는 사람은 주소지(재외국민의 경우 등록기준지)를 관할하는 가정법원의 허가를 받고 그 허가서의 등본을 받은 날부터 1개월 이내에 신고를 하여야 한다.

⑵ 신고서 기재사항

① 변경 전의 이름
② 변경한 이름
③ 허가연월일

⑶ 신고서에는 허가서의 등본을 첨부하여야 한다.

2. 성·본 변경신고

(1) 자녀의 성(姓)·본(本)을 변경하고자 하는 사람은 재판확정일부터 1개월 이내에 재판서의 등본 및 확정증명서를 첨부하여 신고하여야 한다.

(2) **신고서 기재사항**
　① 변경 전의 성·본
　② 변경한 성·본
　③ 재판확정일

16 가족관계 등록 창설

1. 가족관계 등록 창설신고

(1) 등록이 되어 있지 아니한 사람은 등록을 하려는 곳을 관할하는 가정법원의 허가를 받고 그 등본을 받은 날부터 1개월 이내에 가족관계 등록창설의 신고를 하여야 한다.

(2) 신고서에는 등록창설허가의 연월일을 기재하여야 한다.

(3) 신고서에는 등록창설허가의 등본을 첨부하여야 한다.

2. 직계혈족에 의한 등록창설신고

등록창설허가의 재판을 얻은 사람이 등록창설의 신고를 하지 아니한 때에는 배우자 또는 직계혈족이 할 수 있다.

3. 판결에 의한 등록창설의 신고

(1) 확정판결에 의하여 등록창설의 신고를 하여야 할 경우에는 판결확정일부터 1개월 이내에 하여야 한다.

(2) 신고서에는 판결확정일을 기재하여야 한다.

(3) 신고서에는 판결의 등본 및 확정증명서를 첨부하여야 한다.

17 등록부의 정정

1. 위법한 가족관계 등록기록의 정정

등록부의 기록이 법률상 허가될 수 없는 것 또는 그 기재에 착오나 누락이 있다고 인정한 때에는 이해관계인은 사건본인의 등록기준지를 관할하는 가정법원의 허가를 받아 등록부의 정정을 신청할 수 있다.

판례

대법원 2012. 4. 13., 자, 2011스160, 결정 [등록부정정(출생연월일]

① 「가족관계의 등록 등에 관한 법률」(이하 '법'이라 한다) 제104조는 가족관계등록부의 기록이 법률상 허가될 수 없는 것 또는 기재에 착오나 누락이 있다고 인정한 때에는 이해관계인은 사건본인의 등록기준지를 관할하는 가정법원의 허가를 받아 등록부의 정정을 신청할 수 있도록 규정하고 있다. 법이 이러한 간이한 절차에 의해 가족관계등록부의 기록사항을 정정할 수 있도록 한 취지를 고려하면, 정정하려고 하는 가족관계등록부의 기록사항이 신분관계에 중대한 영향을 미치기 때문에 그 기록사항에 관련된 신분관계의 존부에 관하여 직접적인 쟁송방법이 「가사소송법」 등에 마련되어 있는 경우에는 법 제107조에 따라 그 사건의 확정판결 등에 의해서만 가족관계등록부의 기록사항을 정정할 수 있다. 그러나 이와 달리 가족관계등록부의 기록사항과 관련하여 「가사소송법」 등에 직접적인 쟁송방법이 없는 경우에는 법 제104조에 따라 정정할 수 있는데, 「가사소송법」 등이 사람이 태어난 일시 또는 사망한 일시를 확정하는 직접적인 쟁송방법을 별도로 정하고 있지 아니하므로 특별한 사정이 없는 한 가족관계등록부 기록사항 중 출생연월일·사망일시는 법 제104조에 의한 가족관계등록부 정정 대상으로 봄이 타당하다.
② 甲의 법정대리인인 모(母) 乙이 배우자 丙과 2009. 9. 28. 이혼한 후 甲의 출생연월일을 2010. 7. 31.로 신고하였다가 뒤늦게 실제 甲의 출생연월일이 2007. 12. 18.이라며 가족관계등록부 정정을 구한 사안에서, 가족관계등록부 기록사항 중 출생연월일의 정정은 특별한 사정이 없는 한 「가족관계의 등록 등에 관한 법률」(이하 '법'이라 한다) 제104조에 의한 가족관계등록부 정정 대상이고, 민법 제844조의 친생추정규정에서 말하는 출생은 '가족관계등록부에 신고된 출생일'이 아니라 '실제 출생한 때'를 기준으로 한다고 보아야 하므로 가족관계등록부상의 출생연월일이 정정되었다는 사정만으로 친생추정의 효력이 미치는 등 신분관계에 중대한 영향을 미친다고 볼 수 없어서 법 제104조에 의한 가족관계등록부의 정정을 불허할 사유가 될 수 없다.

2. 무효인 행위의 가족관계등록기록의 정정

신고로 인하여 효력이 발생하는 행위에 관하여 등록부에 기록하였으나 그 행위가 무효임이 명백한 때에는 신고인 또는 신고사건의 본인은 사건 본인의 등록기준지를 관할하는 가정법원의 허가를 받아 등록부의 정정을 신청할 수 있다.

3. 정정신청의 의무

허가의 재판이 있었을 때에는 재판서의 등본을 받은 날부터 1개월 이내에 그 등본을 첨부하여 등록부의 정정을 신청하여야 한다.

4. 판결에 의한 등록부의 정정

확정판결로 인하여 등록부를 정정하여야 할 때에는 소를 제기한 사람은 판결확정일부터 1개월 이내에 판결의 등본 및 그 확정증명서를 첨부하여 등록부의 정정을 신청하여야 한다.

18 불복절차

1. 불복의 신청

(1) 등록사건에 관하여 이해관계인은 시·읍·면의 장의 위법 또는 부당한 처분에 대하여 관할 가정법원에 불복의 신청을 할 수 있다.

(2) 신청을 받은 가정법원은 신청에 관한 서류를 시·읍·면의 장에게 송부하며 그 의견을 구할 수 있다.

2. 불복신청에 대한 시·읍·면의 조치

(1) 시·읍·면의 장은 그 신청이 이유 있다고 인정하는 때에는 지체 없이 처분을 변경하고 그 취지를 법원과 신청인에게 통지하여야 한다.

(2) 신청이 이유 없다고 인정하는 때에는 의견을 붙여 지체 없이 그 서류를 법원에 반환하여야 한다.

3. 불복신청에 대한 법원의 결정

(1) 가정법원은 신청이 이유 없는 때에는 각하하고 이유 있는 때에는 시·읍·면의 장에게 상당한 처분을 명하여야 한다.

(2) 신청의 각하 또는 처분을 명하는 재판은 결정으로써 하고, 시·읍·면의 장 및 신청인에게 송달하여야 한다.

4. 항고

가정법원의 결정에 대하여는 법령을 위반한 재판이라는 이유로만 「비송사건절차법」에 따라 항고할 수 있다.

ME
MO

행정사
이준희 행정절차론

부록

기출문제 모범답안

행정절차론 모범답안

| **문제 1** | 행정청이 불이익처분을 하면서 공개적으로 당사자, 전문지식과 경험을 가진 사람, 그 밖의 일반인으로부터 의견을 수렴하고자 공청회를 개최하려고 한다. 「행정절차법」상의 공청회에 관하여 설명하시오. (40점)

모범답안

I 의의

공청회란 행정청이 공개적인 토론을 통하여 어떠한 행정작용에 대하여 당사자등 전문지식과 경험을 가진 자, 기타 일반인으로부터 의견을 수렴하는 절차를 말한다.

II 대상

1. 개최사유

행정청이 처분을 함에 있어서 ① 다른 법령등에서 공청회를 개최하도록 규정하고 있는 경우, ② 당해 처분의 영향이 광범위하여 널리 의견을 수렴할 필요가 있다고 행정청이 인정하는 경우, 그리고 ③ 국민생활에 큰 영향을 미치는 처분(국민 다수의 생명, 안전 및 건강에 큰 영향을 미치는 처분 또는 소음 및 악취 등 국민의 일상생활과 관계되는 환경에 큰 영향을 미치는 처분)으로써 30명 이상의 당사자등이 공청회 개최를 요구하는 경우에 공청회를 개최한다.

2. 면제사유

(1) 공공의 안전 또는 복리를 위하여 긴급히 처분을 할 필요가 있는 경우

(2) 법령등에서 요구된 자격이 없거나 없어지게 되면 반드시 일정한 처분을 하여야 하는 경우에 그 자격이 없거나 없어지게 된 사실이 법원의 재판 등에 의하여 객관적으로 증명된 때

(3) 당해 처분의 성질상 의견청취가 현저히 곤란하거나 명백히 불필요하다고 인정될 만한 상당한 이유가 있는 경우

(4) 당사자가 의견진술의 기회를 포기한다는 뜻을 명백히 표시한 경우

III 절차

1. 공청회 개최의 알림

행정청은 공청회를 개최하려는 경우에는 공청회 개최 14일 전까지 당사자등에게 통지하고 관보, 공보, 인터넷 홈페이지 또는 일간신문 등에 공고하는 등의 방법으로 널리 알려야 한다. 다만, 공청회 개최를 알린 후 예정대로 개최하지 못하여 새로 일시 및 장소 등을 정한 경우에는 공청회 개최 7일 전까지 알려야 한다.

2. 주재자

행정청은 해당 공청회의 사안과 관련된 분야에 전문적 지식이 있거나 그 분야에 종사한 경험이 있는 사람 중에서 공청회의 주재자를 선정한다.

3. 발표자

공청회의 발표자는 발표를 신청한 사람 중에서 행정청이 선정한다. 다만, 발표를 신청한 사람이 없거나 공청회의 공정성을 확보하기 위하여 필요하다고 인정하는 경우에는 ① 해당 공청회의 사안과 관련된 당사자등, ② 해당 공청회의 사안과 관련된 분야에 전문적 지식이 있거나 그 분야에 종사한 경험이 있는 사람 중에서 지명하거나 위촉할 수 있다.

4. 공청회의 진행

(1) 공청회의 주재자는 공청회를 공정하게 진행하여야 하며, 공청회의 원활한 진행을 위하여 발표 내용을 제한할 수 있고, 질서유지를 위하여 발언 중지 및 퇴장 명령 등의 조치를 할 수 있다.

(2) 발표자는 공청회의 내용과 직접 관련된 사항에 대하여만 발표하여야 한다.

(3) 공청회의 주재자는 발표자의 발표가 끝난 후에는 발표자 상호간에 질의 및 답변을 할 수 있도록 하여야 하며, 방청인에게도 의견을 제시할 기회를 주어야 한다.

Ⅳ 온라인공청회

1. 의의

온라인공청회란 행정청이 전자적 방법으로 어떠한 행정작용에 대하여 당사자등 전문지식과 경험을 가진 자, 기타 일반인으로부터 공개적으로 의견을 수렴하는 공청회를 의미한다.

2. 방법 및 절차

(1) 행정청은 공청회와 병행하여서만 온라인공청회를 실시할 수 있다.

(2) ① 국민의 생명·신체·재산의 보호 등 국민의 안전 또는 권익보호 등의 이유로 공청회를 개최하기 어려운 경우, ② 공청회가 행정청이 책임질 수 없는 사유로 개최되지 못하거나 개최는 되었으나 정상적으로 진행되지 못하고 무산된 횟수가 3회 이상인 경우, ③ 행정청이 널리 의견을 수렴하기 위하여 온라인공청회를 단독으로 개최할 필요가 있다고 인정하는 경우(다만, 다른 법령등에서 공청회를 개최하도록 규정하고 있는 경우와 국민생활에 큰 영향을 미치는 처분으로서 30명 이상의 당사자등이 공청회 개최를 요구하는 경우에 해당하여 공청회를 실시하는 경우는 제외)에 해당하는 경우에는 온라인공청회를 단독으로 개최할 수 있다.

(3) 행정청은 온라인공청회를 실시하는 경우 의견제출 및 토론 참여가 가능하도록 적절한 전자적 처리능력을 갖춘 정보통신망을 구축·운영하여야 한다.

(4) 온라인공청회를 실시하는 경우에는 누구든지 정보통신망을 이용하여 의견을 제출하거나 제출된 의견 등에 대한 토론에 참여할 수 있다.

Ⅴ 공청회 및 온라인공청회 결과의 반영

행정청은 처분을 할 때에 공청회, 온라인공청회 및 정보통신망 등을 통하여 제시된 사실 및 의견이 상당한 이유가 있다고 인정하는 경우에는 이를 반영하여야 한다.

| 문제 2 | 「행정조사기본법」상 행정조사의 기본원칙에 관하여 설명하시오. (20점)

모범답안

Ⅰ 행정조사의 개념

행정기관이 정책을 결정하거나 직무를 수행하는 데 필요한 정보나 자료를 수집하기 위하여 현장조사·문서 열람·시료채취 등을 하거나 조사대상자에게 보고요구·자료제출요구 및 출석·진술요구를 행하는 활동을 말한다.

Ⅱ 행정조사의 기본원칙

1. 행정조사는 조사목적을 달성하는데 필요한 최소한의 범위 안에서 실시하여야 하며, 다른 목적 등을 위하여 조사권을 남용하여서는 아니 된다.

2. 행정기관은 조사목적에 적합하도록 조사대상자를 선정하여 행정조사를 실시하여야 한다.

3. 행정기관은 유사하거나 동일한 사안에 대하여는 공동조사 등을 실시함으로써 행정조사가 중복되지 아니하도록 하여야 한다.

4. 행정조사는 법령등의 위반에 대한 처벌보다는 법령등을 준수하도록 유도하는 데 중점을 두어야 한다.

5. 다른 법률에 따르지 아니하고는 행정조사의 대상자 또는 행정조사의 내용을 공표하거나 직무상 알게 된 비밀을 누설하여서는 아니된다.

6. 행정기관은 행정조사를 통하여 알게 된 정보를 다른 법률에 따라 내부에서 이용하거나 다른 기관에 제공하는 경우를 제외하고는 원래의 조사목적 이외의 용도로 이용하거나 타인에게 제공하여서는 아니 된다.

| 문제 3 | 「행정절차법」상 행정예고의 개념과 대상에 관하여 설명하고, 행정상 입법예고와의 관련성 및 차이점에 관하여 설명하시오. (20점)

≡≡≡ 모범답안 ≡≡≡

Ⅰ 개념

행정청이 정책, 제도 및 계획을 수립·시행하거나 변경하려는 경우에 사전에 이를 국민에게 알리는 제도를 의미한다. 이는 국민으로 하여금 대비할 수 있는 시간적 여유를 제공함으로써 국민생활에 안정성과 예측가능성을 도모함을 목적으로 한다.

Ⅱ 행정예고 대상

1. 원칙

행정청은 정책등을 수립·시행하거나 변경하려는 경우에는 이를 예고하여야 한다.

2. 예외

(1) 신속하게 국민의 권리를 보호하여야 하거나 예측이 어려운 특별한 사정이 발생하는 등 긴급한 사유로 예고가 현저히 곤란한 경우

(2) 법령등의 단순한 집행을 위한 경우

(3) 정책등의 내용이 국민의 권리·의무 또는 일상생활과 관련이 없는 경우

(4) 정책등의 예고가 공공의 안전 또는 복리를 현저히 해칠 우려가 상당한 경우

Ⅲ 행정상 입법예고와의 관련성 및 차이점

1. 입법예고로 갈음

예고대상임에도 불구하고 법령등의 입법을 포함하는 행정예고는 입법예고로 갈음할 수 있다.

2. 예고기간

입법예고기간은 예고할 때 정하되, 특별한 사정이 없으면 40일(자치법규는 20일) 이상으로 한다.

행정예고기간은 예고 내용의 성격 등을 고려하여 정하되, 20일 이상으로 한다. 다만, 행정목적을 달성하기 위하여 긴급한 필요가 있는 경우에는 행정예고기간을 단축할 수 있다. 이 경우 단축된 행정예고기간은 10일 이상으로 한다.

3. 예고방법과 의견수렴

행정예고의 방법, 의견제출 및 처리에 관하여는 입법예고 규정을 준용한다. 다만, 행정예고는 입법예고와는 달리 행정청은 의견을 제출한 자에게 그 제출된 의견의 처리결과를 통지할 의무를 부담하지 않는다.

입법예고와 행정예고는 모두 공청회 및 온라인공청회의 규정을 준용한다.

| 문제 4 | 「행정규제기본법」상 행정규제의 개념과 행정규제 법정주의에 관하여 설명하시오. (20점)

모범답안

I 행정규제의 개념

국가나 지방자치단체가 특정한 행정 목적을 실현하기 위하여 국민(국내법을 적용받는 외국인을 포함한다.)의 권리를 제한하거나 의무를 부과하는 것으로서 법령등이나 조례·규칙으로 규정되는 사항을 말한다.

II 규제법정주의

1. 규제는 법률에 근거하여야 하며, 그 내용은 알기 쉬운 용어로 구체적이고 명확하게 규정되어야 한다.

2. 규제는 법률에 직접 규정하되, 규제의 세부적인 내용은 법률 또는 상위법령에서 구체적으로 범위를 정하여 위임한 바에 따라 하위법령으로 정할 수 있다. 다만, 법령에서 전문적·기술적 사항이나 경미한 사항으로서 업무의 성질상 위임이 불가피한 사항에 관하여 구체적으로 범위를 정하여 위임한 경우에는 고시 등으로 정할 수 있다.

3. 행정기관은 법률에 근거하지 아니한 규제로 국민의 권리를 제한하거나 의무를 부과할 수 없다.

2014년 제2회 행정사 2차 기출문제
행정절차론 모범답안

| 문제1 | 甲은 「건축법」상의 건축허가를 받아 건물을 건축하던 중 건물 옥상의 일부분이 관계 법령상의 용적률을 초과하게 되었다. 이에 따라 관할 행정청은 용적률 위반부분에 대하여 건축법에 따라 철거명령을 발하였다. 관할 행정청의 위 철거명령처분이 갖추어야 할 절차적 요건에 대하여 논하시오. (40점)

▄▄▄ **모범답안** ▄▄▄

Ⅰ 논점의 정리

행정청의 건축물 철거명령처분은 처분의 상대방에 대한 불이익한 처분에 해당한다. 따라서 행정청이 공표한 처분기준에 따라 불이익한 처분을 하는 경우에는 사전에 통지하여 의견청취 절차를 거친 후, 문서로 처분과 그 이유를 명시하고 구제방법 등을 고지하여야 한다. 이는 처분 당사자등의 절차적 권리이며, 당사자의 개인적 공권으로 보호되어야 한다.

Ⅱ 처분절차

1. 사전통지

(1) 대상
행정청은 당사자에게 불이익한 처분을 하기 전에 일정한 사항을 당사자등에게 통지하여야 한다.

(2) 사전통지의 면제사유
① 공공의 안전 또는 복리를 위하여 긴급히 처분을 할 필요가 있는 경우
② 법령등에서 요구된 자격이 없거나 없어지게 되면 반드시 일정한 처분을 하여야 하는 경우에 그 자격이 없거나 없어지게 된 사실이 법원의 재판 등에 의하여 객관적으로 증명된 때
③ 당해 처분의 성질상 의견청취가 현저히 곤란하거나 명백히 불필요하다고 인정될 만한 상당한 이유가 있는 경우

(3) 사전통지 기간
① 청문
청문이 시작되는 날부터 10일 전까지는 당사자등에게 통지하여야 한다.
② 의견제출
의견제출에 필요한 기간을 10일 이상으로 고려하여 정하여야 한다.

2. 의견청취절차

(1) 의견제출절차
① 의의
행정청이 어떠한 행정작용을 하기에 앞서 당사자등이 의견을 제시하는 절차로서 청문이나 공청회에 해당하지 아니하는 절차를 말한다.
② 실시 사유
불이익한 처분에 있어 청문 또는 공청회를 거치지 않은 경우 의견 제출절차를 의무적으로 거치도록 규정하고 있다.

(2) 청문절차
① 의의
행정청이 어떠한 처분을 하기 전에 당사자등의 의견을 직접 듣고 증거를 조사하는 절차를 말한다.
② 실시 사유
㉠ 다른 법령등에서 청문을 실시하도록 규정하고 있는 경우
㉡ 행정청이 필요하다고 인정하는 경우
㉢ 인허가 등의 취소, 신분·자격의 박탈, 법인이나 조합 등의 설립허가의 취소 처분을 하는 경우
(3) 공청회절차
① 의의
행정청이 공개적인 토론을 통하여 어떠한 행정작용에 대하여 당사자등 전문지식과 경험을 가진 자 기타 일반인으로부터 의견을 널리 수렴하는 절차를 말한다.
② 실시 사유
㉠ 다른 법령등에서 공청회를 개최하도록 규정하고 있는 경우
㉡ 당해 처분의 영향이 광범위하여 널리 의견을 수렴할 필요가 있다고 행정청이 인정하는 경우
㉢ 국민생활에 큰 영향을 미치는 처분(국민 다수의 생명, 안전 및 건강에 큰 영향을 미치는 처분 또는 소음 및 악취 등 국민의 일상생활과 관계되는 환경에 큰 영향을 미치는 처분)으로써 30명 이상의 당사자등이 공청회 개최를 요구하는 경우
(4) 의견청취절차 면제사유
사전통지의 면제사유와 당사자가 의견진술의 기회를 포기한다는 뜻을 의견제출 기간 내에 명백히 표시한 경우에는 의견청취를 생략할 수 있다.

3. 처분의 이유제시
(1) 의의
처분의 근거가 된 법적·사실적 사유를 처분시에 구체적으로 명시하여야 한다.
(2) 대상
이유제시는 모든 처분을 대상으로 한다.
(3) 면제사유
① 신청 내용을 모두 그대로 인정하는 처분인 경우
② 단순·반복적인 처분 또는 경미한 처분으로서 당사자가 그 이유를 명백히 알 수 있는 경우
③ 긴급히 처분을 할 필요가 있는 경우

Ⅲ 절차적 요건 하자시 효과

행정과정에 대한 국민의 참여와 행정의 공정성, 투명성 및 신뢰성을 확보하고 국민의 권익을 보호함을 목적으로 하는 「행정절차법」의 입법목적을 비추어 볼 때, 사전통지·의견제출·이유제시의 절차는 불이익한 처분에 앞서 반드시 행하여야 하는 의무적 절차이다.
「헌법」 제12조 적법절차원리가 일반조항으로서 행정절차에 유추적용된다는 점을 볼 때, 절차의 하자도 기본권 침해에 해당하므로 절차 하자의 독자적 위법성을 인정하는 것이 타당하다.

| 문제 2 | 「개인정보 보호법」상 정보주체의 권리에 대하여 설명하시오. (20점)

모범답안

I 정보주체의 개념

정보주체란 처리되는 정보에 의하여 알아볼 수 있는 사람으로서 그 정보의 주체가 되는 사람을 말한다.

II 정보주체의 권리

1. 정보주체는 개인정보의 처리에 관한 정보를 제공받을 권리를 가진다.

2. 정보주체는 개인정보의 처리에 관한 동의 여부, 동의 범위 등을 선택하고 결정할 권리를 가진다.

3. 개인정보의 처리 여부를 확인하고 개인정보에 대한 열람(사본의 발급을 포함) 및 전송을 요구할 권리를 가진다.

4. 정보주체는 개인정보의 처리 정지, 정정·삭제 및 파기를 요구할 권리를 가진다.

5. 정보주체는 개인정보의 처리로 인하여 발생한 피해를 신속하고 공정한 절차에 따라 구제 받을 권리를 가진다.

6. 완전히 자동화된 개인정보 처리에 따른 결정을 거부하거나 그에 대한 설명 등을 요구할 권리를 가진다.

| **문제 3** | 현행 「공공기관의 정보공개에 관한 법률」상 비공개대상정보에 대하여 설명하시오. (20점)

━━ 모범답안 ━━━

Ⅰ 정보공개의 원칙

공공기관이 수집, 직무상 작성 또는 취득하여 관리하고 있는 각종의 정보는 국민의 알권리 보장 등을 위하여 적극적으로 공개하여야 한다.

「정보공개법」은 비공개대상정보에 대하여 열거하고 있다. 이에 해당하지 아니하는 경우 공공기관은 공개청구에 대하여 정보를 공개하여야할 의무를 진다.

Ⅱ 비공개대상정보

1. 다른 법률 또는 법률에서 위임한 명령(국회규칙·대법원규칙·헌법재판소규칙·중앙선거관리위원회규칙·대통령령 및 조례로 한정)에 따라 비공개 사항으로 규정된 정보

2. 국가의 중대한 이익을 현저히 해칠 우려가 있다고 인정되는 정보

3. 국민의 생명·신체 및 재산의 보호에 현저한 지장을 초래할 우려가 있다고 인정되는 정보

4. 진행 중인 재판에 관한 정보와 공개될 경우 그 직무수행을 현저히 곤란하게 하거나 형사피고인의 공정한 재판을 받을 권리를 침해한다고 인정할 만한 상당한 이유가 있는 정보

5. 업무의 공정한 수행이나 연구·개발에 현저한 지장을 초래한다고 인정할 만한 상당한 이유가 있는 정보(다만, 의사결정 과정 또는 내부검토 과정을 이유로 비공개할 경우에는 비공개 결정 통지를 할 때 의사결정 과정 또는 내부검토 과정의 단계 및 종료 예정일을 함께 안내하여야 한다.)

6. 개인에 관한 사항으로서 공개될 경우 사생활의 비밀 또는 자유를 침해할 우려가 있다고 인정되는 정보

7. 법인·단체 또는 개인의 경영상·영업상 비밀에 관한 사항으로서 공개될 경우 법인등의 정당한 이익을 현저히 해칠 우려가 있다고 인정되는 정보

8. 특정인에게 이익 또는 불이익을 줄 우려가 있는 정보

| 문제 4 | 「행정절차법」상 신고의 절차와 효과에 대하여 설명하시오. (20점)

모범답안

I 「행정절차법」상 신고

신고는 자체완성적 사인의 공법행위에 해당하는 경우와 행위요건적 사인의 공법행위에 해당하는 경우가 있다. 현행 「행정절차법」에서는 제40조에서 자체완성적 사인의 공법행위에 해당하는 신고를 규정하고 있다.

II 「행정절차법」상 신고의 절차

1. 편람

법령등에서 행정청에 일정한 사항을 통지함으로써 의무가 끝나는 신고를 규정하고 있는 경우 신고를 관장하는 행정청은 신고에 필요한 사항을 게시(인터넷 등을 통한 게시를 포함)하거나 이에 대한 편람을 갖추어 두고 누구나 열람할 수 하여야 한다.

2. 신고의무 이행시기

신고서가 접수기관에 도달된 때에 신고 의무가 이행된 것으로 본다.

3. 보완요구 및 반려조치

행정청은 법률이 정한 일정한 요건을 갖추지 못한 신고서가 제출된 경우에는 지체 없이 상당한 기간을 정하여 신고인에게 보완을 요구하여야 한다. 한편, 행정청은 신고인이 법률의 규정에 따른 기간 내에 보완을 하지 아니하였을 때에는 그 이유를 구체적으로 밝혀 해당 신고서를 되돌려 보내야 한다.

III 「행정절차법」상 신고의 효과

신고는 행정청에 대하여 일정한 사항을 통지함으로써 법적 효과가 발생한다. 따라서 신고에 대한 수리행위나 수리거부행위는 처분이 아니며, 이에 대한 행정쟁송제기가 인정되지 않는다. 따라서 신고가 있으면 형식적 요건에 하자가 없는 한 행정기관은 이를 수리하여야 한다는 것이 판례의 태도이다.

행정절차론 모범답안

| **문제 1** | A시는 시민들의 복리증진을 목적으로 시민공원을 설치하여 24시간 무료개방 하고 있다. 그런데 이 공원에서 범죄와 무질서행위가 증가하여 시민들의 민원이 제기되자, A시의 시장 甲은 공원 출입문, 산책로 및 화장실에 영상정보처리기기를 설치·운영하고자 한다. 「개인정보 보호법」상 甲의 위 영상정보처리기기 설치·운영에 관하여 논하시오. (40점)

▨ 모범답안

Ⅰ 고정형 영상정보처리기기의 설치 가능 여부

1. 고정형 영상정보처리기기의 개념
일정한 공간에 지속적으로 설치되어 사람 또는 사물의 영상 등을 촬영하거나 이를 유·무선망을 통하여 전송하는 장치를 의미한다.

2. 고정형 영상정보처리기기의 설치·운영 제한

(1) **공개된 장소의 경우**
법령에서 허용하고 있거나 범죄의 예방·수사, 시설 안전 및 화재예방, 교통단속, 교통정보의 수집·분석·제공을 위하여 정당한 권한을 가진 자가 설치·운영하는 경우를 제외하고는 공개된 장소에 고정형 영상정보 기기를 설치·운영하여서는 아니 된다.

(2) **사생활 침해가 현저한 장소의 경우**
불특정 다수가 이용하는 목욕실, 화장실, 탈의실 등 개인의 사생활을 현저히 침해할 우려가 있는 장소에 고정형 영상정보기기를 설치 운영하여서는 아니 된다. 다만, 교도소, 정신보건시설 등 법령에 근거하여 사람을 구금하거나 보호하는 시설에 대하여는 그러하지 아니하다.

3. 사안의 적용
본 사안에서 고정형 영상정보처리기기의 설치 목적이 범죄와 무질서행위 예방임을 알 수 있으므로 공원의 출입문과 산책로에 이를 설치하는 것은 가능하다. 그러나 화장실의 경우 사생활을 침해할 우려가 현저하므로 고정형 영상정보처리기기의 설치가 불가능하다고 보아야 한다.

Ⅱ 고정형 영상정보처리기기의 설치·운영 절차

1. 고정형 영상정보처리기기를 설치·운영하려는 공공기관의 장은 공청회·설명회 개최 등 일정한 절차를 거쳐 관계전문가 및 이해관계인의 의견을 수렴해야 한다.

2. 고정형 영상정보처리기기운영자는 정보주체가 쉽게 인식할 수 있도록 ① 설치 목적 및 장소, ② 촬영 범위 및 시간, ③ 관리책임자의 연락처 등이 포함된 안내판을 설치하여야 한다.

3. 고정형 영상정보처리기기운영자는 설치목적과 다른 목적으로 고정형 영상정보기기를 임의로 조작하거나 다른 곳을 비춰서는 아니 되며, 녹음기능은 사용할 수 없다.

4. 고정형 영상정보처리기기운영자는 개인정보의 분실·도난·유출·변조 또는 훼손되지 아니하도록 안전성 확보에 필요한 조치를 하여야 한다.

5. 고정형 영상정보처리기기운영자는 고정형 영상정보처리기기에 운영관리방침을 마련해야 한다.

6. 고정형 영상정보처리기기운영자는 고정형 영상정보처리기기에 설치운영에 관한 사무를 위탁할 수 있다.

Ⅲ 「개인정보 보호법」 적용의 일부 제외

공개된 장소에 고정형 영상정보처리기기를 설치·운영하여 처리되는 개인정보에 대하여는 개인정보의 수집·이용, 개인정보의 수집·이용 동의 방법, 아동의 개인정보 보호, 영업양도에 따른 개인정보 이전의 제한, 개인정보 유출 통지 및 개인정보의 처리 정지에 관한 규정을 적용하지 아니한다.

Ⅳ 개인정보 보호의 기본원칙

1. 개인정보처리자는 개인정보의 처리 목적을 명확하게 하여야 하고 그 목적에 필요한 범위에서 최소한의 개인정보만을 적법하고 정당하게 수집하여야 한다.

2. 개인정보처리자는 개인정보의 처리 목적에 필요한 범위에서 적합하게 개인정보를 처리하여야 하며, 그 목적 외의 용도로 활용하여서는 아니 된다.

3. 개인정보처리자는 개인정보의 처리 목적에 필요한 범위에서 개인정보의 정확성, 완전성 및 최신성이 보장되도록 하여야 한다.

4. 개인정보처리자는 개인정보의 처리 방법 및 종류 등에 따라 정보주체의 권리가 침해받을 가능성과 그 위험 정도를 고려하여 개인정보를 안전하게 관리하여야 한다.

5. 개인정보처리자는 개인정보 처리방침 등 개인정보의 처리에 관한 사항을 공개하여야 하며, 열람청구권 등 정보주체의 권리를 보장하여야 한다.

6. 개인정보처리자는 정보주체의 사생활 침해를 최소화하는 방법으로 개인정보를 처리하여야 한다.

7. 개인정보처리자는 개인정보를 익명 또는 가명으로 처리하여도 개인정보 수집목적을 달성할 수 있는 경우 익명처리가 가능한 경우에는 익명에 의하여, 익명처리로 목적을 달성할 수 없는 경우에는 가명에 의하여 처리될 수 있도록 하여야 한다.

8. 개인정보처리자는 「개인정보 보호법」 및 관계 법령에서 규정하고 있는 책임과 의무를 준수하고 실천함으로써 정보주체의 신뢰를 얻기 위하여 노력하여야 한다.

| 문제 2 | 「행정절차법」상 청문 주재자에 관하여 설명하시오. (20점)

모범답안

Ⅰ 청문의 개념

행정청이 처분에 앞서 당사자등의 의견을 직접 듣고 증거를 조사하는 절차를 의미한다.

Ⅱ 청문 주재자 선임

1. 행정청은 소속 직원 또는 대통령령으로 정하는 자격을 가진 사람 중에서 청문 주재자를 공정하게 선정하여야 한다.

2. 행정청은 다음에 해당하는 처분을 하려는 경우에는 청문 주재자를 2명 이상으로 선정할 수 있다. 이 경우 선정된 청문 주재자 중 1명이 청문 주재자를 대표한다.

   (1) 다수 국민의 이해가 상충되는 처분

   (2) 다수 국민에게 불편이나 부담을 주는 처분

   (3) 그 밖에 전문적이고 공정한 청문을 위하여 행정청이 청문 주재자를 2명 이상으로 선정할 필요가 있다고 인정하는 처분

3. 행정청은 2명 이상의 청문 주재자를 선정하는 경우 전체 청문 주재자의 2분의 1 이상을 대통령령으로 정하는 자격을 가진 사람 중에서 선정해야 한다.

4. 행정청은 2명 이상의 청문 주재자 중에서 청문사안에 대한 중립성 · 전문성 등을 고려하여 대표주재자 1명을 선정해야 한다.

Ⅲ 청문 주재자의 지위

1. 대표주재자는 청문 주재자를 대표하여 청문을 진행과 종결을 한다.

2. 대표주재자는 청문 주재자의 의견을 반영하여 청문조서 및 의견서를 대표로 작성한다. 이 경우 청문 주재자 전원이 그 청문조서 및 청문 주재자의 의견서에 서명 또는 날인해야 한다.

3. 대표주재자는 청문 주재자 사이에 의견이 일치하지 않는 경우에는 그 내용을 청문 주재자의 의견서에 모두 기록해야 한다.

4. 청문 주재자는 독립하여 공정하게 직무를 수행하며, 그 직무 수행을 이유로 본인의 의사에 반하여 신분상 어떠한 불이익도 받지 아니한다. 대통령령으로 정하는 사람 중에서 선정된 청문 주재자는 「형법」이나 그 밖의 다른 법률에 따른 벌칙을 적용할 때에는 공무원으로 본다.

Ⅳ 청문 주재자의 제척 · 기피 · 회피

청문 주재자의 공정성 확보를 위해 법령에서 정한 일정한 사유가 있는 경우 청문을 주재할 수 없는 제척 사유를 규정하고 있으며, 청문 주재자에게 공정한 청문 진행을 할 수 없는 사정이 있는 경우 당사자등은 행정청에 기피신청을 할 수 있다. 또한 청문 주재자는 제척 또는 기피의 사유에 해당하는 경우에는 행정청의 승인을 받아 스스로 청문의 주재를 회피할 수 있다.

| 문제 3 | 「행정조사기본법」상 행정조사의 사전통지와 연기신청에 관하여 설명하시오. (20점)

모범답안

Ⅰ 행정조사의 의의

행정기관이 정책을 결정하거나 직무를 수행하는데 필요한 정보나 자료를 수집하는 활동을 말한다.

Ⅱ 사전통지

1. 원칙

행정조사를 실시하고자 하는 행정기관의 장은 출석요구서, 보고요구서 · 자료제출요구서 및 현장출입조사서를 조사개시 7일 전까지 조사대상자에게 서면으로 통지하여야 한다.

2. 예외

(1) 행정조사를 실시하기 전에 관련 사항을 미리 통지하는 때에는 증거인멸 등으로 행정조사의 목적을 달성할 수 없다고 판단되는 경우

(2) 「통계법」에 따른 지정통계의 작성을 위하여 조사하는 경우

(3) 조사대상자의 자발적인 협조를 얻어 실시하는 행정조사의 경우

Ⅲ 조사연기신청

1. 조사대상자는 ① 천재지변이나 ② 화재나 그 밖의 재해로 인하여 사업장의 운영이 불가능한 경우 또는 ③ 조사대상자의 질병이나 장기 출장 등으로 인하여 조사가 곤란하다고 판단되는 경우에는 연기신청서를 제출함으로써 행정조사 연기를 요청할 수 있다.

2. 행정기관의 장은 행정조사의 연기요청을 받은 때에는 연기요청을 받은 날부터 7일 이내에 조사의 연기 여부를 결정하여 조사대상자에게 통지하여야 한다.

| 문제 4 | 「주민등록법」상 주민등록증의 재발급에 관하여 설명하시오. (20점)

■■ 모범답안 ■■■

I 주민등록증의 재발급

1. 본인의 재발급 신청

① 주민등록증의 분실이나 훼손, ② 성명, 생년월일 또는 성별의 변경 등의 사유로 주민등록증을 재발급을 받으려는 자는 시장·군수 또는 구청장에게 그 사실을 신고하고 재발급을 신청하여야 한다.

2. 회수 및 재발급 신청

주민등록 업무를 수행하는 공무원은 ① 주민등록증이 훼손되거나 그 밖의 사유로 그 내용을 알아보기 어려운 경우, ② 주민등록증의 주요 기재내용이 변경된 경우에 해당하여 업무수행이 어려우면 그 주민등록증을 회수하고, 본인이 시장·군수 또는 구청장에게 재발급신청을 하도록 하여야 한다.

3. 수수료 징수

시장·군수 또는 구청장은 주민등록증을 재발급 신청하는 자에게 수수료를 징수할 수 있다. 다만, ① 주민등록증 발급상의 잘못으로 인하여 재발급하는 경우, ② 행정안전부령으로 정하는 경우에 해당하면 그러하지 아니하다.

II 중증장애인에 대한 주민등록증의 발급 및 재발급

시장·군수 또는 구청장은 신체적·정신적 장애정도가 심하여 자립하기가 매우 곤란한 장애인(중증장애인)으로서 본인이 직접 주민등록증의 재발급을 신청하기가 어렵다고 판단하는 경우에는 해당 중증장애인, 그 법정대리인 또는 보호자의 신청에 따라 관계 공무원으로 하여금 해당 중증장애인을 직접 방문하게 하여 주민등록증을 재발급할 수 있다.

행정절차론 모범답안

| 문제 1 | 관할 행정청인 A시장은 '○○치킨'이라는 상호로 음식점 영업을 하고 있는 甲이 2016. 9. 7. 청소년에게 술을 제공한 사실을 적발하고, 「식품위생법령」상의 처분기준에 따라 甲에게 2개월의 영업정지처분(이하 '이 사건 처분'이라 한다.)을 하고자 한다.(「식품위생법령」상 이 경우에 청문이나 공청회를 거치도록 하는 규정은 없다.) 다음 물음에 답하시오. (40점)

(1) A시장은 이 사건 처분을 함에 있어서 어떠한 행정절차를 거쳐야 하는지 설명하시오. (20점)

(2) 만약 A시장이 위 (1)에서 요구되는 행정절차를 거치지 않고 이 사건 처분을 한 경우, 이 사건 처분이 유효한지 검토하시오. (10점)

(3) 만약 A시장이 위 (1)에서 요구되는 행정절차를 이 사건 처분을 한 뒤에 비로소 거친 경우라면, 이 사건 처분이 유효한지 검토하시오. (10점)

모범답안

물음 1) (20점)

Ⅰ 논점의 정리

행정청이 공표한 처분기준에 따라 불이익한 처분을 하는 경우에는 사전에 통지하여 의견청취 절차를 거친 후, 문서로 처분과 그 이유를 명시하고 구제방법 등을 고지하여야 한다. 이는 처분 당사자등의 절차적 권리이며, 당사자의 개인적 공권으로 보호되어야 한다.

Ⅱ 처분절차

1. 사전통지

(1) 대상
　행정청은 당사자에게 불이익한 처분하기 전에 일정한 사항을 당사자등에게 통지하여야 한다.

(2) 사전통지의 면제사유
　① 공공의 안전 또는 복리를 위하여 긴급히 처분을 할 필요가 있는 경우
　② 법령등에서 요구된 자격이 없거나 없어지게 되면 반드시 일정한 처분을 하여야 하는 경우에 그 자격이 없거나 없어지게 된 사실이 법원의 재판 등에 의하여 객관적으로 증명된 때
　③ 당해 처분의 성질상 의견청취가 현저히 곤란하거나 명백히 불필요하다고 인정될 만한 상당한 이유가 있는 경우

(3) 사전통지 기간
　의견제출에 필요한 기간을 10일 이상으로 고려하여 정하여야 한다.

2. 의견제출절차

(1) 의의
　행정청이 어떠한 행정작용을 하기에 앞서 당사자등이 의견을 제시하는 절차로서 청문이나 공청회에 해당하지 아니하는 절차를 말한다.

(2) **실시 사유**

불이익한 처분에 있어 청문 또는 공청회를 거치지 않은 경우 의견 제출절차를 의무적으로 거치도록 규정하고 있다.

(3) **면제사유**

사전통지의 면제사유와 당사자가 의견진술의 기회를 포기한다는 뜻을 의견제출 기간 내에 명백히 표시한 경우에는 의견청취를 생략할 수 있다.

3. **처분의 이유제시**

(1) **의의**

처분의 근거가 된 법적·사실적 사유를 처분시에 구체적으로 명시하여야 한다.

(2) **대상**

이유제시는 모든 처분을 대상으로 한다.

(3) **면제사유**

① 신청 내용을 모두 그대로 인정하는 처분인 경우
② 단순·반복적인 처분 또는 경미한 처분으로서 당사자가 그 이유를 명백히 알 수 있는 경우
③ 긴급히 처분을 할 필요가 있는 경우

물음 2) (10점)

「행정절차법」은 강행규정이라는 점, 「헌법」 제12조 적법절차원리가 일반조항으로서 행정절차에 유추적용된다는 점을 볼 때, 절차의 하자도 기본권 침해에 해당하므로 절차 하자의 독자적 위법성을 인정하는 것이 타당하다. 절차상 하자의 위법성 여부는 중대·명백설에 따라 판단한다. 본 사안에서의 처분은 취소할 수 있다고 보아야 한다.

물음 3) (10점)

하자의 치유는 원칙적으로 부정되지만, 국민의 권익침해가 없고 행정의 능률적 수행이 가능하다면 그 한도 내에서 제한적으로만 하자의 치유가 가능하다.

또한, 치유를 인정하려면 적어도 쟁송제기 이전에 행정청의 치유를 위한 행위가 존재해야 한다.

따라서 사안의 경우 일반적으로는 치유를 인정할 수 없다. 다만 예외적으로 국민의 권익침해가 없고 행정절차를 행정쟁송 제기 이전에 거친 경우를 모두 만족한다면 하자의 치유를 인정하여 처분은 처음부터 적법하다고 볼 수 있다.

| 문제 2 | 「공공기관의 정보공개에 관한 법률」상 정보공개 청구를 받은 공공기관의 정보공개 여부 결정 절차에 관하여 설명하시오. (20점)

모범답안

I 결정 기간

청구를 받은 날부터 10일 이내에 정보공개심의회의 심의를 거쳐 공개 여부를 결정한다. 공공기관은 부득이한 경우 10일의 범위에서 공개 여부 결정기간을 연장할 수 있다. 이 경우 공공기관은 연장된 사실과 연장 사유를 청구인에게 지체 없이 문서로 통지하여야 한다.

II 제3자에의 통지

공개 청구된 정보가 제3자와 관련이 있는 경우에는 그 사실을 제3자에게 지체 없이 통지하여야 한다.

III 이송

다른 공공기관이 보유·관리하는 정보의 공개 청구를 받았을 때에는 지체 없이 이를 소관 기관으로 이송하여야 한다.

IV 민원 처리

공공기관은 정보공개 청구가 ① 공개 청구된 정보가 공공기관이 보유·관리하지 아니하는 정보인 경우, ② 공개 청구의 내용이 진정·질의 등으로 정보공개 청구로 보기 어려운 경우로서 민원으로 처리할 수 있는 경우에는 민원으로 처리할 수 있다.

V 반복 청구 등의 처리

1. 정당한 사유 없이 다시 동일한 청구를 하는 경우에는 동일 여부를 종합적으로 고려하여 해당 청구를 종결 처리할 수 있다. 이 경우 종결 처리 사실을 청구인에게 알려야 한다.

2. 공개를 목적으로 작성되어 이미 공개된 정보를 공개 청구하는 경우에는 해당 정보의 소재를 안내하고 종결 처리할 수 있다.

3. 다른 법령이나 사회통념상 수령할 수 없는 방법으로 정보공개 청구를 하는 경우에는 수령이 가능한 방법으로 청구하도록 안내하고 종결 처리할 수 있다.

|문제 3| 인터넷몰 사업자 A는 2만 명 이상의 회원정보를 수집하여 회원정보 파일을 관리하던 중, 그 파일을 해킹당하여 회원 정보 일체가 유출되었음을 알게 되었다. 이때 「개인정보 보호법」상 A가 취하여야 할 조치를 설명하시오. (20점)

▬▬ 모범답안 ▬▬▬▬▬▬▬▬▬▬▬▬▬▬▬▬▬▬▬▬▬▬▬▬▬▬▬▬▬▬▬▬▬▬▬▬▬▬▬

I 안전조치의무

개인정보처리자는 개인정보의 처리 방법 및 종류 등에 따라 정보주체의 권리가 침해받을 가능성과 그 위험 정도를 고려하여 개인정보를 안전하게 관리하여야 한다. 따라서 개인정보처리자는 개인정보가 분실·도난·유출·위조·변조 또는 훼손되지 아니하도록 내부 관리계획 수립, 접속기록 보관 등 안전성 확보에 필요한 기술적·관리적 및 물리적 조치를 하여야 한다.

II 개인정보 유출 통지

1. 통지

개인정보가 유출등이 된 경우 개인정보처리자는 ① 개인정보의 항목, ② 시점과 그 경위, ③ 피해를 최소화하기 위한 정보, ④ 개인정보처리자의 대응조치 및 피해 구제절차, ⑤ 피해등을 접수할 수 있는 담당부서 및 연락처에 해당하는 사항을 해당 정보주체에게 지체 없이 알려야 한다.

2. 구제조치

개인정보처리자는 개인정보가 유출등이 된 경우 그 피해를 최소화하기 위한 대책을 마련하고 필요한 조치를 하여야 한다.

3. 신고

개인정보처리자는 ① 1천명 이상의 정보주체에 관한 개인정보가 유출등이 된 경우, ② 민감정보 또는 고유식별정보가 유출등이 된 경우, ③ 개인정보처리시스템 또는 개인정보취급자가 개인정보 처리에 이용하는 정보기기에 대한 외부로부터의 불법적인 접근에 의해 개인정보가 유출등이 된 경우에 해당한다면, 72시간 이내에 보호위원회 또는 한국인터넷진흥원에 신고하여야 한다.

| **문제 4** | 「질서위반행위규제법」상 행정청의 과태료 부과 · 징수 및 불복절차에 관하여 설명하시오.
(20점)

▒ 모범답안

Ⅰ 과태료 부과절차

1. 사전통지 및 의견 제출 등

행정청이 질서위반행위에 대하여 과태료를 부과하고자 하는 때에는 미리 당사자에게 통지하고, 10일 이상의 기간을 정하여 의견을 제출할 기회를 주어야 한다. 이 경우 지정된 기일까지 의견 제출이 없는 경우에는 의견이 없는 것으로 본다.

당사자는 의견 제출 기한 이내에 행정청에 의견을 진술하거나 필요한 자료를 제출할 수 있고, 행정청은 당사자가 제출한 의견에 상당한 이유가 있는 경우에는 과태료를 부과하지 아니하거나 통지한 내용을 변경할 수 있다.

2. 과태료의 부과

행정청은 의견 제출 절차를 마친 후에 서면(당사자가 동의하는 경우에는 전자문서를 포함)으로 과태료를 부과하여야 한다.

3. 과태료 부과의 제척기간

행정청은 질서위반행위가 종료된 날부터 5년이 경과한 경우에는 해당 질서위반행위에 대하여 과태료를 부과할 수 없다. 행정청은 법원의 결정이 있는 경우에는 그 결정이 확정된 날부터 1년이 경과하기 전까지는 과태료를 정정부과 하는 등 해당 결정에 따라 필요한 처분을 할 수 있다.

Ⅱ 과태료 징수절차

1. 가산금 징수 및 체납처분 등

(1) 행정청은 당사자가 납부기한까지 과태료를 납부하지 아니한 때에는 납부기한을 경과한 날부터 체납된 과태료에 대하여 100분의 3에 상당하는 가산금을 징수한다.

(2) 체납된 과태료를 납부하지 아니한 때에는 납부기한이 경과한 날부터 매 1개월이 경과할 때마다 체납된 과태료의 1천분의 12에 상당하는 가산금(중가산금)을 가산금에 가산하여 징수한다. 이 경우 중가산금을 가산하여 징수하는 기간은 60개월을 초과하지 못한다.

(3) 행정청은 당사자가 기한 이내에 이의를 제기하지 아니하고 가산금을 납부하지 아니한 때에는 국세 또는 지방세 체납처분의 예에 따라 징수한다.

2. 자진납부자에 대한 과태료 감경

행정청은 당사자가 의견 제출 기한 이내에 과태료를 자진하여 납부하고자 하는 경우에는 과태료를 감경할 수 있다.

Ⅲ 과태료 불복절차

1. 행정청의 과태료 부과에 불복하는 당사자는 과태료 부과 통지를 받은 날부터 60일 이내에 해당 행정청에 서면으로 이의제기를 할 수 있다.

2. 이의제기가 있는 경우에는 행정청의 과태료 부과처분은 그 효력을 상실한다.

3. 이의제기를 받은 행정청은 이의제기를 받은 날부터 14일 이내에 이에 대한 의견 및 증빙서류를 첨부하여 관할 법원에 통보하여야 한다.

행정절차론 모범답안

| **문제 1** | 甲은 이슬람교 선교 활동 등을 위한 단체를 설립하고자 관할 행정청인 A시장에게 관련 법령에 따라 乙재단법인 설립허가 신청을 하였다. 이에 A시장은 乙재단법인이 들어서게 될 주소지의 인근에 위치한 丙이슬람사원(비영리법인)을 고려하여, "해당 지역에 특정종교시설의 밀집으로 인한 주민 불안 및 선교사업으로 인한 지역주민 민원 발생 등 해당 법인설립을 허가할 경우 지역사회 갈등이 야기될 수 있다."는 이유로 甲에게 乙재단법인 설립불허가 처분을 하였다. 다음 물음에 답하시오. (40점)

(1) A시장은 위 乙재단법인 설립불허가처분을 하기에 앞서 「행정절차법」상 사전통지절차를 거쳐야 하는지를 검토하시오. (20점)

(2) 만약, A시장이 위 처분을 하기에 앞서 「행정절차법령」상 정보통신망을 이용한 공청회(전자공청회)을 실시하고자 하는 경우, '전자공청회의 의의, 실사요건, 방법 및 절차'에 관하여 설명하시오. (20점)

※ 전자공청회가 온라인공청회로 명칭 변경

=== 모범답안 ===

물음 1) (10점)

Ⅰ 문제의 소재

사전통지의 대상과 신청에 대한 거부처분이 사전통지 대상에 해당하는지 여부를 살펴본다.

Ⅱ 사전통지

1. 대상

행정청은 당사자에게 불이익한 처분하기 전에 일정한 사항을 당사자등에게 통지하여야 한다.

2. 사전통지의 면제사유

(1) 공공의 안전 또는 복리를 위하여 긴급히 처분을 할 필요가 있는 경우

(2) 법령등에서 요구된 자격이 없거나 없어지게 되면 반드시 일정한 처분을 하여야 하는 경우에 그 자격이 없거나 없어지게 된 사실이 법원의 재판 등에 의하여 객관적으로 증명된 때

(3) 당해 처분의 성질상 의견청취가 현저히 곤란하거나 명백히 불필요하다고 인정될 만한 상당한 이유가 있는 경우

3. 거부처분에도 사전통지절차가 적용되는지 여부

수익적 행위의 거부처분이 권익을 제한하는 처분에 해당하여 사전통지절차가 적용되는지가 문제된다.

신청이 거부된 경우에도 권익에 손상을 입을 위험이 있다는 점, 거부처분이 사전통지의 면제사유에 해당하지 않는다는 점을 논거로 거부처분이 권익을 제한하는 처분에 해당하여 사전통지절차가 적용된다는 견해도 있다.

그러나 신청에 따른 처분이 이루어지지 않은 경우에는 아직 당사자에게 권익이 부과되지 아니하였으므로 특별한 사정이 없는 한 신청에 대한 거부처분이라고 하더라도 직접 당사자의 권익을 제한하는 것은 아니다. 따라서 신청에 대한 거부처분은 사전통지의 대상이 아니다.

Ⅲ 사안의 해결

A시장의 설립불허가 처분은 특별히 사전통지 면제사유에 해당하지는 않지만, 신청에 대한 거부처분은 불이익한 처분에 해당하지 않으므로 사전통지의 대상이 아니다. 따라서 사전통지 절차를 거칠 필요가 없다.

물음 2) (10점)

Ⅰ 의의

온라인공청회란 행정청이 전자적 방법으로 공개적인 토론을 통하여 어떠한 행정작용에 대하여 당사자등, 전문지식과 경험을 가진 사람, 그 밖의 일반인으로부터 의견을 널리 수렴하는 절차를 말한다.

Ⅱ 실시요건

1. 행정청은 공청회와 병행하여서만 온라인공청회를 실시할 수 있다.

2. ① 국민의 생명·신체·재산의 보호 등 국민의 안전 또는 권익보호 등의 이유로 공청회를 개최하기 어려운 경우, ② 공청회가 행정청이 책임질 수 없는 사유로 개최되지 못하거나 개최는 되었으나 정상적으로 진행되지 못하고 무산된 횟수가 3회 이상인 경우, ③ 행정청이 널리 의견을 수렴하기 위하여 온라인공청회를 단독으로 개최할 필요가 있다고 인정하는 경우(다만, 다른 법령등에서 공청회를 개최하도록 규정하고 있는 경우와 국민생활에 큰 영향을 미치는 처분으로서 30명 이상의 당사자등이 공청회 개최를 요구하는 경우에 해당하여 공청회를 실시하는 경우는 제외)에 해당하는 경우에는 온라인공청회를 단독으로 개최할 수 있다.

Ⅲ 방법 및 절차

1. 행정청은 온라인공청회를 실시하는 경우 의견제출 및 토론 참여가 가능하도록 적절한 전자적 처리능력을 갖춘 정보통신망을 구축·운영하여야 한다.

2. 온라인공청회를 실시하는 경우에는 누구든지 정보통신망을 이용하여 의견을 제출하거나 제출된 의견 등에 대한 토론에 참여할 수 있다.

3. 행정청은 처분을 할 때에 온라인공청회를 통하여 제시된 사실 및 의견이 상당한 이유가 있다고 인정하는 경우에는 이를 반영하여야 한다.

| 문제 2 | 자신의 가족관계등록부에 기재된 출생연월일이 잘못되었다고 생각한 甲은 행정사 乙을 방문하였다. 甲의 사정을 들은 乙이 검토해야 할 「가족관계의 등록 등에 관한 법률」상 가족관계등록부의 정정 절차에 관하여 설명하시오. (20점)

━━ 모범답안 ━━━━━━━━━━━━━━━━━━━━━━━━━━━━━━━━━━━━━━━

Ⅰ 위법한 가족관계 등록기록의 정정

등록부의 기록이 법률상 허가될 수 없는 것 또는 그 기재에 착오나 누락이 있다고 인정한 때에는 이해관계인은 사건 본인의 등록기준지를 관할하는 가정법원의 허가를 받아 등록부의 정정을 신청할 수 있다.

Ⅱ 가정법원의 심리

가정법원은 심리를 위하여 국가경찰관서의 장에게 신청인의 범죄경력 조회를 요청할 수 있고, 그 요청을 받은 국가경찰관서의 장은 지체 없이 그 결과를 회보하여야 한다.

Ⅲ 정정신청의 의무

가정법원의 가족관계등록기록의 정정에 대한 허가의 재판이 있었을 때에는 재판서의 등본을 받은 날부터 1개월 이내에 그 등본을 첨부하여 등록부의 정정을 신청하여야 한다.

Ⅳ 정정신청

1. 신청의 장소

   본인의 등록기준지 또는 신고인의 주소지나 현재지에서 할 수 있다.

2. 신고기간의 기산점

   재판이 송달 또는 교부된 날부터 기산한다.

3. 신고의 최고

   (1) 시·읍·면의 장은 신고를 게을리 한 사람을 안 때에는 상당한 기간을 정하여 신고의무자에 대하여 그 기간 내에 신고할 것을 최고하여야 한다.

   (2) 신고의무자가 상당한 기간 내에 신고를 하지 아니한 때에는 시·읍·면의 장은 다시 상당한 기간을 정하여 최고할 수 있다.

4. 기간경과 후의 신고

   시·읍·면의 장은 신고기간이 경과한 후의 신고라도 수리하여야 한다.

| 문제 3 | 「행정규제기본법령」상 규제영향분석 및 자체심사에 관하여 설명하시오. (20점)

=== 모범답안

I 규제영향분석의 개념

규제로 인하여 국민의 일상생활과 사회·경제·행정 등에 미치는 여러 가지 영향을 객관적이고 과학적인 방법을 사용하여 미리 예측·분석함으로써 규제의 타당성을 판단하는 기준을 제시하는 것을 말한다.

II 규제영향분석시 고려사항

1. 규제 목적의 실현 가능성

2. 규제의 신설 또는 강화의 필요성

3. 규제의 시행에 따라 규제를 받는 집단과 국민이 부담하여야 할 비용·편익의 비교 분석

4. 규제 외의 대체 수단 존재 여부 및 기존규제와의 중복 여부

5. 규제의 시행이 중소기업에 미치는 영향

6. 규제 내용의 객관성과 명료성

7. 경쟁 제한적 요소의 포함 여부

8. 부담을 경감하기 위하여 폐지·완화가 필요한 기존규제

9. 규제의 존속기한·재검토기한의 설정 근거 또는 미설정 사유

III 입법예고

중앙행정기관의 장은 규제영향분석서를 입법예고 기간 동안 국민에게 공표하여야 하고, 제출된 의견을 검토하여 규제영향분석서를 보완하며, 의견을 제출한 자에게 제출된 의견의 처리 결과를 알려야 한다.

IV 자체심사

중앙행정기관의 장은 규제영향분석의 결과를 기초로 규제의 대상·범위·방법 등을 정하고 그 타당성에 대하여 자체심사를 하여야 한다. 이 경우 관계 전문가 등의 의견을 충분히 수렴하여 심사에 반영하여야 한다.

| **문제 4** | 「공공기관의 정보공개에 관한 법령」상 정보공개 청구권자와 공공기관의 범위에 관하여 설명하시오. (20점)

모범답안

Ⅰ 정보공개청구권

정보공개청구권이란 사인이 공공기관에 대하여 정보를 제공해 줄 것을 요구할 수 있는 개인적 공권을 말한다. 이는 「헌법」의 제21조 국민의 알권리에서 직접 파생하는 구체적이고 현실적인 권리이므로, 「헌법」상의 기본권으로 보장된다.
공공기관의 정보공개에 관한 법률의 정보공개청구권은 특정인의 특정사안에 대한 이해관련성의 유무를 불문하고 정보에 대한 이익 그 자체를 권리로서 보장하고 있다.

Ⅱ 정보공개청구권자

1. 모든 국민은 정보의 공개를 청구할 권리를 가진다. 또한 법인과 법인격 없는 단체도 설립 목적 불문하고 정보의 공개를 청구할 권리를 가진다.

2. 외국인의 경우도 국내에 일정한 주소를 두고 거주하거나 학술·연구를 위하여 일시적으로 체류하는 사람, 국내에 사무소를 두고 있는 법인 또는 단체에 해당한다면 정보의 공개를 청구할 권리를 가진다.

Ⅲ 공공기관의 범위

1. 공공기관은 국가기관, 지방자치단체, 「공공기관의 운영에 관한 법률」 제2조에 따른 공공기관 등을 의미한다.

2. 그 밖에 각급 학교, 지방공사 및 지방공단, 특별법에 따라 설립된 특수법인 또는 국가나 지방자치단체로부터 보조금을 받는 사회복지법인과 사회복지사업을 하는 비영리법인등도 공공기관의 범위에 포함한다.

2018년 제6회 행정사 2차 기출문제
행정절차론 모범답안

| 문제 1 | 관할 행정청 A는 甲에 대해 부담금 부과처분을 하면서 「행정절차법」상 요구되는 처분의 근거와 이유를 구체적으로 제시하지 않았다. 甲은 자신에 대한 부담금 부과의 근거와 이유를 정확히 알 수 없었으나 납부기한의 도과로 인한 불이익을 우려하여 일단 부담금을 납부하였고, 이후 자신에 대한 부담금 부과처분은 이유제시의 하자가 있는 위법한 것임을 이유로 부담금 부과처분에 대해 취소소송을 제기하였다. 다음 물음에 답하시오. (40점)

⑴ 甲이 납부한 부담금이 내용적으로 정당한 경우에는 법원은 이유제시의 하자가 있음을 이유로 부담금 부과처분을 취소할 수 있는지 설명하시오. (20점)
⑵ 취소소송의 계속 중에 A가 甲에게 부담금 부과의 근거와 이유를 구체적으로 제시하였다면, 이유제시의 하자는 치유되는지 설명하시오. (20점)

모범답안

Ⅰ 문제의 소재

처분의 근거와 이유를 구체적으로 제시하지 아니한 이유제시가 절차상 하자에 해당하는지 여부를 먼저 판단한 후 절차상 하자에 해당한다면 각 물음의 처분의 효력과 치유 가능 여부를 살펴본다.

Ⅱ 처분의 이유제시

1. 의의

처분의 근거가 된 법적·사실적 사유를 처분 시에 구체적으로 명시하게 하는 것을 의미한다.

2. 대상

(1) 원칙

모든 처분시 이유가 기재되어야 한다.

(2) 예외사유

① 신청 내용을 모두 그대로 인정하는 처분인 경우
② 단순·반복적인 처분 또는 경미한 처분으로서 당사자가 이유를 명백히 알 수 있는 경우
③ 긴급히 처분을 할 필요가 있는 경우

3. 이유제시의 정도

「행정절차법」은 명시적 규정을 두고 있지 않지만, 적어도 처분의 상대방 기타 이해관계인이 이를 기초로 하여 차후 행정구제절차에 대처할 수 있을 정도로 구체적이어야 한다. 따라서 처분의 근거법령, 해당 조항 및 문언, 당해 근거법조를 적용하게 된 원인사실 및 포섭의 경위가 명시되어야 한다. 또한 재량행위의 경우 재량행사의 전후과정이 제시되어야 한다.

한편, 사실적 이유는 처분을 하게 된 사정 전부에 대해 일일이 근거를 제시할 필요는 없으며, 주로 법률요건 해당사실, 즉 주요사실의 골자만 제시하면 된다.

4. 사안의 적용

甲에 대해 부담금 부과처분은 구체적 이유를 제시하지 않은 절차적 하자가 있다.

물음 1) (20점)

Ⅰ 절차상 하자의 독자적 위법성 인정 여부

1. 문제점

절차상 하자의 효력에 대한 「행정절차법」상 처리 규정이 존재하지 않는다. 따라서 처분이 내용적으로 정당한 경우 절차상 하자만으로 처분의 독자적 위법성을 인정할 수 있는지 견해가 나뉜다.

2. 견해의 대립

(1) 학설

행정의 효율성을 강조하는 입장에서 절차 하자의 독자적 위법성을 부정하는 견해와 국민 권익 보호를 강조하는 입장에서 긍정하는 견해로 나뉜다.

(2) 판례

판례는 주류도매업면허의 취소처분 사례에서 취소처분의 근거와 위반사실의 적시를 빠뜨린 하자만을 이유로 행정행위의 취소를 구할 수 있다고 판시하여 절차상 하자를 행정행위의 독자적 위법사유로 보고 있다.

3. 검토

「헌법」 제12조의 적법절차원리는 일반조항으로서 행정절차에 유추 적용된다는 점을 볼 때, 절차의 하자도 기본권 침해에 해당하므로 절차 하자의 독자적 위법성을 인정하는 것이 타당하다.

Ⅱ 위법성의 정도

절차상 하자가 무효인지 취소인지의 구별은 통설과 판례의 견해인 중대·명백설에 따라 판단함이 타당하다.

Ⅲ 부담금 부과처분의 취소 여부

이유제시의 절차상 하자만으로도 독자적 위법성을 가지므로 甲에 대해 부담금 부과처분은 취소할 수 있다.

물음 2) (20점)

Ⅰ 치유가능성

하자의 치유는 원칙적으로 부정되지만, 예외적으로 하자의 치유를 인정한다 하더라도 국민의 권익침해가 없고 행정의 능률적 수행이 가능하다면 그 한도 내에서 제한적으로만 하자의 치유가 가능하다고 보아야 한다.

Ⅱ 치유시기

학설은 ① 쟁송제기 이전시설과, ② 쟁송종결 이전시설이 대립하며, 판례는 치유를 허용하려면 적어도 처분에 대한 불복여부의 결정 및 불복신청에 편의를 줄 수 있는 상당한 기간 내라고 판시하였다.

Ⅲ 치유의 효과

행정행위의 절차상 하자의 치유를 인정하면 절차상 위법은 제거되고 당해 행정행위는 적법한 것으로 간주된다. 치유의 효과는 소급적이므로 그 행정행위는 처음부터 적법한 행위가 된다.

Ⅳ 사안의 적용

원칙적으로 하자의 치유는 인정될 수 없으며 예외적으로 인정된다 하더라도 행정청 A의 치유행위는 취소소송의 진행 중에 이루어졌음으로 치유 가능시기에 해당한다고 볼 수 없다. 따라서 이유제시의 하자는 치유되지 않는다.

|문제 2| 甲은 질서위반행위로 인하여 과태료 부과처분을 받았다. 「질서위반행위규제법」에 따를 때 다음 각각의 경우에 위 과태료 부과처분이 적법한지 설명하시오. (20점)

(1) 甲이 위 위반행위에 대한 고의 또는 과실이 없었고, 설령 고의가 있었다고 하더라도 위 위반행위가 위법한 줄 몰랐던 경우 (10점)

(2) 甲이 18세이지만 심신장애로 인하여 자신의 행위의 옳고 그름을 판단할 능력이 없었던 경우 (10점)

▬ 모범답안

Ⅰ 질서위반행위

법률 또는 조례상의 의무를 위반하여 과태료를 부과하는 행위를 의미한다.

Ⅱ 성립요건

1. 질서위반행위 법정주의

법률에 따르지 아니하고는 어떤 행위도 질서위반행위로 과태료를 부과하지 아니한다.

2. 고의 또는 과실

고의 또는 과실이 없는 위반행위는 과태료를 부과하지 아니한다.

3. 위법성의 착오

자신의 행위가 위법하지 아니한 것으로 오인하고 그 오인에 정당한 이유가 있는 때에 한하여 과태료를 부과하지 아니한다.

4. 책임연령

14세가 되지 아니한 자의 질서위반행위는 과태료를 부과하지 아니한다.

5. 심신장애

(1) 심신장애로 인하여 행위의 옳고 그름을 판단할 능력이 없거나 그 판단에 따른 행위를 할 능력이 없는 자의 질서위반행위는 과태료를 부과하지 아니한다.

(2) 심신장애로 인하여 (1)에 따른 능력이 미약한 자의 질서위반행위는 과태료를 감경한다.

(3) 스스로 심신장애 상태를 일으켜 질서위반행위를 한 자에 대하여는 (1) 및 (2)을 적용하지 아니한다.

물음 1) (10점)

甲이 위 위반행위에 대한 고의 또는 과실이 없었다면 과태료를 부과할 수 없으므로 과태료 부과처분은 부적법하다. 또한 고의가 있었다고 하더라도 위 위반행위가 위법한 줄 몰랐던 경우에는 그 위법성의 착오에 정당한 이유가 있다면 과태료를 부과할 수 없다.

물음 2) (10점)

甲이 18세이므로 책임연령 이상이지만, 심신장애로 인하여 자신의 행위의 옳고 그름을 판단할 능력이 없었던 경우에는 과태료를 부과할 수 없으므로 과태료 부과처분은 부적법하다.

| 문제 3 | 행정기관의 장 A는 조사원 B로 하여금 행정법규 위반이 의심되는 甲의 사업장에 출입하여 현장조사를 실시하게 하고자 한다. 「행정조사기본법」상 현장조사의 절차 및 제한에 관하여 설명하시오. (20점)

━━ **모범답안** ━━━━━━━━━━━━━━━━━━━━━━━━━━━━━━━━━━━━━━

Ⅰ 의의

행정조사란 행정기관이 정책을 결정하거나 직무를 수행하는 데 필요한 정보나 자료를 수집하는 활동이다.

Ⅱ 현장조사

1. 사전통지

조사원이 현장조사를 실시하는 경우에는 행정기관의 장은 현장출입조사서 등을 조사대상자에게 발송하여야 한다.

2. 시간적 제한

(1) **원칙**

현장조사는 해가 뜨기 전이나 해가 진 뒤에는 할 수 없다.

(2) **예외**

① 조사대상자가 동의한 경우

② 사업장 등의 업무시간에 행정조사를 실시하는 경우

③ 해가 뜬 후부터 해가 지기 전까지 행정조사를 실시하는 경우에는 조사목적의 달성이 불가능하거나 증거인멸로 인하여 조사대상자의 법령등의 위반 여부를 확인할 수 없는 경우

3. 실명제

현장조사를 하는 조사원은 그 권한을 나타내는 증표를 지니고 이를 조사대상자에게 내보여야 한다.

| **문제 4** | 「공공기관의 정보공개에 관한 법률」상 공공기관의 정보 비공개결정에 대한 청구인의 불복 구제 절차에 관하여 설명하시오. (20점)

▦ 모범답안

I 이의신청

1. 이의신청 청구

청구인은 비공개결정에 대하여 공공기관으로부터 정보 비공개 결정 통지를 받은 날부터 30일 이내에 해당 공공기관에 문서로 이의신청을 할 수 있다.

2. 심의회 개최

이의신청이 있는 경우에는 심의회를 개최하여야 한다. 다만, ① 심의회의 심의를 이미 거친 사항, ② 단순·반복적인 청구, ③ 법령에 따라 비밀로 규정된 정보에 대한 청구에 해당하는 경우에는 심의회를 개최하지 아니할 수 있으며, 개최하지 아니하는 사유를 청구인에게 문서로 통지하여야 한다.

3. 이의신청의 결정기간

공공기관은 이의신청을 받은 날부터 7일 이내에 그 이의신청에 대하여 결정하고 그 결과를 청구인에게 지체 없이 문서로 통지하여야 한다. 다만, 부득이한 사유로 정하여진 기간 이내에 결정할 수 없을 때에는 그 기간이 끝나는 날의 다음 날부터 기산하여 7일의 범위에서 연장할 수 있으며, 연장 사유를 청구인에게 통지하여야 한다.

4. 통지의무

공공기관은 이의신청을 각하 또는 기각하는 결정을 한 경우에는 청구인에게 행정심판 또는 행정소송을 제기할 수 있다는 사실을 결과 통지와 함께 알려야 한다.

II 행정심판 · 행정소송

정보공개와 관련한 공공기관의 비공개 결정에 대하여 불복이 있는 때에는 「행정심판법」 또는 「행정소송법」이 정하는 바에 따라 행정심판 또는 행정소송을 청구할 수 있다.

이의신청과 행정심판, 행정소송은 임의적 전치주의 관계이다.

| 문제 1 | A시의 甲구청장은 음식점을 운영하고 있는 乙이 정당한 사유 없이 6개월 이상 계속 휴업하고 있어 「식품위생법」 제75조 제3항에 따른 영업허가 취소처분을 하려고 하였다. 이를 위해 청문통지서를 두 차례에 걸쳐 발송하였으나 청문통지서가 주소 불명으로 반송되었다. 이에 甲구청장은 乙이 청문기일에 불출석하였다는 이유로 청문을 생략하고 음식점 영업허가 취소처분을 하였다. 甲구청장의 乙에 대한 영업허가 취소처분의 위법 여부를 설명하시오. (40점)

=== 모범답안

Ⅰ 논점의 정리

甲구청장이 행한 영업허가 취소처분은 청문과 관련하여 절차상 하자가 있는지와 청문을 생략한 처분의 위법 여부를 살펴본다.

Ⅱ 행정청 처분의 절차적 하자 여부

1. 청문의 개념

행정청이 처분에 앞서 당사자등의 의견을 직접 듣고 증거를 조사하는 절차를 말한다.

2. 대상

(1) **실시사유**

청문은 다른 법령에서 규정한 경우와, 행정청이 필요를 인정한 경우 그리고 인허가 등의 취소, 신분·자격의 박탈, 법인이나 조합 등의 설립허가의 취소 처분이 있는 경우에 실시하여야 한다.

(2) **면제사유**

① 공공의 안전 또는 복리를 위하여 긴급히 처분을 할 필요가 있는 경우

② 법령등에서 요구된 자격이 없거나 없어지게 되면 반드시 일정한 처분을 하여야 하는 경우에 그 자격이 없거나 없어지게 된 사실이 법원의 재판 등에 의하여 객관적으로 증명된 때

③ 당해 처분의 성질상 의견청취가 현저히 곤란하거나 명백히 불필요하다고 인정될 만한 상당한 이유가 있는 경우

④ 당사자가 의견진술의 기회를 포기한다는 뜻을 명백히 표시한 경우

3. 사안의 적용

행정과정에 대한 국민의 참여와 행정의 공정성, 투명성 및 신뢰성을 확보하고 국민의 권익을 보호함을 목적으로 하는 청문 절차의 입법목적 등에 비추어 보면, 특별한 면제사유에 해당하지 않는 한 법령에 규정한 청문은 의무적으로 실시되어야 한다.

본 사안에서는 乙이 청문기일에 불출석하였다는 이유로 甲구청장은 청문을 생략하였으므로 이와 같은 사유가 청문의 면제사유에 해당하는지가 문제된다.

「행정절차법」상 면제 사유인 당해 처분의 성질상 의견청취가 현저히 곤란한 경우란 당해 행정처분의 성질에 비추어 판단하여야 하는 것이지, 청문통지서의 반송 여부, 청문통지의 방법 등에 의하여 판단할 것은 아니다. 또한 청문통지서를 받지 못한 乙은 정당한 사유로 청문을 불출석하였다고 볼 수 있으므로 이를 이유로 청문을 실시하지 아니하였다면 이는 절차의 하자에 해당한다.

Ⅲ 취소처분의 위법 여부

1. 문제점

절차상 하자의 효력에 대한 「행정절차법」상 처리 규정이 존재하지 않는다.

2. 견해의 대립

행정의 효율성을 강조하는 입장에서 절차 하자의 독자적 위법성을 부정하는 견해와 국민 권익 보호를 강조하는 입장에서 긍정하는 견해로 나뉜다.

판례는 법령에서 규정한 청문 절차를 실시하지 않았다는 절차상의 하자만을 이유로 행정행위의 취소를 구할 수 있다는 입장이다.

3. 검토

「헌법」 제12조 적법절차원리가 일반조항으로서 행정절차에 유추적용 된다는 점을 볼 때, 절차의 하자도 기본권 침해에 해당하므로 절차 하자의 독자적 위법성을 인정하는 것이 타당하다.

4. 위법성의 정도

중대·명백설에 따라 절차상의 하자는 취소에 해당한다.

Ⅳ 사안의 해결

본 사안에서 甲구청장의 영업허가 취소처분은 반드시 필요한 청문 기회를 제공하지 아니하였으므로 절차적 하자가 있는 위법한 처분이다.

| 문제 2 | 「행정규제기본법」상 규제개혁위원회의 설치, 기능 및 조사 · 의견청취 등에 관하여 설명하시오. (20점)

━━ 모범답안 ━━━━━━━━━━━━━━━━━━━━━━━━━━━━━━━━

Ⅰ 설치

정부의 규제정책을 심의 · 조정하고 규제의 심사 · 정비 등에 관한 사항을 종합적으로 추진하기 위하여 대통령 소속으로 규제개혁위원회를 둔다.

Ⅱ 기능

1. 심의 · 조정 사항

(1) 규제정책의 기본방향과 규제제도의 연구 · 발전에 관한 사항

(2) 규제의 신설 · 강화 등에 대한 심사에 관한 사항

(3) 기존규제의 심사, 신산업 규제정비 기본계획 및 규제정비 종합계획의 수립 · 시행에 관한 사항

(4) 규제의 등록 · 공표에 관한 사항

(5) 규제 개선에 관한 의견 수렴 및 처리에 관한 사항

(6) 각급 행정기관의 규제 개선 실태에 대한 점검 · 평가에 관한 사항

(7) 그 밖에 위원장이 위원회의 심의 · 조정이 필요하다고 인정하는 사항

2. 권고

위원회는 신기술 서비스 · 제품 관련 규제특례에 관한 사항을 심의하기 위하여 관계법률에 따라 설치된 위원회에 의견을 제출하거나, 필요한 경우 권고할 수 있다. 이 경우 권고를 받은 위원회는 권고사항에 대한 처리 결과를 위원회에 제출하여야 한다.

Ⅲ 조사 및 의견청취 등

1. 위원회는 기능을 수행할 때 필요하다고 인정하면 다음의 조치를 할 수 있다.

(1) 관계 행정기관에 대한 설명 또는 자료 · 서류 등의 제출 요구

(2) 이해관계인 · 참고인 또는 관계 공무원의 출석 및 의견진술 요구

(3) 관계 행정기관 등에 대한 현지조사

2. 관계 행정기관의 장은 규제의 심사 등과 관련하여 소속 공무원이나 관계 전문가를 위원회에 출석시켜 의견을 진술하게 하거나 필요한 자료를 제출할 수 있다.

| 문제 3 | 「개인정보 보호법」상 보호의 대상이 되는 개인정보의 개념 및 개인정보처리자의 손해배상책임에 관하여 설명하시오. (20점)

▒▒▒ 모범답안 ▒▒▒

Ⅰ 개인정보의 개념

살아 있는 개인에 관한 정보로서 성명, 주민등록번호 및 영상 등을 통하여 개인을 알아볼 수 있는 정보를 의미한다. 또한 해당 정보만으로는 개인을 알아볼 수 없더라도 다른 정보와 쉽게 결합하여 개인을 알아 볼 수 있는 정보와 가명정보도 개인정보에 포함한다.

Ⅱ 개인정보처리자의 손해배상책임

1. 정보주체는 개인정보처리자의 위법한 행위로 손해를 입으면 개인정보처리자에게 손해배상을 청구할 수 있다. 이 경우 그 개인정보처리자는 고의 또는 과실이 없음을 입증하지 아니하면 책임을 면할 수 없다.

2. 개인정보처리자의 고의 또는 중대한 과실로 인하여 개인정보가 분실·도난·유출·위조·변조 또는 훼손된 경우로서 정보주체에게 손해가 발생한 때에는 법원은 그 손해액의 5배를 넘지 아니하는 범위에서 손해배상액을 정할 수 있다. 다만, 개인정보처리자가 고의 또는 중대한 과실이 없음을 증명한 경우에는 그러하지 아니하다.

Ⅲ 법정손해배상의 청구

1. 정보주체는 개인정보처리자의 고의 또는 과실로 인하여 개인정보가 분실·도난·유출·위조·변조 또는 훼손된 경우에는 300만 원 이하의 범위에서 상당한 금액을 손해액으로 하여 배상을 청구할 수 있다. 이 경우 해당 개인정보처리자는 고의 또는 과실이 없음을 입증하지 아니하면 책임을 면할 수 없다.

2. 법원은 법정손해배상의 청구가 있는 경우에 변론 전체의 취지와 증거조사의 결과를 고려하여 300만 원 이하의 범위에서 상당한 손해액을 인정할 수 있다.

3. 손해배상을 청구한 정보주체는 사실심의 변론이 종결되기 전까지 그 청구를 법정손해배상의 청구로 변경할 수 있다.

| 문제 4 | 「행정조사기본법」상 행정조사의 기본원칙 및 위법한 행정조사에 기초한 행정행위의 효력에 관하여 설명하시오. (20점)

▨ 모범답안

Ⅰ 행정조사의 개념

행정조사란 행정기관이 정책을 결정하거나 직무를 수행하는 데 필요한 정보나 자료를 수집하는 활동을 말한다.

Ⅱ 행정조사의 기본원칙

1. 행정조사는 조사목적을 달성하는데 필요한 최소한의 범위 안에서 실시하여야 하며, 다른 목적 등을 위하여 조사권을 남용하여서는 아니 된다.

2. 행정기관은 조사목적에 적합하도록 조사대상자를 선정하여 행정조사를 실시하여야 한다.

3. 행정기관은 유사하거나 동일한 사안에 대하여는 공동조사 등을 실시함으로써 행정조사가 중복되지 아니하도록 하여야 한다.

4. 행정조사는 법령등의 위반에 대한 처벌보다는 법령등을 준수하도록 유도하는 데 중점을 두어야 한다.

5. 다른 법률에 따르지 아니하고는 행정조사의 대상자 또는 행정조사의 내용을 공표하거나 직무상 알게 된 비밀을 누설하여서는 아니 된다.

6. 행정기관은 행정조사를 통하여 알게 된 정보를 다른 법률에 따라 내부에서 이용하거나 다른 기관에 제공하는 경우를 제외하고는 원래의 조사목적 이외의 용도로 이용하거나 타인에게 제공하여서는 아니 된다.

Ⅲ 위법한 행정조사에 기초한 행정행위의 효력

1. 견해의 대립

행정의 효율성을 강조하는 입장에서 행정조사는 행정행위의 준비작용일 뿐 반드시 행정행위결정의 선행요건으로 볼 수는 없다는 승계부정설과 행정조사는 전체적으로 하나의 행정과정을 구성하고 있으므로 행정조사에 중대한 위법사유가 있으면 곧 행정행위도 위법하다는 승계긍정설이 대립한다.

2. 검토

행정조사와 그에 기초한 행정행위는 별개라 할지라도 밀접한 관련성을 가지므로, 국민의 권익을 보호하는 입장에서 행정조사의 위법성은 행정행위에도 원칙적으로 승계된다고 보는 것이 타당하다.

행정절차론 모범답안

|문제 1| 어업조합법인 甲은 A시 관할 구역 내 32만 m²에 수산물종합유통센터를 건축하기 위하여 B지방해양항만청장으로부터 항만공사 시행 허가 및 항만공사 실시계획 승인을 받았다. 그런데 그 후 甲은 A시장으로부터 위 센터 건축을 위한 항만시설 사용허가를 두 차례 받았으나 건축을 하지 못하고 모두 그 사용기간이 만료되었다. 甲은 다시 위 센터를 건축하고자 항만시설 사용허가를 신청하였으나 A시장은 위 센터 예정 부지 주변의 여건 변화, 각종 행사의 증가로 인한 공공 시설 부족 심화 등을 이유로 불허가 처분을 내렸다. 그런데 A시장은 불허가 처분을 하기 전에 甲에게 그 처분의 내용 및 법적 근거, 의견 제출 절차 등을 통지하지 않았다. 다음 물음에 답하시오. (40점)

⑴ 甲은 이미 두 차례나 항만시설 사용허가를 해 주었으면서 이번에는 이를 거부한 것은 신뢰보호 원칙 위반이라고 주장한다. 신뢰보호 원칙의 요건에 비추어 이 주장의 타당성을 검토하시오. (20점)

⑵ 甲은 A시장이 항만시설 사용에 대한 불허가 처분을 하면서 사전통지를 하지 않았다는 점을 들어 「행정절차법」 위반이라고 주장한다. 이 주장의 타당성을 검토하시오. (20점)

모범답안

물음 1) (20점)

Ⅰ 신뢰보호원칙

행정청은 법령등의 해석 또는 행정청의 관행이 일반적으로 국민들에게 받아들여진 때에는 공익 또는 제3자의 정당한 이익을 현저히 해할 우려가 있는 경우를 제외하고는 새로운 해석 또는 관행에 따라 소급하여 불리하게 처리하여서는 아니 된다.

Ⅱ 적용요건

일반적으로 행정청의 행위에 대하여 신뢰보호원칙이 적용되기 위해서는 ① 행정청이 개인에 대하여 신뢰의 대상이 되는 공적인 견해표명을 하여야 하고, ② 행정청의 견해표명이 정당하다고 신뢰한 데에 대하여 그 개인에게 귀책사유가 없어야 하며, ③ 그 개인이 그 견해표명을 신뢰하고 이에 상응하는 어떠한 행위를 하였어야 하고, ④ 행정청이 그 견해표명에 반하는 처분을 함으로써 견해표명을 신뢰한 개인의 이익이 침해되는 결과가 초래되어야 하며, ⑤ 그 견해표명에 따른 행정처분을 할 경우 이로 인하여 공익 또는 제3자의 정당한 이익을 현저히 해할 우려가 있는 경우가 아니어야 한다.

Ⅲ 사안의 해결

항만시설 사용허가가 두 차례 있었다는 사유만으로 행정청의 허가가 국민에게 받아들여진 일반적인 관행에 해당하지는 않는다. 따라서 甲이 이전에 있었던 사용허가를 근거로 새로운 허가처분을 기대하였다고 하여 이를 보호가치 있는 신뢰라고 볼 수 없으며, A시장의 불허가 처분이 선행조치에 반하는 후행처분이라 볼 수도 없다. 또한 센터 예정 부지 주변의 여건 변화, 각종 행사의 증가로 인한 공공 시설 부족 심화 등 공익을 해칠 우려가 있는 경우에는 이전의 허가와 다른 불허가 처분이 충분히 가능하다.

따라서 A시장의 불허가 처분이 신뢰보호 원칙 위반이라는 甲의 주장은 타당하지 않다.

물음 2) (20점)

Ⅰ 대상

행정청은 당사자에게 불이익한 처분을 하기 전에 일정한 사항을 당사자등에게 통지하여야 한다.

Ⅱ 사전통지의 면제사유

1. 공공의 안전 또는 복리를 위하여 긴급히 처분을 할 필요가 있는 경우

2. 법령등에서 요구된 자격이 없거나 없어지게 되면 반드시 일정한 처분을 하여야 하는 경우에 그 자격이 없거나 없어지게 된 사실이 법원의 재판 등에 의하여 객관적으로 증명된 때

3. 당해 처분의 성질상 의견청취가 현저히 곤란하거나 명백히 불필요하다고 인정될 만한 상당한 이유가 있는 경우

Ⅲ 거부처분에도 사전통지절차가 적용되는지 여부

신청에 대한 거부처분이 권익을 제한하는 처분에 해당하여 사전통지절차가 적용되는지가 문제된다.
신청이 거부된 경우에도 권익에 손상을 입을 위험이 있다는 점, 거부처분이 사전통지의 면제사유에 해당하지 않는다는 점을 논거로 거부처분이 권익을 제한하는 처분에 해당하여 사전통지절차가 적용된다는 견해도 있다. 그러나 신청에 따른 처분이 이루어지지 않은 경우에는 아직 당사자에게 권익이 부과되지 아니하였으므로 특별한 사정이 없는 한 신청에 대한 거부처분이라고 하더라도 직접 당사자의 권익을 제한하는 것은 아니다. 따라서 신청에 대한 거부처분은 사전통지의 대상이 아니다.

Ⅳ 사안의 해결

항만시설 사용에 대한 불허가 처분은 신청에 대한 거부처분으로서 불이익한 처분에 해당하지 않으므로 사전통지의 대상이 아니다. 따라서 사전통지를 하지 않았다는 점을 들어 「행정절차법」 위반이라는 甲의 주장은 타당하지 않다.

| 문제 2 | 甲이 공공기관 A에게 공개 청구한 정보가 제3자인 乙과 관련이 있는 경우, 乙의 권리보호에 관하여 설명하시오. (20점)

▨ 모범답안

Ⅰ 제3자의 비공개 요청

공개청구 사실을 통지받은 제3자는 통지받은 날부터 3일 이내에 비공개 요청을 할 수 있다.

Ⅱ 공개실시일

비공개 요청에도 불구하고 공공기관이 공개 결정을 할 때에는 공개 결정일과 공개 실시일 사이에 최소한 30일의 간격을 두어야 한다.

Ⅲ 이의신청

1. 이의신청 청구

비공개 요청에도 불구하고 공공기관이 공개 결정을 할 때에는 공개 결정 이유와 공개 실시일을 분명히 밝혀 지체 없이 문서로 통지하여야 하며, 제3자는 정보공개 통지를 받은 날부터 7일 이내에 문서로 이의신청을 할 수 있다.

2. 심의회 개최

이의신청이 있는 경우에는 심의회를 개최하여야 한다. 다만, ① 심의회의 심의를 이미 거친 사항, ② 단순·반복적인 청구, ③ 법령에 따라 비밀로 규정된 정보에 대한 청구에 해당하는 경우에는 심의회를 개최하지 아니할 수 있으며, 개최하지 아니하는 사유를 청구인에게 문서로 통지하여야 한다.

3. 이의신청의 결정기간

공공기관은 이의신청을 받은 날부터 7일 이내에 그 이의신청에 대하여 결정하고 그 결과를 청구인에게 지체 없이 문서로 통지하여야 한다. 다만, 부득이한 경우에는 7일의 범위에서 연장할 수 있으며, 연장 사유를 청구인에게 통지하여야 한다.

4. 통지의무

공공기관은 이의신청을 각하 또는 기각하는 결정을 한 경우에는 청구인에게 행정심판 또는 행정소송을 제기할 수 있다는 사실을 결과 통지와 함께 알려야 한다.

Ⅳ 행정심판·행정소송

「행정심판법」 또는 「행정소송법」이 정하는 바에 따라 행정심판 또는 행정소송을 청구할 수 있다. 이의신청과 행정심판, 행정소송은 임의적 전치주의 관계이다.

| 문제 3 | 「행정조사기본법」상 행정조사 방법에 관하여 설명하시오. (20점)

▓ 모범답안

Ⅰ 의의

행정조사란 행정기관이 정책을 결정하거나 직무를 수행하는 데 필요한 정보나 자료를 수집하기 위하여 현장조사·문서열람·시료채취 등을 하거나 조사대상자에게 보고요구·자료제출요구 및 출석·진술요구를 행하는 활동을 말한다.

Ⅱ 보고요구·자료제출요구 및 출석·진술요구

1. 행정기관의 장은 행정조사를 위해 요구서를 발송하여야 한다.

2. 조사대상자는 업무 또는 생활에 지장이 있는 때에는 행정기관의 장에게 일시를 변경하여 줄 것을 신청할 수 있다.

3. 조사원은 조사대상자의 1회 출석으로 당해 조사를 종결하여야 한다.

Ⅲ 현장조사

1. 현장조사는 해가 뜨기 전이나 해가 진 뒤에는 할 수 없다. 다만, ① 조사대상자가 동의한 경우, ② 사무실 또는 사업장 등의 업무시간에 행정조사를 실시하는 경우, ③ 해가 뜬 후부터 해가 지기 전까지 행정조사를 실시하는 경우에는 조사목적의 달성이 불가능하거나 증거인멸로 인하여 조사대상자의 법령등의 위반 여부를 확인할 수 없는 경우에 해당하는 경우에는 그러하지 아니하다.

2. 현장조사를 하는 조사원은 그 권한을 나타내는 증표를 지니고 이를 조사대상자에게 내보여야 한다.

Ⅳ 시료채취

1. 시료채취를 하는 경우에는 그 시료의 소유자 및 관리자의 정상적인 경제활동을 방해하지 아니하는 범위 안에서 최소한도로 하여야 한다.

2. 행정기관의 장은 조사대상자에게 손실을 입힌 때에는 그 손실을 보상하여야 한다.

Ⅴ 자료등 영치

1. 조사원이 자료등을 영치하는 때에는 조사대상자 또는 그 대리인을 입회시켜야 한다.

2. 조사원이 자료등을 영치하는 경우에 조사대상자의 생활이나 영업이 사실상 불가능하게 될 우려가 있는 때에는 조사원은 자료등을 사진으로 촬영하거나 사본을 작성하는 등의 방법으로 영치에 갈음할 수 있다. 다만, 증거인멸의 우려가 있는 자료등을 영치하는 경우에는 그러하지 아니하다.

3. 조사원이 영치를 완료한 때에는 영치조서 2부를 작성하여 입회인과 함께 서명날인하고 그중 1부를 입회인에게 교부하여야 한다.

Ⅵ 공동조사

행정조사는 공동조사 대상이거나 조사대상자의 신청 또는 국무조정실장의 요청이 있는 경우 공동조사를 실시한다.

Ⅶ 중복조사 제한

행정기관의 장은 동일한 사안에 대하여 동일한 조사대상자를 재조사 하여서는 아니 된다. 또한, 각 행정기관 간의 동일한 조사대상자에게 동일하거나 유사한 사안에 대한 행정조사도 역시 제한된다.

| 문제 4 | 「질서위반행위규제법」상 과태료 체납자에 대한 제재로서 관허사업의 제한과 고액·상습 체납자에 대한 제재를 설명하시오. (20점)

▓▓▓ 모범답안

Ⅰ 관허사업의 제한

1. 개념

행정청은 과태료 체납자 중 허가등을 요하는 사업을 경영하는 자에 대하여는 사업의 정지 또는 허가등의 취소를 할 수 있다.

2. 요건

(1) 해당 사업과 관련된 질서위반행위로 부과받은 과태료를 3회 이상 체납하고 있고, 체납발생일부터 각 1년이 경과하였으며, 체납금액의 합계가 500만 원 이상인 체납자

(2) 천재지변이나 그 밖의 중대한 재난, 체납자 또는 그 동거가족의 중한 질병, 생계를 유지하기 어려울 정도의 경제적 손실 등 특별한 사유 없이 과태료를 체납한 자

3. 절차

(1) 사업의 주무관청이 따로 있는 경우에는 행정청은 당해 주무관청에 대하여 사업의 정지 또는 허가등의 취소를 요구할 수 있다.

(2) 행정청은 당해 과태료를 징수한 때에는 지체 없이 사업의 정지 또는 허가등의 취소나 그 요구를 철회하여야 한다.

(3) 행정청의 요구가 있는 때에는 주무관청은 정당한 사유가 없는 한 이에 응하여야 한다.

Ⅱ 고액·상습체납자에 대한 제재

1. 개념

법원은 검사의 청구에 따라 결정으로 30일의 범위 이내에서 과태료의 납부가 있을 때까지 고액·상습 체납자(법인인 경우에는 대표자)를 감치에 처할 수 있다.

2. 요건

(1) 과태료를 3회 이상 체납하고 있고, 체납발생일부터 각 1년이 경과하였으며, 체납금액의 합계가 1천만 원 이상인 체납자

(2) 과태료 납부능력이 있음에도 불구하고 정당한 사유 없이 체납한 경우

3. 절차

(1) 행정청은 관할 지방검찰청 또는 지청의 검사에게 체납자의 감치를 신청할 수 있다.

(2) 행정청의 감치 신청 결정에 대하여는 즉시항고를 할 수 있다.

(3) 감치에 처하여진 과태료 체납자는 동일한 체납사실로 인하여 재차 감치되지 아니한다.

행정절차론 모범답안

| 문제 1 | 공무원 甲은 코로나19 확산 방지를 위한 집합금지명령 위반 단속업무 등을 담당하던 중, 유흥주점 업자인 乙로부터 위반행위 단속을 피할 수 있도록 단속일시·장소 등을 알려달라는 청탁을 받았다. 甲은 이를 알려준 대가로 자신의 계좌로 30만 원을 송금 받은 것을 비롯하여 수회에 걸쳐 합계 190만 원의 뇌물을 받은 사실을 이유로 인사 및 징계권자인 A로부터 직위해제처분을 받은 후 징계절차를 거쳐 최종적으로 파면처분을 받았다. 다음 물음에 답하시오. (40점)

⑴ 甲은 A가 직위해제처분을 하면서 사전통지나 의견청취절차를 거치지 않았다는 점을 들어 「행정절차법」 위반이라고 주장한다. 이 주장의 타당성을 검토하시오. (10점)

⑵ 甲은 제시된 징계사유(뇌물수수)를 모두 인정하면서도 A가 관련법령의 징계절차상 처분사유설명서를 교부하지 않았음을 들어 자신에 대한 파면처분은 취소되어야 한다고 주장한다. 이 주장의 타당성을 검토하시오. (30점)

모범답안

물음 1) (10점)

국가공무원법상 직위해제처분은 잠정적이고 가처분적인 성격을 가진 조치에 해당하며, 또한 직위해제처분을 받은 공무원은 사후적으로 소청이나 행정소송을 통하여 충분한 의견진술 및 자료제출의 기회를 보장받고 있다. 이러한 점을 고려한다면 「국가공무원법」상 직위해제처분은 「행정절차법」 제3조 제2항에 규정되어 있는 당해 행정작용의 성질상 행정절차를 거치기 곤란하거나 불필요하다고 인정되는 사항 또는 행정절차에 준하는 절차를 거친 사항에 해당하므로, 처분의 사전통지 및 의견청취 등에 관한 「행정절차법」의 규정이 별도로 적용되지 않는다.

따라서 甲의 주장은 타당하지 않다.

물음 2) (30점)

Ⅰ 문제의 소재

A의 파면처분은 불이익한 처분에 해당하며, 파면처분의 절차상 하자 여부와 절차상 하자 있는 처분의 효력이 문제된다.

Ⅱ 절차상 하자 여부

1. 「행정절차법」상 불이익한 처분 절차

행정청이 공표한 처분기준에 따라 불이익한 처분을 하는 경우에는 사전에 통지하여 의견청취 절차를 거친 후, 문서로 처분과 그 이유를 명시하고 구제방법 등을 고지하여야 한다. 이는 처분 당사자등의 절차적 권리이며, 당사자의 개인적 공권으로 보호되어야 한다.

2. 「행정절차법」 적용범위

행정절차법은 행정절차에 관한 일반법의 지위를 가진다. 다만, 공무원 인사 관계 법령에 따른 징계와 그 밖의 처분에 관하여는 그 적용을 배제하고 있다.

행정과정에 대한 국민의 참여와 행정의 공정성, 투명성 및 신뢰성을 확보하고 국민의 권익을 보호함을 목적으로 하는 「행정절차법」의 입법목적 등에 비추어 보면, 공무원 인사관계 법령에 의한 처분에 관한 사항 전부에 대하여 「행정절차법」의 적용이 배제되는 것이 아니라 성질상 행정절차를 거치기 곤란하거나 불필요하다고 인정되는 처분이나 행정절차에 준하는 절차를 거치도록 하고 있는 처분의 경우에만 「행정절차법」의 적용이 배제된다.

3. 처분사유설명서를 교부하지 않은 파면처분의 절차상 하자 여부

파면처분의 상대방은 차후 행정구제절차에 대처할 수 있을 정도로 구체적인 이유를 제시받아야 하는데 이에 준하는 절차가 처분사유설명서에 해당한다. 그런 의미에서 처분사유 설명서는 해당 공무원에게 방어의 준비 및 불복의 기회를 보장하고 징계권자의 판단에 신중함과 합리성을 담보하게 한다.

따라서 처분사유설명서를 교부하지 않은 파면처분은 절차상 하자가 있다.

Ⅲ 절차상 하자 있는 처분의 효력

1. 절차상 하자의 독자적 위법성 인정 여부

⑴ 문제점

절차상 하자의 효력에 대한 「행정절차법」상 처리 규정이 존재하지 않는다.

⑵ 견해의 대립

행정의 효율성을 강조하는 입장에서 절차 하자의 독자적 위법성을 부정하는 견해와 국민 권익 보호를 강조하는 입장에서 긍정하는 견해로 나뉜다.

판례는 절차상 하자만을 이유로 행정행위의 취소를 구할 수 있다고 판시하여 절차상 하자를 행정행위의 독자적 위법사유로 보고 있다.

⑶ 검토

「헌법」 제12조 적법절차원리가 일반조항으로서 행정절차에 유추적용 된다는 점을 볼 때, 절차의 하자도 기본권 침해에 해당하므로 절차 하자의 독자적 위법성을 인정하는 것이 타당하다.

2. 위법성의 정도

중대·명백설에 따라 절차상의 하자는 취소에 해당한다.

Ⅳ 사안의 해결

A의 파면처분은 절차상 하자가 있는 처분이므로, 파면 처분의 취소를 요구하는 甲의 주장은 타당하다.

부록

| 문제 2 | 개인정보자기결정권의 의미와 「개인정보 보호법」상 개인정보 보호원칙에 관하여 설명하시오. (20점)

▨▨ 모범답안

Ⅰ 개인정보자기결정권

정보주체가 개인정보의 공개와 이용에 관하여 스스로 결정할 권리로, 「헌법」 제17조 사생활의 비밀과 자유에서 도출된다. 「개인정보 보호법」 제4조에서 정보주체의 권리로 규정하고 있다.

Ⅱ 개인정보보호원칙

1. 개인정보처리자는 개인정보의 처리 목적을 명확하게 하여야 하고 그 목적에 필요한 범위에서 최소한의 개인정보만을 적법하고 정당하게 수집하여야 한다.

2. 개인정보처리자는 개인정보의 처리 목적에 필요한 범위에서 적합하게 개인정보를 처리하여야 하며, 그 목적 외의 용도로 활용하여서는 아니 된다.

3. 개인정보처리자는 개인정보의 처리 목적에 필요한 범위에서 개인정보의 정확성, 완전성 및 최신성이 보장되도록 하여야 한다.

4. 개인정보처리자는 개인정보의 처리 방법 및 종류 등에 따라 정보주체의 권리가 침해받을 가능성과 그 위험 정도를 고려하여 개인정보를 안전하게 관리하여야 한다.

5. 개인정보처리자는 개인정보 처리방침 등 개인정보의 처리에 관한 사항을 공개하여야 하며, 열람청구권 등 정보주체의 권리를 보장하여야 한다.

6. 개인정보처리자는 정보주체의 사생활 침해를 최소화하는 방법으로 개인정보를 처리하여야 한다.

7. 개인정보처리자는 개인정보를 익명 또는 가명으로 처리하여도 개인정보 수집목적을 달성할 수 있는 경우 익명처리가 가능한 경우에는 익명에 의하여, 익명처리로 목적을 달성할 수 없는 경우에는 가명에 의하여 처리될 수 있도록 하여야 한다.

8. 개인정보처리자는 「개인정보 보호법」 및 관계 법령에서 규정하고 있는 책임과 의무를 준수하고 실천함으로써 정보주체의 신뢰를 얻기 위하여 노력하여야 한다.

| 문제 3 | 국내에 주소를 두고 거주하는 외국인 甲은 A광역시에 건물을 보유하고 있다. 그러나 이 건물이 공익사업을 이유로 A광역시지방토지수용위원회의 수용재결을 받게 되었고, 이에 대해 이의신청을 하였으나 중앙토지수용위원회에서 기각재결이 이루어졌다. 그러자 甲은 토지수용위원회의 회의록에 기재된 발언내용에 대한 해당 발언자의 인적사항 부분에 관한 정보공개를 청구하였다. 甲이 정보공개청구권의 주체가 될 수 있는지와 청구내용이 정보공개대상이 되는지를 검토하시오. (20점)

━━ 모범답안 ━━

Ⅰ 정보공개청구권자

1. 모든 국민은 정보의 공개를 청구할 권리를 가진다. 또한 법인과 법인격 없는 단체도 설립 목적 불문하고 정보의 공개를 청구할 권리를 가진다.

2. 외국인의 경우도 국내에 일정한 주소를 두고 거주하거나 학술·연구를 위하여 일시적으로 체류하는 사람, 국내에 사무소를 두고 있는 법인 또는 단체에 해당한다면 정보의 공개를 청구할 권리를 가진다.

3. 「공공기관의 정보공개에 관한 법률」의 정보공개청구권은 특정인의 특정사안에 대한 이해관련성의 유무를 불문하고 정보에 대한 이익 그 자체를 권리로서 보장하고 있다.

Ⅱ 공개대상정보

1. 정보공개의 원칙

공공기관이 수집, 직무상 작성 또는 취득하여 관리하고 있는 각종의 정보는 국민의 알권리 보장 등을 위하여 적극적으로 공개하여야 한다.

「정보공개법」은 비공개대상정보에 대하여 열거하고 있다. 이에 해당하지 아니하는 경우 공공기관은 공개청구에 대하여 정보를 공개하여야할 의무를 진다.

2. 예외(비공개 대상 정보)

(1) 다른 법률 또는 법률에서 위임한 명령(국회규칙·대법원규칙·헌법재판소규칙·중앙선거관리위원회규칙·대통령령 및 조례로 한정)에 따라 비공개 사항으로 규정된 정보

(2) 국가의 중대한 이익을 현저히 해칠 우려가 있다고 인정되는 정보

(3) 국민의 생명·신체 및 재산의 보호에 현저한 지장을 초래할 우려가 있다고 인정되는 정보

(4) 진행 중인 재판에 관한 정보와 공개될 경우 그 직무수행을 현저히 곤란하게 하거나 형사피고인의 공정한 재판을 받을 권리를 침해한다고 인정할 만한 상당한 이유가 있는 정보

(5) 업무의 공정한 수행이나 연구·개발에 현저한 지장을 초래한다고 인정할 만한 상당한 이유가 있는 정보 (다만, 의사결정 과정 또는 내부검토 과정을 이유로 비공개할 경우에는 비공개 결정 통지를 할 때 의사결정 과정 또는 내부검토 과정의 단계 및 종료 예정일을 함께 안내하여야 한다.)

(6) 개인에 관한 사항으로서 공개될 경우 사생활의 비밀 또는 자유를 침해할 우려가 있다고 인정되는 정보

(7) 법인·단체 또는 개인의 경영상·영업상 비밀에 관한 사항으로서 공개될 경우 법인등의 정당한 이익을 현저히 해칠 우려가 있다고 인정되는 정보

(8) 특정인에게 이익 또는 불이익을 줄 우려가 있는 정보

Ⅲ 사안의 해결

갑은 정보공개청구권의 주체에 해당한다. 그러나 갑이 공개청구한 발언자의 인적사항은 개인의 사생활의 비밀 또는 자유를 침해할 우려가 있어 비공개될 수 있다.

| 문제 4 | 「질서위반행위규제법」상 질서위반행위의 개념과 시간적, 장소적 적용범위에 관하여 설명하시오. (20점)

━━ 모범답안 ━━━━━━━━━━━━━━━━━━━━━━━━━━━━━━━━━━━━

Ⅰ 질서위반행위

법률 또는 조례상의 의무를 위반하여 과태료를 부과하는 행위를 의미한다.

Ⅱ 시간적 적용범위

1. 원칙

   행위시의 법률에 따른다.

2. 예외

   (1) 질서위반행위 후 법률이 변경되어 그 행위가 질서위반행위에 해당하지 아니하게 되거나 과태료가 변경되기 전의 법률보다 가볍게 된 때에는 법률에 특별한 규정이 없는 한 변경된 법률을 적용한다.

   (2) 행정청의 과태료 처분이나 법원의 과태료 재판이 확정된 후 법률이 변경되어 그 행위가 질서위반행위에 해당하지 아니하게 된 때에는 변경된 법률에 특별한 규정이 없는 한 과태료의 징수 또는 집행을 면제한다.

Ⅲ 장소적 적용범위

1. 대한민국 영역 안에서 질서위반행위를 한 자에게 적용한다.

2. 대한민국 영역 밖에서 질서위반행위를 한 대한민국의 국민에게 적용한다.

3. 대한민국 영역 밖에 있는 대한민국의 선박 또는 항공기 안에서 질서위반행위를 한 외국인에게 적용한다.

행정절차론 모범답안

| 문제 1 | 甲은 식품접객업을 영위하고 있는 자로 판매하던 식품에 이물질이 혼입되어 있다는 사실이 관할 행정청의 단속과정에서 적발되었다. 그런데 관할 행정청은 甲에게 시정명령서를 송부하지 아니하고, 담당 공무원이 甲의 영업장을 방문하여 구두로 시정명령의 내용을 고지하였다. 그런데 관할 행정청이 정밀 조사한 결과 위 이물질이 사람의 생명을 해칠 수 있는 유독물질임이 밝혀졌다. 이에 관할 행정청은 甲의 영업소에 대한 폐쇄명령을 하고자 청문통지서를 발송하였으나, 청문일 5일 전에 甲에게 도달하였다. 그런데 「행정절차법」에 따르면 청문일 10일 전까지 통지하여야 하므로 절차상 하자가 있었지만, 甲은 청문일에 출석하여 자신의 의견을 진술하는 등 방어의 기회를 충분히 가졌고, 관할 행정청은 폐쇄명령을 하였다. (40점)

(1) 위 시정명령의 위법 여부를 설명하시오. (20점)
(2) 위 폐쇄명령의 위법 여부를 설명하시오. (20점)

모범답안

물음 1) (20점)

I 처분의 방식

1. 원칙

행정청이 처분은 문서로 하여야 한다.

2. 예외

(1) 전자문서

① 당사자등의 동의가 있는 경우에 해당하는 경우와 ② 당사자가 전자문서로 처분을 신청한 경우에는 전자문서로 할 수 있다.

(2) 구술 등

긴급히 처분을 할 필요가 있거나 사안이 경미한 경우에는 구술 기타 방법으로 할 수 있으며, 이 경우 당사자의 요청 시 지체 없이 처분에 관한 문서를 교부하여야 한다.

3. 실명제

처분을 하는 문서에는 그 처분 행정청과 담당자의 소속·성명 및 연락처를 적어야 한다.

II 구두로 고지한 처분의 위법성 여부

사안에서 담당공무원이 시정명령을 구두로 고지한 것은 공공의 안전 또는 복리를 위하여 긴급성이 인정되지 않는다는 전제 하에 「행정절차법」상 규정을 위반한 절차상 하자에 해당한다. 「헌법」 제12조 적법절차원리가 일반조항으로서 행정절차에 유추적용 된다는 점을 볼 때, 절차의 하자도 기본권 침해에 해당하므로 절차 하자의 독자적 위법성을 인정하는 것이 타당하다.

III 처분의 효력

절차 하자에 대한 위법성의 정도는 중대·명백설에 따라 판단한다. 따라서 사안에서의 시정명령은 특별한 예외 사유에 해당하지 않는 한 중대하고 명백한 하자로 무효이다.

물음 2) (20점)

Ⅰ 절차상 하자있는 처분의 효력

「헌법」제12조 적법절차원리가 일반조항으로서 행정절차에 유추적용된다는 점을 볼 때, 절차의 하자도 기본권 침해에 해당하므로 절차 하자의 독자적 위법성을 인정하는 것이 타당하다. 위법성의 정도는 중대·명백설에 따라 판단하며, 청문 통지상의 하자는 취소 사유에 해당한다.

Ⅱ 치유가능성

하자의 치유는 원칙적으로 부정되지만, 예외적으로 하자의 치유를 인정한다 하더라도 국민의 권익침해가 없고 행정의 능률적 수행이 가능하다면 그 한도 내에서 제한적으로만 하자의 치유가 가능하다고 보아야 한다.

Ⅲ 치유시기

학설은 ① 쟁송제기 이전시설과, ② 쟁송종결 이전시설이 대립하며, 판례는 치유를 허용하려면 적어도 처분에 대한 불복여부의 결정 및 불복신청에 편의를 줄 수 있는 상당한 기간 내라고 판시하였다.

Ⅳ 치유의 효과

행정행위의 절차상 하자의 치유를 인정하면 절차상 위법은 제거되고 당해 행정행위는 적법한 것으로 간주된다. 치유의 효과는 소급적이므로 그 행정행위는 처음부터 적법한 행위가 된다.

Ⅴ 사안의 해결

사안의 폐쇄명령은 절차상 하자가 존재한다.
그러나 청문일 5일 전에 청문통지서가 도달하였다는 점과 甲은 청문일에 출석하여 자신의 의견을 진술하는 등 방어의 기회를 충분히 가졌다는 점을 비추어 하자의 치유를 인정할 수 있다. 따라서 폐쇄명령은 적법한 처분이다.

| **문제 2** | 학교폭력 사건에 연루되어 강제전학조치를 받은 사립중학교에 재학중인 학생 甲이 강제전학
조치에 불복하여 행정심판을 제기하고자, 학교폭력대책위원회의 회의록에 대하여 「공공기관의 정보공개
에 관한 법률」(이하 "법"이라 한다.)에 근거하여 정보공개를 청구하였다. 사립중학교가 이 법의 적용대상
이 되는 지를 설명하고, 회의록에 사생활 관련 사항이 포함되어 있다면 어떤 범위로 정보공개를 할 수
있는지를 설명하시오. (20점)

■■■ 모범답안

Ⅰ 정보공개 의무자

국가기관, 지방자치단체, 「공공기관의 운영에 관한 법률」에 따른 공공기관 등을 의미한다. 사립학교의 공공기관
해당 여부에 관하여 대법원은 교육의 공공성, 공·사립학교의 동질성 등을 이유로 사립학교를 정보공개의무를
지는 공공기관의 하나로 보고 있다.

Ⅱ 비공개 대상 정보

「공공기관의 정보공개에 관한 법률」 제9조는 비공개 대상 정보를 열거하고 있다. 사안에서의 사생활 관련 사항
은 개인정보로서 공개될 경우 사생활의 비밀 또는 자유를 침해할 우려가 있다고 인정되는 정보로 법에서 규정
한 비공개 대상 정보에 비공개 대상 정보에 해당할 수 있다.

Ⅲ 부분공개

공개청구한 정보가 비공개 대상 부분과 공개가 가능한 부분이 혼합되어 있는 경우로서 공개청구의 취지에 어긋
나지 아니하는 범위 안에서 두 부분을 분리할 수 있는 때에는 비공개 대상 부분을 제외하고 공개하여야 한다.

Ⅳ 사안의 적용

사립학교는 공개의무자에 해당하며, 회의록 역시 공개 대상 정보에 해당한다. 따라서 회의록 상의 사생활 관련
사항이 비공개 필요성이 인정되며, 공개청구의 취지에 어긋나지 아니하는 범위 안에서 두 부분을 분리할 수
있는 때에는 부분공개의 방법으로 사생활 관련 부분을 제외하고 공개하여야 한다.

| 문제 3 | 「행정조사기본법」에서는 정기조사와 수시조사를 규정하고 있다. 수시조사를 실시하고 있는 경우를 설명하고, 정기조사 또는 수시조사를 실시한 행정기관의 장은 동일한 사안에 대하여 동일한 조사대상자를 조사하여서는 안된다는 원칙과 그 예외에 관하여 설명하시오. (20점)

═══ 모범답안 ═══

Ⅰ 조사의 주기

1. 정기조사

법령등 또는 행정조사운영계획으로 정하는 바에 따라 정기적으로 실시함을 원칙으로 한다.

2. 수시조사 실시 사유

(1) 법률에서 수시조사를 규정하고 있는 경우

(2) 법령등의 위반에 대하여 혐의가 있는 경우

(3) 다른 행정기관으로부터 법령등의 위반에 관한 혐의를 통보 또는 이첩받은 경우

(4) 법령등의 위반에 대한 신고를 받거나 민원이 접수된 경우

Ⅱ 중복조사 제한

1. 행정기관의 재조사 금지

행정기관의 장은 동일한 사안에 대하여 동일한 조사대상자를 재조사하여서는 아니 된다. 다만, 당해 행정기관이 이미 조사를 받은 조사대상자에 대하여 위법행위가 의심되는 새로운 증거를 확보한 경우에는 그러하지 아니하다.

2. 행정기관 간의 중복조사 금지

(1) 행정조사를 실시할 행정기관의 장은 행정조사를 실시하기 전에 다른 행정기관에서 동일한 조사대상자에게 동일하거나 유사한 사안에 대하여 행정조사를 실시하였는지 여부를 확인할 수 있다.

(2) 행정조사를 실시할 행정기관의 장이 사실을 확인하기 위하여 행정조사의 결과에 대한 자료를 요청하는 경우 요청받은 행정기관의 장은 특별한 사유가 없는 한 관련 자료를 제공하여야 한다.

| 문제 4 | 「행정규제기본법」상 규제의 원칙을 설명하고 규제개혁위원회의 심의 · 조정 사항을 기술하시오. (20점)

■■ 모범답안

① 실정법상 규제의 원칙

1. 국가나 지방자치단체는 국민의 자유와 창의를 존중하여야 하며, 규제를 정하는 경우에도 그 본질적 내용을 침해하지 아니하도록 하여야 한다.

2. 국가나 지방자치단체가 규제를 정할 때에는 국민의 생명 · 인권 · 보건 및 환경 등의 보호와 식품 · 의약품의 안전을 위한 실효성이 있는 규제가 되도록 하여야 한다.

3. 규제의 대상과 수단은 규제의 목적 실현에 필요한 최소한의 범위에서 가장 효과적인 방법으로 객관성 · 투명성 및 공정성이 확보되도록 설정되어야 한다.

② 우선허용 · 사후규제 원칙(입법 방식의 유연화)

국가나 지방자치단체가 신기술을 활용한 새로운 서비스 또는 제품과 관련된 규제를 법령등이나 조례 · 규칙에 규정할 때에는 다음의 규정 방식을 우선적으로 고려하여야 한다.

1. 네거티브 리스트

   규제로 인하여 제한되는 권리나 부과되는 의무는 한정적으로 열거하고 그 밖의 사항은 원칙적으로 허용한다.

2. 포괄적 개념 정의

   서비스와 제품의 인정 요건 · 개념 등을 장래의 신기술 발전에 따른 새로운 서비스와 제품도 포섭될 수 있도록 한다.

3. 유연한 분류 체계

   서비스와 제품에 관한 분류 기준을 장래의 신기술 발전에 따른 서비스와 제품도 포섭될 수 있도록 유연하게 정한다.

4. 사후평가 방식

   신기술 서비스 · 제품과 관련하여 출시 전에 권리를 제한하거나 의무를 부과하지 아니하고 필요에 따라 출시 후에 권리를 제한하거나 의무를 부과한다.

③ 규제개혁위원회의 심의 · 조정 사항

1. 규제정책의 기본방향과 규제제도의 연구 · 발전에 관한 사항

2. 규제의 신설 · 강화 등에 대한 심사에 관한 사항

3. 기존규제의 심사, 신산업 규제정비 기본계획 및 규제정비 종합계획의 수립 · 시행에 관한 사항

4. 규제의 등록 · 공표에 관한 사항

5. 규제 개선에 관한 의견 수렴 및 처리에 관한 사항

6. 각급 행정기관의 규제 개선 실태에 대한 점검 · 평가에 관한 사항

7. 그 밖에 위원장이 위원회의 심의 · 조정이 필요하다고 인정하는 사항

행정절차론 모범답안

| 문제 1 | 관할 행정청인 A시장(이하 '행정청'이라 한다.)은 甲이 소유한 건물(이하 '이 사건 건물'이라 한다.)에 대하여 甲의 사전 동의를 받아 甲이 참석한 가운데 현장조사를 실시하였다. 甲은 위 현장조사 과정에서 이 사건 건물의 무단 용도변경 사실을 인정하고 그 위반경위에 대해 진술하였다. 그런데 행정청은 현장조사 다음날에 원상복구를 명하는 시정명령(이하 '이 사건 처분'이라 한다.)을 하였다. 이에 甲은 이 사건 처분이 사전통지 및 의견제출기회 부여 절차를 거치지 않은 위법한 처분임을 이유로 취소소송을 제기하였다. 다음 물음에 답하시오. (40점)

⑴ A행정청은 '처분의 사전통지'에 관하여, 현장조사 당시 甲이 법률위반 사실을 인정하였고 그 위반경위를 진술하였으므로 「행정절차법」 제21조 제항 제3호가 정한 "해당 처분의 성질상 의견청취가 현저히 곤란하거나 명백히 불필요하다고 인정될 만한 상당한 이유가 있는 경우"로서 처분의 사전통지를 하지 아니하여도 되는 경우에 해당한다고 주장한다. 「행정절차법」상 '처분의 사전통지'에 관하여 설명하고, 행정청 주장의 타당성을 검토하시오. (20점)

⑵ 행정청은 '의견제출기회 부여'에 관하여, 현장조사 당시 甲이 법률위반 경위에 대해 진술하였으므로 의견제출기회가 부여되었고, 아니라고 하더라도 위와 마찬가지로 「행정절차법」 제21조 제4항 제3호에 따라 의견제출기회 부여를 하지 아니하여도 되는 경우에 해당한다고 주장한다. 「행정절차법」상 '의견제출'에 관하여 설명하고, 행정청 주장의 타당성을 검토하시오. (20점)

=== 모범답안 ===

물음 1) (20점)

I 대상

당사자에게 불이익한 처분을 하는 경우에는 미리 해당 사항을 당사자등에게 통지하여야 한다.

II 사전통지의 예외

1. 공공의 안전 또는 복리를 위하여 긴급히 처분을 할 필요가 있는 경우

2. 법령등에서 요구된 자격이 없거나 없어지게 되면 반드시 일정한 처분을 하여야 하는 경우에 그 자격이 없거나 없어지게 된 사실이 법원의 재판 등에 의하여 객관적으로 증명된 때

3. 당해 처분의 성질상 의견청취가 현저히 곤란하거나 명백히 불필요하다고 인정될 만한 상당한 이유가 있는 경우

III 사전통지 기간

의견제출에 필요한 기간을 10일 이상으로 고려하여 정하여야 한다.

Ⅳ 사안의 적용

시정명령은 불이익한 처분으로 사전통지 절차는 의무적이다. 따라서 의견제출에 필요한 상당한 기간을 고려하여 미리 처분의 제목, 처분하려는 원인이 되는 사실과 처분의 내용 및 법적 근거, 이에 대하여 의견을 제출할 수 있다는 뜻과 의견을 제출하지 아니하는 경우의 처리방법, 의견제출기관의 명칭과 주소, 의견제출기한 등의 사항을 당사자등에게 통지하여야 한다.

본 사안의 경우 적법한 사전통지 사항에 대한 통지도 없었으며 의견제출에 필요한 상당한 기간도 주어지지 않았다. 나아가 행정청이 주장하는 해당 처분의 성질상 의견청취가 현저히 곤란하거나 명백히 불필요하다고 인정될 만한 상당한 이유가 있는 경우에도 해당하지 않는다. 따라서 행정청의 주장은 타당하지 않다.

물음 2) (20점)

Ⅰ 의의

의견제출이란 행정청이 어떠한 행정작용을 하기 앞서 당사자 등이 의견을 제시하는 절차로서 청문이나 공청회에 해당하지 아니하는 절차를 말한다.

Ⅱ 대상

불이익한 처분에 있어 청문 또는 공청회를 거치지 않은 경우 의견 제출절차를 의무적으로 거쳐야 한다.

Ⅲ 의견제출의 예외

행정청은 사전통지의 예외사유에 해당하는 경우와 당사자가 의견진술의 기회를 포기한다는 뜻을 명백히 표시한 경우에는 의견청취를 아니 할 수 있다.

Ⅳ 사안의 적용

행정청이 불이익한 처분을 하면서 당사자에게 의견제출의 기회를 주지 아니하였다면, 그 의견제출의 예외적인 경우에 해당하지 아니하는 한, 그 처분은 위법하다.

그리고 의견청취가 현저히 곤란하거나 명백히 불필요하다고 인정될 만한 상당한 이유가 있는 경우에 해당하는지는 해당 행정처분의 성질에 비추어 판단하여야 하며, 처분상대방이 이미 행정청에게 위반사실을 시인하였다거나 처분의 사전통지 이전에 의견을 진술할 기회가 있었다는 사정을 고려하여 판단할 것은 아니다.

따라서 행정청의 주장은 타당하지 않다.

| 문제 2 | 甲은 A시장의 업무추진비가 사적인 용도로 사용되고 있을지도 모른다는 의혹이 생기자 「공공기관의 정보공개에 관한 법률」에 근거하여 A시장에게 'A시장의 업무추진비 집행명세서 사본'(이하 '이 사건 정보'라고 한다.)의 공개를 청구하였다. 이 사건 정보의 내용 중에는 A시장의 업무추진비 집행의 상대방이 된 개인의 이름과 주민등록번호도 포함되어 있지만, 이름·주민등록번호가 삭제된 사본을 교부하는 방식에 의한 공개는 가능하다. 그런데 A시장은 "이 사건 정보의 내용 중에는 개인의 이름과 주민등록번호도 포함되어 있어 이를 공개할 경우에는 개인의 사생활의 비밀과 자유를 침해할 우려가 있다"는 이유로 이 사건 정보의 전부에 대해 비공개결정을 하였다. 이 사건 정보 중 이름·주민등록번호를 제외한 나머지 부분은 비공개대상정보가 아니라고 전제할 때, A시장이 위와 같은 이유로 이 사건 정보의 전부에 대해 비공개결정을 한 것이 타당한지를 검토하시오. (20점)

모범답안

Ⅰ 정보공개청구권과 공개대상정보

정보공개청구권은 「헌법」의 제21조에서 직접 파생하는 구체적이고 현실적인 권리로, 「헌법」상의 기본권으로 보장된다. 「공공기관의 정보공개에 관한 법률」도 정보공개청구권을 국민의 알권리로서 특정인의 특정사안에 대한 이해관련성의 유무를 불문하고 정보에 대한 이익 그 자체를 권리로서 보장하고 있다.

「공공기관의 정보공개에 관한 법률」은 비공개 대상 정보를 열거하고 있으며 이러한 비공개 대상 정보에 해당하지 않는다면 공공기관이 보유·관리하는 정보는 공개하여야 한다.

Ⅱ 부분공개

공개청구한 정보가 비공개 대상 부분과 공개가 가능한 부분이 혼합되어 있는 경우로서 공개청구의 취지에 어긋나지 아니하는 범위 안에서 두 부분을 분리할 수 있는 때에는 비공개 대상 부분을 제외하고 공개하여야 한다.

Ⅲ 사안의 적용

본 사안에서 공개 청구한 정보 중 이름·주민등록번호를 제외한 나머지 부분은 비공개대상정보가 아니며, 이름·주민등록번호가 삭제된 사본을 교부하는 방식에 의한 공개는 가능하며, 공개 대상 정보만으로도 청구인의 알권리를 충족할 수 있다고 보여 지므로 A시장은 부분공개 결정을 내려야 한다.

따라서 A시장이 이 사건 정보의 전부에 대해 비공개결정을 한 것은 타당하지 않다.

| 문제 3 | 甲은 허가를 요하는 사업의 주무관청인 A행정청으로부터 허가를 받아 사업을 경영하고 있다. 그러던 중 甲은 법률상의 의무위반을 이유로 B행정청으로부터 과태료를 부과받았으나 이를 체납하고 있다. 이 경우 행정청이 「질서위반행위규제법령」에 따라 과태료 체납자에 대한 제재로서 위 허가를 취소할 수 있는 요건과, 그 요건이 충족된다면 B행정청이 취할 수 있는 조치에 관하여 설명하시오. (20점)

▨ 모범답안

부록

Ⅰ 관허사업의 제한

행정청은 과태료 체납자 중 허가등을 요하는 사업을 경영하는 자에 대하여는 사업의 정지 또는 허가등의 취소를 할 수 있다.

Ⅱ 요건

(1) 해당 사업과 관련된 과태료를 ① 3회 이상 체납하고 있고, ② 체납발생일부터 각 1년 경과하였으며, ③ 체납금액의 합계가 500만 원 이상인 체납자

(2) 천재지변이나 그 밖의 중대한 재난 등 특별한 사유 없이 과태료를 체납한 자

Ⅲ B행정청이 취할 수 있는 조치

B행정청은 甲에게 관허사업의 제한 결정을 할 수 있다.
이 경우 B행정청은 A행정청에 대하여 사업의 정지 또는 허가등의 취소를 요구할 수 있다. 또한 B행정청은 A행정청에 대하여 그 요구를 한 후 당해 과태료를 징수한 때에는 지체 없이 사업의 정지 또는 허가등의 취소나 그 요구를 철회하여야 한다.

| 문제 4 | 「주민등록법」상 주민등록번호의 '정정사유'와 '변경사유'에 관하여 설명하시오. (20점)

모범답안

Ⅰ 주민등록번호 정정사유

주민등록지의 시장·군수 또는 구청장은 ① 「가족관계의 등록 등에 관한 법률」에 따른 신고에 따라 등록 사항의 정정으로 인하여 주민등록번호를 정정하여야 하는 경우, ② 주민으로부터 주민등록번호의 오류를 이유로 정정신청을 받은 경우, ③ 주민등록번호에 오류가 있음을 발견한 경우에는 주민등록번호를 부여한 시장·군수 또는 구청장에게 주민등록번호의 정정을 요구하여야 한다.

Ⅱ 주민등록번호 변경사유

(1) 유출된 주민등록번호로 인하여 생명·신체에 위해를 입거나 입을 우려가 있다고 인정되는 사람

(2) 유출된 주민등록번호로 인하여 재산에 피해를 입거나 입을 우려가 있다고 인정되는 사람

(3) 아동·청소년의 성보호에 관한 법률」에 따른 피해아동·청소년, 성폭력피해자, 성매매피해자, 가정폭력범죄의 피해자 등에 해당하는 사람으로서 유출된 주민등록번호로 인하여 피해를 입거나 입을 우려가 있다고 인정되는 사람

(4) 공익신고자등, 범죄행위로 명예를 훼손당한 사람, 특정범죄신고자등, 학교폭력 피해학생 등에 해당하는 사람으로서 유출된 주민등록번호로 인하여 생명·신체에 위해를 입거나 입을 우려 또는 재산에 피해를 입거나 입을 우려가 있는 사람

행정절차론 모범답안

| **문제 1** | 甲은 그의 소유인 A시 소재 건물(이하 '이 사건의 건물'이라 한다.)에서 유흥주점 영업을 해오던 중, 甲의 지방세 체납으로 이 사건 건물이 압류되었다. 乙은 「지방세법」에 따른 압류재산 매각절차에서 이 사건 건물을 낙찰받아, 乙 명의로 소유권이전등기를 경료하고, 관할행정청인 A시장에게 위 유흥주점의 영업자지위승계신고를 하였다. 「식품위생법」에 따르면, 관할행정청은 영업자지위승계신고를 받은 날부터 3일 이내에 신고수리 여부를 신고인에게 통지하여야 하며, 그 기간 내에 신고수리 여부 또는 민원 처리 관련 법령에 따른 처리기간의 연장을 신고인에게 통지하지 아니하면 그 기간이 끝난 날의 다음날에 신고를 수리한 것으로 본다. 다음 물음에 답하시오. (40점)

⑴ 乙의 영업자지위승계신고의 법적 성질을 설명한 후, A시장이 乙의 영업자지위승계신고를 수리할 경우 그 수리처분에 있어서 甲은 「행정절차법」상 '당사자등'이 되는지 검토하시오. (20점)

⑵ A시장이 乙의 영업자지위승계신고를 수리하지 않을 경우 그 불수리처분에 앞서 乙에 대하여 「행정절차법」 제21조(처분의 사전 통지) 및 제23조(처분의 이유 제시)의 절차를 거쳐야 하는지 검토하시오. (20점)

═══ 모범답안 ═══

물음 1) (20점)

Ⅰ 영업자지위승계신고의 법적 성질

영업자의 지위를 승계한 자가 관할행정청에 이를 신고하여 행정청이 영업자지위승계신고를 수리하는 경우에는 종전의 영업자에 대한 영업허가 등은 그 효력을 잃는다 할 것이다. 따라서 영업자지위승계신고는 수리를 요하는 신고이며, 이를 수리하는 처분은 종전 사업자에 대한 불이익한 처분에 해당한다. 행정청이 공표한 처분기준에 따라 불이익한 처분을 하는 경우에는 사전에 통지하여 의견청취 절차를 거친 후, 문서로 처분과 그 이유를 명시하고 구제방법 등을 고지하여야 한다. 이는 처분 당사자등의 절차적 권리이며, 당사자의 개인적 공권으로 보호되어야 한다.

Ⅱ 당사자등

1. 개념

당사자등이란 행정청의 처분에 대하여 직접 그 상대가 되는 당사자와 행정청이 직권으로 또는 신청에 따라 행정절차에 참여하게 한 이해관계인을 의미한다.

2. 자격

⑴ 자연인

⑵ 법인, 법인이 아닌 사단 또는 재단

⑶ 다른 법령등에 따라 권리 · 의무의 주체가 될 수 있는 자

3. 사안의 적용

처분에 관한 권리 또는 이익을 사실상 양수한 자는 행정청의 승인을 받아 당사자등의 지위를 승계할 수 있다. 본 사안에서 乙의 영업자지위승계신고를 수리하는 A시장의 수리처분은 乙이 甲의 지위를 승계하므로, 종전의 영업자인 甲은 영업자지위를 상실한다는 점에서 처분의 직접 상대방인 당사자에 해당한다.

물음 2) (20점)

Ⅰ 사전통지

1. 대상
당사자에게 불이익한 처분을 하는 경우에는 미리 해당 사항을 당사자 등에게 통지하여야 한다.

2. 사전통지의 면제사유

(1) 공공의 안전 또는 복리를 위하여 긴급히 처분을 할 필요가 있는 경우

(2) 법령등에서 요구된 자격이 없거나 없어지게 되면 반드시 일정한 처분을 하여야 하는 경우에 그 자격이 없거나 없어지게 된 사실이 법원의 재판 등에 의하여 객관적으로 증명되는 경우

(3) 당해 처분의 성질상 의견청취가 현저히 곤란하거나 명백히 불필요하다고 인정될 만한 상당한 이유가 있는 경우

3. 거부처분
신청에 따른 처분이 이루어지지 않은 경우에는 아직 당사자에게 권익이 부과되지 아니하였으므로 특별한 사정이 없는 한 신청에 대한 거부처분이라고 하더라도 직접 당사자의 권익을 제한하는 것은 아니다.

Ⅱ 이유제시

1. 의의
처분의 근거가 된 법적·사실적 사유를 처분 시에 구체적으로 명시하여야 한다.

2. 대상

(1) **원칙**
   모든 처분을 대상으로 한다.

(2) **면제사유**
   ① 신청 내용을 모두 그대로 인정하는 처분인 경우
   ② 단순·반복적인 처분 또는 경미한 처분으로서 당사자가 그 이유를 명백히 알 수 있는 경우
   ③ 긴급히 처분을 할 필요가 있는 경우

3. 사안의 해결
처분의 신청에 대한 수리를 거부하는 처분은 불이익한 처분에 해당하지 않으므로 사전통지의 대상이 아니다. 이유제시의 경우 특별히 면제사유에 해당하지 않는 한 모든 처분을 대상으로 한다. 따라서 본 사안의 경우 「행정절차법」 제21조(처분의 사전 통지)의 절차는 거칠 필요가 없지만, 제23조(처분의 이유 제시)의 절차는 거쳐야 한다.

| 문제 2 | 「개인정보보호법」상 '집단분쟁조정'의 실시요건과 이에 대한 분쟁조정위원회의 처리절차에 관하여 설명하시오. (20점)

모범답안

I 집단분쟁조정의 실시

국가 및 지방자치단체, 개인정보 보호단체 및 기관, 정보주체, 개인정보처리자는 정보주체의 피해 또는 권리 침해가 다수의 정보주체에게 같거나 비슷한 유형으로 발생하는 경우로서 50명 이상의 정보주체(이미 구제가 끝났거나 구제절차가 진행되고 있는 정보주체는 제외)가 피해를 입은 경우에는 집단분쟁조정을 의뢰 또는 신청할 수 있다.

II 처리절차

1. 개시 공고

분쟁조정위원회는 집단분쟁조정 절차의 개시를 공고하여야 하며, 집단분쟁조정의 당사자가 아닌 정보주체 또는 개인정보처리자로부터 그 분쟁조정의 당사자에 추가로 포함될 수 있도록 하는 신청을 받을 수 있다.

2. 처리기간

분쟁조정위원회는 공고가 종료된 날의 다음 날부터 60일 이내로 한다. 다만, 부득이한 사정이 있는 경우에는 분쟁조정위원회의 의결로 처리기간을 연장할 수 있다.

3. 대표자 선정

분쟁조정위원회는 집단분쟁조정의 당사자 중에서 공동의 이익을 대표하기에 가장 적합한 1인 또는 수인을 대표당사자를 선임할 수 있다.

4. 보상계획서 제출 권고

분쟁조정위원회는 개인정보처리자가 집단분쟁조정의 내용을 수락한 경우에는 당사자가 아닌 자로서 피해를 입은 정보주체에 대한 보상계획서를 제출하도록 권고할 수 있다.

5. 조정절차에서의 제외

분쟁조정위원회는 집단분쟁조정의 당사자인 다수의 정보주체 중 일부의 정보주체가 법원에 소를 제기한 경우에는 그 절차를 중지하지 아니하고, 소를 제기한 일부의 정보주체를 그 절차에서 제외한다.

| 문제 3 | 「질서위반행위규제법」상 약식재판에 대한 이의신청이 제기된 경우 법원의 처리절차를 설명하고, '이의신청 취하'와 '이의신청 각하'를 비교하여 공통점과 차이점을 설명하시오. (20점)

모범답안

Ⅰ 약식재판

법원은 상당하다고 인정하는 때에는 심문 없이 과태료 재판을 할 수 있다.

Ⅱ 이의신청의 처리 절차

1. 신청 기간

당사자와 검사는 약식재판의 고지를 받은 날부터 7일 이내에 이의신청을 할 수 있다. 이때의 기간은 불변기간이다.

2. 신청 방식

당사자와 검사는 약식재판을 한 법원에 이의신청서를 제출하며, 법원은 이의신청의 상대방에게 이의신청서 부본을 송달하여야 한다.

3. 정식재판절차로의 이행

법원이 이의신청이 적법하다고 인정하는 때에는 약식재판은 그 효력을 상실하며, 법원은 심문을 거쳐 다시 재판하여야 한다.

Ⅲ 이의신청 취하와 각하

1. 이의신청 취하

이의신청을 한 당사자 또는 검사는 정식재판 절차에 따른 결정을 고지받기 전까지 이의신청을 취하할 수 있다. 이의신청의 취하는 이의신청취하서를 법원에 제출함으로써 한다. 다만, 심문기일에는 말로 할 수 있다.

2. 이의신청 각하

법원은 이의신청이 법령상 방식에 어긋나거나 이의신청권이 소멸된 뒤의 것임이 명백한 경우에는 결정으로 이를 각하하여야 한다.

3. 공통점

당사자 또는 검사가 이의신청을 취하한 때와 이의신청에 대한 각하결정이 확정된 때에는 약식재판을 확정한다.

| 문제 4 | 「행정조사기본법」상 자율관리체제의 구축신고에 관하여 설명하시오.(20점)

모범답안

I 자율신고제도

1. 행정기관의 장은 조사사항을 조사대상자로 하여금 스스로 신고하도록 하는 제도를 운영할 수 있다.

2. 행정기관의 장은 조사대상자가 신고한 내용이 거짓의 신고라고 인정할 만한 근거가 있거나 신고내용을 신뢰할 수 없는 경우를 제외하고는 그 신고내용을 행정조사에 갈음할 수 있다.

II 자율관리체제의 구축

1. 행정기관의 장은 조사대상자가 자율적으로 행정조사사항을 신고·관리하고, 스스로 법령준수사항을 통제하도록 하는 체제의 기준을 마련하여 고시할 수 있다.

2. 조사대상자와 조사대상자가 법령등에 따라 설립하거나 자율적으로 설립한 단체 또는 협회는 자율관리체제의 기준에 따라 자율관리체제를 구축하여 행정기관의 장에게 신고할 수 있다.

3. 국가와 지방자치단체는 행정사무의 효율적인 집행과 법령등의 준수를 위하여 조사대상자의 자율관리체제 구축을 지원하여야 한다.

III 자율관리에 대한 혜택의 부여

행정기관의 장은 자율신고를 하는 자와 자율관리체제의 기준을 준수한 자에 대하여는 행정조사의 감면 또는 행정·세제상의 지원을 하는 등 필요한 혜택을 부여할 수 있다.

2025 박문각 행정사 2차

이준희 행정절차론 기본서

초판인쇄 | 2024. 11. 1.　**초판발행** | 2024. 11. 5.　**편저자** | 이준희

발행인 | 박 용　**발행처** | (주)박문각출판　**등록** | 2015년 4월 29일 제2019-000137호

주소 | 06654 서울시 서초구 효령로 283 서경 B/D 4층　**팩스** | (02)584-2927

전화 | 교재 문의 (02)6466-7202

저자와의
협의하에
인지생략

정가 23,000원

ISBN 979-11-7262-294-7